河南省重点社会科学研究基地
许昌学院中原农耕文化与乡村发展研究基地系列成果
主　编：汪庆华　　副主编：孟　聚　潘民中

汪庆华 周新峰 朱志浩 — 著

中原农耕文化
THE CENTRAL PLAINS FARMING CULTURE

农博释读
INTRODUCTION OF THE FARMING CULTURE MUSEUM

社会科学文献出版社
SOCIAL SCIENCES ACADEMIC PRESS (CHINA)

《中原农耕文化》编审委员会

中原農耕文化博物館

上图：中原农耕文化博物馆全景

下图：日晷雕塑

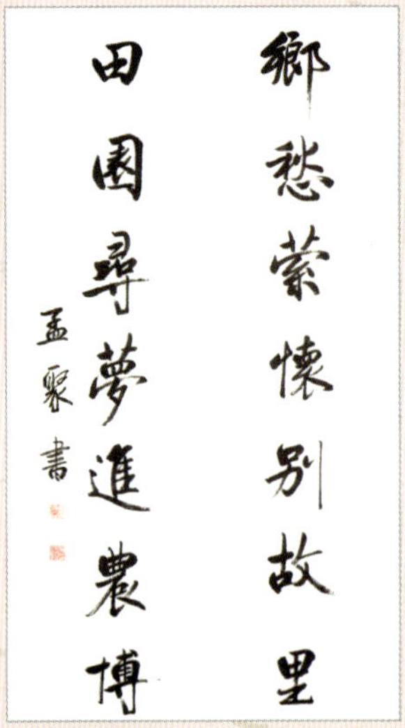

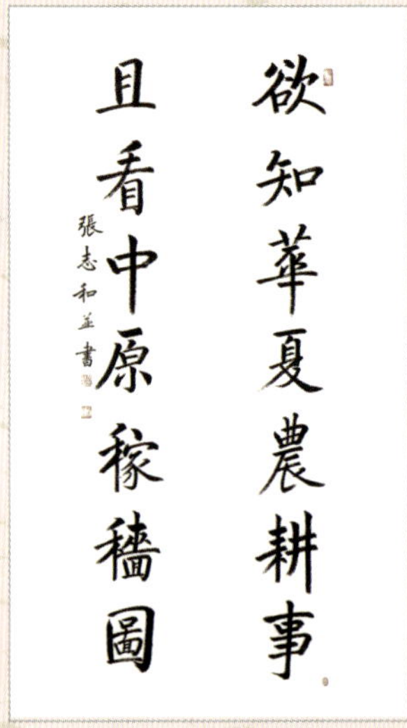

上左：孟聚题写楹联

上右：张志和题写楹联

下图：2013 年，时任河南省副省长（现任省委常委、洛阳市委书记）李亚（左 2）在时任许昌学院党委书记王清义（左 1）、院长陈建国（右 2）、许昌市文化局局长张琳（右 1）的陪同下视察中原农耕文化博物馆

上图：2014 年 1 月，时任河南省副省长（现任省人大副主任）徐济超（右 3）在时任许昌市委书记王树山（右 2）的陪同下视察中原农耕文化博物馆

下图：2013 年 7 月，时任教育部思政司司长冯刚（右 4）在时任许昌学院党委书记王清义（左 3）、院长陈建国（左 5）的陪同下视察中原农耕文化博物馆

上图：2018 年 6 月，中国博物馆协会高等学校博物馆专业委员会秘书长韩国军（右 2）莅临中原农耕文化博物馆调研指导

下图：2020 年 6 月，许昌学院党委中心学习组以“弘扬传统文化，增强文化自信”为主题举行集体学习并研究加强河南省重点社会科学研究基地——中原农耕文化与乡村发展研究基地——建设工作

上图：河南省关心下一代工作委员会副主任、教育厅关心下一代工作委员会主任王日新（右 3）在许昌学院党委书记闫纪建（右 1）、院长岳修峰（左 1）的陪同下视察中原农耕文化博物馆（黄桂贞摄）

下图：中原农耕文化博物馆于 2014 年 10 月加入中国博物馆协会，积极参加中国博物馆协会有关活动。图为 2016 年第 7 届中国博物馆及相关产品与技术博览会开幕式，国际博物馆协会主席致辞

上图：中原农耕文化博物馆代表向全国高校博物馆代言人陈铎先生汇报本馆情况并合影留念

下图：2016 年 4 月，时任河南省文化厅厅长杨丽萍（右 4）莅临中原农耕文化博物馆考察指导，时任许昌学院院长赵继红（左 3）、时任许昌市副市长秦春梅（右 1）等领导同志陪同

上图：2013 年 6 月，河南省教育厅党组成员、副厅长刁玉华（右 2）在时任许昌学院党委书记王清义（左 2）、副书记王洪彬（右 1）陪同下在中原农耕文化博物馆视察指导

下图：2012 年 12 月，时任河南省文化厅常务副厅长崔为工（前排左 3）、河南省文物局副局长李玉东（前排右 2）等出席中原农耕文化博物馆开馆仪式，在许昌学院和许昌市有关领导陪同下视察中原农耕文化博物馆

2019 年 5 月，河南省民间文艺家协会主席程健君（中）莅临中原农耕文化博物馆视察指导

2012 年 12 月，第八届中国农村发展论坛在许昌学院举行

华中师范大学教授、中原农耕文化博物馆顾问徐勇（中）带领专家团队在中原农耕文化博物馆及河南农村调研

上图：许昌学院党委书记闫纪建教授（右 1）在向来访的河南城建学院党委书记张惠贞（左 2）介绍中原农耕文化博物馆及相关研究工作

下图：许昌学院院长岳修峰教授（右 2）与许昌学院举办的“脱贫攻坚·乡村振兴”农民培训班学员交流

上图：2011 年 12 月，首届中原农村发展论坛在许昌学院举行

下图：2014 年 5 月，“中原经济区背景下美丽乡村建设”学术研讨会在许昌学院召开

2019 年 11 月，召开第六次中原农耕文化与乡村发展研讨会

2014 年 10 月，“中原农耕文化记忆传承工程”举行启动仪式

2017 年 5 月，中原农耕文化博物馆首批省内外战略合作伙伴授牌仪式

2021 年 5 月 10 日，河南省文化和旅游厅厅长宋丽萍（右 4）在许昌市委宣传部部长王自合（右 3）、许昌学院党委副书记孙海（左 2）的陪同下在中原农耕文化博物馆调研指导

2020 年 10 月 12 日，河南省非物质文化遗产保护中心主任楚小龙（左 3）带领中心团队在中原农耕文化博物馆调研考察

中原农耕文化博物馆举行特聘摄影家聘任仪式及座谈会

上图：新疆农业大学、华南农业大学、黑龙江八一农垦大学、青岛农业大学、河北农业大学、黄冈师范学院等众多院校莅临中原农耕文化博物馆考察交流，图为新疆农业大学建馆团队

下图：中原农耕文化博物馆大学生讲解员团队开展农村文化建设调研活动

小学生团队在中原农耕文化博物馆开展研学实践活动

2020 年，中原农耕文化博物馆在“传统文化园”举办“脱贫谢党恩 · 小康忆农耕”主题展览活动

中原农耕文化博物馆创建期间，建设团队在施工现场巡查指导农业大学建馆团队

上图：中原农耕文化博物馆专家在许昌电视台录制专题节目

下图：中原农耕文化博物馆名誉馆长、中原农耕文化研究中心主任汪庆华教授受邀为 2019 年中国农民丰收节分会场之一、湖北（黄梅）主会场作农耕文化主题讲座

中原农耕文化博物馆专家团队在固始县段集镇考察传统陶瓷制作工艺

中原农耕文化博物馆专家团队在淅川荆紫关镇考察豫西锣鼓曲

中原农耕文化博物馆专家团队在方城县考察调研梳篦制作技艺

序　一

让优秀农耕文化世代相传

徐　勇[*]

文化是一个国家、一个民族的灵魂。文化自信是更基础、更广泛、更深厚的自信，是一个国家、一个民族发展中更基本、更深沉、更持久的力量。

中华优秀传统文化是中华民族的根和魂，是中国特色社会主义植根的文化沃土。中国自古以来就是一个以农业立国的大国，中华文明发轫于农耕文明，并在漫长的农耕时代生发、成长和传承。悠久厚重的农耕文化深深浸润在一代代炎黄子孙的灵魂和血液中。实施中华优秀传统文化传承发展工程，必然要重视优秀农耕文化遗产的保护、研究和传承。2018 年 1 月发布的《中共中央 国务院关于实施乡村振兴战略的意见》指出，要“切实保护好优秀农耕文化遗产，推动优秀农耕文化遗产合理适度利用。深入挖掘农耕文化蕴含的优秀思想观念、人文精神、道德规范，充分发挥其在凝聚人心、教化群众、淳化民风中的重要作用”。保护优秀农耕文化遗产，发掘农耕文化的深厚内涵并合理、适度地开发利用，对于推进中华优秀传统文化传承发展工程和乡村振兴战略，具有重要的现实意义和深远的历史

* 徐勇，华中师范大学中国农村研究院、政治科学高等研究院教授，教育部首批文科“长江学者”特聘教授，长期从事中国政治与乡村治理研究，曾经担任国务院学位委员会政治学学科评议组召集人、教育部社会科学委员会委员、中国政治学会副会长。

意义。

黄河流域是中华民族的重要发祥地，以河南省为主要区域的大中原是农耕文明的重要发源地之一。许昌学院早在2010年就开始关注“农耕文化遗产保护、研究和传承利用”这一课题，创建了中原农耕文化博物馆，先后成立了中原农村发展研究中心和中原农耕文化研究中心，并于2018年获批河南省重点社会科学研究基地。我一直关注着这里开展的工作，由衷为他们高兴，也为他们加薪助火。今天由昨天而来。现代农业和农村发展，离不开对传统农耕文化的研究，尤其离不开对中原农耕文化的研究。绘制中国农业、农村、农民的基因图谱，必须首先发掘和解析中原农耕的基因图谱。

文化需要积累，需要传承。当今的中国正处于从传统农业社会向现代工业社会大转变的历史时期，悠久和厚重的农耕文明正在迅速消失。如果不加以抢救、整理和保护，优秀的传统农耕文明就会遗失，中华文明传统就会失血。而抢救、整理和保护都需要有人来做。地处中原的许昌学院有一批有眼光和有奉献精神的领导和研究人员。汪庆华教授长期担任许昌学院的领导。十多年来，他团结和带领一支团队，以特有的韧性从事传统农耕文化的抢救、整理和保护工作，取得了突出的成就。中原农耕文化博物馆作为国内较早创建的区域性、全景式的农耕文化主题博物馆，不仅拥有比较系统、全面的器物藏品，还致力于收集整理图片、视频、文献、账册等各种富有研究价值的资料，努力捕捉和挖掘中原农耕的文化基因。现在推出的《中原农耕文化》，就是为了留下过往时代的足迹和背影，为后人记住乡愁和开展研究积累资料、奠定基础。我深深理解，这是包括自己在内的一代人——亲身经历过传统农耕生活也亲眼见证和亲身参与了农耕嬗变的一代人——所特有的情感和该有的担当！

时至今日，我们已经走进中国特色社会主义新时代，农业、农村、农民也正在经历前所未有的深刻变革。但是，在任何时候，我们都不能忘记中国人从哪里来，中国的传统底色是什么，如何在传统底色的基础上描绘新时代的画卷。农耕不单纯是一种产业，农村不单纯是人的居所，农民不单纯是一种群体，他们蕴藏着中华民族的根，包含着中华民族的魂，流淌着中华民族的血。乡村振兴的重要使命是建设一个能够留得住乡愁、看得到青山、望得见绿水的乡村。而这都需要我们从历史文化的传统遗产中去寻根、去找魂、去承继血脉。对传统农耕文化的抢救、保护和整理是一件功在当代、利在千秋的伟业。

我们这个民族有悠久的历史，也有热爱历史、珍惜历史的传统，总会有那么一批人为保护历史传统做着默默无闻的工作。他们的工作也许一时没有经济效益，但在漫长的历史长河里会有无穷的价值。汪庆华教授及其团队便是这样一群人。由他们撰写的《中原农耕文化》是对保护传统农耕文化所做的重要贡献。尽管《中原农耕文化》具有开拓性和探索性，还有待进一步完善，但毕竟有了良好的开端。就如当年的中原农耕文化博物馆是率先之举，如今参观者已络绎不绝一样，本书作为率先之作，也会引起更多人的关注。

序　二

应该讲好农耕文化的故事

张志和*

世界上大体有四个文化圈：欧洲文化、中东文化、印度文化和中华文化。这四个圈子的文化，差别极大，形态迥异。

历史发展到今天，科技将地球变小了，不同的文化出现了碰撞与融合。中华传统文化受到的冲击之剧烈，前所未有。传承发展中华优秀传统文化，增强文化自信，凝聚民族力量，实现伟大复兴，是我们的神圣使命和时代担当。对此，每一个中华儿女都责无旁贷！

中华文化是基于农业耕作形成的，而农业耕作又是基于东亚地区的地域环境与气候特征形成的。历史上的黄河中下游地区，是农耕文明的重要发祥地。经过上万年形成的农耕文化，以及由此形成的中华文化正是中华民族的精魂所在。黄河流域生态保护与高质量发展已经被列为国家战略，处于黄河流域的河南省，应该为讲好黄河故事、做好黄河文化遗产保护传承这篇大文章尽到责任，做出贡献。黄河文化的根脉在于农耕文明，农耕文化遗产是黄河文化遗产极其重要的组成部分。讲好黄河故事首先应该讲

---

* 张志和，著名书法家、文化学者，故宫博物院研究员，中国书法研究所所长，故宫博物院博士后工作站导师，享受国务院政府特殊津贴，河南省政协委员，中国书法家协会理事，北京非物质文化遗产技艺传承协会常务理事。

好农耕文化的故事。

如今，随着现代化进程的加快，传统农耕文化快速淡出当代人的视野，优秀农耕文化遗产如何传承与弘扬成为当务之急。

我们注意到，许昌学院在全国高校率先创建中原农耕文化博物馆，可谓慧眼独具且意义重大。汪庆华教授为搜集中原农耕文物，不惮辛劳，踏破铁鞋，并为推动这一课题研究做着不懈努力，使中原农耕文化博物馆有了如此大的规模，并在国内产生较大影响，真是可敬可贺。

然而，就农耕文化而言，仅有器物展示是不够的，农耕艺事是动态而丰富的，必须让后人知晓；仅知农耕艺事也是不够的，还必须让人理解技艺背后形成的文化。

可喜的是，中原农耕文化博物馆抢占先机，组织出版了《中原农耕文化》。感谢本书的作者与编者的辛勤劳动，用文字为我们展示传统农耕文化的丰富画卷，也期待有更多的热心人参与进来，从各个角度与各个层面深入挖掘中原农耕文化深厚而丰富的内涵，为中华文化的传承与弘扬打开思路，为新时代农业发展提供有益的思考和借鉴。

是为序。

序　三

为保护和研究农耕文化遗产而努力

闫纪建*

历史长河滔滔不绝，时代车轮滚滚向前。在中国，延续了数千年的传统农耕生产生活方式，自改革开放以来发生了深刻变革。当前，我们正处在农耕嬗变的历史节点上，中华优秀农耕文化遗产如何保护、传承和利用，成为一个重大而迫切的时代课题，客观地摆在我们面前。

文化是一个民族的精神和灵魂，是国家发展和民族振兴的强大内驱力。中华民族在5000多年文明发展中积淀下来的优秀农耕文化是我们的宝贵财富，是中华民族生生不息、发展壮大的精神厚土。我们应该深入挖掘农耕文化蕴含的优秀思想观念、人文精神、道德规范，充分发挥其在当代社会中凝聚人心、教化群众、淳化民风的重要作用。

许昌学院较早关注到这一重大时代课题，在学校历届领导班子的重视和支持下，2010年，由汪庆华教授带领，创建了中原农耕文化博物馆。十多年来，他们怀着社会责任感和历史使命感，持续不断地做出努力。博物馆创建团队和研究团队深入全省各地农村调研考察，足迹遍布伏牛山区、太行山区、大别山区、桐柏山区和广袤的平原农村，收集到大量器物藏品

* 闫纪建，历史学教授，许昌学院党委书记，河南省重点社会科学研究基地　中原农耕文化与乡村发展研究基地——主任。

和各种资料，为博物馆陈列展览和开展研究奠定了坚实基础。

中原农耕文化博物馆、中原农村发展研究中心和中原农耕文化研究中心相继建立，逐步形成了一体双翼、古今结合的涉农研究格局。在此基础上，2018 年 6 月，中共河南省委宣传部批准许昌学院建立河南省重点社会科学研究基地，要求我们认真学习研究、宣传贯彻习近平新时代中国特色社会主义思想和党的十九大精神，按照《中共中央　国务院关于实施乡村振兴战略的意见》的部署和要求，以河南优秀传统农耕文化的传承创新与乡村发展研究为重点，切实加强对有关重大理论问题和现实问题的研究阐释，紧紧围绕省委省政府的重大决策部署开展应用对策研究，充分发挥省重点社会科学研究基地“思想库”和“智囊团”的重要作用，为谱写中原更加出彩的新篇章做出贡献。

许昌学院作为一所诞生于旧中国、成长于新中国、发展壮大于改革开放时期的地方性本科院校，有着深厚的文化积淀。举办本科教育以来，学校始终秉承“崇德砺志、博学敬业”的校训，坚持“地方性、应用型、服务性、国际化”的办学定位，积极主动融入和服务于区域经济社会发展，致力于建设富有特色的高水平应用型大学，经过持续努力，取得了一系列办学成就。学校顺利通过教育部教学工作审核评估，荣获省级教学成果特等奖、省级科技成果一等奖，应用型人才培养模式探索经验被中央教育工作领导小组秘书组《教育工作情况》报道，并被省委常委、宣传部部长、教育工作领导小组副组长江凌同志批示。学校被确定为河南省首批地方本科高校转型发展试点院校，并入选示范性应用技术类型本科院校、国家级产教融合发展工程应用型本科院校建设项目、全国创新创业典型经验高校、硕士学位授权立项建设单位，大学生创新创业园“颍川众创”入选国家“众创空间”。近年来，学校获得了全国五四红旗团委、全国大学生社会实践活动先进集体、全国模范职工之家、河南省思想政治工作先进单位、河南省思想道德建设先进单位、河南省文明校园、河南省首批深化创新创业教育改革示范高校等多项荣誉。学校探索形成的“政府主导、高校主体、行业引领、企业参与、校地互动”政产学研机制，被教育部誉为“许昌模式”。2015 年，时任中共中央政治局常委、全国人大常委会委员长张德江到学校调研，充分肯定了学校的办学成果。

文化传承创新是高校功能之一。文化软实力的构建，在学校整体建设发展中有不可替代的作用。中原农耕文化博物馆及相关研究工作取得的成绩和产生的影响，便充分证明了这一点。近年来，依托中原农耕文化博物馆、中原农村发展研究中心和中原农耕文化研究中心，研究团队陆续推出一系列研究成果：先后获得国家社科基金重点项目 2 项和一般项目、青年项目 4 项，教育部基金项目 3 项，河南省社科规划（咨询）项目 7 项，民政部、国家民委项目 4 项，河南省政府决策项目 3 项，河南省科技厅软科学项目 2 项，河南省教育厅课题 7 项；出版智库系列专著 7 部，获得河南省社科优秀成果二等奖 1 项、三等奖 2 项。马华博士的《南农实验：农民的民主能力建设》荣获全国百优博士论文及河南省教育厅人文社会科学成果特等奖。《光明日报》分别在 2017 年和 2019 年两次发表汪庆华教授关于农耕文化的理论文章。研究团队的理论文章也在《人民日报》《光明日报》《中国社会科学》《政治学研究》等报刊发表，产生了广泛的社会影响。基地上报的《咨政报告》受到有关领导的批示转送。研究报告《河南推动全面从严治党向基层延伸的实践探索》于 2018 年 8 月被中共河南省委政研室评为“河南省优秀调研成果一等奖”。本次推出的《中原农耕文化》，围绕“农耕文化”这一主题开启了资料发掘整理和专题研究的新征程，主要目的在于为渐行渐远的农耕时代留下足迹和身影，珍藏历史记忆，弘扬传统文化，教育子孙后代，传承传统美德，为今后深入开展农耕文化研究积累资料提供借鉴。

中原地区作为华夏农耕文明的重要发祥地，数千年积累下来的物质文化成果和精神文化成果十分厚重，对于农耕文化遗产的发掘、整理、保护、传承，是一个艰巨而庞大的系统工程。我们深知，现有团队的力量和水平是十分有限的，所做的也仅仅是基础性的工作。书中舛误与不足之处定然存在，诚望各方专家批评指正。我们希望基地陆续推出的浅论，能够起到抛砖引玉的作用，期待更多业界同人及广大民众参与到中华优秀农耕文化遗产的保护、研究、传承、利用的系统工程中，为弘扬优秀传统文化，增强文化自信，实现中华民族伟大复兴中国梦而努力奋斗！

目录

零　中原农耕文化绪论　/ 1

壹　中原农耕文化博物馆释读　/ 6

序厅　千秋基业——中原农耕文化博物馆简介　/ 7
第一厅　农耕源流　/ 25
第二厅　农耕器具　/ 45
第三厅　时令节气 · 农耕风貌　/ 64
第四厅　粮食加工　/ 84
第五厅　五谷稼穑 · 收获储存　/ 94
第六厅　纺织衣饰　/ 113
第七厅　家居生活　/ 128
第八厅　炊事饮食 · 食品制作　/ 146
第九厅　传统习俗　/ 163
第十厅　休闲娱乐　/ 197
第十一厅　乡村工匠　/ 216
第十二厅　农副生产 · 地方特产　/ 230
第十三厅　交通运输 · 水利灌溉　/ 249

第十四厅　村镇民居　/ 267
第十五厅　农耕嬗变　/ 278
第十六厅　未来之光　/ 306

贰　中原农耕文化博物馆创建纪实　/ 319

叁　中原农耕文化与乡村发展研究基地简介　/ 340

肆　学术文章与媒体报道选录　/ 355

《光明日报》· 留住农耕文化的根脉　/ 355
《光明日报》· 农耕文化遗产：乡村振兴不能没有你　/ 358
［光明日报客户端］· 留住中原农耕文化的“根”　/ 362
［中央纪委国家监委网站］· 走进中原农耕文化博物馆，原汁原味感受乡土情怀　/ 366
《中国教育报》· 从中原农耕文化中追寻大学的根与魂　/ 368
《中国博物馆通讯》· 中原农耕文化博物馆开馆五周年成绩概览　/ 372
［国家文物局推介百优主题展览］· 中原农耕文化博物馆　“脱贫谢党恩 · 小康忆农耕”主题展览　/ 374
［河南日报客户端］· 5 年迎来数十万观众　看这座大学博物馆如何描摹农耕文明背影　/ 376
《河南日报》· 讲好农耕文化那些事儿　/ 379

伍　部分战略合作伙伴场馆简介　/ 381

陕西西安 · 关中农耕文化博物馆简介　/ 381
湖北保康 · 尧治河农耕文化博物馆简介　/ 382
湖北黄梅 · 鄂东农耕文化博物馆简介　/ 384
河北清河 · 清河县农耕文化展览馆简介　/ 385
黄冈师范学院 · 大别山农耕文化博物馆简介　/ 387

安徽利辛·淮河流域农耕文化博物馆简介 / 388
河南许昌·鄢陵建业绿色基地简介 / 389
河南禹州·盛田农业百年粉坊产业观光工场简介 / 391
河南周口·周口华威民俗文化博物苑简介 / 392
河南郑州·登封二十四节气展示馆群落简介 / 394
河南鹤壁·太宗农耕文化博物馆简介 / 395
河南长葛·大中原文化体验园简介 / 396
河南中牟·双旗农耕文化遗产抢救馆简介 / 398
河南许昌·乐佳生活美学农场简介 / 399

参考文献 / 401

附录 顾问寄语 / 404

后 记 / 408

零

中原农耕文化绪论

斗转星移，岁月更替，大河滔滔，逝者如斯。中华民族延续了数千年的传统农耕生产生活方式正在与我们渐行渐远。最近几十年来，随着改革开放的伟大进程和现代科技的迅猛发展，我国农业、农村、农民的面貌发生了沧桑巨变。处在农耕嬗变的历史节点上，如何留下过往时代的历史记忆，守住农耕文化的根脉，如何切实做好优秀农耕文化遗产的保护、研究和利用工作，深入发掘传统农耕文化的精华，以农耕文化为切入点，为传承发展中华优秀传统文化和实施乡村振兴战略做出积极贡献，成为一个重大而迫切的时代课题。

当前，在以习近平同志为核心的党中央领导下，举国上下凝心聚力，为实现中华民族伟大复兴中国梦而奋斗。习近平总书记指出，文化是一个国家、一个民族的灵魂。文化兴国运兴，文化强国运强。没有高度的文化自信，没有文化的繁荣兴盛，就没有中华民族伟大复兴。2017 年，中共中央办公厅、国务院办公厅印发了《关于实施中华优秀传统文化传承发展工程的意见》。此后召开的党的十九大，对于传承发展中华优秀传统文化、增强文化自信给予空前的重视，做出了全面部署。2018 年 1 月印发的《中共中央 国务院关于实施乡村振兴战略的意见》指出，要“切实保护好优秀农耕文化遗产，推动优秀农耕文化遗产合理适度利用。深入挖掘农耕文化蕴含的优秀思想观念、人文精神、道德规范，充分发挥其在凝聚人心、教化群众、淳化民风中的重要作用”。

许昌学院正是怀着这样的社会责任感和历史使命感，创建了中原农耕文化博物馆；策划实施含有 8 项子工程的中原农耕文化记忆传承系统工程；遴选吸纳校内外有关学者组成专家团队，团队成员连续 7 年深入全省各地农村开展调研考察，获取大量实物、文字、图片、视频、录音等第一手资料，认真进行汇集整理和分析研究。与此同时，以中原农耕文化与乡村发展为主攻方向的理论研究和实践探索逐步展开。在当前农村发展研究方面，许昌学院得到华中师范大学中国农村研究院的大力支持和徐勇教授的指导，于 2011 年成立了中原农村发展研究中心，近年来在理论与实践研究上取得了一系列重要成果，随后许昌学院又成立了中原农耕文化研究中心，形成了“一馆两中心”，古今结合、一体双翼的涉农研究格局。

正是基于这样的工作基础和研究优势，中共河南省委宣传部于 2018 年 6 月批准在许昌学院设立河南省重点社会科学研究基地，要求我们以河南优秀传统农耕文化的传承创新与乡村发展研究为重点，切实加强对有关重大理论问题和现实问题的研究阐释；紧密围绕省委省政府的重大决策部署开展应用对策研究，多出成果、多出人才；支持积极参加通俗理论读物的编写、理论宣讲、决策服务等活动，充分发挥省重点社会科学研究基地“思想库”和“智囊团”的重要作用。本书就是落实基地工作部署和要求的具体行动之一。

农耕实物的保存、历史资料的积累、社会实践的调研、基础研究的开展等，都是后期深入持久开展学术研究的必要基础。为此，我们在不断充实中原农耕文化博物馆展品、广泛收集传统农耕典籍资料、持续深入基层开展调查研究的基础上，以发掘农耕文化丰富内涵和促进乡村发展为立足点，着手编写一套接地气、通民情、贯古今、全景式的图书。该套图书旨在如实记载和生动展现传统农耕时代生产生活境况，发掘富有历史价值、研究价值和利用价值的农耕文化元素，珍藏农耕记忆，弘扬传统文化，教育子孙后代，促进乡村振兴。

农耕文化其实是一个十分寻常的概念，我们并不陌生，因为数千年来它就在人们身边，存在于祖祖辈辈的生产活动、日常生活和思想观念之中。然而，在今天，我们认为它又是一个值得认真关注和深入探究的新课题。说它具有某种新意，是因为此前我们尚未把它作为一个重要的学术概念和时代课题进行深入探讨和研究，没有在意描绘和留存它的身影足迹、审视它的丰富内涵、考究它的学术价值和历史意义。这是因为，在传统农耕时代尚未离去之时，人们觉得它是再寻常不过的事情。正因如此，在留存下来的典籍资料中，深入而系统地记载传统农耕生产方式、种类、工具、技巧等，描述寻常百姓的生活方式、状态、活动、情趣，以及发掘农耕文化遗产思想文化内涵的典籍资料，相对而言是十分薄弱的。我们遍览浩瀚的二十四史，发现它们几乎都在描写朝代更替、帝王将相、才子佳人等上层社会生活，草民百姓的生产活动、生存状态、生活境况以及工具器物等，少有述及。今天，滚滚前进的历史车轮，把我们带到了中国特色社会主义新时代，蓦然回首，不免有点吃惊！改革开放以来，中国“三农”面貌发生了革命性变革。传统农耕时代正在渐行渐远，取而代之的是越来越先进的农业科技和新型农业现代化。处在这样一个重要的历史关头，对于中华优秀农耕文化遗产的保护、研究和利用的时代课题必须引起我们的高度重视。我们应该以历史的、学术的眼光来认真审视和研究“农耕文化”这一课题。特别是亲身经历过传统农耕生产生活方式，又亲眼见证了农耕嬗变的一代人，更有责任，也更有条件为这一时代课题做些工作、做出贡献。

中华农耕文化是指在中华民族所经历的漫长农耕时代，农业、农村、农民，创造、形成、积累和传承下来的文化成果和精神财富总和，其中，既包含物质文化成果和遗产，又包含大量非物质文化成果和遗产。中华文化的根深深扎在农耕文明的土壤中，农耕文化的魂浸润在炎黄子孙的血液里。悠久而厚重的农耕文化决定了汉族文化乃至中华文化的内容和特征，成为中华传统文化的根基和重要组成部分。中华农耕文化集中体现了儒家文化，并融汇墨家、道家及其他文化精华为一体，形成了自己独特的文化内容和特征；农耕文化的内涵丰富而厚重，广泛存在和展现于农耕劳作、家居生活、纺织衣饰、炊事饮食、村镇民居、工匠技艺、休闲娱乐、乡音俚语、民风民俗、乡村治理、思想观念、宗族伦理、子女教育等诸多方面；

中华农耕文化具有地域多样性、历史传承性、民族多元性和草根乡土性等特征；“男耕女织”“耕读传家”“勤俭持家”“吃苦耐劳”“坚韧不屈”“孝悌忠恕”“邻里和睦”“传宗接代”“仁义礼智信”“忠恕孝悌廉”等，都是影响广泛而持久的农耕文化理念。

处于黄河流域的中原地区是中华农耕文明的重要发源地。自古以来，中原农耕文化在中华农耕文化中始终处于核心地位。认真研究中原农耕文化，具有十分重要的价值和意义。我们编著这套图书，就是为了把中原地区传统农耕元素挖掘整理出来，留下过往岁月的记忆符号，寻觅祖祖辈辈草根乡民的身影足迹，发掘中原农耕的基因图谱，为今后关注和研究农耕文化遗产的学者及民众，提供一些历史资料和铺路石。为此，本套图书力求做到科学性、知识性、可读性相结合，融史料价值、学术价值、育人价值于一体：在行文体例上，打破传统的章节模式，以事物的自身逻辑为藤蔓，以相关问题为瓜果，形成既相互关联又相对独立的内容模块；在表现形式上，力避传统史料典籍的枯燥记述和文学作品的虚构演绎，吸取二者之长，力求形式灵活、表述通俗、语言生动，把思想性、知识性和可读性融为一体；在内容上，努力做到接地气、通民情，贯古通今，严谨笃实，尽可能地把传统农耕时代基层农村生产生活的真实面貌记载和展现出来，包括往昔存在而如今已消逝的社会境况和被时代淘汰的文化现象，也应以批判的眼光予以记述，力求描绘一幅真实客观的中原传统农耕全景图；在编著出版策略上，坚持开放式、持续化，陆续推出研究与编著的成果，分批分辑出版。密切关注和广泛收集不断涌现的农耕文化研究成果和典籍资料，逐步构建一个内容丰富、特色鲜明、比较权威的农耕文化典籍资料库，为今后的持续研究奠定基础。

《中原农耕文化》的基本定位主要在于为今后深入的理论研究奠定史料基础，因此，特别注重真实性、体验性和乡土性。为了达到这个目的，我们在组建创作团队时，坚持从既有传统农耕生产生活亲身体验，又在农耕文化研究与著述方面卓有成就的学者中遴选，对于他们的身份、职称等不作刻意限制，所以，这支作者团队中既有专家教授、专业博士，也有更接地气的草根学者。目前，本书编著团队成员有汪庆华、孟聚、潘民中、杨晓宇、唐明仓、赵俊锋、潘运明、周新峰、朱志浩、韩晓民、符春绿、董中锋、杜富强、周健等，随后根据情况酌情吸纳扩展有关人员。

本书从开始筹划编著，到陆续推出，我们都怀着一种不忍不做而又忐忑不安的矛盾心理。不忍不做，是缘于社会责任感和历史使命感；忐忑不安，是担心拿出的东西达不到预期目的，遭人诟病。令我们感动的是，我们的工作得到上级有关部门、诸多领导的热情关注和大力支持，担任中原农耕文化博物馆顾问的著名专家，也给予我们诸多关怀和鼓励。基于此，我们决定陆续推出有关中原农耕文化的图书，觉得哪怕抛出的只是一块块砖头，也有它们的价值和意义！在农耕嬗变的历史节点上，即使是留下一捧土、一捆草，也是必要的。偌大一个中国，哪里都需要这样做。亲身见证和参与了农耕嬗变伟大实践的一代人，对此责无旁贷！

我们奉献出的这套书，不是豪华宴席的美味佳肴，而是寻常百姓的家常便饭和五谷杂粮。我们希望您能从中品味出田园泥土的芬芳，吸收到一些有益健康的营养。

在编著过程中，我们消化吸收和学习借鉴了古今众多学者的研究成果，在此表示诚挚感谢！由于编著者的阅历、眼界和学识功底有限，尽管各人都是尽力而为，但著述中的缺陷和谬误在所难免，敬请读者批评指正。

壹

中原农耕文化博物馆释读

在中国，农耕文明源远流长，而中原地区是中华农耕文明的重要发祥地。自古以来，中原地区在农业文明的发展中始终处于中心地位和先行行列之中，创造和积累下来的农耕文化成果十分厚重。直到现在，中原地区仍在全国农业发展和粮食安全的大局中占有重要地位。

历史跨入 20 世纪后期，随着我国改革开放的伟大进程和现代科技的飞速发展，传统农业的生产方式、生产工具和农民的生活方式、生活用品等，已经或正在发生着革命性变革。中国的改革开放使延续了数千年的传统农耕时代宣告终结。站在这个时代转换和农耕嬗变的历史节点上，我们有责任为抢救性发掘、研究、保护、传承和利用中华民族优秀农耕文化遗产做些工作。为此，我们创办了中原农耕文化博物馆。

“农博释读”主要围绕中原农耕文化博物馆进行记述。其中，主体部分以中原农耕文化博物馆各个展厅 22 个板块为基本线索，或以展品为关注点，或以事物、技艺、风俗、境况、现象等非物质文化元素为关注点，尽量作以具体记述和深入释读，如同一条长蔓上结下的一个个瓜果一样，力争对“中原农耕文化”这一命题作以概要描述和系统阐释，给读者一个轮廓性的印象。而计划陆续推出的各卷内容，则分别对某一方面进行更为深入细致的记载和描述。

“欲知华夏农耕事，且看中原稼穑图。”“乡愁萦怀别故里，田园寻梦进农博。”让我们怀着浓浓的乡愁，走进中原农耕文化博物馆，穿越幽深的时空隧道，寻觅祖祖辈辈的身影足迹，感知农耕时代的存续状态，领悟传统文化的丰富内涵，增进中华民族的文化自信……

序厅 千秋基业

——中原农耕文化博物馆简介

一 基本情况

中原农耕文化博物馆（简称“农博馆”）是经河南省文物局批准建立的中原地区首家以农耕文化为主题的博物馆，由许昌学院主办，2010 年始建，2012 年 12 月 30 日正式开馆。馆舍位于许昌学院校园中心位置，占地 13 亩，一期工程室内陈展面积 1500 平方米，展出不重复实物展品 3500 多件（套），设有 17 个室内展厅及室外 4000 多平方米的传统文化园。基本陈列分为千秋基业、农耕源流、农耕器具、时令节气、农耕风貌、粮食加工、五谷稼穑、收获储存、纺织衣饰、家居生活、炊事饮食、食品制作、传统习俗、休闲娱乐、乡村工匠、农副生产、地方特产、交通运输、水利灌溉、村镇民居、农耕嬗变、未来之光 22 个部分。以实物展览、文字展板、场景

序厅（迎宾厅）场景雕塑

雕塑、多媒体视频、互动触控屏、图片展览等多种手段，真实、生动、系统、深入地展现出中原地区传统农耕生产生活方式和境况，勾画出传统农耕时代的全景画卷。

二　主旨与特色

农博馆主旨：珍藏农耕记忆，弘扬传统文化，教育子孙后代，传承中华美德。

农博馆特色：中原农耕文化博物馆的特色定位概括为“三点优势、五字特色”。三点优势：一是“首创”优势，农博馆系全国创建最早的区域性、系统化、全景式的农耕文化主题博物馆；二是“学术”优势，以农博馆为基础，以中原农耕文化与乡村发展研究为着力点深入开展学术研究；三是“育人”优势，与教育紧密联姻，以农耕文化为特色着力开展大、中、小学生研学实践教育。五字特色：一是“中”，就是立足以河南省为主要区域的大中原，努力挖掘和生动展现中国中部地区传统农耕的特征和风貌；二是“近”，就是以当下为历史立足点回望过去，重在记载和展示近代以来农耕文化面貌，着力把握传统农耕文明向现代农业文明转变的历史节点，真实记录和展现刚刚消失和正在变化的事物和境况；三是“深”，就是深入挖掘和揭示“人”“物”“事”“技”“境”的历史脉络、文化底蕴和基因图谱，突出高校博物馆应有的教育功能、研究功能和文化内涵；四是“全”，就是全方位展示农耕社会生产方式、农民生活方式、农村风貌和文化现象，努力勾画出中原农耕文化的全景图；五是“真”，该馆展品不求外观华丽，但求真品真实，所有展品均从民间收集而来，宁缺毋仿，宁旧毋新，尽可能原汁原味地反映传统农耕风貌。“接地气、通民情、贯古今、重文化”成为该馆的突出特色。

三　形象标识

1. 馆名题字

农博馆特邀故宫博物院研究员、国家行政学院教授、著名书法家张志和博士题写馆名，并撰写了楹联“欲知华夏农耕事，且看中原稼穑图”。许昌学院原《许昌学院学报》主编孟聚教授书写了楹联“稻黍稷麦菽丰饶中原八万里，仁义礼智信凝聚华夏五千年”，“乡愁萦怀别故里，田园寻梦进农博”。

2. 中原农耕文化博物馆标识

农博馆标识整体造型由 1939 年在河南安阳出土的后母戊大方鼎创意而来，显示中原农耕文化的悠久与厚重；左右两侧由两个篆书“人”字构成，显示了以人为本、人是历史主导的重要理念；二人呈围合跪拜状，显示对祖先崇拜与尊敬的民族情感，蕴含有“忠国孝亲”“家庭和谐”“崇德重义”“不忘本源”等中华民族传统理念；大鼎中间图案分别由下部的麦穗和上部的炊烟构成，显示“国以农为基、民以食为天”的农耕文化精髓。

中原农耕文化博物馆标识

3. 中原农耕文化博物馆赋

自鸿蒙初始，六合成象；三皇开累世伟业，五帝擎文明之光。华夏宏基，延千古而不衰；神州盛域，拓万里而益昌。农耕文化，萌生中原大地；展枝散叶，播撒五岳三江。夭夭乎，风华绰约于今古；浩浩哉，雅韵长播兮流芳。

观我先民之始，茹毛饮血，巢居穴藏。神农尝百草而得五谷，伏羲观天地而知炎凉。河图洛书，察星宿日月归序；刀耕火种，脱蒙昧始知稼壤。春播夏耘，秋收冬息；四季循环，年岁复往。披星戴月，代代辛勤劳作；

拔山御水，步步走出洪荒。

待炎黄肇启新序，部族融合国邦；四伯分治四野，九州立鼎八方；历法制定，衡为农牧守则；阴阳五行，布化民生嘉康。厨具五味之肴，地筑容身之堂；腹有饱肚之食，身得裹体之裳。值尧天舜日，万邦谐和；三代更替，宏图舒张；秦汉一统江山，开欧亚丝绸之路。唐宋明清伟业，造中华礼仪之邦。

中原农耕文化博物馆，居中原之腹地，处魏都之许昌；集农耕之大成，鸣百世之绝响。庚寅奠基，癸巳岁成。白发弱冠，齐心共商。罗万件文物于展厅，集数百非遗于音像；编撰巨著成洋洋大观，铭刻史鉴谱黄钟宏章。弘贤布德，世人盛誉稷下丘山；开馆数载，观者点赞文脉未央！噫吁嚱！解疑之师，承续民族文化之基因；释惑学子，常燃圆梦中华之心香。此乃社稷所幸甚，乾坤之伦常也！诗曰：清音细流兮，潜达江海。简馆丰藏兮，宏脉不衰。华夏复兴兮，时不我待。盛世炳勋兮，继往开来！

中原农耕文化博物馆赋（杨晓宇撰，孟聚书）

四　教育基地建设

2013 年 5 月，许昌学院文学与传媒学院、历史文化学院、旅游学院、城乡规划与园林学院、马克思主义学院、信息工程学院、商学院、教育科学学院、外国语学院、美术与设计学院等在农博馆建立教学实践基地。

2013 年 8 月，许昌市文明委授予农博馆“许昌市爱国主义教育基地”。

2013 年 11 月，农博馆被河南省委宣传部、文明委评定为“河南省爱国主义教育示范基地”。

2013 年 11 月，时任许昌学院院长陈建国（右）和市委宣传部副部长赵献东为河南省爱国主义教育示范基地揭牌

2014 年 2 月，许昌市教育局在农博馆建立“许昌市中小学校外教育实践基地”。

2014 年 4 月，共青团许昌市委在农博馆建立“许昌市青少年社会教育基地”。

2014 年 7 月，许昌市委宣传部、《许昌晨报》在农博馆建立“小记者社会实践活动基地”。

2015 年 1 月，许昌市委组织部在农博馆建立“干部教育培训现场教学基地”。

2017 年 5 月，许昌学院团委在农博馆建立“传统文化教育基地”。

2018 年 11 月，河南省文化和旅游厅授予农博馆“河南省非物质文化遗产示范展示馆”。

河南省非物质文化遗产示范展示馆标牌

2018 年 12 月，许昌市科学技术协会在农博馆设立科普教育基地。

2019 年 6 月，被河南省教育厅评定为河南省中小学社会实践教育基地（传统文化类）。

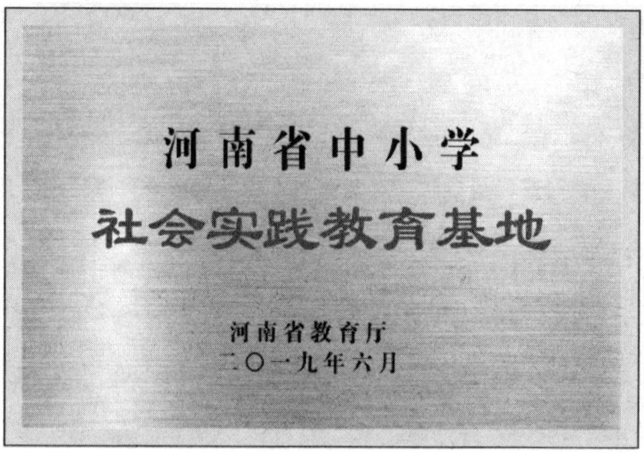

河南省中小学社会实践教育基地标牌

2019 年 7 月，许昌市社会科学联合会在农博馆设立社科普及教育基地。

2020 年 6 月，被河南省教育厅评定为“河南省本科高校大学生校外实践教育基地”。

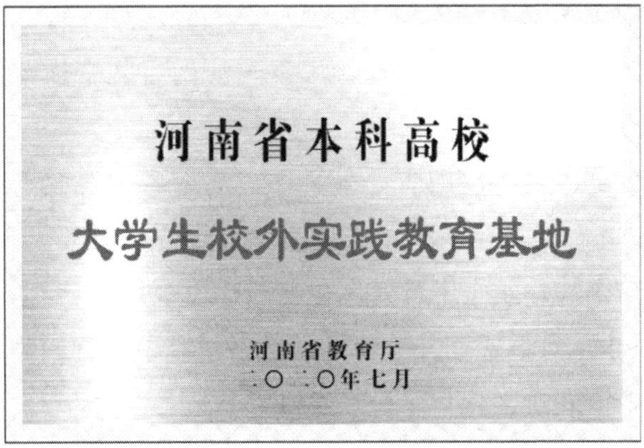

河南省本科高校大学生校外实践教育基地标牌

五　建设成就与荣誉

2013 年 12 月，被中华人民共和国教育部评定为全国高校校园文化建设优秀成果二等奖。

全国高校校园文化建设优秀成果获奖证书

2014 年 9 月，中原农耕文化博物馆标识被国家版权局注册登记保护。

2014 年 10 月，被中国博物馆协会吸纳为团体会员。

2014 年 12 月，被河南省委高校工委、河南省教育厅评定为河南省高等学校思想政治教育工作优秀品牌。

2015 年 11 月，被全国高校博物馆专业委员会吸纳为团体会员，在“第十三次高校博物馆学术研讨会”（广州）上作首位专题发言。

2015 年 12 月，被河南省委高校工委、河南省教育厅评定为河南省高校校园文化重点建设项目特色品牌。

2017 年 12 月，中共河南省委办公厅、河南省人民政府办公厅印发的《河南省“十三五”时期构筑全国重要文化高地规划纲要》，将中原农耕文化博物馆纳入河南省构筑全国重要文化高地建设规划。

2018 年 6 月，河南省委宣传部批准许昌学院设立河南省重点社会科学研究基地——中原农耕文化与乡村发展研究基地。

河南省重点社会科学研究基地标牌

2018 年，农博馆举办的“庆祝改革开放 40 周年‘记忆·传承·感悟·赞颂’主题展览”，被河南省文物局评定为 2018 年度优秀陈列展览（全省仅四家入选），并选报国家文物局。

2019 年 5 月，国际博物馆日期间《中国教育报》对农博馆作了长篇主题报道。

2019 年 11 月，中央纪委国家监委网站将农博馆收入“博物馆时光”专栏予以推介。

2019 年 12 月，农博馆被河南省文物局评定为“博物馆核心价值观传播奖”。

2020 年 2 月，在河南省政协十二届三次会议上，李德平、张志和、郑直等委员针对农博馆扩建提升和内涵建设做出《关于加强中原农耕文化遗产保护的提案》，得到河南省文物局及许昌市、许昌学院有关领导的进一步重视，随之制定和实施相应措施予以落实。

2020 年 8 月，荣获国家文物局向全国推介的 2020 年度 100 项“弘扬优秀传统文化、培育社会主义核心价值观”优秀主题展览。

国家文物局向全国推介主题展览证书

荣获 2020 年度河南省普通高校“大美学工”十佳优秀学生工作品牌。

六　专题展览及主题教育活动

2013 年 5 月，举办“记忆华夏农耕文明，创造未来美好生活”国际博物馆日主题活动。

2013 年 9 月，举办“中原农耕文化图片长廊”落成仪式及展览活动。

2014 年 5 月，举行“中原农耕往昔风貌（张培林作品）展览”。

2014 年 5 月，与许昌学院城乡规划与园林学院、许昌学院中原农村发展研究中心联合举办第二届中原农村发展研讨会，主题为“中原经济区背景下美丽乡村建设”。

2014 年 7 月，举行“中原农耕纪实采风”大学生暑期社会实践活动。

2014 年 8 月起，与许昌电视台合作制作播出“农耕文明的背影”系列专题节目。

2014 年 4 月起，中原农耕文化研究中心正式启动赴全省各地农村开展调研考察活动，至今已坚持 7 年之久。

2015年5月，与许昌市民俗摄影家协会联合举办“中原乡情民俗摄影展”。同时举办韩晓民《民间记忆》出版发行专家座谈会。

2016年5月，举办“农耕回望·寻踪觅迹摄影展”，我国著名摄影家朱宪民受聘为农博馆顾问，并捐赠珍贵作品馆藏与展览。

2016年7月，举办“传统儿童游戏夏令营”活动，许昌市建安区实验中学给予大力支持和配合。

2017年1月，举行了迎新春义写春联活动。

2017年4月，与许昌学院新声频道联合举行“清明田园诗词朗诵会”。

2017年5月，举办“农耕回望·文脉传承”大型图片展，120个活动版面，400多幅原创照片，历时一个多月，分赴许昌市广场、中小学校、景区等巡回展览。

2018年1月，举办了“传统儿童游戏冬令营”活动，许昌学院青年教师子女参加。

2018年5月至2019年1日，举行“庆祝改革开放40周年‘记忆·传承·感悟·赞颂’主题展览”，展出版面160版，馆藏图片600多幅。本展览获河南省2018年度四佳优秀展览。2018年5月举办庆祝改革开放40周年“记忆·传承·感悟·赞颂”主题展览，荣获本年度河南省四家优秀主题展览之一。

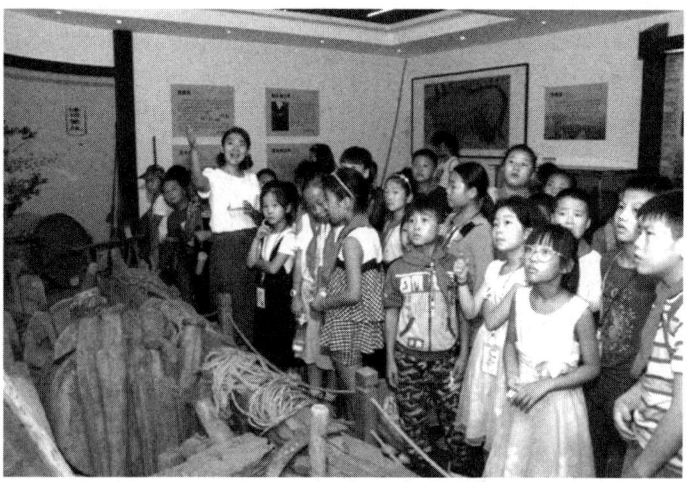

小学生在农博馆开展研学实践活动

庆祝改革开放40周年“记忆·传承·感悟·赞颂”主题展览

2019年3月，组织了许昌学院樱花节专题活动，以“诗情画意赞家园”为主题，举办了摄影、绘画、书法、征联活动。

2019年5月，举办了“记忆农耕·莫忘乡愁——农耕摄影佳作展”展出省内外8位著名摄影家的原创佳作。

2019年7月，组织开展了大学生暑期社会实践活动，30多位学生在教师带领下深入三个典型乡村开展乡村文化建设调研活动。

2019年9月，与许昌市文化广电和旅游局、农业农村局、科协等单位联合，在许昌科技馆举办了“回望农耕·礼赞祖国”庆祝新中国成立70周年及第二个中国农民丰收节大型展览。

2019年9月，农博馆与许昌学院马克思主义学院联合举办了“马克思主义经典·古风国学诵读”活动。

2019年11月，继此前每年召开专题研讨会的基础上，本年度首次以省重点社科基地名义召开“第六次中原农耕文化与乡村发展研讨会”。

2020年5月，举办“脱贫谢党恩·小康忆农耕”主题展览。该展览荣获国家文物局向全国推介的2020年度“弘扬优秀传统文化、教育社会主义核心价值观”优秀主题展览。

七　深化内涵建设与学术研究

许昌学院在创建中原农耕文化博物馆的有利基础上，不断深化内涵建设，谋划和实施中原农耕文化记忆传承系统工程，旨在多渠道、全方位、立体化地将中原农耕文化的精髓挖掘和展示出来、保存和传承下去，使民族精神和传统文化得以弘扬。汪庆华教授的文章《留住农耕文化的根脉》和《农耕文化遗产：乡村振兴不能没有你》分别于 2017 年 7 月 11 日和 2019 年 9 月 8 日在《光明日报》发表，中国社会科学网、中国政协网、中国经济网、光明网、中国青年网等重要网站均予转载，在学术界产生较大影响。

2018 年 6 月河南省委宣传部批准许昌学院建立河南省重点社会科学研究基地，要求基地认真学习研究和宣传贯彻习近平新时代中国特色社会主义思想和党的十九大精神，以河南优秀传统农耕文化的传承创新与乡村发展研究为重点，切实加强对有关重大理论问题和现实问题的研究阐释，紧密围绕省委省政府重大决策部署开展应用对策研究，多出成果、多出人才，充分发挥省重点社会科学研究基地“思想库”和“智囊团”的重要作用，为决胜全面建成小康社会，谱写中原更加出彩新篇章做出贡献。

基地策划实施的“中原农耕文化记忆传承工程”包含 8 项子工程，即实体展馆建设、智慧展馆建设、系列丛书编著、典籍资料建设、古今双向研究、融媒宣教传播、社会实践推进、展馆联合互动。其中，丛书编著工作正有序推进，外围系列成果已出版 3 部，韩晓民《民间记忆》先后被评为河南省民间文艺金鼎奖和第二届“杜甫文学奖”；“传统文化·农耕文明”专题典籍资料库建设初见成效，现已收集到全省所有市县地方史志（清代及近年新修的），为留存历史资料、服务学术研究打造权威性资料平台而努力；中原农耕文化研究团队自 2015 年以来，持续深入全省各地农村开展调研考察，收集和拍摄到图片、视频、资料等大量第一手材料，为深入开展研究工作和丛书编著奠定了坚实基础。

八　社会效益与对外影响

领导视察：中原农耕文化博物馆自 2012 年 12 月开馆以来，受到了社会广泛关注和好评。河南省委常委李亚，河南省副省长徐济超，教育部思政司司长冯刚，全国高校博物馆专业委员会秘书长韩国军，河南省委常委、宣传部部长江凌，河南省教育厅厅长朱清孟，河南省文化厅厅长杨丽萍，河南省文化厅副厅长崔为工、孙鹏，河南省文物局局长陈爱兰、副局长李玉东，河南省非遗保护中心主任裴景岭，以及许昌市委、市政府领导等都曾视察本馆并作出指导。河南省委宣传部、省教育厅、省文化厅、省文物局对该馆建设给予了大力关心和支持。

2017 年 12 月，河南省委办公厅、省政府办公厅印发的《河南省“十三五”时期构筑全国重要文化高地规划纲要》中，将农博馆纳入河南省中国文化遗产保护传承示范基地的建设场馆。

媒体报道:《光明日报》、《中国教育报》、《中国文物报》、《中国博物馆通讯》、《河南日报》、《南方农民报》、河南电视台、新华网、光明网、人民网、腾讯网、《大河报》、《许昌日报》、许昌电视台、《许昌晨报》等众多媒体对农博馆作以报道。农博馆图文资料入选中央纪委国家监委网站“博物馆时光”。农博馆与多家媒体合作，以农耕文化为切入点为弘扬传统文化共同努力。

对外影响：陕西、湖北、河北、安徽、山东、山西、甘肃、宁夏、内蒙古、新疆、辽宁、湖南、广东、黑龙江等国内多个省区市 100 多支省外团队专程赴农博馆参观考察，学习借鉴农博馆建馆经验。农博馆专家亲临现场直接指导建设的西安市高陵区“关中农耕文化博物馆”、湖北省保康县“尧治河农耕文化博物馆”、湖北省九坤太白小镇“鄂东农耕文化博物馆”、河北省清河县农耕文化展览馆、湖北省黄冈师范学院“大别山农耕文化博物馆”、安徽省亳州市“淮河流域农耕文化博物馆”、河南省登封市“二十四节气展示馆”、河南省中牟县农耕文化展览馆、河南省鹤壁市“太宗农耕文化博物馆”、河南省长葛市“大中原文化体验园”等省内外二十多地的农耕文化主题场馆已经或即将落成开馆。农博馆专家团队先后为西安高陵场畔农耕文化休闲观光园、建业绿色基地建业大食堂、河南盛田农业“百年粉坊”、湖北九坤太白特色小镇、河南舞阳沙河农耕文化游乐园、河南叶县燕山湖农耕文化休闲园、河南长葛大中原文化体验园、河南新郑红枣小镇、河南西华新农村建设、河南内乡田园综合体与全域旅游、河南温县陈家沟特色小镇、郑州弘亿庄园一丁教育农耕文化体验基地、襄城县首山综合开发项目、禹州市苌庄镇“玩花台农耕文化体验园”、许昌市乐佳生活美学农场等二十多地的有关项目，提出策划设计方案或建设性意见，积极促进农耕文化落地生根、开花结果，为推动省内外农耕文化主题场馆创建，加强农耕文化遗产保护和利用做出了积极贡献。

农博馆在西安高陵关中农耕文化博物馆开馆仪式上赠送匾额

农博馆与湖北黄梅鄂东农耕文化博物馆结为战略合作伙伴，图为签字仪式

九　组织管理

主办单位：河南省许昌学院

批准机关：河南省文物管理局

领导机制：

许昌学院党委书记、中原农耕文化与乡村发展研究基地主任：闫纪建

许昌学院院长、博物馆法人代表：岳修峰

农博馆分管领导：许昌学院副院长郑直

中原农耕文化与乡村发展研究基地常务副主任：寇鸿顺

管理机制：

名誉馆长：中原农耕文化研究中心主任汪庆华

馆长：崔凤巧（首任：2012 年 12 月—2016 年 12 月）

刘军伟（二任：2016 年 12 月—2020 年 6 月）

寇鸿顺（现任：2020 年 6 月—）

副馆长：中原农耕文化研究中心副主任朱志浩

馆员：徐中森、孟聚、高明、刘素帆、杨晓航、郝二旭、胡建锋、李文君、林韵、王志军、臧珂、李亚晴

十　学术顾问

徐勇：华中师范大学教授，博士生导师，中国农村研究院名誉院长，教育部首批文科“长江学者”特聘教授、教育部社会科学委员会委员、中国政治学会副会长。

魏坚：中国人民大学历史学院教授、博士生导师，北方民族考古研究所所长、考古文博系主任，兼任中国历史研究院学术咨询委员会委员、国务院学位委员会考古学科评议组成员、中国元史研究会副会长、中国岩画学会副会长、中国社会科学院古代文明研究中心客座研究员。

张志和：故宫博物院研究员，中国书法研究所所长，故宫博物院博士后工作站导师，享受国务院颁发的特殊津贴，河南省政协委员，中国书法家协会理事，北京非物质文化遗产技艺传承协会常务理事。

朱宪民：著名摄影家，原中国摄影家协会副主席，中国艺术摄影学会副会长，文化部专业职称高级评审委员会主任，享受国务院政府特殊津贴，荣获摄影事业终身成就奖；摄影专著《中国百姓》在国内外产生重要影响。

仉建涛：河南财经政法大学经济学教授，中共河南省委“三农”问题

咨询组特聘专家，原许昌学院党委书记，主导创建中原农耕文化博物馆和中原农村发展研究中心。

陈建国：新乡医学院党委书记，曾先后任许昌学院院长、党委书记，政治学教授，主导创建中原农耕文化博物馆和中原农村发展研究中心。

高天星：郑州大学教授，博士生导师，著名民俗学专家，现任河南省中华文化促进会副主席，河南省老教授协会名誉会长；主编了《中国节日民俗文化》，共7卷。

李佩甫：著名作家，原河南省作家协会主席，茅盾文学奖获得者，南丁文学奖获得者。

周同宾：乡土文学著名作家。

夏挽群：中国民间文化研究专家，历任中国民间文艺家协会副主席、河南省文联副主席、河南省民协主席；现为中国民协顾问、河南省民协荣誉主席、河南省中华文化促进会副主席。

程健君：中国民间文艺家协会副主席，河南省民间文艺家协会主席，河南省非物质文化遗产保护工作专家委员会副主任。

单占生：诗人，文学评论家，资深职业出版人，曾任河南文艺出版社总编辑。

刘学林：著名作家，河南省作家协会原秘书长。

裴景岭：非物质文化遗产研究专家，曾任河南省非物质文化遗产保护中心主任。

楚小龙：文博副研究馆员，中国考古学会会员，河南省非物质文化遗产保护中心主任。

十一　特聘研究员（以聘任时间为序）

孟聚、潘民中、马华、马洪伟、郭现军、杨晓宇、唐明仓、韩晓民、赵俊锋、符春绿、潘运明、董中锋、杜富强、周健、田聚常、王丙森、周颖、朱贵良、周新峰、沈春光、杨海钦、马宝记、程晓涵、李九科、张明山、庞仁甫、梁冠山、段双奇、张立汉、胡彬、迟晓璐、张彩丽、叶二红、张敦、李维

十二　特聘摄影家艺术设计师（以聘任时间为序）

王志军、王雨、张培林、赵金升、耿亚伟、牛书培、梁冠山、段双奇、殷作洲、卢晓红、王银安、陈文利、耿沛甲、张晓珂、孔留玉、李岩、郭君健、王坦、吴强、焦拥军、王静

十三　荣誉馆员

校外人员（排名不分先后）

李刚、张洪军、李国庆、李程伟、赵金升、开红四、尚建国、唐新民、许长国、崔春一、丁雪玲、景随卷、刘仕波、王建发、王银安、张本初、张方全、朱相师、赵华枝、田文运、董乐生、程新青、郑永强、贾凤翔、葛国桢、杨汉生、贾银永、刘心建、任冠、杜占、张海成、赵京辉、常冬梅、庞丙德、王秀花、胡彬、史旭东、迟晓璐、桓黎、田野、韩非、孙丽娜、李建平、张敦、叶二红、李维、王 谦、靳建洋、鲍楠华、汪永涛、王国玉、赵飞、胡战

校内人员：

崔凤巧、刘军伟、张学燕、孙林东、张旭、侯永生、钟伟超、张永祥、马金柱、赵兰群、郑国瑞、彭晓兵、耿沛甲、王焱、黄杰、冯帅、赵鹏飞、董静、尚建乐

十四　战略合作伙伴（以结盟时间为序）

（1）陕西省西安市高陵区国瑞生态观光产业园有限公司“关中农耕文化博物馆”

（2）湖北省保康县尧治河集团有限公司“尧治河农耕文化博物馆”

（3）河南省郑州丙森文化产业有限公司“登封二十四节气展示馆”

（4）河南省鄢陵建业绿色基地建设有限公司

（5）河南省盛田农业种植专业合作社“盛田农业百年粉坊”

（6）河南省郑州市一丁教育信息咨询有限公司“弘亿庄园教育基地”

（7）河北省清河县“农耕文化展览馆”

（8）湖北省黄梅九坤太白小镇“鄂东农耕文化博物馆”

（9）河南省农信通公司“太宗农耕文化博物馆”

（10）湖北省黄冈师范学院“大别山农耕文化博物馆”

（11）河南省周口市“华威民俗文化博物苑”

（12）河南省长葛市四海实业有限公司“大中原文化体验园”

（13）安徽省亳州市安徽武子古酿酒业有限公司“淮河流域农耕文化博物馆”

（14）郑州市中牟县“双旗农耕文化遗产抢救馆”

（15）河南省禹州市“玩花台农耕文化体验园”

（16）河南省许昌市“乐佳生活美学农场”

（17）河南乐佳农业发展有限公司

（18）河南建培实业有限公司

十五　参观联络

开馆时间：执行国家博物馆免费开放政策。周六、周日面向社会公众开放（上午 8：30—11：40，下午 14：30—17：30）；周二至周五，实行团队预约集体参观；周一闭馆。

联络电话：博物馆 0374-2996776

研究基地办公室 0374-2968563

网站：www.xcu.edu.cn

微信公众号 : 中原农耕文化博物馆

邮箱：zyngwhbwg@xcu.edu.cn

地址：河南省许昌市八一东路许昌学院校园内图书大楼西邻

乘车路线：2 路、11 路、29 路、99 路、33 路等多条公交线路直达

第一厅　农耕源流

一　前言

中国自古以农立国，耕耘畜养绵延了数千年。在年复一年的春种夏耕、秋收冬藏的农业实践中，华夏民族的祖先创造了灿烂辉煌的中华农耕文化。世世代代的炎黄子孙在寒来暑往的岁月更替中，在年复一年的农耕劳作中，不断发明与革新农具，改进农艺，积累经验，创造了一整套独特的精耕细作、用地养地的技术体系，使土地利用率和土地生产率不断提高；同时，在与大自然的长期互动中，在衣食住行的日常生活中，创造了灿烂的中华文化，诸如自强不息的民族精神，崇德向善的道德观念，丰富多彩的民俗风情，绚丽多姿的民间艺术，等等。数千年来形成和积累下来的优秀农耕文化遗产，是中华优秀传统文化的重要组成部分，是中华民族生生不息、团结奋进的不竭动力，是构建中华民族精神家园的重要文化源泉。

二　农耕文明源远流长

（一）农耕源流撮要

1. 原始农业：中国农耕文明的起源

农耕文明的起源，不是一个简单而突发的事件，而是一个艰难复杂的漫长历史过程。原始农业是从采集逐渐发展演化而来的，猿人学会使用简单工具对野生植物进行采集，成为农耕文明的发端。

旧石器时代原始人逐渐学会用石、木等材料制作简单工具，打开了农业的大门。黄河流域气候温暖适宜，土壤疏松肥沃，雨量丰沛，水源充足，草木茂盛，为原始农业的产生和发展提供了良好的自然条件。神农生活的时代，距今一万年至四五千年，是中国原始农业时期。在这个时期以妇女为主体的母系氏族社会里，妇女们率领着自己的氏族在与大自然的斗争实践中，逐渐认识了谷物，发明了农具，懂得了种植，学会了畜牧，了解了草药，甚至有了最初级的物品交换。农业耕作和畜牧养殖，迫使人们改变原来流动的生活方式，不再频繁迁居，而是有了一个相对稳定的居住家园。农业耕作由边垦荒边种植、边种边丢、再种再垦的生荒耕作，转化为重复耕种的熟荒耕作，耕作方法也由“火耕”逐渐转变为以“耜耕”为主。

在公元前8000~前7000年，先后进入陶新石器或无陶新石器时期，这时人们已学会种植小麦、大麦、扁豆和豌豆等作物，并开始饲养绵羊和山羊，有的遗址还发现了猪的骨头。大量考古发现，石斧是原始农业时代最主要的工具，它充分说明“刀耕火种”和“火燎杖耕”的农耕方式曾在我国原始农业时代普遍存在，而且延续很长时间。耒和耜，是原始农业早期使用的重要农具，当耒和耜两种独立的原始农具结合在一起后称为耒耜，成为农具发展史上的一次飞跃，开辟了由单式农具向复式农具的发展道路。此后，铲、锹、锨、镢、锄、犁、耧车等相继发明，有力推动了农业的发展。

2. 夏商西周：中国古代农业及农具的初步发展

夏商西周时代，是中国农业及农具的初步发展时期。这时，从原始公社制进入奴隶社会，从公有制变为私有制。土地制度实行“井田制”。农业耕作基本上摆脱了原始耕作方式，进入粗放耕作阶段。在一些小的时空范围内，出现精耕细作的萌芽。部分农具逐渐摆脱原始状态，进入改进提高的初步发展阶段，并开始迎来使用金属制造农具的曙光。

夏商西周时代，在农耕劳作中继续沿用“耦耕”“协耕”的耕作方式，这种方式的广泛采用，促进了耒耜向耕犁的转化。在农具中，除了继续使用石、骨、蚌、木质农具外，已开始部分使用青铜农具。由此开启了使用金属农具的新时代，这是具有重大历史意义的。

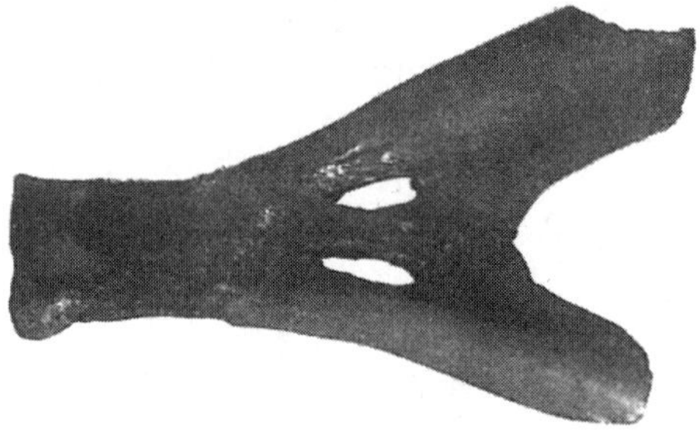

骨耜（新石器时代 浙江余姚河姆渡遗址出土）

3. 春秋战国：中国古代农业及农具的快速发展

春秋战国时代，是中国农业和农具快速发展时期。这是我国奴隶社会向封建社会转化，社会制度大变革、社会生产大发展的时代。青铜农具使用范围进一步扩大，随着冶铁业的兴起和发展，铁制农具逐渐普及。开始驯化牛拉犁耕田，成为这个时代农业生产和经济发展的重要特征，也是促进农业及其他行业发展的重要因素。铁制农具的使用，大大促进了农业动力的进化，进而促进农业耕作由粗放耕作向精细耕作过渡。耕作方式由耒耜耕作转化为犁耕，对农业发展具有重大意义。

敦煌莫高窟农作图

4. 秦汉时期：中国古代农业及农具的基础奠定和基本定型

秦汉时代是我国历史上从分裂走向统一、从战乱走向治理的时代，是奴隶制度彻底崩溃、封建制度奠基的时代，是政治、经济、思想、文化从开花走向结果的时代，是农业生产从粗放耕作走向精耕细作的时代，是传统农业科学初步奠定基础的时代，是铁制农具全面代替其他材质农具并得到全面发展的时代，是主要农具耕犁、耧车初步形成并广泛使用的时代，是农具动力从单纯使用人力向畜力人力共用，并开始利用其他动力的时代。总之，这个时代是中国农业及农具基础奠定和基本定型的重要时期。

山东滕州黄家岭汉画像石农作图

5. 三国至隋唐：中国古代农业基础巩固与发展格局基本完成

三国两晋南北朝时期至隋唐五代，是中国传统农业及农具基础巩固与发展格局基本完成时期。我国传统农具，特别是大田作业农具，到秦汉时期，基础发展阶段已基本完成，农具的大类已基本稳定下来。到三国两晋南北朝时期，传统农具的整体也基本完成了奠基阶段。此后，农具的大类

嘉峪关魏晋墓农作图

嘉峪关魏晋墓农作图

已不多见，主要发展体现在各类农具本身种类的增多和质量的提高，结构性能不断出现量的进展，只有少数农具出现质的飞跃。至隋唐五代，我国传统农具发展格局基本完成。

6. 宋元明清：中国古代农业及农具的稳定与持续

宋元时期是中国农业及农具发展的稳定持续时期。到了唐代，主要传统农具已完全定型或基本定型，宋元时代的农具虽然还有一定的革新和改造，但新的创造发明比较少，更多地表现为对传统农具的总结与继承。

明朝到清朝（1840 年鸦片战争以前），封建经济总体上进入衰败时期，在农业上所形成的小农经济体制，已成为生产力发展的严重桎梏。作为生产力要素的农具和农耕技术，只有生产关系出现新的飞跃，才会出现新的发展与创新的机会。而这时中国传统农业技术和比较完备的农耕器具，已能完全满足小农经济体制的生产要求。明清时期的社会没有为生产力发展创造新的机遇，所以，传统农耕技术和农具表现出停滞不前的特点。

中国传统农业发展到清代，依靠精耕细作、间作套种等一系列行之有效的经验技术和配套齐全、性能优良的传统农具，养活着不断增长的人口。农业提高效率、增加产量的主要措施，就是加大人力的投入。在农村，谁家的劳动力多、劳动力强，谁家的收成就好。这就形成了对人口增殖的正面刺激。这是明清乃至民国时期农业生产的基本特征，也是这个时期中国人口迅速增加的原因之一。

这个时期还有一个特点，就是对传统农学进行了比较系统的总结回顾。该时期涌现的各种农书竟达 600 多种。由于这个时期传统农业生产的农作制度和耕作方法都已发展到相当成熟的地步，而社会发展特别是人口的快速增长，对农业提出了新的要求，要求农业生产取长补短，以使农业有新的发展和提高。所以，总结经验，继往开来，成为客观需求。但是，纵览这些农书，审视这一农学研究的“繁荣”局面，可以发现是以数量的积累和经验的总结为特征的，不论对农业技术，还是对农具技术的研究，都只是资料总结性的汇编，没有进入微观分析，没有达到质的飞跃，没有实现规律性的发掘提炼和理论的升华。

7. 清末民国：中国近代农业与农具的迟缓发展

清朝末年，社会制度日渐衰败，闭关锁国、固步自封的僵化思维模式把中国的经济文化推向了崩溃的边缘。1840 年鸦片战争爆发，帝国主义的洋枪洋炮打开了紧闭着的中国大门，中国陷入半殖民地半封建的水深火热之中。

鸦片战争至新中国成立前夕，中国的农业和中国的社会制度一样，具有明显的半殖民地半封建特征：一方面在广大的农村仍延续着传统的小农经济，以及当时已经相当成熟的传统农业耕作制度和耕作方法；另一方面在社会上形成了一股学习资本主义农业的潮流，并在局部地区做了一些探索和实验，产生了由传统农业向近代农业转变的萌芽。主要表现是，在局部时空范围，经验农业开始向实验农业转变，畜力手工农具向机械动力农具转变，自给自足经济向商品经济转变。但这些转变只是局部的、初步的、自发的、探索性的行为，而不是自觉的、全局的、成熟的行为。

8. 新中国成立以来：中国近代农业及农业机械的发展演变

中华人民共和国成立之后，中国迈入一个全新的社会，政治经济文化等方面都发生了翻天覆地的变化。农业技术和农业机械也步入创新发展的健康轨道。1950 年，由当时的政务院组织在中共中央所在地中南海举办了新式农具展览会；1951 年，农业部召开了农具工作会议，提出全国农具工作的方针是迅速增补旧式农具，稳步发展新式农具；1953 年底，全国共生产旧式农具 5900 多万件；1955 年，我国已能成批生产九大类 50 多种半机械化农具，如解放式水车、七寸步犁、双轮双铧犁、马拉播种机、玉米脱粒机、人力打稻机、三脚耘锄、轴流泵等；1957 年，已能制造出播种机、大型脱粒机、五铧犁、牵引式联合收割机等；1958 年，在“左”倾思潮的指导下，农业机械化也出现了大跃进局面，特别是洛阳拖拉机厂的建成投产，极大地增强了农机工业的实力；1959 年国家成立了农业机械部，旨在加快农机事业的发展，但在当时违反客观规律的“浮夸风”影响下，农机事业畸形发展，许多项目规模大、周期紧，物力、人力、财力跟不上，有许多不得不中途下马，有些项目勉强完成，却产生了不少粗制滥造的农机产品，没有实用价值，劳民伤财，造成巨大浪费，对农业生产并没有产生积极效果；1961年，在“调整、巩固、充实、提高”方针指导下，农机行业也进行了大调整，关停了一批工厂，集中保重点企业，实实在在增强了农机行业的实力，促进了农业生产的恢复和发展；1966年“文化大革命”开始，一直持续十年之久，农业和农机事业和其他行业一样，受到严重干扰和创伤，甚至有人以“宁要社会主义的草，不要资本主义的苗”为口号，打压农民正常的农事劳作；1978年，党的十一届三中全会召开，从此开始扭转农业发展的被动局面；改革开放初期，随着家庭联产承包责任制的推行，大型机械化农具的生产和使用大大下降，传统农具特别是经过改良的传统农具大受欢迎，家家必需，装备齐全。这期间，农业机械化出现停滞甚至倒退局面，但依靠农民积极性的爆发，农业产量却大大提高；从1982年开始，中共中央对农业发展给予高度重视，到2020年已先后发出22个“一号文件”，有力指导和推动了农业和农村的发展；1990年国家调整了发展农业和农具的政策，促进一大批适应新经济体制的中小型农机具生产，投入农业市场，有力支持和促进了农业生产；近年来，随着土地流转、规模经营、新型农业合作社、土地三权分离、城镇化、乡村振兴等一系列重大措施的实施以及现代科技的飞速发展，新型农业现代化的步伐日益加快，直接影响和有力推动着农机现代化的进程，新型农业机械大批涌现，传统农耕器具中的少数小件农具只在偏远山区以及农家琐碎劳动中尚有使用。改革开放以来，现代农业和农业机械化大踏步向着新型农业现代化迈进。

（二）古代农耕技术的发展演变

1. 刀耕火种

刀耕火种是新石器时代的农耕劳动方式，又称“迁移农业”，属于原始生荒耕作制。先以石斧、石刀等砍伐地面上的树木等枯根朽茎，草木晒干后用火焚烧。经过火烧的土地变得松软，不翻地，地表草木灰便成为肥料。直接把种子撒到地里，或用一端削尖的木棒（耒）在地上戳出空穴，放入种子。自然生长，作物成熟后采摘收获。一般种一年后易地而种。

2. 耦耕和协田

“耦耕”和“协田”是夏商西周时代的古老耕作方式。关于“耦耕”的具体方式，历史上对它的理解和描述存在一些差异，甚至有七八种不同认识。归纳起来主要涉及三种耕作方式：一是指两人并立，各执一耒耜，合力发土；二是两人面对面合作，一人踏耒入土，一人拉耜发土；三是二人合作，一人在后扶把，另一人在前拽拉。后人研究意见的不同，正说明“耦耕”这一古老耕作方式是在一定时空范围内不断发展变化着的，与此同时，工具也在发展变化，出现了双齿耒耜、三齿耒耜，以及耕犁的原始形态。对于“协田”的认识基本一致，就是三个人并排进行耕作，用来提高掘地翻土的劳动效率。

3. 畎 (quan) 亩法

畎亩法是春秋战国时期出现的一种抗旱保墒耕作方法。畎是沟，亩是垄，将土地耕成畎和亩相间隔的形式，畎的深与亩的高约一尺。在地势高的田里，将作物种在畎里，而不种在亩上，叫做“上田弃亩”；在地势低的田里，将作物种在亩上，而不种在畎内，叫做“下田弃畎”。这样有利于通风透光，而且高田有利于抗旱保墒，低田有利于排水防涝。这是当时最先进的耕作法。

4. 代田法

代田法是西汉农业科学家赵过总结前人经验并加以改进推广的一种抗旱耕作方法。具体方法是：将土地开成一条条宽深各一尺的“沟”和“垄”，第一年把庄稼种在“沟”里，随着作物的生长，不断将两边垄上的土铲下来为作物壅根；第二年沟垄互换位置，在原来是垄的地方开沟，将沟的地方做成垄，依法种植。这种耕作方法有利于保持地力，抗旱保墒。

5. 区（ou）种法

区种法是汉代农学家氾胜之发明的一种抗旱高产的栽培技术方法，又称为区田法。这是一种适应黄河流域的土壤、气候等自然条件，综合运用深耕细作、增肥灌溉、密植全苗、精细管理等措施，提高产量的耕作方法。具体操作方法有两种：一种是带状区种法，这种方法与近代的畦种方法类似，是把土地做成垄行和沟，禾黍要种在沟里，顺着沟种两行，行距相等，株距相等，不同品种的庄稼距离有别，合理密植，等距全苗。另一种方法是方形区种法，这是一种培养丰产坑或丰产埯的方法，是将土地整理成方和坎，坎进行深翻，加上粪土搅和，禾黍种在方形的坎中，合理密植，等距播种，取得丰产。这种耕作方法，标志着汉代精耕细作已经达到较高水平。

6. 耕耙耱法与耕耙耖法

秦汉魏晋南北朝时期，是北方精耕细作技术的形成时期。由于黄河流域春天多风少雨，抗旱保墒是农业要务，于是促使人们形成了一整套以耕、耙、耱为中心的精耕细作技术体系。《齐民要术》中对这一技术有较详细的记载和要求。土地用耕犁耕翻是第一道工序；之后，用带有铁齿的耙将土块犁耙碎，是第二道工序；再用不带铁齿的耢，在地上耱压，耢一般用柳条或树枝等编成，通过第三道工序即可达到土壤细而平整的程度。耙和耢操作时，要有人站在上面，以便增加重量。经过耕耙耱的土地，能够减少水分蒸发，达到防旱保墒的目的。

耕耙耖法是南方水田的精耕细作技术，从隋唐时期开始，南方水田形成一整套以耕、耙、耖为中心的精耕细作方法。耖子是用于平整水田的水耙，耖的重要作用在于平整和细化水田里的泥土。

魏晋南北朝以后，我国北方基本上都是沿用耕耙耱这一精耕细作技术进行农田耕作，直至20世纪80年代。而南方耕耙耖技术形成后，也一直没有大的变化，不过是对工具形制有些改进和创新。比如，南方的水耖，有手持的木齿耖子、铁齿水耖，也有木制叶片的辊式整地工具，叫做蒲辊。

（三）古代农书简介

1.《神农》二十篇

汉书艺文志农家类著录。原注说：“六国时，诸子疾时怠于农业，道耕农事，托之神农。”从而得知，本书的内容是关于农耕技术的性质。古代人汇录议论性质相类的文字成书，往往采用一位思想或行事与此议论相称的古人题名。本书就是属于此类性质。原书《隋书·经籍志》上面已不见，必是早已失亡，以后即不再见记录。清代马国翰参校众书，辑成一卷，题为《神农书》，这个辑本的内容主要采自唐朝的《开元占经》，其余则杂录自《管子》《吕氏春秋》《淮南子》等书，大都是五行占卜迷信的说法，有一些关于重农和农政的议论。

2.《夏小正》

古代儒家所记的《礼书》当中，有一篇题名为《小正》的农历性质的文字，相传是夏朝时代的作品，所以篇名的上面冠以“夏”字。其中按月记载有关天象、作物生长以及物候变化和农业生产的知识。

3.《氾胜之书》

《氾胜之书》是西汉晚期一部重要的农学著作。原书共 18 篇，记述了黄河中下游地区耕作原则、作物栽培技术和种子选育等农业生产知识。该书约在北宋时失传。现存三千五百多字的《氾胜之书》是后人从《齐民要术》等书中辑录出来的，为现存最早的一部农学专著。《齐民要术》在引用前人著述中，以氾书为独多。汉代农书大都失传，只有这部著作基本保存下来，当属不幸中的大幸。

4.《四民月令》

《四民月令》是东汉后期叙述一年例行农事活动的专书，是东汉大尚书崔寔模仿古时月令所著的农业著作，叙述田庄从正月直到十二月中的农业活动，对古时谷类、瓜菜的种植时令和栽种方法有所详述，亦有篇章介绍当时的纺绩、织染和酿造、制药等手工业。

5.《齐民要术》

《齐民要术》是中国杰出农学家贾思勰所著的一部综合性农学著作。大约成书于北魏末年，全书共 10 卷 92 篇，系统地总结了 6 世纪以前黄河中下游地区劳动人民农牧业生产经验、食品的加工与贮藏、野生植物的利用，包括耕种作物、蔬菜和果树栽培、畜牧、兽医、农产品加工等，以及治荒办法、季节气候等内容，甚至还附有外国的栽培植物，内容全面，讲述详确，是完整保存下来的最早一部综合性古代农书。

6.《四时纂要》

唐末或五代初期韩鄂撰。逐月列举应做的农事，对农村的生产活动及后世农家历的编纂很有影响。全书 5 卷，其中农业技术部分，主要引自《齐民要术》，但有增益。对于粮食作物、蔬菜、果木、油料作物的种植技术记述较详，并有茶、雄麻、植棉、人工培育食用菌的最早记载。原书早已散失。后在日本发现了一个明万历十八年的朝鲜刻本，随即影印出版。书后有朝鲜刻本所据祖本的出版者题记，所提年代是宋至道二年，还早于官刻本二十五年。

7.《耒耜经》

《耒耜经》是唐朝陆龟蒙撰写的农具专著，全文仅 633 字，但文字严谨，层次分明，记述了四种农具，主要讲的是耒耜。在古代农书中，多数是讲农艺的，这种专门讲述农具的，十分罕见。所以，《耒耜经》在中国农学著作中具有重要意义。难能可贵的是作者的写作动机，他认为如果一个人只会吃饭睡觉，而不了解怎样种庄稼、怎样使用农具，就等于不懂人生的意义，那和禽兽没什么两样。他提倡上层人士向农民学习，学习农民的农业知识，学习农民的淳朴作风，他自己也是这样做的。

8.《陈旉农书》

宋陈旉撰，中国宋代论述南方农事的综合性农书。陈旉以前的农书，多为北方黄河流域的农事，本书则是第一部反映南方水田农事的专著。记载宋代江南地区的水稻种植、畜牧和蚕桑等生产技术，提出“无不可耕之地”“地力常新壮”等农学理论。

9.《耕织图》

《耕织图》由南宋楼璹所绘，共 2 卷，绘有 45 个画面，其中“耕图”21 个，“织图”24 个。各图配五言诗一首，每首 8 句。对于农桑劳务描绘得真实细腻、入情入理。楼璹的《耕织图》虽然在形式上是一卷诗画相配的文艺作品，但无论从作者的编绘意图来讲，还是从作品的具体内容来看，它都更应该看作是以农耕为主题的一部优秀农学著作。

楼璹的《耕织图》原图早已遗失，但它对后世产生了巨大的影响。在楼璹《耕织图》的影响下，绘制《耕织图》几乎成为一种风气，宋代及以后的几个朝代都有《耕织图》出现，先后有刘松年、梁楷、程棨、宋宗鲁、仇英、唐寅、焦秉贞、陈枚、冷枚等，都有仿绘《耕织图》问世，约有 15 种之多。楼璹之后，所有发展演变的作品，主题思想均没有发生变化，多数作品都保留着楼璹《耕织图》的基本格局和内容，从中都可以看到楼璹《耕织图》的影子。其中，程棨的《耕织图》的画幅与画面和楼璹的《耕织图》完全一致，是了解楼璹《耕织图》真实面目的最佳版本。

楼璹《耕织图》问世以来，在政治、经济、科学、技术、文学、艺术等诸多领域都产生了重大影响，对于农耕、桑蚕、纺织、机械、工具、建筑、服饰、美术、民俗以及诗词等都提供了珍贵的历史资料。

10.《农桑辑要》

元代初年官修的综合性农业技术专著。全书7卷，包括典训、耕垦、播种、栽桑、养蚕、瓜菜、果实、竹木、药草、孳畜等十个部分，分别叙述了我国古代有关农业的传统习惯和重农言论，以及各种作物的栽培，家畜、家禽的饲养等技术。

11.《王祯农书》

元代王祯撰。王祯在前人著作的基础上，第一次对所谓的广义农业生产知识做了较系统全面的论述，兼论中国北方和南方的农业技术，提出了中国农学的系统体系，在中国农业史上占有很重要的地位。全书内容广泛、体系完整，图文并茂，特别是“农器图谱”部分，将一百多种农业机械绘图说明，是全书最具特色、最有价值的部分。

12.《农桑衣食撮要》

元代鲁明善（维吾尔族）撰。中国元代月令类农书，按十二个月列举农家应从事的作业及生产技术和方法。是农家月令书中最好的农书之一。

13.《农政全书》

明代徐光启撰，成书于明朝万历年间。本书广泛收集了中国历史上和当时有关农业的政策、制度和科学知识，基本上囊括了明代农业生产和人民生活的各个方面，是一部名副其实的农业百科全书，在农学史上占有很重要的地位。

14.《南方草木状》

晋代嵇含编撰。公元304年问世。此书记载了生长在我国广东、广西以及越南等地的八十种植物，书中并有生物防治的记载，是我国现存地方植物学的重要文献。

15.《天工开物》

《天工开物》成书于明崇祯十年（1637年），作者是明代著名科学家宋应星。这是我国古代一部综合性科学技术著作，也是世界上第一部包含农业和手工业生产的综合性著作。全书 3 卷 18 篇，收录了机械、砖瓦、陶瓷、硫黄、烛、纸、兵器、火药、纺织、染色、制盐、采煤、榨油等生产技术。其中，更多着眼于手工业，反映了中国明代末年出现资本主义萌芽时期的生产力状况。

16.《便民图纂》

《便民图纂》是明朝邝璠编撰的“通书”类型的农书，内容庞杂，载有农艺、园艺、养畜等农业技术知识和医药上的民间处方，以及天文气象、家庭用品等知识。其中有丰富的农业生产技术知识，如耕获、蚕桑、收养、树艺等，特别是果树的栽培、嫁接、治虫、采果等方面的知识，对后世有较深的影响。

17.《授时通考》

《授时通考》是清代官修的大型农书，由鄂尔泰撰写，本书主要引录自《王祯农书》的《农器图谱》，但次序全部打乱重新编排，图形全部临摹重绘，所录文字也作了较大的删节。

18.《农具记》

《农具记》是明清时期唯一一部专论农具的著作，也是中国历史上仅存的两部专讲农具的文献之一。全篇共 1777 字，但所论及的农具种类却不少，达 60 余种。虽然文字比较简略，但所论及的农具的基本要点都表达得比较清楚，是中国农学史特别是中国农具史上不可多得的一部专著。

三　中原地区古文化遗址简介

（一）河南古文化遗址

1. 中原地区岩画

21 世纪初以来，首先在河南省禹州市、新郑市的具茨山发现了大量岩画，随后在方城、叶县、泌阳、淇县、镇平、淅川、南召、舞钢等中原多地相继发现了同类的刻凿岩画，其分布范围之广泛、体量之巨大、形式之多样，从整个世界范围来看，也是首屈一指。这是中国考古的惊喜，对于研究早期中国历史，探究中华民族和中国文明的起源具有重要价值。许多学者对此已经达成共识，认为这些凹穴岩画不仅是文字出现之前的符号象征系统，同时也是最早的艺术形态，为探求农耕文明之源提供了更多的探索和研究空间。

中原岩画（董中锋摄于叶县）

方城县杨庄东岗多组凹穴岩画（采自白振国《方城岩书岩画》）

2. 南召猿人

1978 年于河南省南阳市南召县杏花山发现古猿人牙齿化石，距今五六十万年，被命名为“南召猿人”，这是中原人类的鼻祖。

3. 许昌人

2007 年 12 月，在河南省许昌市灵井遗址发现一个经拼接近乎完整的古人类头盖骨化石，证明距今 8 万 ~12.5 万年前的中国猿人在此生活，这是继北京猿人之后我国古人类进化研究的又一重大发现。这一发现填补了中国现代人类起源中的重要一环。关于现代人类起源有两种理论，一种理论是美国遗传学家卡恩提出的，认为世界各地的现代人都是由非洲的现代人繁衍而来；另一种理论是“多地区起源说”，认为亚洲、非洲、欧洲的现代人，是由当地的早期智人乃至猿人演化而来。“许昌人”头骨化石的发现，对于研究东亚古人类演化、中国现代人的起源具有重大的学术价值。

“许昌人”头盖骨化石

4. 贾湖遗址

贾湖遗址位于河南省舞阳县贾湖村，是中国新石器时代前期重要遗址。在这里发现的文化刻画符号已有 8000 年历史，将中国文字史向前推进了 4000 年；出土的国宝七音骨笛，将中国音乐文化史向前推进了 3000 年。贾湖遗址是淮河流域迄今所知年代最早的新石器文化遗存，为连接黄河中下游至淮河中下游的新石器文化关系提供了一个连接点，再现了淮河流域八九千年前的辉煌。

5. 裴李岗文化

裴李岗文化是我国新石器时代早期的考古学文化，距今约 8000 年，因发现于河南新郑裴李岗村而得名，是中华文明的源头之一。考古学家认为，我国的农业革命最早在这里发生，当时的裴李岗居民已经懂得畜牧和耕种。他们会在田里种植小米，还会在家里养猪。房屋均为半地穴式建筑，以圆形为主，亦有较少的方形房屋，有阶梯式门道。是新石器时期中国黄河流域的一个中原文化遗址。

6. 仰韶文化

仰韶文化是黄河中游地区新石器时代彩陶文化，其持续时间大约在公元前 5000~ 前 3000 年，分布在整个黄河中游甘肃省至河南省之间，因发现于河南三门峡仰韶村而得名。这是同时期影响范围最广最典型的古文化，仰韶村的考古发掘也是中国近代考古学的发端。仰韶文化是一个以农业为主的文化，农耕石器包括石斧、石铲、磨盘等，除此之外还有骨器。仰韶时期的人们过着定居生活，拥有一定规模和布局的村落；原始农业为主要经济形式，同时兼营畜牧、渔猎和采集；主要的生产工具是磨制石器；生活用具主要是陶器；此时反映人们意识形态的埋葬制度已经初步形成。

7. 河洛古国

2020 年 5 月 7 日，郑州市文物考古研究院召开新闻发布会，发布巩义双槐树遗址取得的重大考古成果：考古证实了该遗址是距今 5300 年前后古国时代的一处都邑性遗址，表明了河洛地区在中华文明起源这一黄金阶段的代表性和影响力，证实了以该遗址为中心的仰韶文化中晚期文明是黄河文化之根、华夏文明之魂，被专家学者称为“早期中华文明的胚胎”，建议命名为“河洛古国”。双槐树遗址的考古发现填补了中华文明起源关键时期、关键地区的关键材料，将成为探寻黄河流域文明起源过程的一把关键钥匙。双槐树遗址残存面积 117 万平方米，被 3 重大型环壕围绕，构成严密的防御体系。发现了最早瓮城结构的围墙、封闭式排状布局的大型中心居址、大型夯土基址、3 处严格规划的大型公共墓地、3 处夯土祭祀台遗址以及围绕中心夯土祭台周边的大型墓葬、动物祭祀遗址、人祭遗存等，出土了精美彩陶，以及与丝绸制作工艺相关的骨针、石刀、牙雕蚕等。

8. 殷墟

殷墟是中国商朝后期都城遗址，位于河南省安阳市。殷墟整体布局严谨，以小屯村殷墟宫殿宗庙遗址为中心，沿洹河两岸呈环形分布。现存遗址主要包括殷墟宫殿宗庙遗址、殷墟王陵遗址、洹北商城、后冈遗址以及聚落遗址（族邑）、家族墓地群、甲骨窖穴、铸铜遗址、手工作坊等。

9. 郑州商城遗址

郑州商城遗址是商代中期的都城遗址，位于郑州市管城区内。距今约3600年。郑州商城平面呈长方形，城墙周长6960米，有11个缺口，其中有的是城门。中心有用石板砌筑的人工蓄水设施。城中有房屋遗址和水井遗址。城外有居民区、墓地、铸铜遗址和制陶制骨作坊遗址等。

10. 河南省博爱县西金城遗址

距今4300年前后，在居住堆积的灰坑中，发现了粟、黍、水稻、小麦和大豆等粮食作物的炭化遗存。小麦遗存的面世，目前在河南境内的龙山文化遗址中还是首次发现。

11. 河南禹州瓦店遗址

瓦店遗址位于河南省禹州市火龙乡瓦店村东南部和西北部的台地上，是1979年发现的一处新石器时代遗址，主要包含有龙山文化的早、中、晚期遗存，以晚期遗存为主。是龙山文化晚期全国面积最大的人类聚落遗址之一。遗址内最重要的发现是大型夯土建筑基址，还在夯土中发现了用于奠基祭祀的人牲遗骸数具。

12. 二里头遗址

二里头遗址位于洛阳市偃师市境内，其年代约为距今3800~3500年，相当于夏、商王朝时期。该遗址南临古洛河、北依邙山、背靠黄河，范围包括二里头、圪垱头和四角楼等三个自然村，面积不少于3平方千米。二里头遗址对于研究华夏文明的渊源、国家的兴起、城市的起源、王都建设、王宫定制等重大问题具有重要参考价值。

13. 商丘古城

商丘古城，又称归德府城，是目前世界上现存的唯一一座集八卦城、水中城、城摞城三位一体的大型古城遗址。古城由砖城、城湖、城廓三部分构成，墙、城廓、城湖三位一体，使古城外圆内方，呈一巨大的古钱币造型，建筑十分独特，有商丘作为华夏之邦商品、商业、商文化发祥地之隐喻。

14. 黄帝故里

黄帝故里位于河南新郑市区轩辕路北，是国内史学家公认的位居五帝之首的轩辕黄帝出生、创业和定都之地。汉代在此始建轩辕庙，历史中有毁有修。明代隆庆四年（1570 年）修葺。清康熙五十四年（1715 年）立“轩辕故里”碑。2002 年和 2007 年两次大修扩建，形成现在的黄帝故里景区。每年三月三，举行拜祖大典。

15. 太昊陵

太昊陵位于河南省周口淮阳县，是三皇之首太昊伏羲氏的陵庙，位居中华十八大名陵之首。春秋时已有陵，汉以前有祠，扩建于唐宋，完善于明清，历代帝王 52 次御祭。淮阳古称“宛丘”，是伏羲定都和长眠之地，这里被认为是中华姓氏文化、农耕文化和龙图腾的发源地，是华夏族和东夷族共同的圣地。

（二）河南周边地区部分古文化遗址

1. 河北省部分古文化遗址

（1）涉县发现史前文化遗址（距今 1 万多年）;（2）磁山文化遗址（距今约 10300 年）;（3）邢台柏乡县小里村仰韶文化遗址（距今约 6300~5700 年）;（4）临漳三国文化遗址;（5）唐山古文化遗址;（6）肃宁白牛堤遗址（夏商时期）;（7）泊头南三里遗址、羊庄遗址、王奉一遗址（夏商时期）;（8）孟村县的王庄子遗址（夏商时期）;（9）藁城台西商代遗址;（10）东光县临乐故城遗址（西汉）;（11）献县元昌楼遗址（西汉）;（12）泊头市大傅村遗址（西汉）;（13）泊头市西交河村遗址（宋元时期）。

2. 山东省部分古文化遗址

（1）智人化石遗址;（2）大汶口遗址;（3）柳杭遗址;（4）汶阳遗址;（5）龙门口遗址;（6）中淳于遗址;（7）桥沟遗址;（8）茅茨遗址;（9）姚

庄遗址;(10)勺山遗址;(11)铜山冶铜遗址。

3. 安徽省部分古文化遗址

(1)蚌埠双墩遗址;(2)含山凌家滩遗址;(3)潜山薛家岗遗址;(4)蒙城尉迟寺遗址。

4. 陕西省部分古文化遗址

(1)陕西淳化县大型史前文化遗址;(2)蓝田猿人;(3)半坡遗址。

5. 山西省部分古文化遗址

(1)芮城西侯度遗址;(2)芮城风陵渡镇匼河遗址;(3)垣曲县宁家坡遗址;(4)东下冯遗址;(5)夏县西阴村遗址;(6)丁村文化遗址;(7)晋城沁水下川遗址、陵川塔水河遗址、泽州高都遗址;(8)朔州峙峪文化遗址;(9)吉县柿子滩遗址;(10)太原义井遗址。

6. 湖北省部分古文化遗址

(1)鸡公山遗址;(2)屈家岭遗址;(3)盘龙城遗址;(4)铜绿山古铜矿遗址。

四　展厅掠影

本厅主要展品：新石器时代多种石器、古刀币、仰韶文化彩陶、汉代陶罐、明清铁制农具、清代房契地契、民国时期地契、清代太平车等。

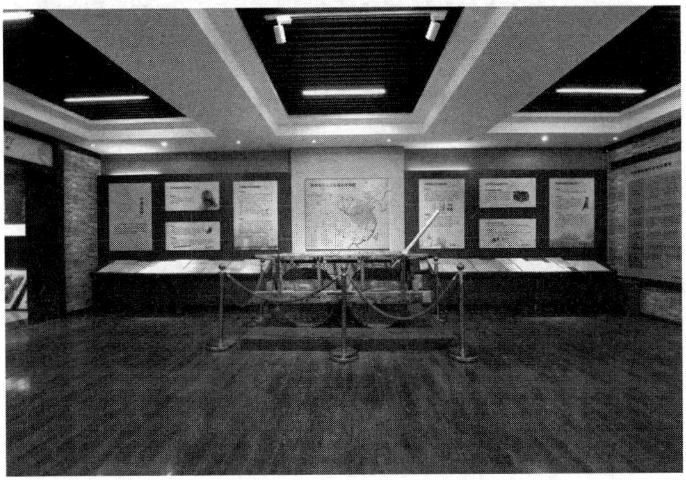

第一厅“农耕源流”掠影

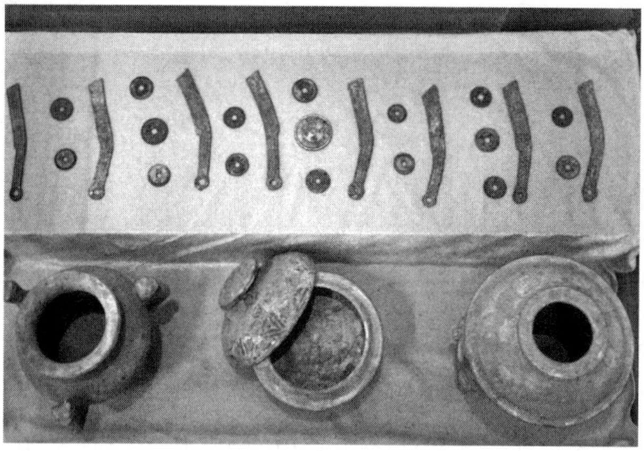

本馆藏品：古钱币、陶器

本馆藏品：出土石器

本馆藏品：出土陶器

本馆藏品：出土犁镵犁壁

本馆藏品：出土铁制农具

第二厅　农耕器具

一　前言

农具是农民在从事农业生产过程中用来改变劳动对象的器具。传统农具是历史上发明创制，承袭沿用的农业生产工具的泛称。传统农具作为农业生产力发展的主要工具，它记录着农业发展的历史轨迹，具有明显的地域特色和文化特质。

中原农业历史悠久，地域广阔，农具丰富多彩，凝结着历代农民的聪明智慧，历朝历代沿袭传承下来，并不断创新、改造和完善。改革开放以来，随着经济社会的快速发展和农业现代化的推进，传统农具已悄然退出历史舞台。抢救性搜集保存传统农具，并认真记载和研究它们，留下传统农耕的时代印记，已显得十分必要。

本厅陈列的各种农耕器具，看似平常，但它们的源头大多可以追溯到人类的古老时代。在漫长的封建社会小农经济时代，随着人们劳动体验和经验积累，各种农具不断有着改进和创新，新中国成立以来，农具发展达到更为成熟和完善的水平。传统农具所承载的文化内涵和历史价值，值得后人永恒记忆和深入研究。

二　认识传统农具

（一）曲辕犁的前世今生（研学实践课程参考资料）

耕犁是传统农耕时代农田耕作的最主要工具。它的学名叫曲辕犁，中原老乡说话简练，就叫它“犁子”。提到犁子，你可能会说它没什么稀奇，它的模样我知道，几十年前农村耕地还在用。你可不要小看这个曲辕犁，它可是从遥远的古代走来的。几千年来，一代代炎黄子孙的吃穿生存与它密切相关。

认识曲辕犁，要从原始时代的耒和耜说起。

耒，是由原始人采集时代过渡而来、原始农业早期使用的重要农具。它用天然木棒或树枝制作，可以是直的，也可以稍有弯曲，一端砍成、磨成或者烧成尖状，粗细选择要适宜于手握。它的主要功能是在地面戳出洞穴，以便向穴内播种。

耜，也是原始农业早期的重要农具，多为骨制或石制，也有蚌制或木制，形状多为树叶状的长圆形或锸齿形。它的端头较薄，有刃口，后部稍厚，略带把柄，用于手握。当没有安上长柄时，需要躬身弯腰或蹲下手握操作。耜的主要功能是挖掘作物的根块，或用于掘土、翻土。

耒和耜，最早都是单人操作农具，各有优劣势。后来人们把它们结合起来成为复式农具，将耜绑或套在耒的一端，形成踏犁、铲、锨之类的农具，称为耒耜，具有播种、松土等功能。开始是单人操作，比较费力，功效也不太好。后来为了解决这个问题，设法由两人合作，在耒耜的头与柄之间装接上一根直木棒，这样便可以一人在后面推，一人在前边拉，使得耒耜可以在土地上开挖沟槽，用于播种。这就是在胚胎中孕育的最早的“耕犁”。这时候的犁，还不是真正意义的耕犁，只能在较浅的地面开沟播种或松土，不能深耕和翻垡。它兼有耕犁和耧车的功能，后人把它叫作“耧犁”，它是由耒耜向耕犁和耧车发展过渡的一种农具。

到了夏商周时代，由于金属的发明，耜的端头套上了金属套刃，开挖泥土的效率显著提高；再后，做成了整体的铁质犁铧，入土起垡的功效便发生了巨大变化。这时，才形成了真正意义的耕犁。春秋战国时代是犁耕的时代。

牛，是人们很早就饲养的牲畜，开始是没有用于耕地的。当人们感到靠人拉着犁子耕地十分费力，并且效果不好时，人们想到用牛替代人力，便设法驯化和使用牛。尝试用牛耕地，萌发于商周，春秋战国时期牛耕得以发展和推广，到秦汉时代已达到比较成熟的水平。

汉代之后逐渐出现了曲辕犁。主要标志是发明了犁壁，以及犁辕的变化。犁壁的主要作用是引导切开的土层上升并翻卷，随着卷翻起来的土垡越来越高，直辕会对土垡形成阻挡，如果将直辕抬高，就使得牵引受力点变得不合理。于是人们将直辕犁改为曲辕，这样一来可以使翻卷的土垡不再受犁辕的影响，二来犁辕的牵引点可以降低到适当的位置，使牵引施力点和犁的阻力点接近于一条直线上。汉代曲辕犁虽然没有完全定型，但作为耕犁的整个群体，已是这个时代大田耕作的主要农具。到了唐代，曲辕犁完全成熟，广泛应用。宋元时期，曲辕犁加以改进和完善，减少了策额、压镵等部件，犁辕进一步缩短，犁身结构更加轻巧灵活。到了清朝晚期，犁辕改用铁辕，省去了犁箭，在犁梢中部的地方挖出孔槽，以木楔调节和固定犁辕位置，决定入土深浅。至此，曲辕犁的结构更加简化且坚固耐用。新中国成立后，一直沿用这种曲辕犁。

唐代的陆龟蒙撰写了农具专著《耒耜经》，其中详细记述了当时的曲辕犁，标明了构成耕犁的各个部件，并说明了功能。这些部件分别是犁镵、犁壁、犁底、压镵、犁辕、犁评、犁建、策额、犁梢、犁箭、犁槃。在山东科学技术出版社 2010 年出版的《中国农具通史》中，作者周昕分析，《耒耜经》中所述的曲辕犁部件名称，未必全是它的原名或老百姓的俗称，因为有些部件名称文绉绉的，不像老百姓的日常用语。他推测是陆龟蒙为了写出来对没有名称的部件而自己命名的。当时以及后来曲辕犁的结构和部件也未必与《耒耜经》中描绘的完全一样。但大体结构和功能是一致的。

古代曲辕犁形制

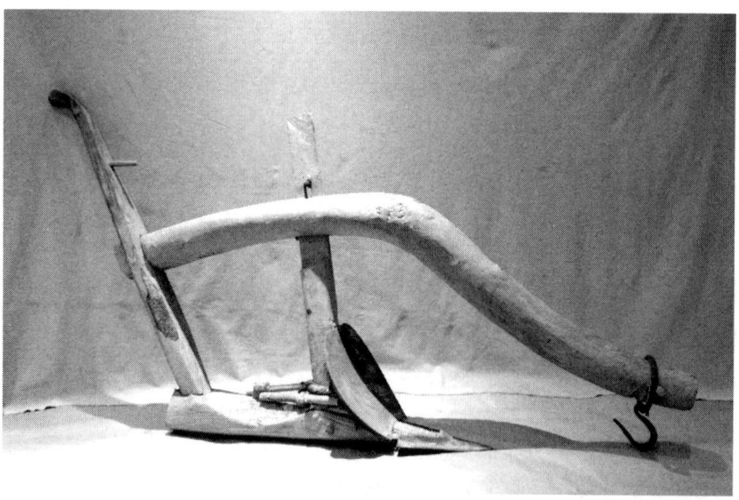

本馆藏品：收集于大别山地区的老式曲辕犁

定型后的曲辕犁凝结着先人们的劳动经验结晶和他们的聪明才智。它的每个部件都有它的作用，这里无法一一详述。我们讲几个关键部件。一是犁镵，现在中原老乡称它为犁铧，铁制，呈略显窄长的三角形，内空，可以套装在犁底端部。它的功能是切开土块，使土块与地面分离，同时也能把杂草及植物的根株切断。二是犁壁，中原老乡称它为犁面，铁制，略显曲凹的椭圆形平面，下端有一豁口，与犁铧吻合相配，共同构成一个曲面。犁铧和犁面的工作情形和原理是：当犁铧把土块从地面上切割下来后，因犁在继续向前运行，前面未被切开的土层，会给犁铧上的土块以向后的推力，但后移的土块却被犁面阻挡着不能水平后移，只能沿着犁铧和犁面构成的曲面倾斜上升，向右上方滑动，浪花般卷曲翻滚而下。又由于犁铧和犁面的曲率不相等，所形成的是个不连续曲面，所以向上翻滚的土垡在两个不同曲率的结合部被一节节折断，这样可以达到既能翻土又能碎土的功效。这个不连续曲面包含了许多学科知识，如动力学知识、流体力学知识及曲面理论等，古人的这个发明实在了不起！三是犁辕，曲辕犁之所以叫做曲辕犁，正是犁辕这个部件形状是曲的。可见它对于耕犁的功能也很重要。犁辕由直变曲的道理在上文已经交代，很有讲究。四是犁底，也有叫做犁床的。木材制作，是一个长三尺左右、宽四寸左右的窄长木杠。由于犁底修长，着地平稳，牛把式手握犁梢（犁把）施加的压力，通过犁底均匀传导到地面，使犁子整体不会上下左右跳动或偏移，沿着犁底的直线方向前进。

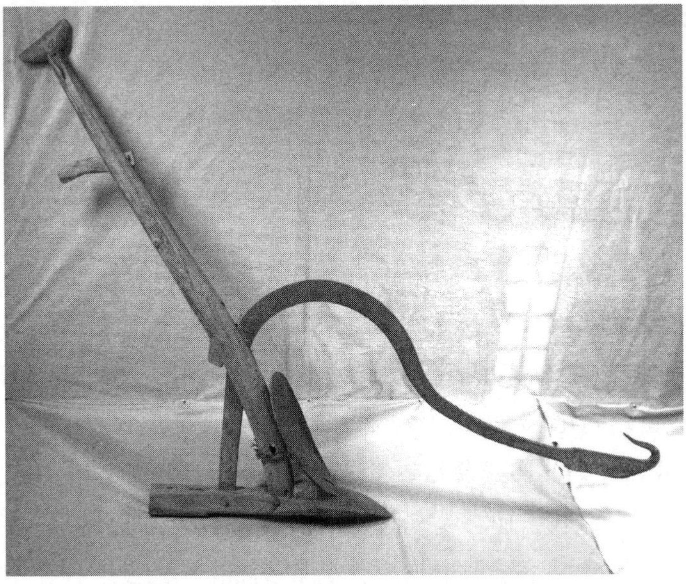

本馆藏品：中原地区广泛使用的改进后铁辕犁

这样形制的曲辕犁延续到新中国成立后的20世纪六七十年代，仍有保留。中原地区广泛使用的曲辕犁仍由木、铁两种材料制成，木的部分有犁梢（犁把）、犁底两大骨架部件。犁底一尺五寸长，下圆上平，前端呈尖梯形，后端平齐，大多用槐、栗等坚硬瓷实的木料做成。犁梢（犁把）上细下粗，二尺五寸长，下端靠榫眼安在犁底上。犁梢（犁把）上端安一个四寸长、元宝形的横木，称作犁拐，其下还有四寸长的方木，叫小把。犁梢（犁把）中下部剔有长方形辕孔。犁辕就是从这孔里穿过，一端下弯，安在犁底上，带钩的另一端俯伸向前，是牵拉的着力点。辕孔宽于犁辕，使之有上下活动余地，以便加入木楔，来调节入土深浅。

铁质部分，除犁辕外还有犁镏、犁铧、犁面。犁镏是一尺长、二寸宽、厚三分的铁片，钉在犁底下面，作用是让犁底光滑耐磨。犁铧呈“V”字形，底部平直，背面拱起，尖端稍向下勾，安装上犁铧构成切穿土壤的主要部件。犁面是圆凹形，很像凹透镜。下面有一半圆形缺口，正好卡住犁铧拱起的鼓背；犁面后有三个带眼的凸起，中间一个对着犁底（犁把）上的凹坑，另两个穿上绳子，可将犁面紧摽在犁梢（犁把）上。

我们在豫南水田区考察，见到一些地方仍在使用的耕犁还一直保持着木制犁辕以及犁箭、犁评、策额等部件的原始曲辕犁的结构。

两千多年来，耕犁和牛耕一直在农业生产中发挥着重要作用，成为传统农耕的代表性符号。新中国成立后，国家积极推行传统农具的改进政策，传统曲辕犁改进为七寸步犁和双轮双铧犁，但传统曲辕犁没有消失，在中原地区广大农村仍然广泛使用。

改革开放以来，随着农村改革的进程和科学技术的发展，各种各样的现代化农具不断涌现，耕地也由牛耕变为手扶拖拉机，而后变为大型拖拉机，现在已发展成更为先进的翻耕土地、平整土地、播种、施肥、灌溉、收获等全方位系列化的各种现代化农业机械。

（二）耧车（研学实践课程参考资料）

耧车发明于汉代，而且是赵过发明的，似乎已成定论。其实，耧车的发明并非是在汉代一下子做出来的，也不该将耧车的发明权完全归功于赵过一人。耧车作为一种结构复杂、性能良好的播种工具，它的发明经历了一个漫长的过程，是多少代古人劳动经验和聪明才智的结晶。赵过可能在总结前人经验的基础上对耧车进行改进定型方面做出了比较重要的贡献。

当人类从采集过渡到原始种植农业的时候，最早使用的农具是称作"耒"的尖头木棒，"耒"具有掘地和戳穴点种两种功能，所以，从一开始"耒"就具备了掘地工具和播种工具双重身份。当"耒"和"耜"结合在一起，成为复式农具"耒耜"之后，仍然具有掘地和播种双重功能。后来，耒耜逐渐向两个分支分化：一个分支向着掘地功能发展，逐渐发展成为铲、锨、锸、锹等直柄类一柄一头式农具；另一个分支向着曲柄类一柄一头农具发展，逐渐发展演变为踏犁、耧犁、耕犁等工具群体。其中，用人力一推一拉连续前行、具有开沟播种功能的工具，叫做耧犁。自从有了耧犁，用这种工具开沟、随沟播种的方式便逐渐兴盛起来，并一直发展下去。

耧犁起初是单腿的，用于开沟播种的耧脚和耧铧也比较小，所以，无论人力还是牛拉，都非常轻便。于是，人们试着用细棍子把两只耧犁或三只耧犁串绑在一起，这样，一个具有立体框架式的耧犁就诞生了。实践证明，这种工具性能功效良好，双辕用一头牛即可拉动，由于有两条或三条腿着地，所以非常平稳。

耧架、耧铧发展的同时，耧斗和耧脚等构件也在实践中探索和发展。撒播种子的方法起初是在耧架上挂一个篮、篓、筐、桶之类的容器，随着耧犁开出沟垄，需要人用手抓取种子点播或撒播到地沟里。这样是比较麻烦的。后来人们发现，随着耧犁的晃动，会有一些种子从篮篓的缝隙中漏出，自动落入地上。于是，受到启发，便设法做成容器，并加工有空洞，装接上漏管，引导种子滚落到合适的地方。后来的成熟耧车就是这样一步步发展演变过来的。

成熟的耧车，结构精巧，性能良好。它由木制的耧架、耧斗和铁制耧铧构成，人们在耧斗漏种孔和导种管上不断改进，直到完美。耧车的基本定型，大约是在东汉至三国两晋南北朝时期。定型之后的耧车，虽然还有一些小的改进，如耧铧因各地土质不同在大小与形状上有所调整等，但基本原理和整体结构均没有发生重大变化。改革开放前夕，传统耧车一直是广大农村地区不可或缺的重要播种工具，至今在偏远山区仍有使用。

中原老乡说话简练，称耧车就是一个字“耧”。耧的结构、性能、外观、造型堪称完美。中原地区使用的耧车，以三腿耧居多，耧斗呈窄而深状，三门峡陕州区以西至陕西境内，耧斗显得宽而浅。这是当地习惯所致。功能原理是一样的。人们为了适应不同庄稼行距、稀疏等不同需要，也有两腿耧、四腿耧，甚至还有单腿耧。在河北省清河农耕文化展览馆里收藏有全套形制的耧车。三腿耧适宜耩麦子，两腿耧适宜耩豆子，独腿耧用于串垄补种。无论哪种耧，都具备耧把手、耧斗、耧管、耧脚、耧铧、耧辕等主要构件。播种的流程是由人操作的一个“自动化”过程。由牛或驴等牲口拉动，耧车缓慢匀速前行，一人在后掌握住耧把手，均匀摇动，耧斗中的种子就会因震动而从“仓眼”中流出，流到并排装有耧管的小小空腔里，随即分流到各个耧管中，顺势而下，流到各个耧脚内，进入土壤。耧脚端头安装有耧铧，起到破土开沟的作用。而下种管口隐藏在耧铧后方，在刚刚开出土沟之时，可以迅即漏下种子入土，并可以被翻动流下的泥土随即掩盖。一般情况下，播种工作就可以这样一次性完成。个别品种，如谷子、芝麻等不易发芽的小颗粒作物，或土地墒情不好时，可以加一道工序，用小石磙轮做成的磙子在后面碾压一下，可以起到进一步掩埋和保墒的作用。

耧车耩种（张培林摄于禹州市苌庄乡五里坪）

用耧车耩地，是个技术含量较高的农活儿，非有经验的老农莫属。他们懂得根据不同庄稼种子体积的大小，决定下种仓眼的大小。播种前要先调节仓眼插板设定好仓眼大小，比如，耩麦子，他们的口诀是“不稀不稠，塞下指头”。他们的经验还体现在对于下种量的宏观把握。耩地下种一般不过称，只带一个叫做“半升”的量器。他们知道哪种庄稼一升种子耩多少地最为合适。不同品种的庄稼，种子入土的深浅也很有讲究。深了出不来，浅了不会出。深浅把握全在老农的手法上。他们握耧把，是双手手心向上姿势，这样既可以向下压，又能够向上提。下种的多少快慢靠摇动的幅度和频率，力度大，则下得多而快；力度小，则下得少而慢。“下耧紧摇，提耧早停”。除了掌耧的老农，耩地还需要一个在前边牵牲口引导方向的人，叫做“帮耧”。因为与犁地不同，犁地可以依靠当墒犍牛引领自行前进，即使偏一点，也问题不大，容易补救；而播种不能出偏差，耩歪了，无法补救。所以，单单依靠牲口的本能是不行的。有一个人引领，就可以保证有偏差及时纠正，说走就走，让停就停。好把式加上一个好帮耧，耩出的庄稼，稀稠均匀，行距相等，笔直规整，煞是美观。

（三）耙（ba）、耱（mo）

当农耕技术发展到精耕细作之后，平整土地就成为一道重要工序，耙和耱是平整土地的重要工具。

耙的结构比较简单，主要部件就两样：木制的耙盘和铁制的耙齿及配件。耙体大小长短没有严格标准，山区用的耙会短一点，中原大部分平原地带的耙，耙盘一般长八尺，宽一尺三寸。耙盘由两根长方木（称耙母）和六根短方木（称横掌）以卯榫结构做成木梯状长木框。两条耙母上凿有不对称（互生式）十对方孔，安装上四棱铁钉，就是耙齿。其他配件有几个小东西。一边耙母的两端装有两个小铁环，用以挂接牲口套；另一边耙母正中安上一个可以手提的铁环，一端安有一个铁钩和铁圈，用来拴挂可以牵制牛的绳子（牛撇绳）。

耱的功能也是用于破碎土垡和平整土地，有的地方称耢。耱的制作材料是荆条或柳条，编制成为三四尺长、二三尺宽的长方形平板。操作时，一人站立上边增加重量，由牲口或人力牵拉向前行进，将土壤耱碎压平。中原地区使用耱的较少，一般均使用耙整地。

耙地时，牛把式要双脚左前右后站在耙盘上，用来增加耙体的重量。牛把式必须时刻注意耙体在行进中的平稳情况，因为刚刚犁出的土垡高低不平，耙体会随之起伏颠簸，一不小心，双脚就会落下耙来。所以，牛把式既要扎稳腿脚，又要灵活机智，并适当保持身体的重心后移，右腿用劲儿，左腿放松，这样一旦落耙，脚就落在耙的后方，如果落在耙的中间或前边，就可能受伤。技术娴熟的牛把式是不用担心的，任凭耙体起伏跳跃，他仍然可以依靠双腿的灵活调节而始终站在耙盘上，甚至能够掌控耙体越过一些障碍物，如同一个冲浪高手，神气十足。

耙地（张培林摄于禹州市苌庄乡五里坪村）

（四）镢、锄类农具

镢、锄类农具是一个较大的家族，形式多种多样，无法一一细述。早期的镢和锄，功能主要是垦荒、刨土、挖地。镢和锄的形体要长而窄，刃短而体重。操作时要大起大落，入地要深。镢和锄在新石器时代多为石制，进入夏商西周时代，仍以石制为主，兼有少量铜制。随着时间推移，铜制镢、锄逐渐增多。那时的镢和锄虽然在形体及其功能上有所区别，锄的形体要短而宽，刃长而体轻，渐渐有了松土除草的功能，但仍然没有太大改变。直到进入铁器时代，发明了铁制鹅脖锄之后，锄形成了新的形式，并产生了向后拉的新操作方法，作用和效果也发生了变化，入土较浅主要是为了松土除草。这时才与镢有了明显差别。镢和锄成为两种工具，一直沿用至今，而且都发展成为形状多种多样的小家族。比如镢类，有大的、小的、长的、短的，以及两股、三股、四股锸式的等。锄类也有大小长短之分，有板锄、镢锄、耘锄、漏锄等，板锄的长短宽窄也有区别，以适应不同行距的庄稼。各种各样的工具都是人们根据不同需要改进和创造出来的，各有各的用处。

本馆藏品：镢锄类工具

（五）铲、锨、锸类农具

铲、锨、锸类农具的老祖宗，也是“耒”。无论是起初的单式农具“耒”，还是后来的复式农具“耒耜”，都是用于垦地、掘土的直插式操作工具。后来耒耜的发展分为两个大的方向，一是逐渐发展成为耕犁和耧车；二是保持直插式作业方式的各种农具，逐渐发展成铲、锨、锹、锸等多样化的庞大家族。

对于锸的发明，追溯其渊源可能有两个：一是由双人执耒并耕演化而来，即由单齿耒演化为双齿耒，再由双齿耒演化为双齿木锸；另一个渊源可能受骨耜的启发。骨耜经过使用，薄弱处磨损，两边坚硬处留下了双齿，这样使用起来入土反而更加锋利省力，由此启发人们制造出类似的双齿农具。耒由单齿变为双齿，看来并不复杂，但功能却发生了重大进步。单齿耒几乎不能起土，更不能移土。有了双齿耒之后，不仅可以起土，而且能够移土，效率明显提高。这种工具在抗洪排涝中十分实用。在劳动实践中，双齿耒或双齿木锸也在不断改进。因为它们大多是用天然树杈做成的，所以，耒齿是圆柱形的。后来人们发现，将圆柱形齿的上下两面适当砍削成扁平状的尖齿，这样的双齿平刃锸，不仅入土阻力小，起土能力大，移土的性能也很好，而且自重减轻，优点很多。于是，改进后的双齿耒就演变成了双齿平刃锸。而铲、锨、锹之类的农具，更直接继承了原始耒耜的形制。发展到近现代，农具大家族中此类农具不可胜数。

本馆藏品：铲锨锸类农具（1）

本馆藏品：铲锨锸类农具 (2)

（六）水田耕作工具

水田耕作主要环节有翻土、平整、拔秧、插秧、灌溉、秧田管理、收割等，涉及的工具有犁、耙、耖、秧马、水车、刮虫竹篦、镰刀等。这些工具与北方旱地的相应工具基本原理相同，但为了适应水田需要，形制有所区别。

水田犁。传统形制的木犁辕耕犁在南方水田犁中保留较多，直至 20 世纪六七十年代仍有使用。北方形制的铁犁辕在南方较少见。水田犁的犁铧、犁壁比旱地犁略长、略高，但宽度略窄，以适应水田的深度和翻垡的强度。

水耖（耖子）。水田耙与旱地耙区别较大。南方称水田耙为水耖或耖子，为竖式木结构，下端安装一排木耙齿，上端是供农夫掌握的扶手。一人在后边掌握耖把，由水牛或人力在前边拉动，将犁子翻起的泥垡划破粉碎。为了达到碎土更加平整柔和的效果，一些地方还使用一种辊式水田耙再做一遍，这种工具叫蒲辊。蒲辊也是全木结构，是在一个长 1 米多的木辊周围安装上横向的木质叶片，每个叶片长约 20 厘米，高约 15 厘米。辊框的前后两侧各有踏板，操作时人可以叉开双腿站在上面，增加重量，使耙体压实在水下的土面上。行进时，随着耙辊的滚动，叶片将碎土烂泥进一步粉碎压平。这样整理出的水田，插秧时就非常适宜和便利。

水车。水田管理，保持水的经常性和适度性，是至关重要的要求，因此，水车是必要工具。常用的龙骨水车，也叫翻车，雏形可能形成于汉代，此后已较多使用。南方水车有很多种，有固定的，可移动的；有畜力的、水力的，也有人力的；有脚踏的，手摇的。农博馆收藏展示的龙骨水车，属于可移动、手摇式水车。整体为木结构，长约 5 米，主要部件由抽水槽、两端的木齿轮和由木齿轮带动旋转的刮水链组成，刮水链由一个个方形薄木片连接而成。运行时，由两人摇动上端木齿轮的曲柄，使木齿轮转动，带动刮水链转动，从水槽中自下而上运行，这样就把水车下端的水不断刮进水槽，沿水槽上升至上端出口，从而把低位的水抽到高位水田里。

水篦子。本馆还收藏有用于稻田灭虫的工具——刮虫竹篦。它由许多长而细的竹签编织为一排，竹签之间保持适当空间。操作时，由两人协同提拉掌握，以合适的高度和力度，从水稻的叶片上划过，这样就能够把藏在稻叶上的害虫刮下掉落在水面上，然后，通过喷洒农药将害虫杀灭。

秧马。秧马本来只是水田劳作的一种辅助性工具，虽不那么重要，但因它自古以来有诸多争议，需要认真地说一说。

秧马在历史上发明较早，至少在宋代以前就有了。北宋时，苏东坡在湖北见到秧马后，就将自己写的《秧马歌》收入曾安止所写的《禾谱》中。到了元代，王祯写《王祯农书》时，将秧马正式收入该书的“农器图谱”中。当时描绘的秧马，是一支船体窄、两头翘的小船，人骑在上面在水田劳作，属于一种改善劳动者劳动条件的辅助性器具。历史上没有秧马实物和有关资料留下，只在诗文中有一些描述。其中，最权威的当属苏轼的《秧马歌》。后人对于秧马到底是用于插秧还是用于拔秧或插秧拔秧都用，争议不休。甚至20世纪80年代在《农业考古》上还发起了一场辩论。这是因为，有人现在见到凳式秧马只能用于拔秧，否认了此前人们对于古代秧马用于插秧的认识，自此以后研究者异口同声地将秧马解释为拔秧工具。后经周昕先生认真考证，在编著的《中国农具史纲及图谱》和《中国农具通史》中予以详细阐述。他认为，古代的秧马是一种在秧田劳作时用于乘坐的、减轻劳动者疲劳程度的辅助器具，可用于拔秧，也可用于插秧。

秧马其实有两种，一种是凳式秧马，另一种是船式秧马。凳式秧马最初由家用四足凳演化而来，基本结构是在四足凳下加一块稍大的滑板。这种凳式秧马只能用于拔秧，至今仍有使用者。当时人们为了解决插秧的问题，将秧马做成了小船，用绳子系于船头和操作者腰间，实现了能前后移动、拔秧插秧皆可用的功能。新中国成立初期，在南方广泛使用的“插秧船”就是古时船形秧马的传承。我们不能因为现在见到的凳式秧马只用于拔秧来否认古代秧马也可插秧的功能，更不能否认船形秧马的存在。

耘耥、薅马。耘耥、薅马都是江南水田中耕除草工具，《王祯农书》和徐光启的《农政全书校注》中已有记载，新中国成立后仍偶有存在，现极为少见，农博馆有收存。江南大学教师张明山博士近年来潜心研究传统农具的功能与技艺，对耘耥和薅马均撰文深入论述，发表于清华大学《装饰》杂志上。耘耥由耥板、齿钉、支撑板、耥杆、把手等部件构成，在稻田泥土中通过推拉，把杂草除掉，同时起到松土壅根促进根系生长的作用。薅马是传统水田耘禾拔草时，农民骑跨的保护性农器。它的整体呈左右对称状，由一定数量、一定尺度的竹条和竹管通过细麻绳穿系而成。使用时，双膝跪在正中间秧苗的两侧，左右两膝一前一后交替前行，左右两手分别负责三行秧苗，把杂草薅掉。在躬身匍匐的劳动过程中，两腿内侧皮肤很容易被裆下的禾苗刮伤，夏季炎热，伤口容易感染发炎。骑跨在薅马上，就能起到保护作用。

本馆藏品：水田工具（水耖、秧马、刮虫竹篦、耘耥）

三　农业工具的发展演变

生产工具在生产资料中起着主导作用，社会生产的变化，首先是从生产工具的变化和发展开始的。透过农博馆收藏展出的大量传统农耕时代的生产工具，就可以比较直观地了解到传统农耕时代的生产方式和生产力发展状况，并从中感悟祖祖辈辈农耕劳作者的艰辛与毅力、聪明与智慧。

秦汉南北朝时期是中国北方农耕精耕细作的形成时期，也是绝大多数传统农具迅速发展和基本定型时期。此后的各个历史时期，虽然在耕作工具、耕作方法和技术方面不断改进和完善，但没有根本性、颠覆性的改变。“面朝黄土背朝天”“日出而作，日落而息”“土里刨食”“靠山吃山，靠水吃水”“男耕女织”等，这些人们耳熟能详的俗语，就是数千年来传统农耕生产生活方式的真实写照。直到新中国成立以来，特别是改革开放以来，传统农业生产工具、生产方式和方法才开始发生革命性的变化。

中华人民共和国成立之后，中华民族迈入一个全新的社会，政治、经济、文化等方面都发生了翻天覆地的变化。农业技术和农业机械也步入创新发展的健康轨道。新中国成立之初就提出全国农具工作的方针是迅速增补旧式农具，稳步发展新式农具。1955 年，我国已能成批生产九大类五十多种半机械化农具。洛阳拖拉机厂的建成投产，极大地增强了农机工业的实力。

1978 年，党的十一届三中全会召开，农业发展也进入一个新的时代。家庭联产承包责任制的推行，解决了广大农民的温饱问题；从 1982 年开始到 2020 年，中共中央先后发出的 22 个“一号文件”，有力指导和推动了农业和农村的发展；大批新型农机具的创造生产和投入使用，有力支持和促进了农业生产；近年来，随着土地流转、规模经营、新型农业合作社、资本下乡、城镇化、乡村振兴等一系列重大举措的实施以及现代科技的飞速发展，农业机械化的步伐在日益加快，在平原地区，传统农具几乎是整体性退出了历史舞台。

传统农具大家庭中成员众多，它们的发展变化无法一一细述，这里以曲辕犁为例，作一简介。新中国成立初期基本还在沿用传统的曲辕犁，只是犁辕由木质改为了铁质，结构也有所简化和创新。不久后，创造出一种直辕式带轮子的七寸步犁，犁面也由曲面圆形改为曲面平行四边形，犁辕前端垂直安有犁评，用来调整入土深度，犁评下端安有小轮子。这种犁可以强制性增加入土深度，达到深翻效果。后来，为了提高耕翻效率，又制出了双轮双铧犁，因为是同时两个犁铧犁壁入土翻土，耕牛的力量很难承受，运行的匀称度也很难把握，所以难以普及推广，很快就废弃了。就连革新的七寸步犁，许多农民也不欣赏，他们还是觉得老式的曲辕犁灵活好用。所以，许多地方直到改革开放前夕使用的仍然还是老式犁、耙、耧车等耕作器具。农博馆在信阳农村收集得到的曲辕犁，与古代曲辕犁的模式基本是一个样子。由此可见，目前我们所经历的农耕生产方式和生产工具的变化，是一个数千年农耕时代的重大变化，这些看似平常的传统农具实际上是一个漫长时代的印证和记忆符号。我们不妨去考察那些用翻地、松土、除草、收割、脱粒、灌溉、运输、加工、储藏等各种农事活动的工具，如锄头、镢头、铁锨、铁耙、镰刀、斧头、石磙、木杈、扫帚、铡刀、石磨、石碾、碓臼、风车、簸箕、竹筛等，这些 20 世纪 70 年代以前的工具器物，与几百年、上千年前相比基本没有太大变化。

新中国成立以来，传统农耕器具开始逐渐发生变化。20 世纪七八十年代，一些简易的机械农具逐步发展和推广使用。比如手扶拖拉机和拖拉机的使用，逐步代替了耕牛和传统曲辕犁，提高了耕作效率。农耕器具真正发生革命性变革的，是在改革开放以后，随着整个国家工业化的快速发展，农业机械化也开始大踏步前进。传统耕作工具逐渐被淘汰，取而代之的是各种各样的先进农具。目前，在平原地区和浅山区，不仅耕翻、平整、播种、收割等一般性的耕作流程完全实现了机械化，就连一些特殊需要的劳动项目，也都由机器取代了人工。比如收获，不仅麦子、稻子、玉米、豆子等主要作物的收割，普遍使用机器，就连红薯、花生、大蒜等特殊作物的收获，以及玉米、花生等作物的脱粒，秸秆粉碎或打捆等，也都有了专用机器。一些地区，灌溉、施肥、治虫等环节，也都实现机械化、信息化或者智能化，无人机的应用，让过去难以操作实现的项目都变成了现实。

许昌市一个现代农具厂的发展历程，就是中原地区农业机械化进程的缩影。创建于 1983 年的豪丰公司是刘少林等三个农民筹资 30 元，以农机修理部起家的。跟随农业发展历程，他们目前已实现各种现代化农具一应俱全，成为省内外著名的农机公司之一，其产品基本代表着我国现代农业机械化的发展水平，并正在逐步向更高的农机现代化、信息化、智能化层面迈进。

四　展厅掠影

本馆收藏展出的主要农具：

北方旱地耕犁（木犁、铁犁、七寸步犁等）：旱地翻地松土，应用于淮河以北旱地耕作区。

南方水田耕犁（水田犁）：水田翻地松土，应用于淮河以南水田耕作区。

耙（平原大耙、山地小耙）：旱地平整土地，应用于淮河以北旱地耕作区。

水耖（水田耙，又叫耖子）：水田平整土地，应用于南方水田耕作区。

耧车（立式耧斗，一腿、两腿、三腿耧）：旱地播种工具，适用于中原中东部广大区域。

耧车（敞口耧斗）：旱地播种工具，应用于中原西部（三门峡市以西地区）。

龙骨水车（木制、手摇）：抽水灌溉工具，大多用于南方水田耕作区。

解放式水车（铁制、畜力或人力拉动）：新中国成立后发明，应用于北方竖式深井抽水。

辘轳（木制辘轳、铁制辘轳）：提水灌溉工具，中原地区普遍使用。

各种锄头（适用于不同地区多种型制）：中耕松土除草工具，中原地区普遍使用。

各种镢、锄（适用于不同地区）：多种型制挖掘松土工具，中原地区普遍使用。

各种锨、锹、锸（适用于不同用途多种型制）：挖土铲动工具，中原地区普遍使用。

各种镰刀（适用于不同用途多种型制）：割取收获工具，中原地区普遍使用。

麦钐刀（麦绰子）、网包：收割小麦工具，适用于平原地区。

各种铲（适用于不同区域多种型制）：铲除杂草及收获工具，中原地区普遍使用。

修剪刀（适用于不同用途多种型制）：除草修剪工具，中原地区普遍使用。

各种铁叉（适用于不同用途多种型制）：翻土铲粪工具，中原地区普遍使用。

抓钩（适用于不同用途多种型制）：松土翻地工具，中原地区普遍使用。

棉花植播器：栽种棉花幼苗工具，用于中原棉花种植区。

各种水田耕作工具：龙骨水车、蒲辊、耘耥、薅马、刮虫竹篦、秧马等。

各种牛套（系列套件）：牛耕犁耙配套设备，中原地区普遍使用。

各种骡、马、驴套（系列套件）：驾驭驱使配套设备，中原地区普遍使用。

斧头（适用于不同用途多种型制）：劈砍木材工具，中原地区普遍使用。

扁担（适用于不同需要多种型制）：人力运输工具，中原地区普遍使用。

箩头、箩筐、荆篮：装载运输工具，中原地区普遍使用。

磙子（两轮、三轮）：土壤镇压工具，中原中部平原地区常用。

各种水桶（木桶、铁桶）：运水灌溉工具，中原地区普遍使用。

各种铁钯（适用于不同需要多种型制）：翻动或收拢工具，中原地区普遍使用。

第二厅“农耕器具”掠影

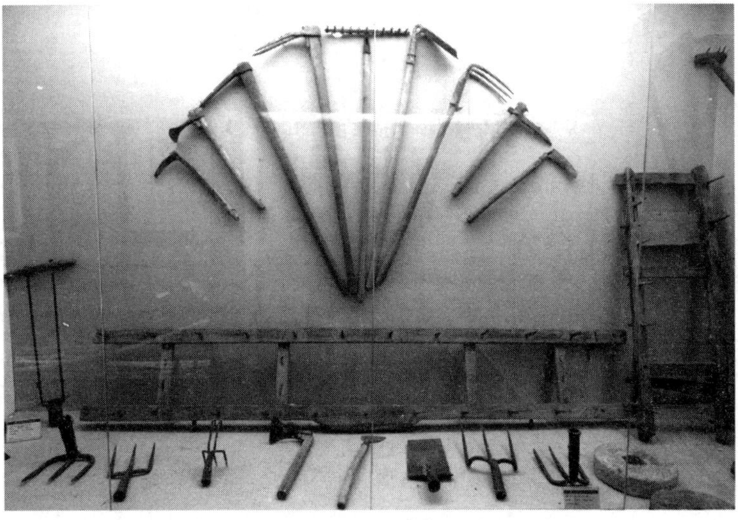

本馆藏品：农具展柜局部

第三厅　时令节气·农耕风貌

一　前言

当地球最后一个冰期结束，气温渐渐升高，为植物生长提供了自然条件，原始农业由此萌芽。为适应农业生产，人们开始关注和探索季节与气候的规律。早在原始社会末期的新石器时代，人们就通过观察北斗七星斗柄的变化和参商星的出没而定出大致的季节。此后，在漫长的农业和畜牧业生产实践过程中，人们不断对天地间千变万化的自然现象进行观察、总结，依据月亮的阴晴圆缺，观测万物的荣枯盛衰，逐步发现和掌握地球与太阳的相对运行规律，积累和掌握了大量农事季节与气候变化的知识，总结出七十二物候和二十四节气。这是一个伟大发明，为保证农业生产遵循自然规律、提高生产效率发挥了重要作用，时至今日仍在应用。中国古代的天文学曾在相当长的一段历史时期内雄踞世界前列，尤其是在 3 ~ 13 世纪，甚至达到了令西方望尘莫及的水平。2016 年 11 月 30 日，我国的二十四节气正式列入联合国教科文组织人类非物质文化遗产代表作名录。

二　时令节气

（一）古人对时令节气的认知（研学实践课程参考资料）

远古时代，我们的祖先在集体狩猎和采集的过程中，就对自然界的寒来暑往，月亮的阴晴圆缺与昼夜的变化，野兽出没的规律和植物成熟的季节等有所认识，逐渐总结出一些规律，形成一些劳作和生活习惯，如：“日出而作，日落而息”的劳作规律；每天迎着朝阳翻过记日子的竹片，即“迎日推策”；过一天在绳子上打一个结，即“结绳记日”；等等，这些都是古人对时间认知过程的见证。

殷商时期的甲骨卜辞，提供了《殷历》的重要线索，主要包括以六十干支来记日，以月亮圆缺周期来记月。

进入西周，历法又有了进步，在出土的青铜器的铭文中，我们发现了大量关于月相的记载。

春秋末期，出现了《四分历》和十九年 7 闰的闰周。这就是人们所称的阴历。它是以“朔望月”为单位的历法，也称“太阴历”。人们在地球上看到月亮时圆时缺，于是以“新月”的出现为“朔”，以“圆月”的出现为“望”。我们现在可以准确认识到月球绕地球旋转的规律：月球绕地球一周原本用时 27 天 7 小时 43 分 11 秒半，可是在月球绕地球转时，地球也同时在自转和公转，所以月球要恢复到原来的角度，实际用时 29 天 12 小时 44 分 2 秒 8。这个周期就是古人称的“朔望月”。由于人们觉得要易记必须凑成整数，所以定阴历的月小为 29 天，月大为 30 天。这样一年到头不是 354 天就是 355 天。为了弥补出现的误差，古人想出了置闰的办法，每隔 2 ~ 3 年，等到误差天数近一个月时，就加“闰月”（即一年 13 个月），规律是 19 年中有 7 闰。至于这个“闰月”放在哪里？古今有变化。秦代以前放在年末，汉代放在九月之后，到了清代则规定：如果因为计月天数的误差造成有时一个月内少了一个节气（中气）时，就把“闰月”放在不含“中气”的那个月，这才找到了“闰月”更合理的位置。由于我国历来利用历法为农业服务，所以人们习惯称阴历为“农历”。

古人认知时令节气，主要是依据星象和日影的变化。人们根据北斗七星斗柄顶端的指向来确定。夏代人已经学会用八卦方位观测天象，并发明了“十二地支”来表示方位。当人们发现“北斗”星座的斗柄指向东北偏东的“寅”位时，春天就开始了，确定“斗柄回寅”为一岁之始，大地回春，故定正月为“寅月”。在农博馆珍藏的民间流传下来的安士俊先生手抄本《应酬大全》中，仍能见到这种记月记年的记载：“春去夏至，秋往冬来，分为四时，应乎北斗。斗柄东指在于寅卯辰，正寅二卯三月辰，万物发生，于是为春；斗柄南指在于巳午未，四巳五午六月未，万物昌茂，于是为夏；斗柄西指在于申酉戌，七申八酉九月戌，万物收敛，于是为秋；斗柄北指在于亥子丑，十亥十一子十二丑，万物闭藏，于是为冬。”现在我们知道，古人发现的四季时令变化规律，是与太阳绕地球公转轨道有着直接关联的。地球绕太阳运行的轨道，古人命之为“黄道”，将黄道等分为 24 份，每个间隔为 15° 。人们视太阳从春分日为起点（此刻太阳光垂直照射黄经零度）出发，运行 360° 一周又回到春分点，为一回归年，这就形成了二十四节气。古时把节气称为“气”，一年 12 个月，每个月有两个气：前一个气叫“节气”，后一个气叫“中气”。如立春为正月节，雨水为正月中，后来就把节气和中气统称为“节气”。《尚书》就对节气有所记述。西汉刘安著的《淮南子》中有关于二十四节气的完整记载。元代著名天文学家郭守敬在河南登封创建了观星台，这是我国现存时代最早、保护较好的天文台，在世界上也属于最早的天文建筑之一，它反映了中国古代科学家在天文学上的卓越成就，在世界天文史、建筑史上都有很高的价值。

人们对“年”的含义是逐步认识的。在上古唐尧、虞舜时代不称“年”而称“载”。到了夏代，改称“载”为“岁”。到了商代，又有新的称法，叫“祀”。直到周代才正式有“年”的名称。

古人还根据黄河中下游地区的气候特征制定出七十二候，它是我国最早结合天文、气象、物候知识指导农事活动的历法，完整记载见于公元前 2 世纪的《逸周书·时训解》。以五日为候，三候为气，六气为时，四时为岁，一年二十四节气共七十二候。各候均以一个物候现象相对应，涉及植物候、动物候和气象等。二十四节气七十二候自古以来对于指导人们开展农事劳作发挥着至关重要的作用。随着中国对外交往的不断扩大，我国的二十四节气已流传到世界许多地方。这是中国先民对世界的一大贡献。

【元】王祯《农书》：二十四气七十二候图

随着地球气候的变化，二十四节气的物候现象也有了很大变化，虽然中国地域辽阔，气候差别很大，但是，二十四节气对中国人民的农业生产具有深远影响和指导意义。为了便于记忆，人们编出了二十四节气歌诀。“二十四节气歌：春雨惊春清谷天，夏满芒夏暑相连，秋处露秋寒霜降，冬雪雪冬小大寒。”二十四节气作为中华传统文化的瑰宝将永远熠熠生辉。

（二）二十四节气简述

1. 立春

立春，又称“打春”。“立”是“开始”的意思，中国以立春为春季的开始，每年公历 2 月 3~5 日太阳到达黄经 315°，为立春。《月令七十二候集解》：“立春，正月节。立，建始也……立夏秋冬同。”古代“四立”，指春、夏、秋、冬四季开始，其农业意义为“春种、夏长、秋收、冬藏”，概括了黄河中下游农业生产与气候关系的全过程。立春后三候分别为：“初候东风解冻，二候蛰虫始振，三候鱼陟负冰。”农谚：“立春伊始一年端，全年农事早盘算。”“立春雨水到，早起晚睡觉。”农历春节一般在立春前后，民俗很多，在后边第九厅有较详细记述。

2. 雨水

每年 2 月 18~20 日，太阳到达黄经 330°，为雨水节气。这时天气回暖、冰雪融化、降水增多，故名雨水。《月令七十二候集解》中说：“水，正月中。天一生水，春始属木，然生木者，必水也，故立春后继之雨水。且东风既解冻，则散而为雨水矣。”雨水三候为：“初候，獭祭鱼，二候，鸿雁北。三候，草木萌动。”主要农谚：“七九八九雨水节，种田老汉不能歇。”“雨水雨增温度升，华北大地渐解冻。”雨水期间逢元宵佳节，民俗甚多：吃元宵、闹花灯、耍狮舞龙、走百病等。

3. 惊蛰

每年 3 月 5~7 日，太阳到达黄经 345°，为惊蛰。意为天气回暖，春雷始鸣，惊醒了蛰伏在土中冬眠的动物。《月令七十二候集解》中说：“惊蛰，二月节。万物出乎震，震为雷，故曰惊蛰。是蛰虫惊而出走矣。”晋代诗人陶渊明有诗曰：“促春遘时雨，始雷发东隅，众蛰各潜骇，草木纵横舒。”实际上，哪里是昆虫听到雷声而醒来，是对大地回春，天气变暖使它们结束冬眠、“惊而出走”的形象描述。惊蛰三候为：“初候，桃始华。二候鸧鹒（黄鹂）鸣，三候鹰化为鸠。”主要农谚：“惊蛰节到闻雷声，震醒蛰伏越冬虫。”“未过惊蛰先打雷，四十九天云不开。”“过了惊蛰节，春耕不能歇。”惊蛰主要民俗：祭白虎、吃梨。

4. 春分

每年 3 月 20~22 日，太阳直射黄经 0°，这天是春分日。顾名思义，这一天昼夜平分，春分过后，太阳渐渐北移，北半球开始昼长夜短。《明史·历一》说：“分者，黄赤相交之点，太阳行至此，乃昼夜平分。”汉董仲舒《春秋繁露·阴阳出入上下》：“至于中春之月，阳在正东，阴在正西，谓之春分。春分者，阴阳相半也，故昼夜均而寒暑平。”春分三候：“初候，元鸟至。二候，雷乃发声。三候，始电。”主要农谚：“吃了春分饭，一天长一线。”“春分麦起身，一刻值千金。”春分主要民俗：春祭、竖鸡蛋。

5. 清明

每年 4 月 4~6 日，太阳位于黄经 15°，为清明。春天从“立春”开始春意萌发，迎来“雨水”的滋润，到“惊蛰”地气回升，蛰虫始出，闻听“春分”的春雷滚滚，迎来清新而明亮的“清明”。这时，正是阳光明媚、百花盛开的春季最好时光。《历书》：“春分后十五日，斗指丁，为清明，时万物皆洁齐而清明，盖时当气清景明（气温上升，中国南部雾气少，北部风沙消失，空气通透性好），万物皆显，因此得名。”清明三候：“初候，桐始华。二候，田鼠化为鴽。三候，虹始见。”主要农谚：“清明前后，种瓜种豆。”“雨打清明前，春雨定频繁。”“清明时节，麦长三节。”清明主要民俗：扫墓祭祖、插柳、春游。

6. 谷雨

谷雨，源自古人“雨生百谷”之说，每年 4 月 19~21 日，太阳到达黄经 30°，为谷雨，《通纬·孝经援神契》：“三月中，言雨生百谷清净明洁也。”《群芳谱》：“谷雨，谷得雨而生也。”谷雨前后，天气较暖，降雨量增加，有利于春作物播种生长。谷雨三候：“初候，萍始生。二候，鸣鸠拂其羽，三候，戴胜降于桑。”谷雨主要农谚：“谷雨麦挑旗，立夏麦头齐。”“谷雨过三天，园里看牡丹。”“谷雨阴沉沉，立夏雨淋淋。”谷雨时节主要民俗：

祭祀文字始祖仓颉、禁杀“五毒”等。

7. 立夏

每年 5 月 5~7 日，太阳到达黄经 45°，为立夏，意味着即将告别春天，迎来夏日时光。《逸周书·时讯解》云：“立夏之日，蝼蝈鸣。又五日，蚯蚓出。又五日，王瓜生。”《月令七十二候集解》中说：“立夏，四月节。立字解见春。夏，假也，物至此时皆假大也。”《莲生八戕》一书中写有：“孟夏之日，天地始交，万物并秀。”立夏时节，气温渐升，雨量增多，万物繁茂。立夏三候：“初候，蝼蝈鸣。二候，蚯蚓出。三候，王瓜生。”立夏主要农谚：“立夏蚯蚓出，麦子麦芒生，昼夜灌浆忙，又是好收成。”“立夏麦咧嘴，不能缺了水。”“立夏无雨，碓头无米。”立夏时节民俗：吃茶鸡蛋、称人的重量并说吉祥话等。

8. 小满

每年 5 月 20~22 日，太阳到达黄径 60°，为小满。《月令七十二候集解》：“小满，四月中。小满者，物至于此小得盈满。”这时全国北方地区小麦处于灌浆后期，籽粒开始饱满，即将成熟。早熟的大麦，已经接近收割。小满三候：“初候，苦菜秀，二候，靡草死。三候，麦秋至。”小满农谚：“小满不满，麦有一险。”“小满不满，干断田坎。”“小满小麦粒渐满，收割还需十多天。”小满民俗：祭祀蚕神嫘祖。

9. 芒种

每年 6 月 5~7 日，太阳到达黄经 75°，为芒种。《月令七十二侯集解》：“芒种，五月节。谓有芒之种谷可稼种矣。”意指大麦、小麦等有芒作物种子已经成熟，抢收十分急迫。晚谷、黍、菽等夏播作物也正是播种最忙的季节，故又称“忙种”。此时起我国南部中部地区将进入多雨时节。芒种三候：“初候，螳螂生。二候，鶪（局）始鸣，三候，反舌无声。”芒种农谚：“芒种芒种，忙收忙种。”“芒种后，忙种豆。”“芒种火烧天，夏至雨涟涟；芒种雨涟涟，夏至旱燥田。”芒种民俗：送花神、煮青梅。

10. 夏至

夏至，每年 6 月 21~22 日，太阳到达一年的最北端，几乎直射北回归线，此时，北半球的白昼达最长，越往北昼越长。夏至之后，太阳直射地面的位置开始南移，北半球的白天日渐缩短。夏至三候："初候，鹿角解。二候，蜩（调）始鸣。三候，半夏生。"夏至农谚："夏至端午近，麦子满仓囤；夏至端午远，年景必有闪。""夏至不过天不热。""夏至时节天最长，南坡北洼农夫忙。"夏至民俗：祭土地神。

第三厅"时令节气·农耕风貌"掠影

11. 小暑

每年 7 月 6~8 日，太阳到达黄经 105°，为小暑。《月令七十二候集解》："小暑，六月节。暑，热也。就热之中分为大小，月初为小，月中为大，今则热气犹小也。"小暑意指天气开始炎热，但还没到最热，全国大部分地区基本符合。这时江淮流域盛夏开始，气温升高，并进入伏旱期；而华北、东北地区进入多雨季节，热带气旋活动频繁，登陆我国的热带气旋开始增多。小暑三候："初候，温风至。二候，蟋蟀居壁。三候，鹰始击。"小暑农谚："小暑热过头，九月早寒流。""伏天雨，锅里米。""小暑天气热，棉花整枝不停歇。""头伏萝卜二伏芥，数了三伏种白菜。"小暑民俗：小暑食新，伏天养生，冬病夏治。

12. 大暑

每年的 7 月 22~24 日，太阳到达黄经 120°，为大暑。《月令七十二候集解》："大暑，六月中。解见小暑。暑，热也。就热之中分为大小，月初为小，月中为大，今则热气犹大也。”这时正值中伏前后，全国大部分地区为一年最热时期，也是晚秋作物生长速度最快的时期。大暑三候：“初候，腐草为萤。二候，土润溽。三候，大雨时行。”大暑农谚：“大暑热，田头歇；大暑凉，水满塘。”“小暑雨如银，大暑雨赛金。”“伏里多雨，囤里多米。”“稻在田里热了笑，人在屋里热了跳。”大暑民俗：斗蟋蟀，敬火神。

13. 立秋

每年 8 月 7~9 日，太阳到达黄经 135°，为立秋。“立”是开始的意思。立秋意味着暑去秋来，天气渐凉。《月令七十二候集解》：“秋，揫也，物于此而揫敛也。”立秋一过，各种庄稼以及各种草禾都要结籽，渐趋成熟。立秋三候：“初候，凉风至。二候，白露降。三候，寒蝉鸣。”立秋农谚：“立秋下雨人欢乐，处暑下雨万人愁。”“雷打秋，冬半收。”“立秋晴一日，农夫不用力。”“秋前北风秋后雨，秋后北风干河底。”“七月秋样样收，六月秋样样丢。”立秋民俗：吃炖肉贴秋膘，过乞巧节。

14. 处暑

每年 8 月 22~24 日，太阳到达黄经 150°，为处暑。“处”含有躲藏、终止意思，“处暑”表示炎热暑天结束了。据《月令七十二候集解》说：“处，止也，暑气至此而止矣。”到了处暑，气温有明显变化，逐日下降，白天虽然还会有点热，但夜晚就很凉爽，昼夜温差大，空气湿度低。处暑三候：“初候，鹰乃祭鸟。二候，天地始肃。三候，禾乃登。”处暑农谚：“处暑禾田夜夜变。”“处暑雨如金。”“处暑不下雨，干到白露底。”处暑民俗：中元节祭祖扫墓。

15. 白露

每年 9 月 7~9 日，太阳到达黄经 165°，为白露。《月令七十二候集解》称：“秋属金，金色白，阴气渐重，露凝而白也。”就是说此时气温开始下降，天气转凉，早晨草木上有了露水。白露三候为：“初候，鸿雁来。二候，元鸟归。三候，群鸟养羞。”白露农谚：“白露秋分夜，一夜冷一夜。”“白露白茫茫，秋分稻飘香。”“雨打白露，长走湿路。白露晴天，谷米如山。”白露民俗：太湖人有祭祀禹王的习俗，南方有酿造白露米酒的习惯。

16. 秋分

每年的9月22~24日，太阳到达黄经180°，为秋分。直射地球赤道，就到了下半年昼夜均分之时，秋分过后，阳光直射位置向南半球移动，北半球渐渐昼短夜长。秋分三候为："初候，雷始收声。二候，蛰虫坯户。三候，水始涸。"秋分农谚："秋分天晴必久旱，秋分有雨来年丰。""白露早、寒露迟、秋分种麦正当时。""秋分一过遍地黄，抢收抢种三秋忙。"秋分民俗：玩竖蛋、放风筝等游戏，这期间有一个重要的传统节日中秋节，自古以来有祭月赏月吃月饼等习俗。

17. 寒露

每年10月7~9日，太阳到达黄经195°，为寒露。《月令七十二候集解》说："寒露，九月节。露气寒冷，将凝结也。"《素问·六元正纪大论》："五之气，惨令已行，寒露下，霜乃早降。"《通纬·孝经援神契》："秋分后十五日，斗指辛，为寒露。"寒露时节，华北大部分地区气温明显下降，东北、新疆地区一般开始下雪。寒露三候为："初候，鸿雁来宾。二候，雀入大水为蛤。三候，菊有黄花。"寒露农谚："人怕老来穷，禾怕寒露风。""寒露不摘棉，霜打莫怨天。""九月寒露天渐寒，抢种小麦莫消闲。"寒露民俗：观红叶、赏秋景，重视秋季滋阴养生。

18. 霜降

每年10月22~24日，太阳位于黄经210°，为霜降。霜降含有天气渐冷、初霜出现的意思，是秋季的最后一个节气，也意味着冬天的开始。《月令七十二候集解》中说："霜降，九月中。气肃而凝露结为霜矣。"此时气温降至0℃以下，空气中的水汽在地面凝结成白色结晶体，称为霜。霜降三候："初候，豺祭兽。二候，草木黄落。三候，蛰虫咸俯。"霜降农谚："霜降无霜，碓头无糠。""霜降不摘柿，硬柿变软柿。""霜降到，无老少（秋庄稼无论是否成熟都得收割）。"霜降民俗：在古代，每年立春为开兵之日，霜降为收兵之日，所以，霜降这天各地校场演武厅要例行隆重的收兵仪式。

19. 立冬

每年11月7~8日，太阳到达黄经315°，为立冬。《月令七十二候集解》说："立冬，十月节。立字解见前。冬，终也，万物收藏也。"黄河中下游地区以立冬为冬季的开始。而中国东北、西北地区早已进入冬季。立冬三候为："初候，水始冰。二候，地始冻。三候，雉入大水为蜃。"立冬农谚："立冬晴，一冬晴；立冬雨，一冬雨。""立冬落雨会烂冬，吃得柴尽米粮空。""小葱菠菜粪土拥，立冬前后刨大葱。""立冬时节天变冷，大麦小麦不再种。"立冬民俗：进入冬季，农活渐少，人们以干室内活儿为主，同时休养生息，有"秋冬养阴""立冬补冬"之说。

20. 小雪

每年 11 月 21~23 日，太阳到达黄经 240°，为小雪。《月令七十二候集解》曰："十月中。雨下而为寒气所薄故凝而为雪，小者未盛之辞。"古籍《群芳谱》中说："小雪气寒而将雪矣，地寒未甚而雪未大也。"《二十四节气解》中说："雨为寒气所薄，故凝而为雪，小者未盛之辞。"这些都说明到了小雪节气，天气明显变冷，已开始下小雪。小雪三候为 ："初候，虹藏不见。二候，天气上升。地气下降。三候，闭塞而成冬。"小雪农谚："小雪雪满天，来年必丰年。""牛驴骡马喂好，冬季才能养膘。""小雪收葱，不收就空。""小雪见青天，有雪到年边。"小雪民俗：小雪天气渐冷，人们的心脏代谢功能减弱，所以注重食疗养生，强心安神。

21. 大雪

每年 12 月 5~7 日，太阳到达黄经 255°，为大雪。大雪，顾名思义，雪量大。《月令七十二候集解》说："大雪，十一月节。大者，盛也。至此而雪盛矣。"俗话说："瑞雪兆丰年。"到了大雪节气，冬小麦停止生长。这时人们最喜欢天降大雪。积雪覆盖大地，可保持地面及作物周围土壤的温度不会因寒风侵袭而降得过低，为冬作物越冬创造良好环境。大雪三候为："初候，鹖鴠不鸣，二候，虎始交。三候，荔挺出。"大雪农谚："大雪不冻倒春寒。""大雪不冻，惊蛰不开。""冬雪是个宝，春雪是根草。"大雪民俗：古代无制冰设备和技术，官府冰库的冰均来自天然采集储存，所以，到了大雪就开始适时采冰藏冰。腌制腊肉、制作粉条等都可以开始进行了。

22. 冬至

每年的 12 月 21~23 日之间，太阳到达黄经 270°，为冬至。《通纬·孝经援神契》说："大雪后十五日，斗指子，为冬至，十一月中。阴极而阳始至，日南至，渐长至也。”《恪遵宪度抄本》说：“日南至，日短之至，日影长之至，故曰‘冬至’。‘至’者，极也。”可见，古人对于太阳运行规律早有准确认知。冬至三候为：“初候，蚯蚓结。二候，麋角解。三候，水泉动。”冬至农谚：“冬至晴一天，春节雨雪连。”“冬至不过天不冷。”“吃了冬至饭，一天长一线。”冬至民俗：中原地区普遍流行冬至吃饺子的习俗，认为冬至吃了饺子就不会冻坏耳朵。在传统农历中，从冬至这天开始数九，民间流行填九九消寒图，九九消寒图是一幅双钩描红书法，上有繁体的“庭前垂柳珍重待春风”九个字。从冬至开始，每过一九填好一个字，直到九九之后春回大地。填充的颜色根据天气决定，晴为红，阴为蓝，雨为绿，风为黄，雪为白。冬至日，石灰窑、炭窑、砖瓦窑还有祭祀窑神的习俗。

23. 小寒

每年 1 月 5~7 日，太阳到达黄经 285°，为小寒。《月令七十二候集解》：“小寒，十二月节。月初寒尚小，故云，月半则大矣。”小寒的意思是天气已经很冷，中国大部分地区小寒和大寒期间一般都是最冷的时期，“小寒”过几天后，就进入了“三九”，俗话说：“三九四九冰上走”，这时中原地区进入了最冷的时段。小寒三候为：“初候，雁北乡。二候，鹊始巢。三候，雉雊。”小雪农谚：“小寒不寒，清明泥潭。”“小寒无雨，大暑必旱。”“小寒若是云雾天，来春定是干旱年。”小雪民俗：腊八节往往在小寒期间，自古以来，黄河流域对于腊八很重视，要吃“腊八粥”。在农耕时代，种粮和吃饭是头等大事。而中原地区五谷杂粮品种很多，到了腊月初八这天，要把各种粮食都尝一尝，所以，腊八粥里要尽可能把家里的各种存粮都放入一点，祈愿来年都能丰产丰收。同时，吃五谷杂粮，有益健康养生。

24. 大寒

每年 1 月 20~21 日，太阳到达黄经 300°，为大寒。《授时通考·天时》引《三礼义宗》：“大寒为中者，上形于小寒，故谓之大……寒气之逆极，故谓大寒。”这时，寒流南下频繁，南北大地都进入一年中最冷的时段。大寒是中国二十四节气最后一个节气，过了大寒，又迎来新一年的节气轮回。

大寒三候为:“初候，鸡乳育也。二候，征鸟厉疾。三候，水泽腹坚。”大寒农谚:“大寒不寒，人马不安。”“大寒无风伏干旱。”“过了大寒，又是一年，该冷不冷，不成年景。”大寒民俗：大寒期间迎来腊月二十三“祭灶日”以及此后的春节，这是农历中最重要的节日，传统习俗很多，在此不一一列举。

三　农耕风貌

(一)旱田耕作流程场景雕塑(王银安作)

农事劳作场景雕塑——犁地、耙地、播种

农事劳作场景雕塑——中耕除草、灌溉

农事劳作场景雕塑——收割

农事劳作场景雕塑——碾场脱粒、过秤分粮

农事劳作场景雕塑——分粮到户、牛车运送

农事劳作场景雕塑——秸秆上垛

犁地—耙地—耩地—磁地—中耕除草—追肥灌溉—收割—碾场—扬糠—灌装—分粮到户—秸秆上垛（农博馆资料，王银安作）。

（二）工匠技艺与社会风貌场景雕塑（贾银永作）

原始狩猎、刀耕火种、钻木取火、木匠技艺、铁匠技艺、酿酒造醋、烧砖制瓦、养蚕缫丝、纺线织布、杀猪宰羊、待客厨事、农村饭场、茶余饭后、儿童游戏、私塾学堂、花轿迎亲、休闲娱乐（农博馆资料，贾银永作）

农耕风貌场景雕塑之一：原始狩猎

农耕风貌场景雕塑之二：刀耕火种

农耕风貌场景雕塑之三：钻木取火

农耕风貌场景雕塑之四：木匠技艺

农耕风貌场景雕塑之五：铁匠技艺

农耕风貌场景雕塑之六：酿酒造醋

农耕风貌场景雕塑之七：烧砖制瓦

农耕风貌场景雕塑之八：养蚕缫丝

农耕风貌场景雕塑之九：纺线织布

农耕风貌场景雕塑之十：杀猪宰羊

农耕风貌场景雕塑之十一：待客厨事

农耕风貌场景雕塑之十二：农村饭场

农耕风貌场景雕塑之十三：茶余饭后

农耕风貌场景雕塑之十四：儿童游戏

农耕风貌场景雕塑之十五：私塾学堂

农耕风貌场景雕塑之十六：花轿迎亲

农耕风貌场景雕塑之十七：休闲娱乐

（三）三门峡市陕州地坑院农家风情图（剪纸长卷，任育新作）

三门峡市陕州地坑院农家风情图

第四厅　粮食加工

一　前言

随着农事种植和农民生活的发展，粮食加工成为不可或缺的环节。由河南新郑等地出土的石磨盘、石磨棒等原始器具，可以知道早在7000年前先民们是如何加工粮食的。中国农业博物馆收藏的石转磨出土于中原地域者居多。《易·系辞下》“断木为杵，掘地为臼”记载的杵和臼的工具，在河南安阳殷墟的妇好墓中出土的石臼得到了印证。

汉唐是传统农业发展的重要时期，粮食加工方法有了巨大改进，农民曾经把杵臼利用杠杆原理改手舂为脚踏，到东汉发展为畜力碓和水力碓，大大降低了劳动强度，并提高了加工效率。到唐代又有了水力碾，加工能力得到很大提升，加工各类谷物的能力空前发展。据传石转磨为春秋时期鲁班发明，到东汉被广泛使用。石转磨的使用，使远古以来人类以熟粒食的方式有了革命性的提高，人们创造了各种各样的面食方法，并逐渐成为中原地域乃至广大北方地区的饮食风俗习惯。

唐宋以来，碾米磨面等粮食加工方式先后出现了较大规模的作坊生产，渐次萌生贸易性质的生产，直到近代工业化生产，首先在都市取代了用传统石碾石磨加工粮食的作坊。20世纪70年代以后，广大农村地区传统的粮食加工方式逐渐被现代化生产所取代。

二　粮食加工器具

（一）石磨（研学实践课程参考资料）

石磨是用于把粮食研磨成粉的石质工具。约在7000年前（河南新郑出土）的石磨盘，由人工打磨的石台板和石棒组成，是磨的原始雏形。

春秋战国时期发明了石转磨，此后以很快的速度在社会上传播开来。到了汉代，石转磨已经达到相当成熟的程度，自1957年以来，先后在山东济南、山西襄汾、河北满城、河南淇县、河南洛阳、甘肃古浪、宁夏银川等地发现的汉代石转磨，都充分说明石转磨在秦汉时期具有很高的实用价值和社会地位。

河南省新郑市裴李岗遗址出土的石磨盘、石磨棒

汉代石磨的形制基本一致，只是大小有些区别。它们分上下两扇，用白砂岩、红砂岩、花岗岩等凿成，直径 55 厘米左右，厚 14 厘米左右，上扇的上面雕两个半月形漏斗，组成一个完整的圆形。漏斗底部凿有圆孔漏斗，漏斗一大一小，大孔直径 3 厘米左右，小孔直径 2 厘米左右。扇侧凿有长方形孔用以安装磨棍。下扇中心安装铁制磨脐。上扇磨底部稍凹，下扇磨面稍凸，这是为了方便面粉下落。上下扇雕刻辐射状齿纹，上下叠合，逆时针转动，即可将粮食粉碎。农博馆现存汉代石磨三盘，品相基本完好。

本馆藏品：汉代石磨

汉代石磨迄今除了已发现大量实物遗存之外，在西汉的墓葬中还发现不少石砖磨模型。这些模型有的用陶烧制，有的用石料加工，只是尺寸比实物要小一些。在河南省禹州市白沙的一批汉墓中，出土了17副陶制石转磨模型，均出自小砖墓。在河南省桐柏县也有出土。这些模型与现存的汉代石磨形状一致，分上下扇，上扇顶面有半圆形漏粮斗，磨扇的摩擦面有凹凸纹。在墓葬中有这么多石磨模型，从一个侧面反映了这个时代石砖磨在现实生活和人们心目中的地位。

春秋时期小麦从西亚引入我国黄河流域，汉代得到广泛种植。北方广大地区人民有了改颗粒熟食为面食的需求，石转磨就是在这样背景下迅速发展起来的。

汉代以后，石转磨不断改进，遂定型下来。主要变化是上下磨扇加大加厚，上部变平，不再凿凹凸槽。上扇凿两个圆形孔眼。上下扇的齿纹分布于周围，中间留有空腔，凿有太极状的两条凸凹鱼纹，便于将漏下的粮食颗粒均匀播送到周边的磨齿中。而石磨扇的开凿和锻造则十分讲究，包含放线、画圆、找平、定磨膛、定圆心、开磨芯、装磨芯、装钢套、画齿线、定里轴外轴、开下料孔、开太极鱼纹、锻刻磨齿、做磨唇等一系列工序，尤其是磨齿的锻凿，工艺要求很高，非富有经验的石匠莫属。推磨的动力也由人力逐步发展为畜力，有水资源的地方发展了水力磨。在加工用途上，不仅有旱磨，还发展了豆腐磨、油磨和厨房用的小石磨等。

推磨　汉代

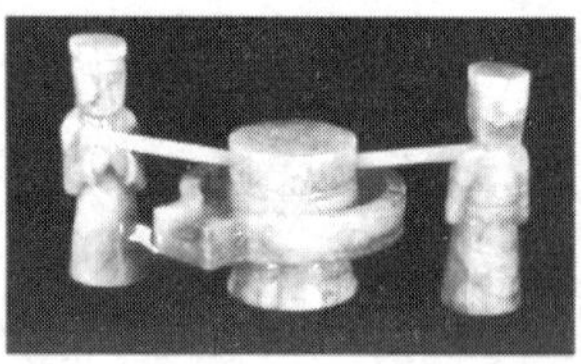
青玉推磨俑　唐代

推磨　宋代

推磨　宋代

出土石磨模型

当古代人们摸索到最好用的石转磨形制后，就一直固定和传承下来，直到新中国成立以来，石转磨的形制都未改变。20世纪七八十年代才逐渐被机器机械电力磨取代，为一代代人民生活立下汗马功劳的传统石磨彻底退出了历史舞台。

石磨在粮食加工方面使用非常广泛。它可用于小麦、玉米、高粱、黄豆、豌豆、扁豆等的加工，各种粮食体积与硬度不一样，有的复磨遍数需两三遍，有的需反复研磨与过罗六七遍。如小麦，富裕人家则只吃前三遍的精粉面，穷人家连最后的麸皮也食用。石磨的牵引，人力的是由两人协同推磨杆转动；畜力的多用驴子，驴拉磨设备除了套绳、套杆、夹板等整个套件外，还需要戴上盖眼（驴的眼罩），防止驴子转晕；加上一个“撑棍”（使驴嘴与磨盘上的粮食保持距离），或者加套笼嘴防驴偷吃粮食。与石磨配套的设备主要还有罗、罗面柜及其他容器。每遍磨出的粗料需进行筛罗，然后把粗料重复加工。罗面柜有手摇式的，也有脚踏式的。

石磨磨面（张培林摄）

（二）碓臼

石臼在原始农业时期已使用，在《易·系辞下》中有“断木为杵，掘地为臼”的记载。殷墟妇好墓已出土石臼，在民间也有木臼使用。臼主要是谷物类粮食去壳所用。小型石臼直到今天，民间仍有不少家庭在使用。

石臼与碓是配套使用的。早期木杵演进为石碓，增加了重力和摩擦力，提高了工作效率。汉代以前多由人抱杵或碓，手工舂谷物成米，后利用杠杆原理改手舂为脚踏，到东汉发展为畜力碓和水力碓。

石臼和碓在原始农耕时代尤为重要，那时人们知道熟粒食法，稻、粟、黍等带壳作物只有去壳，才能为人食用。大约到魏晋唐有了碾，石臼和碓仍然是个体农户常备的舂米工具，因其成本低，简便易行，不出村户，即可完成，直到新中国成立后至 20 世纪 70 年代以前，各个村庄的大石臼尚经常使用。

碓臼（梁冠山摄，原载河南人民出版社《家园》2016 年 10 月版）

（三）罗

罗是用于筛取面粉的工具。秦汉时期，乃至更早，就发明了罗面的罗。这个时期，丝麻织物已经相当发达。人们用丝麻织物“绢”做筛网用于罗底，从而分离出了面和麸。

罗由罗圈和罗底构成。以有韧性的薄木板弯成圆框，俗称罗圈，于罗圈的一面张上丝麻织物或马尾编成的细网，叫作罗底。又以罗底露孔的大小，分粗罗与细罗。罗面（又称筛面）时，先备一个大笸箩，笸箩中安放光滑且挺直的木架，名为罗架子或罗床子，罗在上面推拉晃动，面粉漏下散落笸箩中。为了防止面粉飘飞造成损耗，比较讲究的人家会用木板做成罗面柜子，四壁和底部都用木板封闭，上部半开口，里边安放罗面支架。罗下的面粉飘落在面柜底部。由于周围有木板封闭，就大大减少了面粉的飘飞浪费。这种罗面柜子也有做成脚踏式施加动力的，有了点半机械化的味道，效率会更高一些。在《王祯农书》水磨图中即可见到人工脚踏罗的图像。明代宋应星的《天工开物》则单独绘制了脚踏罗的图谱。它的结构是：连接面罗的连接杆从面柜中伸出，与一根垂直的摆杆相连接，垂直摆杆的下端连接一块脚踏板，脚踏板中间设一支点，人用双脚交替踏动两端，牵动垂直摆杆摆动，从而拉动柜中的面罗往复运动。

（四）石碾

石碾是用于碎粒成粉或为谷物脱壳的粮食加工工具。它由原始时代用石磨盘和石磨棒粉碎谷物的原理发展而来。魏晋南北朝时期遗址已见碾模型的出土文物，汉代已有关于碾的文字记载。《王祯农书·农器图谱》中绘制有石碾、水碾。

从结构和形制看，碾有两种，中原地区常见的碾磙是圆柱体，碾盘是圆形，碾磙围着碾的中心立柱在碾盘上滚动绕行，将谷物碾压粉碎；另一种碾磙像车轮，碾盘呈环形石槽，碾磙由连接杆与碾的中心柱相连，碾磙在环形石槽中滚动绕行，将石槽中的谷物碾碎。这种形制的石碾常见于南方。碾的动力大多是畜力拉动，也可以人力推拉。有水力条件的地方，有水力碾。石碾主要为稻、谷等带壳粮食细加工而用，和石碾配用的工具是风车和簸箕。

石碾、石磨的转动方向都是逆时针，这是缘于人们的一种传统理念：认为逆时针旋转是向怀里收财、聚财。而顺时针旋转是往外抛撒财源财气。

碾盘和辗磙必定是整块石材制作，由于体积较大，制作起来不容易。一般是具有专门技术的石匠从山上直接开挖切凿做出来的。河南泌阳县马谷田镇孙庄村过去曾是打造碾盘、碾磙的专业石匠村，现在还能在山上见到起凿碾盘的遗迹。石碾直到 20 世纪六七十年代以后，才逐渐被机械碾米机取代。

本馆藏品：石碾

（五）砻磨

砻最晚发明于汉代，是专门用来研磨稻谷的磨。我们在河南省新县、商城及江南地区均能见到古老的砻磨，当地人称它为“篱子”或“磊子”。它的正规名称为“砻”。从文字角度考察，繁体的“砻”字，早于砻磨就出现了，它有“搓磨”“砺磨”的含义。当这种专门用于搓磨稻谷的磨发明后，它的名字就定为“砻”。

砻磨和石转磨的基本原理是一样的。它是在石转磨的启发下根据稻谷加工的特点发明出来的。人们用石转磨加工稻谷，由于石头磨坚硬而且较重，很容易把米磨碎。于是古人就想方设法将磨做轻一点，或者把磨齿做得浅一点、钝一点。借鉴古人用手脚直接搓谷，或用鞋底、木板搓谷，或用石磨盘、石磨棒搓谷等方法，就以竹子或木材为材料做成转磨，用竹片或木条制成磨扇形成磨齿，中间填上适度重量的泥土，这种木转磨或竹转磨的搓磨，最大特点是比较柔和，其功效有利于脱壳而不易碎谷。

《便民图纂》牵砻

从农博馆收到的砻磨实物来看，它的动力是靠两个人，乃至一个人摇动“丁”字形摇把施加的。这是由于稻谷的皮壳比较空松，研磨起来不会很重。稻谷经研磨后，用簸箕或风车扇除糠皮，就成为糙米。糙米再经过碓臼的进一步研磨，去除细糠，才能成为精米。

本馆藏品：砻磨

（六）风车

风车又称风扇车、扬扇，主要用于去除糠皮杂质，获取干净米粒。风扇车是一种很先进的工具，它的发明很了不起。从河南洛阳东关汉墓、河南济源泗涧沟、山西芮城城南村等地出土的风扇车模型可知，早在汉代先民就发明了风扇车。风扇车的结构比较复杂，仅从出土的风扇车模型就可见到机体、风箱、叶轮、手柄、曲轴、进料口、出料口等许多部件。可以推测，它是人们受扇风纳凉用具的启发创造出来的。当手摇扇子发明之后，为了增强风力，人们考虑把扇子做大一点，在较大空间里扇风，但是大了手摇就费劲。于是，人们把扇叶做成房门状，把扇叶的两端固定在轴承内，安装上手摇把，或者吊在房梁上、树杈上，用绳子拉动扇子摇摆，便可以产生较大的风。后来，人们设法把这种创造用于扇除稻谷糠皮，将风叶增多，并将风叶的摆动式改为转动式，进而把风轮封闭在一个圆形箱体中，手摇曲柄使风叶循环转动形成风，只在一侧留一个出风口，这样风轮转动产生的风，不但集中，而且定向，于是，雏形的风车就诞生了。这种风扇车甚至可以认为是后代各种风泵、水泵乃至电风扇叶轮的鼻祖。

《授时通考》风扇车

风车直到改革开放前夕，农村仍然在使用。后来的风车各个部件和整体结构发展得更加科学。下料口可以控制流量和速度，出料口分前后两个，粮食籽粒饱满、比重大的从靠前的出口流出，籽粒瘪、比重小的会从靠后的出口流出，糠皮杂质从出风口吹出。

本馆藏品：风车

（七）簸箕、笸箩

簸箕是传统农耕时代用于清选粮食的最常用工具之一。簸箕、笸箩等工具发明很早，在商周时期已比较成熟，秦汉时期已广泛应用。当时的簸箕，除了用于簸扬谷物糠皮之外，还有其他多种用处。大禹治水时使用的畚（ben），就是和箕相似的工具。几千年来，这种工具一直在中原地区广大农村普遍使用，直到现在，在农村仍然存在。

本馆藏品：柳编笸箩、簸箕、笆斗

簸箕、笸箩、笆斗等工具，是用藤条编制的，原材料较多采用的是一种叫做簸箕柳的枝条，山里人则多采用来自山上的荆条。这些枝条的韧性都较好，匠人们可以编织出各种形状和花样的用具来。簸箕呈方形或长方形，后端和两侧隆起，但两侧前端逐渐变低，与敞开的前端收平，便于扬弃杂质和盛取粮食。簸箕主要功能一是去除杂物、净化粮食；二是转运和盛装粮食；此外，还可用作晾晒东西，如晒枣、晒核桃、晒花椒等。笸箩和箕斗之类，是周边全部竖起的圆形容器，上部完全开放。它们的功能主要是盛载或晾晒粮食和面粉。这些容器比较轻便，由于是柳条编制，晒东西时底部能够透风，盛晒物品易干又不会粘连，所以直到现在，在大多数农村，它们仍是家庭生活的必备之物。

三　展厅掠影

本厅主要展品：

汉代石磨（三盘）、近代石磨、石碾、风车、砻磨、罗面柜、多种面罗、小石磨、石碓臼、木碓臼、小蒜臼、簸箕、笸箩、搓箕、切薯干擦子、切薯干机、大杆秤、各种形制的升、斗等。

第四厅“粮食加工”掠影

第五厅　五谷稼穑·收获储存

一　前言

国以农为基，民以食为天。千万年来，人们之所以能够生存繁衍，就在于我们的祖先在大自然中发现、利用、改造和培育出了五谷稼穑，养育了子孙后代。黄河中下游地区，气候温和，土地肥沃，适宜农作物生长。所以，这里的作物品种很多，大多品种源于当地，后来从西域、南方或海外传播过来的不少品种，也都能够在这里落地生根，开花结果。放眼黄淮大平原，你会见到数不清的稼穑品种；走进中原老乡家，你会发现五谷杂粮就是他们的家常便饭。

“稻黍稷麦菽养育子民兴华夏，耧犁锄耙锨拓展沃野大中原。”自古以来，勤劳智慧的中原儿女，靠着“日出而作、日落而息”的执着，凭着“艰苦朴素、奋斗不息”的韧性，走过无数个日日夜夜、年年月月、世世代代。然而，当这个漫长的农耕时代即将彻底终结之时，我们完全可以拿出那个时代的任何一年、一季或一天，就可以窥见整个农耕时代的隐约身姿来！那就是耕作—播种—管理—收获—储存—加工—食用。周而复始，无限循环。

在上述农家生产生活环节中，收获是人们最紧张的环节，也是最喜悦的时刻。庄稼成熟后，及时收割当属最为关键的事情。常言说：“麦熟一晌，蚕老一时。”就是说当麦子成熟时，多过一晌工夫，就大不一样，如果不及时收割，逢雨天则易发霉，熟过了则会落籽。所以，焦麦炸豆时节，是农家最为繁忙的时候，男女老少齐上阵，起早贪黑不停歇，为的就是争分夺秒、颗粒归仓。

就收获而言，又是一个环环相扣、十分紧张的过程，收割、转运、脱粒、翻晒、入仓，一般都是要一鼓作气连续完成的。这些过程中有着许多环节，涉及众多工具与器物，这里无法一一详述。仅就一些主要工具、粮食品种和工序流程做些说明。

二　五谷稼穑

（一）五谷

“五谷”的称谓最早见于《周礼·天官》《孟子·滕文公》等著作，迄今约有 3000 年历史。先秦时期，人们信仰“阴阳五行”的哲理，许多称谓冠以“五”，如五土、五金、五官、五味等，对粮食作物则称五谷。广义的五谷，可以是粮食的概称，而狭义的五谷具体所指哪五种作物，自古以来就无定论。有“稻黍稷麦菽”“稻稷麦豆麻”“麻黍稷麦豆”等。也有“九谷”之说，莫衷一是。可见，还是将五谷理解为多种主要粮食作物的统称为好。当然，过于广泛也不妥，古时甚至有说法把五谷视为自然界一切能食用的植物果实，包括根谷、蔓谷、角谷、穗谷、悬谷。

神农尝百草图

现在，比较流行的五谷称谓似乎是指“稻、黍、稷、麦、菽”。但就中原地区的作物特点来说，我们更赞赏中国社会科学院王巍学部委员的观点，就是“稻、麦、菽、黍、粟”。因为这几种作物最能代表中原地区的农耕文明源流，同时，它们也是中原地区普遍种植并最为推崇的农作物。黄河流域是华夏民族的重要发祥地，同时也是农耕文明的重要发源地之一。“黍”“粟”之类的作物，都是原产于黄河流域的古老作物品种，考古发现有 8000 年，乃至 10000 年前的黍和粟，使这里成为世界原生农业文明的重要发源地之一。“黍”指高粱，“粟”是谷子（小米），它们至今仍在中原地区广泛种植。浙江省浦江县上山新石器时代遗址考古发掘证实，一万年前当地人就会种植水稻，会用石磨棒和石磨盘磨稻脱壳。证明这里是稻作的重要发源地。北粟南稻构成了中国古代二元农业体系。由于黄河中下游的中原地区具有气候、土壤、水利等地理条件的优势，南方的水稻逐渐北移驯化，得以适应发展。当发端于西亚两河流域的麦子传入中国后，也在中原落地扎根，加上北方固有的黍、粟、菽，使得这五种作物很早以前就成为大中原的当家粮食品种。至今，河南仍是全国最重要的小麦生产区。后来，从美洲传入的玉米、番薯等在中原广泛种植，构成了中原粮食大家族。时至今日，人们对于“五谷”的理解，成了粮食类作物的代名词。中原的粮食品种众多，常以五谷杂粮相称。

本馆藏品：庄稼与粮食标本

（二）中原主要农作物

1. 中原主要粮食作物

小麦、大麦、玉米、水稻、谷子、高粱、红薯、黄豆、黑豆、绿豆、豌豆、小豆、红豆、扁豆、豇豆、芸豆、蚕豆、荞麦、粳米等。

2. 中原主要经济作物

棉花、花生、油菜、芝麻、烟叶、茶叶、药材、花卉苗木、食用菌等。

3. 中原主要蔬菜

白菜、白萝卜、胡萝卜、西红柿、土豆、大蒜、姜、大葱、辣椒、茄子、芹菜、长豆角、梅豆角、扁豆角、四季豆、冬瓜、南瓜、丝瓜、黄瓜、菜瓜、苦瓜、茄瓜、葫芦、山药、韭菜、苋菜、笋菜、芋头、芫荽、荆芥、食香、香菇、木耳、芥菜、黄心菜、空心菜、花菜、生菜、勺菜等。

4. 中原主要果品

桃、杏、梨、核桃、樱桃、李子、板栗、苹果、柿子、大枣、石榴、山楂、西瓜、甜瓜等。

（三）中原主要粮品简介（研学实践课程参考资料）

1. 小麦

小麦是世界上总产量排第二位的粮食作物，仅次于玉米。小麦起源于西亚地区，伊拉克北部的贾尔木遗址出土了距今8000多年的小麦。后传入我国，在北方地区广为播种。甘肃民乐东灰山发现的碳化小麦颗粒，为马家窑文化遗存，距今约5000年。后在距今4000年的黄河下游若干龙山文化遗址中，如山东茌平教场铺、日照两城镇、胶州赵家庄等地出土的标本增多。从古籍记载看，商代已有食麦的习俗。

河南省是我国小麦主产区。小麦生长期较长，是耐寒的越冬作物。秋季作物收获后，开始整地播种小麦。最早从白露开始，一般在寒露到霜降之间。农谚称："寒露到霜降，种麦不慌张；霜降到立冬，种麦莫放松。"

小麦适宜耧播，三条腿的耧就是专门为小麦播种而设计。小麦的生命力很强，尤其耐旱耐寒。小麦播种前，土地要施足底肥。冬春时节要锄两遍，松土保墒和除去杂草。如果哪年冬天气温过高，小麦会提前旺长，还要设法遏制，办法多用无齿耙母或压地小石磙镇压一下。冬季有充足雨雪，是小麦丰收的重要条件。俗话说："瑞雪兆丰年""麦盖三床被（雪），头枕蒸馍睡。"小麦收获时间一般在芒种之后。芒种时，大麦先成熟收割，接着就是豌豆、扁豆、小麦等。这些庄稼，全靠人工用镰刀收割。男女老少齐上阵，起早贪黑，争分夺秒，一镰一把，弯腰弓背，辛苦程度只有亲身参与者心中知道，无法言表！

然而，喜悦与辛苦相伴。小麦磨成的面粉，河南人称为"好面""白面"，它是北方人民最喜欢食用的精细粮品。小麦富含淀粉、蛋白质、脂肪、矿物质、钙、铁、硫胺素、核黄素、烟酸及维生素A等，营养非常丰富。小麦磨成面粉后可制作蒸馍、油馍、烙馍、包子、面条等，还用于制作月饼、点心等。但是，在生产力低下，生活艰苦的年代，小麦面难以成为农家的日常食品，只有逢年过节才能吃上白面馍。

2. 玉米

玉米是世界上分布最广泛的粮食作物之一。种植范围从北纬58°至南纬40°，可以说世界上全年每个月都有玉米成熟。玉米原产于中美洲，是哥伦布1492年发现美洲新大陆后，明朝时才传入中国，在1500年前后。玉米在中国的播种面积很大，分布也很广，是中国北方和西南山区及其他旱谷地区人民的主要粮食之一。

中原地区老乡习惯叫玉米为“包谷”。每年麦子一收割，就要抢墒抢时间整地种玉米。五黄六月抢种田，上午下午差半圈。就是说晚种一晌，收的玉米就可能减少半个茓圈之多。可见，人们常说的“三夏大忙”时节，对于麦秋两季来说多么重要。

玉米属于比较泼辣的作物。一般是在耕犁麦茬地时，犁子后边跟着一个点种人，把种子扔到犁垡的中部高度，由下一犁垡自动掩盖即可发芽。如果时间紧张，耕犁无法满足需要，为了抢墒，甚至可以用板锄直接在麦茬地里掘出小坑，进行点种，玉米也可发芽出生。这叫做“铁茬”种植。当然没有犁垡地好，出芽后需要及时锄地松土。玉米的中耕管理极其重要，一般要锄三遍。第一遍松土兼剔苗，第二遍要深锄，宜于保墒，第三遍重在培根，利于玉米不定根生长。秋庄稼中耕锄草时节正是酷暑盛夏，锄地是考验农民诚心和耐力的繁重农活。古诗云：“锄禾日当午，汗滴禾下土。谁知盘中餐，粒粒皆辛苦。”就是这种农活的真实写照。

砍玉米（梁冠山摄，原载河南人民出版社《家园》2016 年 10 月版）

玉米收获主要有两道工序，首先是把玉米棒一个个掰下来，然后再把玉米秸秆用镑铲一株株砍伐掉。收回家中的玉米棒子，要及时剥去包皮。黄澄澄的玉米棒子晒干后，圈成大囤，或悬挂墙上、树上，煞是壮观。玉米棒的脱粒，则是靠一家人日常见缝插针手工操作一点点剥下来的，剥玉米往往是一个冬天一家人干不完的活儿。后来，人们发明了手摇剥玉米机，效率提高不少。

玉米有长寿食品的美誉，富含蛋白质、脂肪、维生素、微量元素、纤维素等。玉米还是制作酒精、味精等重要的工业原料。北方人爱喝粥，玉米糁是家常做粥的主要原料。当然，也可以做成窝窝、饼子之类的，吃了更能顶晌耐饥一些。

3. 豆类

大豆起源于中国，在中国栽培并用作食物及药物已有5000年历史。原产于东北地区，黑龙江宁安大牡丹屯发现过4000年前的大豆。《管子》《史记》中都有关于“菽”的表述。世界各国栽培的大豆都是直接或间接由中国传播出去的。1873年，中国大豆在维也纳万国博览会上展出，引起轰动。此后才传入欧美各国并大量种植。

大豆是豆科植物中最富有营养而又易于消化的食物，是蛋白质最丰富最廉价的来源，被称为“豆中之王”“田中之肉”“绿色的牛乳”等，是数百种天然食物中最受营养学家推崇的食物。

豆类有多个品种，中原地区最常种的有黄豆、黑豆、绿豆、豇豆、豌豆、扁豆、蚕豆等。其中最重要的当属黄豆、黑豆和绿豆。黄豆用来做豆腐、榨油、造酱油、生豆芽等；黑豆除了人食用外，也有很好的药用价值，还是牛饲料的主要原料；绿豆主要用来做面条，熬成汤具有清热败火的功效。

豆类一般采用耧播，但行距要宽于小麦，所以，要把三腿耧中间的耧管堵起来，使用两边的耧管下种子，或者直接采用两腿耧。苗株稀稠主要在播种时由耧把式予以掌控，后期一般不再间苗。中耕锄草同样很重要。锄与不锄，锄多少遍，效果大不一样。

豆类收获一般都是用镰刀收割，然后运到场上晒干，磙碾、扬糠，获取成品。其中，绿豆往往不会一齐成熟，豆荚是陆续变黑成熟的。人们为了不让熟过落籽，就要及时一个个把成熟的豆荚摘下来，这是非常艰难、效率很低的一种劳动。但是，再艰难，人们也不会眼睁睁看着豆子落到地里去。黄豆接近成熟时，是一道天然美味。连株采下，用火烧烤后，味道清香可口，这叫做“烧毛豆”。那些年头，小孩子们年年盼着这个时节，总会偷偷摸摸在野地里烧毛豆吃。

4. 红薯

学名为番薯，不同地区叫法不同：红薯、甘薯、地瓜、红苕、甜薯、白薯等，中原地区称红薯（以下皆称红薯）。红薯不是中国原产农作物，而且传入中原地区仅有400多年，但是，在中原主要农作物中不能不说一下红薯。

红薯原产南美洲，后传遍全球，在热带、亚热带地区普遍种植。明万历二十一年（1593年）福建长乐人陈振龙到吕宋（今菲律宾）经商，认识了红薯，想把它带回祖国，但吕宋不准薯种出口。于是他“取藷（薯）藤，绞于汲水绳中，遂得渡海。”（《农政全书·甘薯条》）。陈振龙的儿子陈经纶在福建予以推广栽种。后经陈经纶的儿子陈以桂、孙子陈世元传入浙江、山东等地，又由陈世元的儿子陈云、陈燮传入河南，陈树传入北京等地。红薯在中国的传播，陈家人几代功莫大焉。

红薯由于具有耐旱、耐瘠薄、产量高的优点，是中原人民最为欣赏的一种作物。在粮食低产、食品紧缺的年代，红薯的功劳不可忘怀。当时河南广泛流行不少关于红薯的顺口溜：“一年红薯半年粮。”“红薯汤，红薯馍，离开红薯没法活。”“红薯块，红薯干，红薯叶，红薯渣，红薯粉条更是宝，没有红薯吃不饱。”可见，在传统农耕时代，红薯对中原人民是多么重要！

红薯种植有着较复杂的工序。要选留上等好薯块作为种子，小心保护不让表皮受伤，储存到来年春天，埋进专门备好的肥土造成的种池中。发出的芽密实苗壮，等待拔芽栽种。红薯地整理，各地有所不同。豫西山区普遍要隆起一道道的土埂，红薯苗要栽到土埂上。这不仅是因为山区土地比较瘠薄，其实也是考虑适应红薯生长特性的。红薯耐旱、怕涝、喜阳光，这种源于古代“畎亩法”的种植方法非常适合红薯生长。在许昌以东的平原地带，种红薯一般不挑垄立埂，直接种在平整好的土地上，因为这里土壤深厚肥沃而松软。红薯也可以扦插种植，这是在麦季腾出土地时，不得已追加的，称为晚红薯。晚红薯生长期短促，产量自然较低。薯块较小，但水分较大，吃起来倒更软和可口。

红薯的收获，是人工刨挖出薯块。红薯保存并非易事，因为它怕冻、怕碰，一般低于15℃就可能冻坏。所以，人们采取窖藏的方式保存红薯。家家都会选在地势较高的地方开挖出红薯窖，竖井向下，一丈多深，底部向两个方向挖出大大的空腔。红薯就排放在这两个空腔中。窖口用柴草捆堵上，保持窖内温度。开春后，还要在中午时分打开窖口透透气，补充窖内氧气。每次从窖中拾取红薯时，也要注意先开口晾一会儿，不然，人下去就有缺氧窒息的危险。

由于红薯不易保存，而且产量较大。红薯收获时，会有一部分切成薯片晒干保存食用。红薯干面可以蒸窝窝、烙饼子、烧稀饭，成为那个年代河南农村的家常便饭，人们吃得烦烦的。因为红薯干与红薯的口感大不相同，而且经常吃，对胃的刺激和伤害较大。以致很多小时候吃伤红薯面的人，到了生活条件改善后，再也不愿尝一口红薯面！

5. 谷子（小米）

谷子，古时称粟，原产于中国，在中国北方地区，尤其在黄河中上游地区广泛种植，在欧亚大陆的温带和热带地区都有种植。谷子脱去皮壳后叫小米，熬粥、蒸干饭等都是上好原料，色黄味美，营养丰富。小米还可酿制黄酒，广受人们喜爱。“小米饭，南瓜汤，餐餐味道香。”“小米加步枪，打败美国狼。”这些曾经广为流行的顺口溜，就是人们对小米的由衷赞颂。

谷子生长喜热耐旱，属秋季作物。麦子收割后，要抓紧时间播种。由于谷子颗粒太小，如果使用耧播，对耧把式技术和经验的要求就很高，弄不好，或稀或稠，或不发芽，都直接影响粮食产量。若用耧播，往往要用小石轮做成的“磙子”跟在耧后镇压一下，为的是让种子和土壤结合更紧，宜于保墒发芽。为了抢墒抢时间，农家多以撒播的方式播种谷子。由富有经验的老农一手端着盛着种子的容器，一手抓起种子一把把撒到麦茬地里。他们掌握稀稠与均匀，全靠经验与手法。步伐均匀直行，手指松紧适度。种子撒上后，主要依靠直耙、横耙、斜耙等方法，把土壤耙得松软，并将种子掩埋住。只要墒情良好，谷子发芽与生长还是挺快的。撒播的庄稼，称为乱苗庄稼，后期的中耕管理需要多下点工夫。无论是耧播还是撒播，小苗都难免会偏稠密一些，所以，当小苗长到一两寸时，就要及时除草间苗，并通过追肥，谷子很快就生长起来。

谷子成熟时非常美观。硕大的谷穗会把茎秆压弯，随风摇曳，田野荡起金色涟漪，煞是喜人。谷子收获有两种方式，一种是直接在田地里把谷穗削割下来，然后再割掉秸秆；另一种是先把谷子连秆带穗割下来，拉到场里后再由弱劳力把谷穗一个个削割下来。总之，谷子是不能连秆带穗混在一起磙碾脱粒的，因为谷子颗粒太小，无法从秸秆的粗糠中分离出来。

今年谷子大丰收（段双奇摄，原载中国图书出版社《农耕与传承》2020 年 6 月版）

南阳、焦作、鹤壁等不少地方，有着用小米做黄酒的传统技艺。小米黄酒是佐餐佳品，而且具有很好的药用保健功能。直到现在，黄酒制作仍作为非物质文化遗产在这些地方传承发展。

谷子的秸秆也是有用的好东西，它是喂驴的好饲料，也可以织成草苫子，用于铺床，或冬天防寒的门帘子，或铺在秧苗地面防寒。

6. 芝麻

油料作物是农作物中非常重要的一类。食用油在人们的日常饮食中不可或缺。中原地区的油料作物主要有芝麻、油菜籽、花生、大豆等，其中，芝麻最为重要，品质最好，是中原人民的最爱。

芝麻属于秋季作物，中耕管理相当重要。小苗立住桩后，就要及时剔苗，保持三寸左右一株苗，即可满足它的后期生长空间。俗话说："芝麻开花节节高。"芝麻开花结角是一个渐进过程，从下到上逐节上升。芝麻品种按株形分，大多是独干直线生长，农家叫它"一条鞭"；另一种是发叉的，人们叫它"八大叉"。按芝麻颜色分，有黑芝麻、褐色芝麻和白芝麻。芝麻花形像个小喇叭，花色淡红，花香淡雅，蜜蜂钻进钻出，萦绕其间，颇有诗情画意。伴随芝麻节节升高，叶片由大到小也在渐渐变化，每个叶片与茎秆的结合部都会生长出一簇芝麻角，芝麻籽像动物胚胎一样包裹在里边悄悄成长。到了秋季，芝麻开花停止，生长结束，挂满了芝麻角和芝麻叶的株干，真的就像一条条钢鞭，逗人喜欢。

芝麻叶也是宝贝，焯水后食用，软香可口，农家绝不会轻易舍弃。但芝麻叶不能摘取过早，否则影响芝麻长势和产量，要到芝麻开花完全绝顶后才能采摘芝麻叶。

芝麻收获要倍加小心，用镰刀从根部割下，随即捆好运出田地，在平整干净的场地上一捆捆竖立成簇摆放开来。经过太阳暴晒，芝麻角就会张开口子。人们铺好席子或布单子接收芝麻，拿起一个个芝麻捆，倒过来拍打，芝麻籽就会刷刷落下。剩下的芝麻秆因含有油料成分，作为柴火烧锅也是上品。

芝麻的用途主要是榨油。榨油有两种方式，一是压榨油，用于煎炸烹饪，二是小磨油，用于熟食调味和凉拌菜品。芝麻还可用于制作点心果品，芝麻糖、芝麻饼等都是广受欢迎的点心。

三　收获储存

（一）收割

收割无疑是最重要的农事环节。辛劳一季，图的就是把粮食收回家中。每到秋麦两季的收获季节，家家户户男女老少齐上阵，天不亮就起床，昏天黑地才回家，中午也常常把饭送到地头，匆匆填饱肚子接着干活儿。收割的方式根据庄稼特点而定，大多为割收，或者用砍伐、刨挖、薅拔、摘取等方式。无论哪种方式，都很辛苦。其中，割收之苦之累，似乎人们的感触更为深刻。因为，它不仅需要弯腰弓背俯下身子，而且工作量大、持续时间长，人们往往割了一会儿，就直不起腰来。但是，再苦再累也绝不能停下来，必须咬住牙一鼓作气干下去。

收割工具值得说一说，因为，它们大多都是人类从远古时代发明，逐渐发展和传承下来的。

铚、艾、镰是原始农业时代的主要收割工具，旧石器时代的采集经济中就已存在，并贯穿于整个原始农业时代的全过程。夏商西周时期，铚、镰仍然是主要的收割工具，虽然制作技术有所提高，但原理、结构和形状均未发生原则改变。这个时代铚、镰的制作材料主要还是石、蚌、骨等，但已经开始用铜。到了春秋战国时期，铚和镰的形体结构、尺寸大小、操作方法等，与商周时期没有原则变化，主要改变在于金属铚、镰不断增多。春秋时期主要用青铜制作，战国时期主要用铁制作。

铚和艾的结构和形状很相似，一边有刃口，另一边有孔眼，可以绑在木把上。区别主要在于：铚稍短，而艾较长，近似半月形。铚的用处比较狭窄，主要用于切割谷物的穗头；艾可以刈草收禾。艾与后来的镰更近似。镰刀的诞生比铚晚，因为在原始农业中，人们先学会收获谷物的穗头，尔后才学会收割秸秆。镰刀的形状多为月牙形，一边有刃口，在一端装上把柄，手持把柄，从接近地面处将谷物的秸秆割掉。

推镰，安有长柄，向前推动铲割掉谷物，元代有用推镰收割荞麦的记载。这种镰没有传续下来，如果说传续，也是发展为推铲之类的工具了，已不能叫做镰。

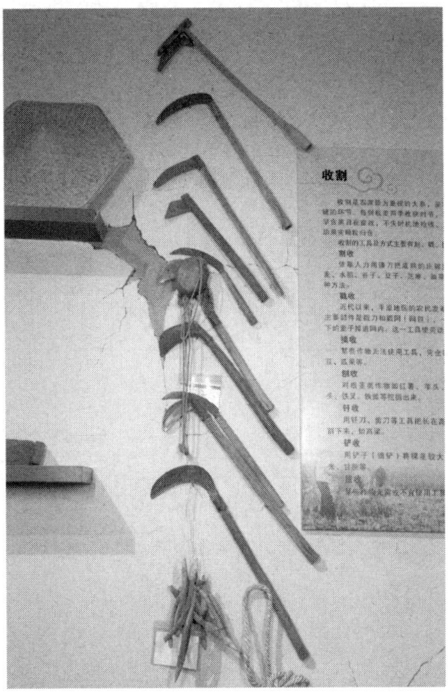

本馆藏品：镰刀

钐（shan）镰，也称麦钐，在中原地区，人们叫它戳子，用麦钐割麦子叫钹 (po) 麦，或绰麦。这种工具在《王祯农书》中有所记载："三物而一事，系于一人之身而各得于用。"就是指一组收麦工具：钐镰、麦绰和网包（麦笼）。用钐刀把麦子割掉，随即倒在竹片编织的麦绰里，然后装进网包（麦笼）中。直到改革开放前夕，在中原地区仍有使用钐镰的，不过，和古代钐镰已大不相同，刀片很长，同时带有可以接存麦子的网架，另外有一个大大的网包。其基本原理是古代钐镰的延续与改进。

到了现代，主要传承延续下来的就是镰刀。而且有许多的创新和发展，为了适应不同需要，制作出各种各样的镰刀。但大同小异，万变不离其宗，基本形制和功能原理与古代镰刀一脉相承。

（二）转运

庄稼收割后，必须及时从田地转运到脱粒场地上。转运主要靠人力和畜力。人力转运工具是扁担、箩筐、绳索、架子车等，运输方式是肩挑背扛，效率低下，十分辛苦。后来有了胶轮架子车，虽然人拉车子也很费力，但一车就可装上一大垛，效率大大提高。人民公社大集体时期，除了人力转运外，用牛车运输是主要方式。

（三）脱粒

用于庄稼脱粒的场地，是专门打造而成的。一个村子一般有一个或两个，地点选在交通便利、地势较高、迎风向阳处。造场时，土壤内掺入麦糠，适度洒水浸润，平整后经过石磙多遍碾压而成。中原地区叫做打麦场，或简化称为“场”“场里”，关中一带叫“场畔”。

《便民图纂》打稻

庄稼运到场里，先打成垛存放起来，等待抢收完毕，再逐步碾打脱粒。最常用的传统脱粒方法，是牛拉石磙碾压，使庄稼籽脱落下来，把秸秆和籽糠分离开来。秸秆聚拢起来，重新打成草垛，以备冬季喂牛。籽糠部分聚拢一起，用木锨向空中挥扬抛撒，依靠自然风力把糠皮吹扬出去，比重大的籽粒直落下来，粮食就分离出来了。打麦场上的工具主要有石磙、石耪子、木杈、木锨、竹扫帚、掠耙、连枷、搓斗等。

20 世纪 70 年代之后，逐步有了简

易电动打麦机、打稻机等，或者用手扶拖拉机代替耕牛拉着石磙碾场。改革开放以来，越来越先进的联合收割机逐步取代了传统收割、运输、脱粒等环节。

碾场打麦（耿亚伟摄）

扬场除糠（朱宪民摄，原载南方日报出版社《象形岁月》2009 年 8 月版）

（四）储存

以家庭为单位的传统农耕时代，家中最主要的财富就是看谁家粮食多、仓廪实。大户人家一般设有专门的储粮房间，建有大粮池，或设有大粮囤。一般人家则往往在居住空间内适当安排。储存器具是一个非常庞杂的大家族，这里无法细述，也不必追根溯源，只就几类主要器具作以概述。

中原地区人们最常用的就是囤茓式储粮。茓子是用高粱篾或芦苇篾编制的，既省钱又实用。用荆条或柳条编制的囤底打底，将茓子围绕着囤底的内侧一圈圈围绕上升，粮食装在里边，就能形成巨大的粮囤。这种方式储粮非常灵活便利，粮囤大小、高低，以及安放位置根据需要随意决定。它还有一个突出优点，就是比较透气，宜于保持粮食干燥。这种方式一般适宜于存放较大体量的粮品，如小麦、玉米、薯干等。量小的品种，例如绿豆、小豆、黑豆、扁豆、芝麻、花生等，则使用各种各样的陶器或瓷器的缸、罐、坛、盆等，以及荆条编制的筐、篓等各种容器来存放。平时转运和盛放粮食的工具有各种布袋、麻袋、笸箩、簸箕、升、斗、瓢、勺等。

买回茓子好囤粮（朱宪民摄，原载中国摄影出版社《百姓》2006 年 4 月版）

保存粮食除了要经常翻晒防止受潮霉变外，防鼠灭鼠也很重要。所以，那时几乎家家都要养只猫。那时的猫，主要作用是捉老鼠，不像现在的猫，纯粹成为家庭宠物，捉老鼠的技能已经退化，消失殆尽，甚至偶尔见了老鼠还吓得夹起尾巴逃跑。人们捉老鼠还有许多方法和器具，老鼠夹子、老鼠笼子、老鼠拍子等，都是农家常备之物，也常用老鼠药毒杀。

（五）计量

中国古代的政治家、思想家都把度量衡看作权力和社会公正的象征。《礼记·明堂位》记："周公制礼作乐，颁度量，而天下大服。"《管子·七法》："尺寸也，绳墨也，规矩也，衡石也，斗斛也，谓之法。"把颁行度量衡制作为治国方略，用度量衡的准确一致来比喻法律的公正性。《礼记》、《周礼》和《吕氏春秋》都记载有先秦时期管理度量衡的制度，规定仲春、仲秋之日，日夜同长，同度量，正权概，校斗桶。还记有主管度量衡的官职。战国齐子禾子釜是齐国关卡上使用的标准量器，器腹镌刻109个金文，记录着违反度量衡管理的惩处律令。湖北云梦睡虎地秦律竹简，《工律》规定官方一年一度校正度量衡器;《效律》中严格规定了衡器和容器允许误差的范围，超差的就要对主管人员罚以兵器铠甲或盾牌。湖北江陵出土的西汉竹衡杆上墨书文字记，如果使用不合标准的称钱衡器，主人就要到乡官"里正"那里受处罚，服徭役十天。《唐律疏议》中有两条有关度量衡的法律条文。宋元明清各代都依唐律，把度量衡制列为本朝法典，颁发标准器和定期检定。世上留存下来的历代度量衡器具也有不少，西安高陵区的"高陵场畔"农耕文化休闲园，除建有关中农耕文化博物馆外，还有一个"度量衡博物馆"，收藏有大量珍贵器物。

度：计量长短用的器具称为度。长度单位的名称，产生很早，上古时都是以人身体的某个部分或某种动作为依据而命名，如寸、咫、尺、丈、寻、常、仞等。周代以前的长度单位名称，经过《汉书·律历志》整理，保留了寸、尺、丈三个，并在寸以下加上了"分"位，丈以上加上了"引"位，都是十进制，这就是所谓五度。丈尺寸作为基本单位，一直沿用到近现代。传统的长度计量工具是木尺。一尺长的小尺子最为常用，家家必备；还有三尺长、五尺长的大木尺，多为木工师傅、建筑师傅使用；丈量土地的工具叫做丈地弓子，是形似学生用的圆规模样，两个尖脚相距五尺，两脚翻动前移，两次一丈，便于丈量田亩长度。

量：测定计算容积的器皿称为量。量器是传统农耕时代计量农产品多少的主要器具，因此，容量的计量产生很早，单位名称也最复杂。在《左传》《周礼》《礼仪》《尔雅》等著作中都有关于容量单位的记载，其专用名称有升、斗、斛、豆、区、釜、钟等。秦朝规范和统一了计量单位。后经《汉书·律历志》对容量单位作了系统整理，命名为龠、合、升、斗、斛五量，一合等于二龠，合以上都是十进制。升是容量的基本单位。传统农耕时代，几乎家家都有计量容器，主要是半升、升子、斗等。出出进进，借借还还，大多都是用这些器具。要求较准确时，则内填实、口刮平；借借还还时，则尽量压实拢尖。

在传统的容积单位（量）中，有时也常常用“石”这个单位，与“斛”等量。其实，“石”最初是个重量单位，《说文》释为：“祏，百二十斤也。”《汉书·律历志》说：“三十为钧，四钧为石。”所以，石最初是重量单位，即一百二十斤。汉代，人们也把石作为容积单位使用了，刘向《说苑》中说：“十斗为一石。”到了宋代，“石”正式成为容积单位。从此，“石”同时拥有了重量和容积两个身份。但从根本上说，“石”还是一个重量单位，直到新中国成立后，国家正式规定的，“石”也是当重量单位使用的。

本馆藏品：升斗量具

衡：测量物体重量的工具称为衡。古时对于重量单位的说法复杂不一，自《汉书·律历志》把铢、两、斤、钧、石这五个单位命名为五权之后，名称就比较一致起来。它们的进位方法很复杂，值得一提：二十四铢为一两，十六两为一斤，三十斤为一钧，四钧为一石。用于称量药材等细微东西，还需要更小的单位，细分为分、厘、毫、丝、忽等，其中，斤、两是最基本的衡量单位。杆秤是最常用的衡器，一直沿用到新中国成立初期至 20 世纪末。杆秤的秤砣叫权，秤杆叫衡。十六两为一斤，是根据“天下太平”四个字的笔画数确定的。十六颗秤星的含义分别代表北斗七星、南斗六星和“福”“禄”“寿”三星。寓意为公平公正，不可偏斜以及福禄寿的人生理想，还在暗示“人在做，天在看”，教人不要做昧良心的事。杆秤根据可称重量的大小以及使用对象，可以分为多种。例如，称金银和药材的，就较小较精确，叫戥（děng）子；家庭日常使用的杆秤一般可称十几斤、几十斤就够了；人民公社大集体时期，为了适用量大和分粮的实际需要，有较大的杆秤。

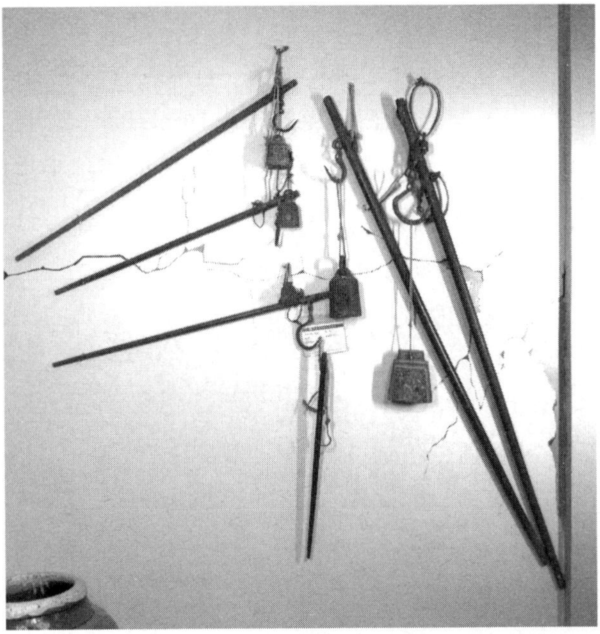

本官藏品：衡器杆秤

算盘：算盘是中国古代一项重要发明，是一种手动操作计算的辅助工具，由春秋时期便已普遍使用的筹算逐渐演变而来。后在世界广为传播，特别是在亚洲和中东地区，直至现在仍然存在并使用。算盘多为木制，矩形木框，中间加一条横梁，一条条细竹竿从横梁穿过，上部穿两颗珠子，下部穿五颗珠子，两端固定在边框上。上部每珠代表 5，下部每珠代表 1。

每串珠从右至左代表了十进位的个、十、百、千、万位数。借助一套手指拨珠规则的运算口诀，就可以解决各种复杂运算，甚至可以开多次方。传统农耕时代，算盘在各种计量与运算中发挥着无可替代的作用。直到新中国成立前期，人民公社大集体时，仍然是会计的必备工具和技能。时至今日，算盘被各种现代化的计算工具代替了，但仍有人利用算盘的原理总结创造出“珠心算”规律和技法，应用于儿童智力的开发。算盘的规格大小有很多种，适用于不同场合和行业。比如，用于教学的，就有可以悬挂的大算盘，叫做毛算盘，靠毛刺使珠子不会自动滑落。

四　展厅掠影

本厅主要展品：

各种升、斗等量器，各种杆秤及铁杈、石杈，各种镰刀、钐镰、网包，多种瓷缸、陶缸，多种箩筐荆篮、连枷、木杈、扫帚、掠耙、大芒杈、茓子、柴耙，多种草帽、竹帽，各种粮袋、剥玉米推子、手摇剥玉米机，各种粮食植物标本，各种粮食标本，多种算盘，多种容器，纸浆制器皿，多种捕鼠器具（老鼠夹子、笼子、拍子）等。

第五厅“五谷稼穑·收获储存”掠影

第六厅　纺织衣饰

一　前言

中国是历史悠久的文明古国，纺织文化和农耕文明一样古老。五千年桑麻、棉毛纺织史伴随华夏文明的发展历程，积淀下深厚的文化底蕴，渗透到人们生活的方方面面。

早在原始社会时期，为了适应气候的变化，人们就地取材，学会利用自然资源遮身蔽体，防寒取暖。据考古资料显示，中国纺织生产技术大约在旧石器时代已经萌芽，考古发现北京山顶洞人已学会利用骨针来缝制苇、皮以蔽体。这种原始的缝纫术虽不是真正意义的纺织，却可以视为原始纺织的发轫。真正纺织技术与习俗的诞生流行，当在新石器文化时代。到了新石器时代中晚期，在黄河流域和长江流域，麻织和丝织技术与习俗获得了迅速发展并逐步流行；公元前 16 世纪（殷商时期），产生了纺花工艺；公元前 2 世纪（西汉）以后，随着提花机的发明，纺织、绣花技术迅速提高，使中国在世界上享有“东方丝国”的美誉，直到现在中国仍是世界上棉纺织业最发达的国家之一。边疆地区对棉花的种植和利用早于中原地区。中国的南部、东南部和西北部边疆是世界上植棉和棉纺织技术发展较早的地区。直到宋代，随着边疆地区与内地的交往渐趋频繁，棉花种植技术传入中原地区，棉布纺织在中原地区开始流行，棉线布料逐渐成为人们制作衣饰的主要材料。自古以来，中华大家庭中各个民族的纺织衣饰文化丰富多彩。无论是棉花从成熟采摘到纺线织布，还是养蚕抽丝织成绸缎，包含几十道工序，都是技术含量颇高的复杂劳动过程。而人们利用丝绸和棉布做成各种各样的衣服或饰品，更是一部内涵极为丰富的传统文化大典。“男耕女织”是对传统农耕时代社会劳动和民间生活的高度概括，可见女子的家庭职责和社会价值就在纺织衣饰这个行当上。本厅所展示的就是她们的功绩与才华。

二　纺织工艺

（一）纺织源流（研学实践课程参考资料）

1 纺织原料

我国最早采用的纺织原料应为葛和麻。江苏吴县草鞋山曾出土碳化的纺织物残片，经鉴定为葛纤维所织，距今超过 6000 年。我国原产的麻，主要有三种：大麻、苎麻、苘麻。其中，苎麻是最优良的纺织原料。它原产于我国，欧洲人称苎麻为“中国麻”。1958 年在浙江吴兴钱山漾新石器时代遗址中，出土了一批 4700 余年前的苎麻平纹织物残片，足以证明我国使用苎麻纤维的历史之久远。

早在汉代，麻葛织业在我国南方就很兴盛，吴越地区生产的细葛织物和苎麻织物并称为“葛子升越”，成为当地的特产。我国古代大量种植的麻还推大麻。大麻织物叫布，苎麻织物叫纻（zhu），平纹丝织物叫帛（bo）。古代老百姓称为“布衣”，可见他们穿的多为大麻布。

丝是我国的特产。中国是世界上最早养蚕和生产丝织物的国家。早在新石器时代，人们已经学会养蚕缫丝。在河南巩义双槐树遗址出土的用野猪獠牙雕刻的“牙雕蚕”，与其同时期的青台遗址、汪沟遗址出土的迄今最早的丝绸实物一起，相互印证了 5000 多年前黄河中游地区的先民们已经从事养蚕缫丝。在南方，浙江吴兴钱山漾良渚文化遗址也曾出土丝织物。

棉花的原产地在印度，传入我国的时间应不晚于南北朝时期。从南北朝到唐、宋的很长一段时期，虽然关于棉布的记载史不绝书，但考古中的实物则不多见。1966 年在浙江兰溪高氏墓中出土了一条南宋中期以前的棉毯，今藏于中国国家博物馆。它的出土，证明我国长江流域的棉纺织业在宋代已打下基础。到了宋末元初，棉花由东南和西北两路向长江中下游和渭水流域一带传播，后逐渐在中原大地传播开来。

2. 纺织技术

中国纺织技术究竟源于何时，无从定论，因为人类进化和生产生活活动的发展历程，是一个极其漫长的过程。从考古实物看，在原始社会后期，人们已经利用野生的葛、麻、野蚕等纤维和捕获动物的羽毛，通过搓、绩、编、织的方法做成衣服。

【清】张集贤撰、郝子雅绘《桑织图》：祀先蚕图

【清】张集贤撰、郝子雅绘《桑织图》：采桑图

【清】张集贤撰、郝子雅绘《桑织图》：蚕桑器具图

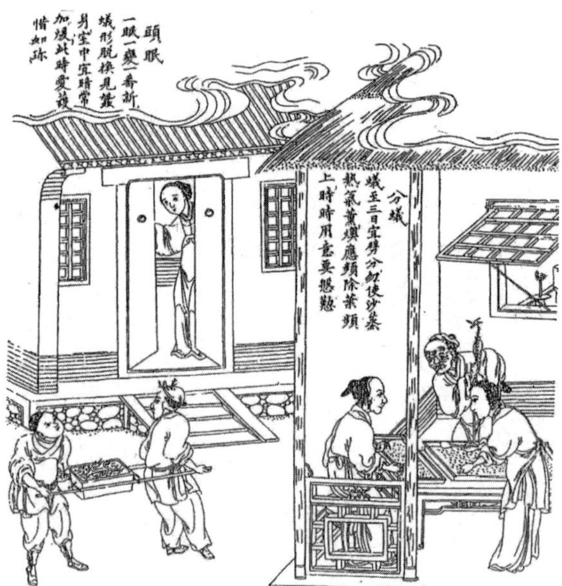

【清】张集贤撰、郝子雅绘《桑织图》：分蚁 头眠

【清】张集贤撰、郝子雅绘《桑织图》：上簇 摘蚕

通过在周口店山顶洞人遗址发掘的骨针发现，在距今 18000 多年前的旧石器时代，山顶洞人已经初步掌握了缝制技能，开始不再赤身露体。后来，人类在创造衣着的劳动实践中，经过漫长岁月的寻觅和探索，逐步发现了植物中的韧性纤维，发现了桑蚕吐丝的奥秘，找到了利用植物纤维和蚕丝的办法。种葛种麻、植桑养蚕缫丝的劳动，逐渐发展起来。

在距今五六千年前的新石器时代晚期，华夏先民已开始使用纺轮捻线，用原始织机织麻布，用骨针缝制衣服。而这时，正是传说中人文始祖黄帝“垂衣裳而天下治”的上古时代，也正是传说中的嫘祖教民养蚕制衣的时代，据史书记载，嫘祖是黄帝的元妃，乃西陵氏之女，“以其始蚕，故又祀先蚕”。所以，嫘祖始衣帛、种桑育蚕的传说，自古以来深入人心，把嫘祖当蚕神祭祀。

20 世纪 80 年代，郑州荥阳青台遗址发现 5000 年前中国最早的丝织物之后，2019 年在荥阳汪沟遗址的数个瓮棺葬中再次发现同时期丝织物。这充分证明，我国是世界上最早养家蚕、缫丝织绸的国家，而丝绸之源在郑州。考古发现，与古籍文献中记载的嫘祖始教民养蚕、治丝茧以供衣服传说的时间地点相互印证。

蚕母图（宋人雕印　温州国安寺出土）

夏商周时期，丝麻纺织手工业已有了较为固定的内部分工，出现了专业作坊。并出现了衣冠制度，到西周时，这种制度已基本完善。

战国时期，纺织手工业在生产技术方面得以迅速提高，产品日趋多样，工艺上达到很高水平。

秦汉时期，纺织文化走向辉煌。蚕桑种植广泛普及，纺织品产量不断提高，品种逐渐增多，工艺日益精美。此后，不断改进创新，水平不断提高。唐代发明的纬线提花织棉技术，是我国纺织工艺的重大进步，使锦纹配色图案更加丰富多彩。

在纺棉技术方面做出重大贡献的是松江乌泥泾（今上海华泾镇）的一位劳动妇女黄道婆。她于元贞年间（1295~1297）自海南岛将黎族人民的纺织技术带回家乡。经她推广的轧棉车，改变了过去“率用手剖去籽，线弦竹弧置按间，振掉成剂，厥功甚艰”（《辍耕录》卷二四）的状况。从此，先进的纺织技术逐步在华夏大地得以推广和发展。黄道婆因而受到人们的敬仰，在清代被尊为布业的始祖。

几千年来，华夏民族相继发明了种麻索缕、养羊取毛、育蚕抽丝、植棉纺纱等技术，发明了缫车、纺车、织机等许多结构复杂的纺织工具，织染出了罗、绫、纨、纱、绉、绮、锦、绣等花色绚烂的布匹。并通过古代丝绸之路传播到西方，对世界纺织文化和人类文明做出了重大贡献，也使“东方丝国”的美称享誉世界。时至今日，“一带一路”倡议与行动，使得古老的丝绸之路又焕发出无限的生机与活力。

（二）棉纺工艺流程

本馆藏品：棉纺工艺流程画卷（张本初作）

1. 摘棉、晒棉、拣棉

棉花秋季成熟收获，在传统农耕时代，需要依靠人力从成熟绽开的棉花桃上把棉絮一朵朵一把把地采下来，这项劳动非常繁重。采下的棉花还要及时翻晒，拣出杂质。

2. 轧棉花

棉花必须首先剔除棉籽才能进入以下工作流程，这道工序叫轧棉。最初使用的是手剥或铁杖擀搓去籽，后来发明了搅车，搅车的主要结构为一对辗轴，即一根直径较大的轴，配合一根直径较小的轴，两轴顶端有轮齿相咬合。使用时，摇动较粗的转轴，带动细轴同时转动，将棉花喂入两轴之间，利用这两根轴直径不等、速度不等的转动特点，造成反方向的碾轧与挤压，使棉籽和棉纤维分离开来。搅车和以前用手剥或铁杖擀搓去籽比较，效率大为提高。以后人们又利用这一原理，在搅车的基础上加以改进，制造出仅用一人操作的脚踏搅车。脚踏搅车出棉量相当可观，每天可轧带籽棉花十斤，出净棉三四斤。尔后被现代机械所替代。

本馆藏品：最原始的手摇轧花机

3. 弹棉花

弹棉花使用的工具是弹花弓，弹花弓的主要作用是将棉花“开松除杂”，使棉絮蓬松起来，便于纺线时顺利抽动。弹弓最初是一尺五寸长的线弦竹弓，宋末元初，黄道婆改为四尺多长的绳弦大弓，把用手拨弦改为以弹椎敲击绳弦，以增强弹弓对棉花的震荡作用，不仅大大提高了开松效率，而且弹出的棉花既蓬松又洁净。明代，弹弓又进一步改进，变为“以木为弓，蜡丝为弦”的木弓。大型木弓适宜在弹花作坊中操作。弓子宽大，弓身伸展，当弓弦震荡时，接触棉花的空间加大，使弹棉的功效得到进一步提高。这种弹弓于 16 世纪传入日本，日本人称为“唐弓”。

4. 搓棉条

将弹好的棉絮取适量铺展在光滑的木板上，呈长条状，用光滑的细棒（一般选用高粱穗下细长的一节杆）将棉絮缠卷上，搓几下后抽出即成。搓滚成的空心棉条，拇指般粗细，长约七寸。

5. 纺棉线

纺线使用的工具是纺车。中国古代纺车分为手摇纺车、脚踏纺车、大纺车等几种类型。中原地区使用的主要是手摇纺车，据推测，手摇纺车出现在战国时期，也称軖（kuáng）车、纬车和繀（suì）车。

常见的手摇纺车由木架、锭子、绳轮和手柄4部分组成。木架右侧是由许多木条组合而成的两组圆形框架，两者相距20~25厘米，木条端头交叉缠绕上绳子，形成一个鼓状大绳轮，绳轮的直径视所纺纤维而定，一般在60~100厘米。在绳索转轮上系上环形丝绳，另一端缠绕在锭子上。操作时，一手摇动大转轮，动力便传输到锭子上。锭子大多为铁制的，也有竹制或木制的。它的一端穿插在左侧小木框两柱之间，另一端伸出柱头之外。锭子的上端套上从绳轮过来的绳弦，牵拉绳弦呈“8”字形与绳轮相连。锭子的下端供缠绕丝线，需外套竹管或芦管，棉线绕上后就成为纡子，便于取下。纺线人右手摇动绳轮，牵动锭子快速旋转；左手捏着一根棉条，靠锭子的转动均匀抽出棉絮，形成棉线。纺车的转速要与牵拉棉条的速度相协调，否则无法控制线的粗细均匀程度，这全凭经验掌握，女孩子需要从小着手学习和训练，方能成为纺织高手。

6. 桄线（打线）

纺好了棉线，须用桄线车子把棉穗上的线转移下来，称为桄线或打线。桄线可以用桄线车，也可以用拐子（桄线架）手工操作。

7. 染线、浆线、抻线

桄成的线根据需要染上不同的颜色，然后把备用的经线放在糨糊里浸泡，使它不易纠缠，更为光滑、坚韧、结实。浆线时，一斤线用12两（旧秤一斤16两）白面，先把面筋洗出来，澄出淀粉，熬成糨糊，然后兑进生水搅匀，把线放进去浸泡均匀，捞出来穿在光滑的木棒上，用力盘扭抻动，反复操作数遍，之后挂起来风干，不宜在强烈日光下暴晒，否则容易黏结在一起，俗称“泥条”。泥条的经线会给下一步的络线带来麻烦。

8. 络线

丝籰（yue）是古代的络线工具，《王祯农书》称之为“籰”，解释为“必窍贯以轴，乃适于用”。它的结构和用法是四根或六根木箸由短辐交互连成，中孔贯以轴，手持轴柄，用手指推籰使之转动，便可将棉线绕于籰上。后制成络线车，将丝籰插挂在可以摇动旋转的木轴上，一条绳子缠绕木轴上，手拉绳子带动木轴上的丝籰转动，把棉线缠绕上去。络线车虽是一种简单的机具，但它的发明大大加速了络线的速度。

络线（王志军摄于鲁山县瓦屋镇李老庄村）

络成备用的线一部分用于上织机作经，另一部分作成棉穗用于纬。

9. 经线（牵经）

经线是将络有棉线的丝籰一列列摆开，需要多少丝籰，根据要织的布面宽窄决定，计划多少头线就需要多少个丝籰。拉开一两丈距离，在两头的地上放置专用木耙，或在地上楔上木橛子。经线木耙的木橛（柱头）一般为四小两大，也有五小两大的。对应着每一个丝籰上面要有一个半圆状弧圈，是高粱莛杆火烤弯曲而成，这些弧圈状“圈溜子”，用绳穿起来吊在高处一列摆开。经线从曲凹中穿过，所有经线汇总一起由牵经人牵引，往返于两端的木耙之间。两端各有一人配合，挂到木橛上。两组木橛间的距离及牵经总长度决定着织成织物的长度，用多少根经线决定着布幅的宽度。土布皆为窄幅，一般为 55 厘米左右，经线头数在 480~600 头之间。

10. 穿杼（闯杼）

穿杼，豫西也称闯杼。杼是织布机上至关重要的一个部件，可装可卸。它是由细竹片排列编织而成长条形篦子，一根根经线分别从杼篾的间隙中穿过，它的作用是织布时将一根根纬线挤压在布面上。牵拉好的经线，要将一根根经线端头分别穿进杼缝，使所有经线排列有序地分布开来。

11. 刷经

刷经是借助杼的作用将绞混为一缕的经线进行理顺，用刷子去除各种杂质和障碍物，缠绕在一个木辊架子上，这个木辊架子民间称“盛（sheng）子”。一段一段地处理，将全部经线缠上为止。在往盛子上缠线时，为使一层层的经线不乱，要适当垫上一些芦苇的茎秆或薄竹片，使经线的层次不致混乱，这叫做“垫障”。

刷经（王志军摄于鲁山县瓦屋镇李老庄村）

12. 掏缯

缯（zeng）也是织布机很关键的部件。缯有两匹，由细线绳套勾连挽接而成。经线要从两个相勾连的绳套中间穿过去，就需要人从这个套孔中伸过手指把一根根经线掏过来，所以叫“掏缯”。缯有两副，将经线均匀分开，它的作用在织布运行时，一上一下使经线形成交叉，纬线便是从这样的交叉口中穿过的。掏缯需要两个人配合，一人用手指从缯线的套眼中插入并伸出对面，另一人一根根递上经线，用手指勾拉过来，两匹缯交叉进行。

13. 绑机

经线做好后即可装机，把盛子头放到织机后面的框架上，然后把缯吊挂在织机顶上的架子上，架上安装着两个十字状木条，叫“机头”，或形象地叫做“磕头虫”“凤点头”。把杼安装到织机的手框上，端头均匀分布绑束在布轴上。

14. 做纬（做穗）

制作纬线的环节，中原人民叫打珑符，或叫做穗。珑符是用细而小的竹管做成，10 厘米左右，中空，两端通透。纬线珑符制作时，把珑符筒套在专用打线车或纺花车的锭子上，摇动车轮带动珑符旋转，把纬线缠绕在珑符上。做成两头尖中间粗的穗状体。一次要打成很多个，一般要够一晌使用。

15. 织布

前边一切工序都是为上机织布做准备的。织布除了主要依靠织布机之外，还有一个至关重要的工具，叫梭子（俗称“溜子”）。梭子由坚硬而光滑的木料制成，多用枣木、核桃木等，高级品是用牛角骨头制成。梭子中间宽两头尖，酷似小船。“小船”底部正中有一个小孔，空腔内有一条可以装卸的珑符轴，珑符线穗穿在轴上，放进梭子，抽出线头，从底部小孔中引出。

织蚕丝绸布（王志军摄于鲁山县瓦屋镇李老庄村）

织布时，织布人双脚踏在一双踏板上，脚踏板前端系有绳子，与高处的“凤点头”相连接，凤点头又与缯相牵连。双脚交替踏和提，带动两匹缯一上一下，使经线形成交叉。织机的后部下方安有一个粗大的木头曲轴，在织布手框向后移动时可以靠曲轴下落的惯性产生一定的拉动作用，以减轻手推的用力程度。

织布时两只手的动作交替进行，一只手将装有杼的织布手框一推一拉运动，另一只手迅速把梭子从张开的经线口中送入，梭子依靠惯性穿过经线口到另一侧。这一瞬间要迅速完成两手的职能转换，一只手随即接着穿过经线张口的梭子，一手接管织布手框，并用力拉动，把这根纬线挤压织合在布面上。如此交替，重复进行。

若要织出各种花纹图案，就需要不断更换不同颜色的纬线，并且要用心记着各种经纬使用的次数。织布的技术含量很高，织出布的质量与织布人的技术水平也密切相关。织布人动作的娴熟程度需要长期锻炼才能不断长进。旧时农家女孩，从小就要学习训练，才能成为纺织能手。

三　衣饰文化

（一）儿童装束

20 世纪 60 年代以前，儿童 4 岁以前穿开裆裤（方便大小便），4 岁以后着刹裆裤。夏季甚至男孩一丝不挂，女孩儿要穿一个肚兜。肚兜多为椭圆形或菱形，绣有花卉图案。这些图案大多为吉祥如意的花草或动物，也有人担心自己孩子夭折，专门绣上蛇、蝎、蜈蚣等有毒之虫，“以毒攻毒”抵御邪恶来保护孩子。春季童装为夹袄、夹裤（双层布料制作），有上下身连体形式的，有上衣、下衣分开的。孩子比较娇养的家庭，颇费心思地为孩子做“百家衣”（用各种颜色的布料拼兑而成）和“穗子裤”（巧用织布布头，将线头拧成穗子，飘洒下垂，甚为美观），有的孩子还要佩戴“长命锁”等饰品。冬季着棉衣、穿棉鞋、戴风帽。儿童帽子样式很多，以虎头帽、风帽和帽圈为多，一般人家都会绣一些图案或花卉，富人家则买一些白银饰品缀上去。男孩头发大多在头顶前部留海儿林，俗称“木梳头”；有的还在后脑位置留一块，俗称“鳖尾”；有的留成圆圈发型，称为“钢圈”。女孩多留刘海，扎两个小辫子。儿童鞋多为绣花虎头鞋，花样繁多，十分美观。

本馆藏品：衣饰展示柜局部

（二）成人服饰

男人服饰。清代服饰到民国时期逐渐改变，长袍、马褂、长衫等在民国时期仍有延续，直到新中国成立后，才得以终结。而平民百姓的服饰，在20世纪60年代以前，基本还是延续旧中国时期的模式。男性上衣有棉袄、大裳（大袄）、夹袄、单衫、褂子、汗褟、马甲等，均为对门开口式样。纽扣一般是布制的疙瘩扣，数量为单数，忌用4个和6个。下衣有裤衩、单裤、夹裤、棉裤，裤腰为直筒式，用布腰带束腰，俗称“大裆裤”。新中国成立以来，旧式装束逐渐发生变化，讲究一些的人开始穿四个兜的中山装，现代式样的制服裤子逐步取代大裆裤。雨天，上披蓑衣，头戴雨淋帽。北方人的蓑衣比较宽大厚重，所用材料有龙须草、三棱草、苇子叶等。

女子服饰。旧时女子以脚小为美，被誉为“三寸金莲”。所以女孩子从小就要裹脚，直到民国时期，才停止裹脚。尊贵女子穿绣花旗袍或裙子，农家妇女着大襟上衣，在右侧开襟，均为布扣。普通人家的衣服都是自家纺织而成的棉布制作，富贵人家能穿上绸缎制作的衣服。虽然穷富有别，但女子出嫁时，娘家都要竭尽全力做一身最好的嫁衣。嫁衣一定要用红色，以示喜庆。20世纪80年代以前，女孩子发型大多为长发双辫子和短发剪发头两种，佩戴发卡、发夹、头绳等，额前有刘海。中老年妇女挽起发髻。传统农耕时代奉行男耕女织的原则，家人衣服皆为妇女亲手制作。女子除了料理家务样样精通之外，都必须掌握纺织做衣的“女红”本领。20世纪70年代以后，家庭手工织布逐渐减少，购买机制布料渐多，大多数家庭开始有了缝纫机，女孩子从小要学会用缝纫机做衣服，同时掌握一些手工针线活儿本领。主要用在做鞋帽，以及绣花样上。

鞋帽。传统农耕时代，男女鞋袜均为手工布鞋、布袜。布鞋的鞋底称为“千层底”，手工纳制。巧手姑娘会在鞋底、袜垫上下工夫，绣上花鸟。那时姑娘送给未婚夫的礼物，往往是一双绣花精美的鞋垫，或精心制作的手工布鞋，从而展示自己针线活儿方面的才能。冬季穿棉鞋，用桐油油鞋底及边沿，可以踏雪水防渗透。为了防寒保暖，人们用采来的芦苇花穗编织成草鞋，大人小孩都可以穿，虽然笨拙，但很暖和，还能踏雨雪。雪雨天穿泥屐，一般人家的泥屐很简陋，两个木板绑在鞋子上能踏泥就行，富人家能穿上买来的牛皮泥屐，甚是阔气。旧时男士帽子多为礼帽和瓜皮帽，前方缀一个玉石饰品。中原地区还流行一种男士风帽，左右两侧和后边共有长长的三条布片，可以罩住脖子不进风，前边额头处还有一个小帽沿。20 世纪 50 年代后，不再有人戴礼帽和瓜皮帽，一般都戴有帽檐的解放帽，一度非常流行草绿色的军帽。冬季喜欢戴“四沿封”，而且还比较喜欢戴棉线织的“猛一钻”。

（三）特殊服装

婚服：新郎新娘的服装根据家庭条件，式样、质量有别，但大同小异，最重要的是必须以红色为主色调，忌穿黑色和白色服装。新娘出嫁时还必须穿红袄（夏季也不例外，可穿象征性的薄红袄，象征温暖富足），脚穿软底绣花鞋。精心制作的婚服，只是新婚大喜之时穿一穿，过后就珍藏在箱子底下了，但要用心保存一辈子。

葬服：亦称“送老衣”，一般是年老病重时赶做出来的，也有提前做好的，件数依家境状况而定，但起码有内外三层，单衣、夹衣、棉衣齐全。男女葬服一般为蓝色，不缀纽扣，只用布条束系。

孝服：身着一丈二尺白布做的孝衫，男性头戴三尖孝帽，女性头勒孝布。裤腿下口用白布束绑，鞋面用白孝布蒙罩。

四　展厅掠影

本厅主要展品：

手持弹花弓、作坊弹花弓、弹花凳、弹花锤、手摇轧花机、纺花车、纺花坐垫（蒲团）、络线车、打线车、桄线车、桄线拐子、各种丝籰、经线刷子、经线圈、织布机、经线盛子、缯、杼、各种梭子、锤布石、棒槌、皂角、撕棉套钉板、针线筐、各种缝纫用具、捻线陀螺、绣花框、纳鞋底夹子、蓑衣、雨淋帽、各种男士衣服、各种女士衣服、草鞋、各种布鞋、泥屐、瓜皮帽、风帽、四沿封帽、钱褡裢、三寸金莲、虎头鞋等。

第六厅“纺织衣饰”掠影

第七厅　家居生活

一　前言

男耕女织，辛勤劳作，一日三餐，昼出夜宿——这就是传统农耕时代百姓生活的轨迹。家，不仅是人们日常生活的栖息之地，更是人们心灵和情感的寄托。在中国人的心目中，“家”的地位很神圣，分量很重。自古以来，在儒家文化的滋养和熏陶下，中国家庭是最为稳定、最为牢固的社会基本细胞。三纲五常作为漫长中国封建社会的道德规范，虽然有不少糟粕，但作为社会道德、家庭伦理和个人修养的基本要求，在现实社会生活和家庭生活中不可否认仍然有着许多积极意义。当今时代，家庭布局、家具摆设、生活用具等虽然发生了很大变化，但千百年形成的模式、规范及文化内涵，却大多都传承下来。

中国传统家庭是一个小小的社会，一本厚厚的书。中国人的家庭生活是一道独特的风景、一首和谐的乐曲……

二　家居空间布局

本馆场景：农家客厅

家庭居住条件因家庭经济条件的不同，呈现出的差别非常大。富有之家居住混砖瓦房，深宅大院，一般常为四合院，甚至有二进院、三进院、侧跨院等，而大多数平民百姓之家，则多为草房，或者较简陋的瓦房（土墙瓦房、里生外熟瓦房）等，房屋数量也有限，院落有五包三、四包三、三包二、半包围等模式，或者仅有一排房子而没有配房。

家庭居室如果是四合院，那么，父母长者必须住在主房里，而兄弟之间按照长幼分居在东西厢房中。若只是三间、四间、五间房，正中设为客厅，即公共房间，卧室依照东为上、左为上的规矩来分配。

中原地区百姓之家的客厅布置，主墙壁要设立祖宗牌位，这是中国人自古以来崇拜自家祖先的体现。大多是悬挂一幅绘制的牌位，俗称“主子”。由上到下分成若干层级，写上一代代先人的名讳，有的制作有神龛。其他神灵则安排在两侧，敬奉的大多为财神爷。中国人信奉的神灵特别多，这和西方有很大不同，不像西方宗教信奉一个神灵，其他的均视为异类。中国人崇尚和谐，兼容并蓄，不会信奉一神而排他。所以，有的家庭干脆别出心裁地在主墙壁上设了一个“天地诸神之位”，把所有神灵都请到家中一起敬奉。

客厅家具摆设一般都紧靠主墙壁安放一个高而窄的长条桌，俗称条几。条几前放八仙桌或两斗桌、菜柜桌。桌子两侧摆放椅子，有官帽椅、太师椅或罗圈椅等。一侧或摆放小茶几和靠背小椅，另有若干小方凳、长板凳等，供人落座。

两侧卧室门口不安屋门，挂上布帘子。卧室内安放大床、衣柜、梳妆台等。一般人家的床没有顶子，只有富人家才有顶子床。顶子床也有高下优劣之分，有些大户人家的顶子床非常漂亮，甚至有二进、三进结构的。但无论贫富，做床都要讲究一个规矩，就是“床不离七（妻）”，无论长、宽、高的木料部件最后的零头都要落到“七”上，意为床上一定要有妻子在。为了干净卫生，富人家会在卧室搭起木质附棚，一般人家则用高粱秆编制的箔或苇席搭建附棚。墙壁上有的围上席子，有的糊一些报纸来防尘。虽然简陋，但也可看出人们对于生活的精心料理和美好期盼。

以东厢房为尊西厢房为卑，东厢房一般住长子长媳，因此在建筑上东西厢房的高度有着细微的差别，东厢房略高西厢房略低，这种差别非常微小，仅仅是一种理念和规矩的体现，人们在直觉上是发现不了的。若儿孙们另有单独住宅，那么厢房一般是不住人的。因为中原地区东厢房夏季西晒，西厢房冬季直接受到东北、西北冷风吹袭，所以不宜居住。有条件的富户，东厢房多被用来存储粮物，或作厨房、马厩，西厢房作杂物间。

三　家庭伦理

（一）家族、祠堂

旧时家庭实行家长制管理。有人曾说：一个家族就是一个民族，一个乡村就是一个中国。从这句话中可以看出，在中国人的传统观念里，十分看重家族观念并拥有等级森严的家庭管理制度。

家族，是指具有血缘关系的社会群体。按血缘关系的远近分出亲疏厚薄。在民间，凡是同一姓氏，无论血缘关系远近，均视为“同族”，俗称“一家子”，有一种天然的亲近感。中原人有“五服”（五代人）的说法，即直系血亲五代以内称为“没出五服”，是“近门”至亲，如遇婚丧嫁娶等大事，至亲均应到场。在一个家族内，辈分、长幼等伦常规矩要十分讲究，包括称呼、起名字用字等，都必须按既定族规办，不得随意妄为。一般在族谱、家谱中便早已定好了辈分序列，在后代男子起大名时，要在全名三个字的中间或末尾，用上辈分的同一字号。在一个家族中，每个时期都会由大家推举出一位德高望重的长者，称为“族长”。同族之内，每遇大事要事，或发生族内矛盾纠纷，就由族长出面协调解决。疑难问题，族长具有裁决处理的权力。一些优秀的族长会成为影响一方、服务乡里的乡贤。

祠堂是族人祭祀祖先或先贤的场所。受家族繁衍或人口迁徙的影响，在中国传统村落中往往一个村子会集中居住一个姓氏或一个家族的人家。由于儒家伦理的深远影响，中国人的家族观念很强，所以，很多村子建有祠堂，敬奉自家的祖先。显然，祠堂是非常神圣和严肃的场所，族人进入要衣冠整齐，庄严肃穆，毕恭毕敬。凡有祠堂的宗族，族谱、家谱一般都要存放在祠堂内，逢年过节、亲人忌日，族人都要到祠堂祭祀。祠堂由族长直接掌管，这里往往还是一个家族处理、协商重大事宜，或者惩戒不肖子孙的场所。

（二）家谱

家谱，又称族谱、世谱、宗谱等，是一种以表谱形式记载一个家族的世系繁衍及重要人物事迹的书。家谱是中国古代宗法制度的产物，具有区分家族成员血缘关系亲疏远近的作用。从发掘的甲骨文、金文、碑文等中国早期文字资料，以及史迹文献资料的考证可知，家谱的起源至少可以追溯到先秦时代。上古时期的家谱，仅为君王诸侯和贵族所独有，家谱的作用仅为血统的证明，是为袭爵和继承财产服务的。家谱的日益兴起与氏族门阀制度密切相关。尤其到了魏晋以后，谱牒之学大盛，一直延续下来。到了宋代，官方修谱的传统禁例被打破，民间编撰家谱的风气大兴，其主要作用也转移到尊祖、敬宗、睦族上。明清以后，家谱编修的结构基本定型，且名称繁多，如宗谱、世牒、世谱、家乘、家志、谱录等。

家谱是一种特殊的文献资料，对于历史学、民俗学、人口学、社会学和经济学的深入研究，都有不可替代的独特功能。家谱的主要内容，包括姓氏源流、世系表、家族历史沿革、世系繁衍、人口变迁、居地迁徙、婚姻状况、重要人物、家族荣耀、家族大事记等。家谱经常存放在族长处，一般不能示之于族外人。族内传阅，要敬称“请到家中”，需双手接送。家世传承与敬奉的另一主要表现形式是在家庭主房正厅供奉“堂轴”，有的还设有祖碑神龛。堂轴自上而下按辈分排列，填写已故先人名字、排列、字号等，直系血缘之间以线条相连，井然有序。大家族设有祠堂者，家世堂轴存在于祠堂。旧时每个家族几乎都有正规家谱。

本馆藏品：祖宗牌位挂图

（三）家世传承

中国封建宗法制度一项最基本的原则，就是嫡长子继承制，即家长地位和家庭财产要由正妻的长子继承。中国古代长期存在一夫一妻多妾制。在家世传承上实行嫡长子继承制虽然有利于维护家庭管理的稳定性和持续性，但也存在明显弊端。嫡长子继承制始于商末，定于周初。这种制度体现了封建等级观念，与宗法制度、妻妾制度相表里，一定程度上避免了家世传承中的矛盾纷争。主要方式是续家谱、供堂轴和长辈口述传承。

在封建时代，只有亲生男孩有家产继承权。如果没有亲生男孩，在最近的血缘关系内可以协商从“叔伯兄弟”的孩子中“过继”一个男孩来继承。也有招“上门女婿”传承家世的。上门女婿的子女必须随女方姓。若女方再婚带有与前夫之子（蔑称“带肚”），则无权继承养父财产。

家庭分家，一般由家长做主，有时需借助族长的权威，召集家族近亲见证，立有契约，俗称“文书”。家庭房宅，分家时兄弟长幼有序，正房由长子继承。对于家庭财产的分配，最容易产生纠纷和矛盾，甚至导致父子反目、兄弟不和，刀棍相见和诉诸公堂的也不鲜见。

（四）家庭教育

中华民族自古以来都非常重视家庭教育，所谓“耕读传家”，就说明种地和读书是农家最重视的两件事。旧时教育，是送孩子进私塾学堂读书，由于家庭经济条件有别，许多孩子进不了私塾读书。所以，并非人人都有接受正规教育的机会，但家庭教育却是必不可少的。传统农耕时代，家家都很重视家庭教育，各种生活常识、思想观念、道德规范和基本技能，主要通过家庭中一代代尊长言传身教、口述传家来实现。在家庭教育中，尤其重视伦理道德的教育，包括勤俭持家、孝敬尊长、邻里和睦、待人接物、置办家产、习文识礼等。儿童启蒙读物主要是《百家姓》《三字经》《千字文》《弟子规》《女儿经》等，然后就是四书五经等儒家著作。

（五）家庭管理

旧时家庭实行的是家长制，俗称“家有千口，主事一人，千人走路，一人领头。”在整个家庭中，等级森严。家长由年长位尊的男人担任，俗称“当家的”或“掌柜的”，协助家长料理家务的家庭主妇叫“内当家”。家长拥有绝对权威，遵从“三纲”（君为臣纲、父为子纲、夫为妻纲）、“五常”（仁、义、礼、智、信）的封建礼教，由家长行使家规家法，对子女动辄打骂，“棍棒之下出孝子”成了至理名言。中原地区对于家中男性俗称“外头人”，对于女性称为“家里人”。所谓“外头人”，因其主要职责是耕种、放牧、社交等室外活动；所谓“家里人”，是指不出三门四户，在家从事纺线织布、饲养家禽等家里活儿的人。在封建时代，女子的社会地位十分低下，有“面条不算饭，女人不算人”之说。出嫁后的女子往往连自己的名字都不再用，而称“某某氏”（其中将丈夫姓氏摆在最前面），或称“某某家里”。妇女还要从小缠脚，以“三寸金莲”为美，残忍地把脚趾卷曲在脚底下，强制约束脚体的生长发育。直到新中国成立后，妇女才得到彻底解放，真正实现了男女平等。

（六）家训、家风、家教

家训：家训是指一个家族或一个家庭对于子孙后代立身处世、持家兴业的训诫和教诲。家训是随着家庭的产生而出现的一种家庭教育形式。中国古代的家训风尚，萌芽于五帝时代，产生于西周，成形于两汉，成熟于隋唐，繁荣于宋元，明清达到鼎盛并由盛而衰。

家训，既没有统一格式，更没有统一内容，因家而别，因人而为。但主题思想和基本内容则有明显规律，那就是主要在于立身处世的品德修养，不外乎塑造高尚人格、培养道德情操、鼓励建功立业、正确待人接物、倡导读书治学、告诫谨言慎行、勉励齐家治国等。除了一般社会要求外，家训往往带有明显的个性特征，会有自己家族或家庭的独特内容。因而，家训的名称也有多种多样，诸如家训、家风、家规、家法、家范、家诫、族规、祠规、庄规、宗约、祠约等。

历史上流传下来的许多名人名家的家训，是中华优秀传统文化的瑰宝。它们往往伴随一些传家之宝世世代代流传下来，直到现在，仍然光彩熠熠。当然，封建时代的许多家训、家教在实施过程中，有不少封建糟粕应该摈除，例如，家长或私塾先生训诫孩子时用戒尺打手，有的工匠师傅也会用特制的戒尺处罚徒弟等。

家风：家风是指一个家庭或一个家族世代相传的道德风尚、生活作风、家庭风气。它体现着家庭成员所共有的精神风貌、道德品质、审美格调和气质风范。凡是好的家风，都是世代传承、逐渐培养和积淀下来的，它与家教、家训等密切相关。自古以来，人们都很推崇好的家风。所有优秀家风都是中华民族的传家宝，都是优秀传统文化的有机组成部分，值得我们深入发掘、研究和传承。

家教：家教是家庭长辈对子孙后代进行的教育。重视家教是中国人的优良传统，从孩子咿呀学语直到成家立业，从不放松。家教的内容主要在于品德修养、立身处世，虽然一些书香之家也会借助一些启蒙读物，如《百家姓》《三字经》等，但大多数家庭是靠自己的言传身教来影响和教诲子女，而读书识字要靠私塾先生来教。不少贫寒之家的孩子，没钱入学堂读书，但任何家庭都少不了家教。旧时家教除了思想道德修养外，还有男耕女织等基本生产生活技能的教导与习练，以及数学计算的基本知识。所以，旧时农村不少人不识字，但不等于他们没本事、没技能，通情达理、善于处事、精明能干、功绩显赫者大有人在，他们的美德与成功，无一不与良好家教有关。

（七）乡贤

乡贤是从古代传承下来的一个概念。唐朝《史通杂述》中就有了乡贤记载，明代开始建乡贤祠，清代把乡贤列入了当地志书。

乡贤是指中国各地本乡本土有道德、有才能、有声望的贤人名士，过去在乡村民间，他们被尊称为“绅士”“先生”，或一个大家族的“老族长”等，深受一方百姓的尊敬和爱戴，具有很强的道德感染力和行为号召力。审视我们悠久厚重的中华文化，它生发和存续于漫长的农耕时代，它的根基和源头在农耕文明，基本载体在乡村，基本细胞是家庭及个人。在儒家文化的浸润下，“讲人伦、扶农桑、端世风、重教化、守规矩、求和谐”成为传统农耕社会最基本的伦理观念和行为规范。在乡村治理结构中，自古以来直至现在村民自治都发挥着独特的重要作用；而在村民自治中起着主导、协调、示范等关键作用的，则是乡贤。他们可以上承官府、下联庶民，引导一方、教化民众，在乡村治理、兴文化俗、公共事务管理、民间纠纷调解等方面发挥重要作用。在漫长的农耕时代，乡贤群体逐渐形成、积淀和传承下来的这份文化遗产，就叫做乡贤文化。乡贤文化是中华优秀传统文化的组成部分，在当今时代乡村振兴的社会实践中，传统乡贤文化仍然具有重要价值和借鉴意义。

新时代的乡贤与旧时代乡贤相比，从精神内涵上看，是一脉相承的，但早已摈弃了那些陈腐的封建糟粕，具有鲜明的时代特征，内涵更加丰富和深厚；从群体外延上看，也有了很大变化。现在的新乡贤，应该包括三个方面的贤人名士：一是身居家乡工作和生活，热心服务父老乡亲的著名人士和优秀人才；二是离开故土，到外地从事各种工作、建功立业的优秀人才；三是来自外地投资兴业或长期从事某一工作的优秀人士。

当代新乡贤应该是指有道德、有才能、有情怀、有声望，能够并乐意为乡村政治、经济、社会、文化、生态环境建设和发展做出贡献，有效促进乡村振兴，为一方百姓所拥戴的贤能人士。

（八）亲戚关系

由血缘关系延展和派生出的亲缘关系，中原地区称为“亲戚”。包括姑舅亲、姨娘亲、儿女亲家等。姑舅亲情分尤深，有“姑舅亲、辈辈亲，打断骨头连着筋”之称。儿子娶妻，闺女出嫁，舅舅和姑夫担当重要角色。舅舅的权力有时仅次于父母，有“娘家侄儿，出气人儿”之说。姨娘亲相对疏远一点，俗语有：“姨娘亲，一辈亲，姨娘死后就断根。”中国人重视亲缘关系，平时亲戚之间会经常来往看望，称为“走亲戚”。尤其在对方有了大事要事，或者红白喜事，亲戚必须到场。逢年过节，也要经常走动看望。豫西地区，在春节期间是走亲戚最为集中的时间，豫中、豫东等地则常常利用大村庄物资交流会的机会相互走动看望。亲戚间有“亲戚之亲，重在搁合”“亲戚在走动，越走越亲近”之说。儿女亲家关系尤为亲密，特别是娘和闺女，俗话说：“闺女是娘的连心肉。”女儿回娘家，女婿看丈母娘，规矩甚多。亲戚关系中除了姻亲外还有“干亲”“奶亲”等。“干亲”大多发生在“换帖兄弟”或亲密朋友间，但往往以财物利益为纽带，有“干亲干亲，以财换心，没有财物，亲戚不亲”之说。

（九）邻里关系

邻里关系是由于居地相近而建立起来的特殊社会关系。一村之中杂姓同居，老门老户世代为邻，形成互敬互助的良好风气，也是中国人崇尚和谐的鲜明例证，有“远亲不如近邻，近邻不如对门”之说。遇上红白喜事、修房盖屋、添子生女、逢年过节、灾情病患等，邻里之间都会尽力相助，并且是义务劳动，分文不取，顶多是管顿便饭而已。平时生活中交往更是频繁，诸如串门、凑饭场、骂趣、借用工具、劝架调解等，几乎成为大家共同遵守的不成文的村规民约。邻里之间也免不了会有磕磕碰碰、利益之争，大多情况下，人们会碍于面子，觉得“低头不见抬头见”，忍一忍、让一让就过去了。但也有反目为仇，闹得不可共存者，这时就需村上有尊严的长者或族长（现在我们称之为“乡贤”）出面协调。协调不妥，甚至会大打出手或诉诸法律。

（十）日常起居

农民日常生活简单而富有规律，早起开门，晚上关门，一日三餐，一日三上工，面朝黄土背朝天，土里刨食，靠天吃饭，年复一年，日复一日，在勤勤恳恳的劳动中创造财富、维持生计。早早起床把门打开，人们分头劳动，这是正常人家的表现。如果谁家半晌不开门，就会被人笑话是懒汉。为了防盗，人们养成了晚上关门的习惯，天黑人脚定，总要先把大门关闭插好，俗称“上门”。农忙季节，晚上也少有串门聊天的。而女孩子晚上不得串门，是久传的规矩。家庭主妇每天早上必须把屋内屋外打扫一遍，保持清洁。一日三餐的时间因季节因生活而定，一般都比较滞后，以不误最佳劳动时间为原则，例如夏季早上干活时间往往较长，习惯于“有大早晨，无大上午”，八九点钟才吃早饭。

（十一）家族称谓

中国是礼仪之邦，亲人之间称谓有严格规范，但各地有所不同，遵循当地规矩即可。以下介绍是以河南中部地区为主、以“我”为主体的有关称谓。

父亲：旧时称爹，近代以来称爸。也有把父辈几个亲兄弟加以排序，依次统一称为伯、爹、大、叔的，自己的亲爹排在哪里就称呼相应称谓。对人介绍时多称家父、父亲、俺爹、俺爸。

母亲：旧时称娘或母，近代以来称妈。对人介绍时多称母亲、俺娘、俺妈。

哥哥、嫂嫂：加上排行称大哥、大嫂、二哥、二嫂……

弟弟、弟媳：加上排行称，也可直呼其名，对弟媳的雅称为弟妹。

父亲的父亲、母亲：称爷、奶奶，雅称祖父、祖母。

父亲的祖父、祖母：称老爷、老奶奶，雅称曾祖父、曾祖母。

父亲的哥哥、弟弟：父亲的哥哥称伯，父亲的弟弟称叔，或按父辈亲兄弟依次称为伯、爹、大、叔。豫东、豫北等地倒有称之为“大爷”。这里的“大爷”只是习惯称谓，不是祖父辈的。

父亲的嫂嫂、弟媳：父亲的嫂嫂称母，父亲的弟媳称婶，可加排行。豫东、豫北等地称“大娘”。

妻子：称老婆、媳妇、家里的，或某某他娘。雅称夫人、太太，近代以来称爱人。

丈夫：称当家的、外头的，或某某他爹。雅称丈夫、官人，近代以来称爱人。

（十二）亲戚称呼

亲戚之间的称呼比较复杂，但又必须遵循规范，不可乱叫。而河南境内各地称谓又稍有不同，以下是一些比较通行的亲戚称呼（以“我”为主体）。

姐夫、姐姐：一般直呼姐夫、姐姐，也有对姐夫以哥相称，如“某某（名字）哥”。

妹夫、妹妹：一般直呼妹夫、妹子，也有称兄弟和妹子，也可以直呼其名。

父亲的姐夫、妹夫、姐姐、妹妹：分别称姑父和姑姑，或称姑母、姑妈。

父亲的表兄、表嫂：豫东、豫北称大爷（“爷”为轻声）、大娘（轻声），豫西分别称表伯、表母。

父亲的表弟及其妻子：豫东、豫北称叔叔和婶得，豫西称表叔和表婶。

父亲的表姐夫、表妹夫、表姐、表妹：分别称表姑夫、表姑（或表姑母）。

母亲的父亲、母亲：分别称姥爷和姥娘，雅称外祖父、外祖母。

母亲的哥哥、弟弟、嫂嫂、弟媳：分别称舅舅和妗子（豫东称妗得），可加排行，大舅、二舅……

母亲的姐夫、妹夫、姐姐、妹妹：分别称姨夫和姨（或姨母、姨妈），可加排行，大姨、二姨……

妻子的父亲、母亲：应与妻子保持一样的称呼，雅称岳父、岳母，“老丈人、丈母娘”虽是民间流行人人皆知的身份，但无论当面或是背地，一般都不会这样叫，有不尊重之嫌。往往是在闹生分时才这样叫的。

妻子的伯父、伯母：随妻子一样称呼，豫东称大爷、大娘。

丈夫或妻子的亲属称谓：一般两人保持一致称谓。

舅家、姑家、姨家的同辈兄弟姐妹等人员，一般均在前边加一个“表”字。

四　家用器具

（一）家具

本馆藏品：家具（条几、两斗桌、太师椅等）

家具繁杂众多，无法一一列举，更不能一一细说。这里简单介绍几种。先说几种主要桌椅。八仙桌是中原地区人民最为喜爱和常用的家具。它的桌面较大，四边长度相等，四腿支撑，四周侧面上部有雕花装饰。平时摆放在客厅主墙壁前方，两边安放座椅，供家人及来宾落座。待客吃饭时，可以移动到合适位置，每边可坐两人，共八个人，犹如“八仙”。

太师椅，是古代家具中唯一用官职命名的椅子，始于宋代，明代时，将上部安栲栳样椅圈儿的圈椅称为太师椅。到了清代，太师椅成了一种扶手椅的专称。这种椅子的靠背板、扶手同座板呈直角，式样庄重严谨、用料考究。使人端坐上面，必须挺胸直腰，端庄大气。这样的椅子并非舒适，只是为了显示主人的地位与尊严。

官帽椅是民间家庭中较多使用的一种座椅，它因造型酷似古代官员的官帽而得名。官帽椅的形制在宋代基本定型，后来分为南官帽椅和四出头式官帽椅两种。到了近代，具体式样和细节设计多种多样，但其基本形状必然类似古代官帽，也就是椅背犹如高耸的官帽后部，而扶手略似官帽的前部，座面类似官帽的帽顶。造型有一个重要特点，就是折角处都做成软圆角，靠背立板做成“s”形，给人一种圆浑、优美、灵动的感觉，坐上去也比较舒适，而且，使人坐姿端庄，稳重大气。

存放衣物和各种用品的家具种类繁多，主要有大衣柜和各种箱子，以及梳妆台等。大衣柜是长方体，分上下两层，上部空间占箱体的五分之四，用于存放衣物，上方设有可以开启的箱盖。下部较小空间，存放小件器物，开门在前方。大衣柜的大小、形状区别不太大，品位高低主要在于用材、饰件和油漆上面。箱子的种类、大小、形状区别较大，根据用途、空间、爱好等适当选用。制作材料除了木材外，也有用柳条、荆条编制的。

（二）灯具

本馆藏品：灯具（灯台、烛台、灯盏、灯笼、马灯、煤油灯、桐油灯、电石灯、手电筒等）

古代照明燃烧的是植物油，灯具多为铁制的或陶制的灯碗。灯芯是一种专用的植物茎芯，叫“灯草”（可入中药，叫“通草”），吸油效果好。灯碗前端稍突出，并有一小小的豁口，灯草由此露出端头，以供点燃。灯碗后部有一突出的把手，供人手捏挪动。

这类灯具中，还有一种直径仅有 5~10 厘米的陶制小灯盏，它们一般是在元宵节使用的。中国人认为世间处处有神灵，除夕夜和元宵节，会在石磨、石碾、井台、牛屋等场所，都安放一个小灯盏，使得处处有光亮，祈求神灵关照保佑。

山里人还会就地取材，把桐油树的果实（俗称“桐油疙瘩”）捣烂挤出油脂，用特制的灯具燃烧照明。

古代另一种常用照明工具是用动物油脂制造的蜡烛。它起源于原始时期的火把，原始人发现把动物油脂涂抹在燃烧照明的树皮或木片上，燃烧效果更好。后来制成的精致蜡烛，大多在节日、祭祀等场合使用。直到现代，蜡烛仍然在民间应用。不过，使用的原料已经变为石蜡了。

到了近代，随着石油制品的普及，照明原料和工具都围绕煤油来设计制作了。早期民间煤油灯，大多是随便找个玻璃瓶，制作一个灯脐，以棉线做灯芯就可以了。民间夜晚唱大戏照明用的煤油灯必须肚子大、灯芯粗，状似大老鳖，人们就叫它“老鳖灯”。后来有了工厂制作的玻璃罩子灯、马灯等，照明效果大为提升。夜晚唱大戏也用上了汽灯。电力发展之后，逐步用上了电灯。夜间出门行走，也不再用麻秆火，家家有了手电筒。

（三）烟具

在民间，男性抽烟是比较普遍的现象，烟具自然是必不可少的。烟具分为旱烟袋和水烟袋两大类，以旱烟袋最为普遍。水烟袋多为铜制的，比较贵重，穷人家用不起，只有富贵之家才有。水烟袋结构比较复杂，下部有一个椭圆柱形的水箱，水箱上方分别装有鹅颈形吸烟细管和可以灵活取下的柱形烟锅。吸烟时，烟气通过水箱中的水过滤后吸入口中，这样可以减少烟气的毒害。水烟袋吸起来发出咕咕噜噜的响声，吸烟人显得非常神气和惬意。

旱烟袋的大小及式样多种多样，但基本结构无大差别：烟嘴、烟杆、烟锅和烟末袋。烟杆用细竹竿制成，中心打通，一端安烟锅，另一端安烟嘴。烟锅有铜制的，也有铁制的。烟嘴的材质更能显示烟袋的身价，一般是铜制的，或铝制的，不少都是玉石的。如果是一块上好的玉料，主人必然显得格外神气，见人常常会炫耀一番。装烟末的布袋子，也会精心制作，大多绣有精美图案。大多数烟袋的总长度在30厘米以内，便于随身携带。也有特意制作为更短小的，烟锅小到只能装上一点点烟末，一口气就可吸完，然后吹一口气，烟灰便从烟锅中飞出去。它的名字就叫“一口吹”。烟杆也有中型的和更长的，有的可以长到一米左右。这样的长烟袋往往是富人家为了摆阔气而特意制作的，点火和磕烟灰都要由佣人负责。

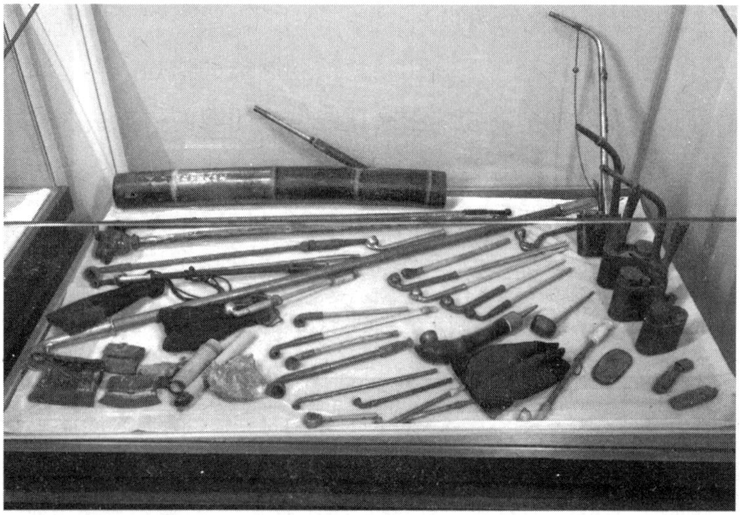

本馆藏品：烟具（旱烟袋、水烟袋、竹筒烟袋、藤根烟袋、打火镰、打火石等）

旧时，还没有方便的取火手段，用古老的火镰打火的办法取火。这些设备也是吸烟人必备的。打火设备由铁制钢刃的打火镰、打火石和火煤子组合使用。火煤子是用易于燃烧的草纸卷成的，平时要用一个竹筒子装起来，保护好已燃过的灰烬不让损坏脱落。使用时，把火石的楞边紧贴火煤子的余烬上方放好，一手紧紧握住，另一手拿住火镰，猛力向火石划动，火镰子就会被划出火星，火星落到火煤儿上，当发现火煤儿被燃着后，随即向火煤儿轻轻吹气，火煤上的星星之火，接收到更多氧气后就会慢慢燃烧开来，这时方可点火吸烟。后来，相继有了火柴和打火机，吸烟取火就方便多了。

（四）洁具

本馆藏品：洁具（铜脸盆、盆架、手巾、鸡毛掸子、布掸子等）

洁具是家居生活中的必需品，主要分为用于环境卫生的和用于人体卫生的两大类。用于环境卫生的主要有扫地用的笤帚、扫帚和用于家具除尘的鸡毛掸子、布掸子。笤帚用除去高粱籽的高粱穗，或者芦苇穗制作而成，用于室内地面清扫。扫帚用完整小竹子，或者一种叫做“扫帚苗”的植物枝干制作而成，用于庭院地面打扫。室内家具除尘用的鸡毛掸子，是用公鸡毛在一根小竹竿上扎制而成，轻轻扑掸，即可除去器物和墙壁上的灰尘，而不会伤及器物。布掸子是用布片扎绑在一根小木棒上制作而成，布掸子主要用于扑打身上衣物和经得起扑打的东西。

用于人身清洁的用具，主要有脸盆、脸盆架、毛巾等。旧时的脸盆多为铜制，用不起铜脸盆的，就用陶盆、瓷盆代替。后来有了搪瓷的、铝的、不锈钢的等轻便耐用的多种材质脸盆。毛巾是家织棉布做的，一般设计有花纹，力求美观。

（五）茶具

喝茶是中国人的习惯，茶具自然必不可少。百姓家庭早年用的茶具主要是茶壶和茶碗，茶壶有铜制的，更多的是各种陶瓷制作的。器物品位的高低在于材质、工艺、产地、品牌等区别，种类繁多，形形色色，无法一一细说。在中国，一些著名茶具品牌早已享誉全国，例如产于江西的宜兴茶具，如今，愈加发扬光大，成为中华传统文化的一种符号。新中国成立后，民间茶具有了较大变化，用上了可以保温的茶瓶，先是竹子外套的，后来有了金属外套和塑料外套的。茶杯、茶碗也多种多样，十分精美。

本馆藏品：茶具（茶几、茶壶、茶瓶、茶碗等）

（六）寝具

本馆场景：农家卧室

最主要的寝具当然是床。床用硬料木材制作而成，由床腿、床撑、床帮、床头等部件构成。普通百姓家的床没有顶子，富裕之家的床安装有顶子，叫顶子床。顶子床的品级差别也很大，有的只是一个简易顶子，上面铺上蒲席，能遮挡灰尘即可；而富贵之家的顶子床不仅全为木材制作，而且会有精美图案雕刻，如同一个独立的小木屋，甚至有二进式、三进式的，非常豪华。无论品位高低，木匠在做床时都会遵循一个重要规矩，就是每个部件的尺寸最后零头都要落到“七”上，所谓“床不离妻（七）”。就是说，如果床上没有妻子，就是单身鳏夫了。

其他辅助寝具还有多种，床上要有床板，或者使用高粱秆、芦苇秆织成的床箔。床板或床箔上铺草苫子，草苫子上铺蒲席，然后是被褥、枕头之类的东西。枕头套面多为棉织品，内装糠皮之类的松软材料。夏季凉枕，有芦苇篾、竹篾编织的，也有木制或陶制的。旧时农村室内没有厕所，夜间小便要用便壶、便盆，民间称这种便壶叫“夜壶”，也有雅一点的称谓叫“海子”。

五　展厅掠影

本厅主要展品：

第七厅“家居生活”局部

条几、八仙桌、太师椅、官帽椅、罗圈椅、茶几、小靠背椅、小方凳、长条凳、两斗桌、菜柜桌、神龛、祖宗牌位、顶子床、大衣柜、大板箱、柳编箱、手提箱、儿童坐车、各种旱烟袋、水烟袋、打火镰、铁灯碗、陶灯碗、灯台、蜡烛台、马灯、各种煤油灯、电石灯、梳妆盒、镜子、旧式茶瓶、铜茶壶、铜脸盆、脸盆架、暖手炉、火盆、眼镜盒、针线盒、戥子、童子尿壶、夜壶、日用小刀、旧时各种床上用品，钱柜、古钱币、民国纸币、学生戒尺、工匠师傅戒尺（家法）、家谱、族谱、家训族规等。

第八厅　炊事饮食·食品制作

一　前言

民以食为天，吃饭是人类生活的第一需要。人类从茹毛饮血到研究吃的学问，创造了丰富的饮食文化。到了今天，中国人的饮食文化享誉全球，花样之多，历史之久，文化之浓，情感之深，令世人惊叹！而中国幅员辽阔，民族众多，各个地区形成了具有不同民族特色和地域特征的饮食风俗。

中原地区居华夏之中，地理位置处在长江以北淮河流域和黄河中下游区域，是南方民俗与北方民俗的分界线和过渡带，同时也是南北习俗交融区。就饮食习惯来看，河南的信阳地区还具备南方水稻区（湖北省）的民间饮食特征，而信阳以北就进入了北方饮食习惯。总的来看，中原地区虽属于北方饮食习惯，但又有汇聚兼容全国各地风味的特点。而百姓日常饮食，则具有中原地区的明显特征。假如对中原地区的餐饮特征提炼一下的话，大概可以归纳为三点：一是简朴、实惠；二是重内容、轻形式；三是口味偏重，甜咸酸辣，说啥味就啥味，不爱混杂；四是用具粗放，陶瓷制作的大盘子大碗是家庭常用餐具。

二　炊事饮食

（一）厨房、灶具

中原地区的民间厨房一般都会单独设置。根据五行生克的理论，东方属木，南方属火，故灶房宜设在院落的东方或南方，大多设在东侧配房的南间，即院落的东南方向。《易经》有所谓水火既济，意思是指水和火是饮食必需之物，有了火和水的调理，便达到阴阳调和。因此，要达到“既济”的状况，才能家运顺畅，人口安宁。按照五行生克原理，水缸、洗碗盆不要与灶台火门安排在一条直线上，安放在临近锅台但避开火口，否则，会导致水火不容，影响夫妻感情与家庭和谐。至于灶台火门朝向，民间说法与习俗不一，有的地方认为宜朝向东方或南方，因为东属木、南属火；也有地方认为不能朝向南方，回避“生活艰难（南）”，最好对住东边或西边，因为灶台是为了让人吃“东西”的。这些虽无什么道理，但表达了人们对美好生活的祝愿和期盼，是一种心理效应的表现。

本馆场景：厨房、灶具

厨房设施主要有灶台、风箱、案板、水缸以及用处各异、名目繁多的各种炊具。传统农耕时代中原地区民间大多是烧柴草做饭，近代以来，部分地区才开始烧煤。那时候，拾柴火收秸秆储备燃料是家家户户的一项重要任务。小孩子开始能干活，首先就是帮助大人拾柴火。山里人可以上山拾柴，平地人只能采集树木枝叶和庄稼秸秆。为了便于燃烧柴草，灶台的炉腔一般都比较宽敞，分上下两层，上部烧火，下方透风和漏灰，左侧安装风箱，一手拉动风箱鼓风助燃，另一手送柴拨火。灶台上一般设置三口锅，一大两小，成折线三角形分布。在主火腔处安放大铁锅，用于烧汤蒸馍；后方一口小锅，可以利用余火温水；大锅一侧的小锅用来炒菜。灶台后部一般都会紧靠墙壁，烟道要打通墙壁通到房外，垒起一个烟囱。烟囱高一点为好，最少也要高于房檐，突出房坡，这样才能有较好的抽烟效果并避免火灾。有的人家还会专门做一个可以移动的独立小灶台，叫做“行灶”，天热时可以搬到室外做饭。中原人爱吃烙馍、菜盒等，用的是鏊子。鏊子随时支起来用，用过收起。

室内一侧设为炊事操作区。主要设施有案板、水缸、面缸，以及盆盆罐罐、锅碗瓢勺等各种炊具。农家炊具注重简单实用，大多为手工自制，如秫秆莛或木制锅盖，稻草或麦秸编制的草拍子、馍篓子，竹子编制的笊篱、菜筐，高粱莛秆编制的馍筐、篦子，高粱穗毛编制的刷子，葫芦制作的水瓢、面瓢，等等。花钱购买的，主要是铁质和陶瓷器具，锅碗瓢勺、盆缸桶罐之类的东西。这些器具往往一次置办，多年使用，甚至几代使用。损坏了，还要尽量让匠人修理了再用。例如，铁锅、瓷缸烂了都可以补，所以，那时就有一种匠人叫锔缸匠和补锅匠，俗语：“没有金刚钻，别揽瓷器活”就是由此而来。

灶房内一定要设有灶爷神位。灶神被视为一家之主，他与家人朝夕相处，是玉皇大帝派往民间的监察官。

进入 20 世纪七八十年代，煤炭、沼气、液化气等燃料逐渐进入农家，取代了柴草燃料，灶具也随之更换为煤火炉、煤油炉、煤气灶、电磁炉等。到了今天，燃气灶、电冰箱等现代灶具已广为使用。

（二）饮食习惯

在我国的日常饮食习俗中，大部分地区均流行早、中、晚三餐制。中原地区也沿用此俗，但三餐的俗称各地不同。早饭大多称“清早饭”，午饭称为“晌午饭”，豫西、豫南和豫北等大部分地区称晚饭为“喝汤”。中原农村常以农业生产需要或农事的忙闲来安排季节性饭食。影响餐饮质量的直接因素当然是家中存粮情况了，“闲吃稀，忙吃干，青黄不接吃两餐，吃糠咽菜几十天。”就是对艰苦岁月农家生活的真实写照。

中原地区是我国小麦主要产区，虽然黄淮流域的一些地方也产大米，但由于水资源受限，水稻的播种面积远不如江南。所以中原地区一年四季主要是以面食为主。除了小麦外，五谷杂粮品种很多，玉米、红薯、小米、高粱及豆类等，均为主食原料。蔬菜品种丰富多彩，春夏秋冬各有所需，所以，中原人的饮食结构是比较合理的。

中原百姓家常便饭的主食有馒头（民间叫蒸馍、窝窝头）、红薯、卷子、锅盔、油馍、菜莽、包子、烙馍、烧饼、菜盒、面条、面叶、烩面、干饭（米饭）、米汤、面疙瘩、糁子汤、豆汤、饸饹面、卤面、蒜面条等。辅食菜类依季节而变化，种啥吃啥、啥熟吃啥、有啥吃啥。菜品为四季蔬菜，无非是南瓜、豆角、茄子、辣椒、白菜、萝卜、冬瓜、苋菜、黄心菜、芥菜、荆芥、芫荽、黄瓜、丝瓜、食香、大蒜、韭菜、大葱等。除种植的蔬菜外，还要充分采用野菜，可以食用的野菜种类繁多，树上结的主要有榆钱、洋槐花、构穗、嫩柳芽、香椿、桐花等；地里长的主要有面条菜、猫妮菜、狗狗穰、荠荠菜、扫帚苗、马齿苋、蒲公英、萋萋芽、灰灰菜等；庄稼叶类的主要有芝麻叶、红薯叶等。高档食品主要有猪肉、羊肉、家禽、鸡蛋、豆腐和粉条等。

生活困难阶段，馒头是不能保持每顿都有的，以汤食为主，一般每天都要有一顿汤面条。特别是春季后期青黄不接之时，甚至有的人家会无米断炊，不得不以榆钱、糠麸、野菜来充饥。人们常常眼巴巴盯住地里的庄稼，实在过不去，只得忍痛把将要成熟的麦穗采下来，放到石碓里捣烂烧糊糊喝。如果麦子接近成熟，可以放到石磨上磨，下出来的会形成面筋状小面条，人们称为“捻转”。捻转无论蒸吃或是做汤，都别有风味。人们吃起来赞不绝口，堪称苦中有乐了。

传统农耕时代，由于小麦产量很低，白面是不能常年食用的，困难家庭平时要十分节俭，白面要留在节日时和有了客人时食用。平时大量食用的是杂粮，尤以红薯为主。当时流行不少顺口溜：“一年红薯半年粮，白面留着节日尝”“红薯汤、红薯馍，离了红薯不能活”“农忙吃馒头，农闲稀溜溜”等。然而，无论日子多么清苦，一代代农民仍坚韧不拔，顽强奋斗，从来没有向困难低过头。这些传统美德令人崇敬，这种民族精神应该永久传承！

（三）家常便饭

中原地区粮食作物以小麦、玉米、薯类、豆类为主，也有稻谷作物。所以，中原地区的人们家常便饭的主食以面食为主，辅食则随季节时令蔬菜而变化，五谷杂粮、寒暑有别是中原地区居民饮食的主要特征。中原人日常餐饮还有一个重要特点，就是简单化、图省事，重内容、轻形式。“馍、菜、汤”是百姓生活的三要素，吃馍就菜，顺之以汤。有玉米糁汤、面疙瘩汤、绿豆汤、小米汤、大米汤、豇豆汤、南瓜汤、红薯汤等；所谓“馍”，不仅指蒸馒头，还包括蒸馍、包子、油馍、锅盔、烙馍等，花样繁多，不胜枚举；所谓“菜”，倒不像南方人家，顿顿都会认真做上几个有模有样的菜，而对形式不怎么重视，往往是一个菜或两个菜，这一两个菜中会有多种材料加入，就是所谓的杂烩菜。当然，不适宜乱炖的，自然分开来炒；所谓“汤”，不是南方的“煲汤”，而是粥，也叫做稀饭。其实，中原人喝的“稀饭”并不稀，传统农耕时代，由于粮食短缺，生活艰苦，百姓日常饮食往往不能保证顿顿有馍吃，就靠喝汤了。玉米糁、小米是作汤的主要原料，汤要小火慢熬，做成黏黏糊糊的，并常常加入红薯、南瓜、薯干之类的固体食物，这样能够充些饥、顶点晌儿。在中原人的汤类饭食中，面条是经常吃、最重要的一种。大多数人家几乎天天要有一顿面条，丰裕一点吃捞面条，紧巴一点就喝汤面条。旧时，在农村人们见面打招呼，往往是一句“吃了吗?”或“喝了吗?”“喝了吗?”一般是在晚饭后的问候语，因为夜里不再下地干活儿，所以大多数人家只会喝汤不会吃馍。这种问候方式，现在看来很可笑，而那时却是习以为常的。它是那个“吃上顿、没下顿”艰苦年代的印证。那时，是否饿着肚子是人们最关心的问题。这也反映了自古以来“民以食为天”这一大道理的民间关切。

旧时，饭场是中原农村的一道独特风景。在中原，农家吃饭很少一家人一本正经地围住一张桌子吃饭，除非过年过节和有客人光临。他们习惯于端着大碗各自找地方吃，不少人爱到村上的集体饭场去。饭场热天选在阴凉通风处，冷天则在避风向阳处。农家饭大体一个样，吃好吃赖，谁也不会笑话谁。哪天谁若端来了改样好菜，便会故意炫耀一下，并慷慨地招呼大家都尝尝。即使有人真的要尝尝，也只是叨一筷子而已。农村饭场是村子的信息交流场所，常会有些东家长、西家短的评论，这些评论大多属于伦理道德范畴，全是正能量。谁家有点出格的事，往往迫于饭场的舆论压力而自省和纠正。

民以食为天（朱宪民摄，原载中国摄影出版社《百姓》2006年4月版）

（四）待客饮食

中原地区农民淳朴厚道、热情好客。凡有亲朋登门，不论家贫家富，都要设法改善生活，竭尽所能款待客人。千方百计也要做上几个菜。而正规待客则以宴席相待，至少是“四盘五碗”“八八桌（八凉八热）”，更高档的有“十碟十碗”“十二道凉菜、七大盘子八大碗”等大席。禹州则有“十三碗”宴席菜谱的传统。

平时家中偶然而至的亲戚朋友，只能依据家中能够拿出的上好食品和菜肴来招待。而有计划安排的大事喜事大规模待客，就要请大厨操办，并提前认真备料，细心筹划。农村设宴待客的名目繁多，最重要的当属结婚和生子，必然尽力操办，少则十几桌，多则几十桌。需要邀请的客人，要事前下帖，登门邀请。帖子不是一般人能写的，各种事项的请帖格式内容和伦理规范都有严格规定，必须请有学问的先生到家中书写。

在中原地区，人们把赴宴称为“吃桌”，或“坐桌”“吃场儿”。这是因为待客必有桌子，而且是最气派、最高贵的八仙桌。八仙桌的命名就是出于对个人的极大尊敬，凡人以八仙相比，何其尊贵！

结婚或生子，一定要设大席盛宴。所谓“大席”，一是酒菜丰盛，先上六荤六素十二道凉菜，然后是十几道大盘大碗的热菜，最后“打散汤”（鸡蛋汤）和果盘。二是礼数周全，不同主题的宴席各有规矩，必须严格遵循既定规矩，整个宴席要在总管（司仪）的指挥下运行。三是规模宏大，动辄十几桌几十桌，要在村子的开阔地临时搭建大棚，非常壮观。

（五）中原酒文化

本馆藏品：酒具（酒坛、酒壶、酒盅、酒碗、温酒壶等）

逢席必有酒，无酒不成席。酒文化作为一种特殊的文化形式，在传统的中国文化中有其独特地位。它不仅是一种在社会生活中十分活跃的物质存在，而且是一种精神和文化的象征，这一点在中原地区尤为突出。

河南的酒场规矩实在太多，足够写一本书。这里无法一一详述，只简单说说敬酒和猜枚。

似乎全国人民都知道，河南人敬酒有一个重要的特征，就是“自己不喝先让别人喝”。这绝不是不懂礼貌，恰恰是尊敬客人的表现。他们认为，酒是粮食精华，是好东西。凡是好东西，就应该尽着尊贵的客人先行享用。所谓“敬酒”，哪有自己先喝的道理？这是秉承“先人后己”道德理念的表现。所以，敬酒时要“先敬后碰”，至于敬几个，可酌情而定。敬了客人后，可以碰一个，表示友谊，自己才能喝。近年来，由于受到外地酒文化的影响，才对这一规矩有所灵活调整，也有了“先喝为敬”或“以碰代敬”

的做法。敬酒的顺序，遵循身份地位，由高到低依次进行。主人先行敬酒，然后才是客人回敬。传统的座位规矩，是左为上、右为下。猜枚转圈，依据逆时针方向，因为这是往怀里转，是收财聚财的；如果顺时针转，则是向外转，是把财气往外扒的。河南敬酒还特别重视“鱼头酒”。鱼头必须对准主宾，叫做“鱼头一对，大富大贵”，不仅有“头三尾四肚五背六”之说，而且还可搞出许多名堂，主宾喝了鱼头酒之后，就有权用这些名堂让满场人都喝酒，例如，叨个鱼眼，叫“高看一眼”；叨点鱼肚，叫“推心置腹”；叨个鱼翅，叫“展翅高飞”；叨个鱼尾，叫“委以重任”；叨点鱼鳃，叫“同呼吸共富贵”；叨点鱼唇，叫“唇齿相依”；等等。一条鱼能让所有人都喝上酒，达到酒宴气氛高峰。

再说说猜枚划拳。猜枚是一种古老的斗酒游戏。游戏者把瓜子、莲子或黑白棋子握在手心里，让别人猜单双、数目或颜色，猜中者为胜，不中者为输，输者罚酒。划拳是另一种斗酒游戏。对斗双方同时出单拳、伸指、喊数，伸指从零到五，数字从零到十，喊中二人伸指之和者为胜，负者罚酒。不知何时，原本的猜枚变成了“搦宝”，划拳也被称为猜枚。猜枚大致可分为“定枚”和“乱枚”两种。定枚是在猜枚过程中只喊某一个或两个数，常见的有六零枚、一七枚、二八枚、三九枚、四十枚和老五魁。定枚者若喊了其他数，称为“下枚”，下枚要罚酒；对方则不准喊定枚的数字，喊了叫“上枚”，也要罚酒。喊的数字如果大于自己伸出手指加上“五”之和，或者喊了零（“宝”）而失误伸了手指，都叫“失枚”，要受罚。至于猜枚伸指和喊数的花样，实在太多，除了一些约定俗成的，还可以任意发挥创造。如宝疙瘩、一心敬、哥俩好、三桃园、四季财、五魁首、六六顺、七巧关、八大仙、酒（九）常有、满堂官。也可采用报排、搦宝、压指头、杠子虫、剪刀布锤子等方式斗酒畅饮。进入 20 世纪 90 年代后，河南猜枚划拳的饮酒方式逐渐变少，改为较文雅的循环敬酒的方式为主。无论哪种方式，河南人好客的热情和饮酒的豪情始终不减。而猜枚的技巧和文化，正在成为一种另类的非物质文化遗产几尽消逝。

（六）河南特色食品

河南地方特色食品非常多，在这里列举其中一些：滑县道口烧鸡、汝阳杜康酒、洛阳水席、开封马豫兴桶子鸡、开封第一楼灌汤包、开封花生糕、朱仙镇豆腐干、开封陆稿荐卤肉、开封徐家西瓜豆浆、洛阳马蹄街张家馄饨、伊川县刘家卤肉、郏县谢记牛肉、安阳王家酥烧饼、浚县黎阳胡记兔肉、安阳市袁家刀削面、濮阳市铁邱李家老粉皮、虞城县景家麻花、焦作怀研堂姜糖膏、商丘贾寨豆腐干、西华逍遥胡辣汤、武陟油茶、许昌豆腐、河街腐竹、禹州粉条、禹州焖子、临颍繁城牛肉、沁阳怀府闹汤驴肉、义马糟蛋、义马石子馍、南阳黄酒、许昌丈地羊肉汤、宝丰翟集香醋、郏县王洛猪蹄、叶县张集杠子馍、驻马店小磨香油、舞阳北舞渡胡辣汤、方城博望大锅盔、信阳炖菜、修武五里源松花蛋、郑州葛记焖饼、郑州合记烩面、兰考秋油腐乳、尉氏洧川豆腐、开封鲤鱼焙面、洛阳小街锅贴、安阳郑家粉皮、濮阳王五辈壮馍、夏邑砂汤、郑州蔡记蒸饺、郑州黄河大鲤鱼、禹州十三碗、安阳炒三不沾、杞县酱红萝卜、鲁山揽锅菜、鄢陵大豆腐脑等。

本馆藏品：月饼模具

三　食品制作

（一）日常饮食制作

1. 发面馍

中原地区以面食为主食，馍在主食中占有十分重要的地位。吃馍（馒头）的习俗悠久古老。据《急就篇》注引颜注曰："溲面而蒸熟，则为饼。"

这种饼是把面粉加入水，发酵后做成饼蒸熟而食。这是汉代人喜食的蒸饼，与我们今天吃的馍相似。又据《太平御载》记载，晋代人当时就已经在春夏秋冬四季用馍做贡品了。北魏也有蒸馍发酵方法的记述。及至唐、宋、明、清，对于馍及品种的记载也逐渐多了起来。

本馆场景：灶台、蒸笼等

可见，蒸馍早已积累下了成熟技术。蒸馍的关键首先要有好酵母，村民称为“酵子”，家家妇女都会做。发面时，先用酵子调制面糊，培养酵母菌生长。当酵子面糊发好后，和成面团，保持适当温度，几个小时就发好了。要掌握好时间和发酵程度，面开过了（发酵时间过长）馍发酸，不开的面（发酵时间太短）蒸出的馍不会发虚。对发好的面团还要揉搓，面揉得好，馍就筋道，麦香味道纯正，否则，蒸出的馍就松散乏味。蒸馍笼布要用纯棉布，更多人家不用笼布，而用天然的槲叶、荷叶、苇叶等，用这些材料铺底蒸出的馍，有种清香味，更好吃。装馍讲究响水上笼，即在锅内的水将要滚沸时，把揉好的生面馍放上蒸笼，盖上锅盖儿。旧时民间没有钟表，人们自己发明了掌握馍熟时间的方法。将碗扣在笼盖上，凹陷的碗底倒点水，摸摸水热的程度，就知道馍熟了。

2. 烙馍、炕馍

烙馍、炕馍类不是靠水蒸气蒸熟，而是直接靠火力烘烤而熟。烘炕的馍包括锅盔、锅贴、烧饼、油饼等，是在铁锅里或炉腔中烧烤而成，其中烧饼、锅盔备受人们喜爱。俗话说“面条省，蒸馍费，要吃锅盔卖了地”。锅盔，用发酵的小麦面做成，厚约一寸，是用小火慢烧，在铁锅里靠热气熏烤而成。吃起来外焦里软，酥香可口。烧饼也是中原地区广为流行的一种美食，当地人都叫它火烧，是在火炕的内腔中直接熏烤而成。锅盔是淡味的，而烧饼是咸味的。

本馆藏品：鏊子

烙制的馍有油馍、烙馍、菜盒、煎饼等，是在鏊子上烙烤而成。在河南中部，所谓的烙馍，直接所指则是什么佐料也不添加的薄面饼。河南不少地方爱吃烙馍，尤以许昌一带为甚。烙馍的特点是简便易行，省时方便。农忙时节，没时间发面蒸馍，收工到家，面粉掺水一揉，铁鏊子一支，一会儿工夫就可满足全家人食用。巧妇做烙馍，堪称一项艺术。小木擀杖在她们手中特别听使唤，团团转，啪啪响，眨眼工夫，核桃大小的面团，就能擀成直径约一尺的圆如月、白如雪、薄如纸的“张子”，然后，小擀杖随手一挑，不偏不斜就搭到了鏊子上，两翻即成。吃烙馍的好处还在于它可以与菜品一起吃。拿起一张烙馍，左手一托，右手夹菜往馍上放成一长溜儿，“噌噌”一卷，吃起来有滋有味，这就叫烙馍卷菜。不常吃烙馍的外地人，往往无从下手，必须学习一番方可。

3. 熬汤

河南人爱喝汤，几乎顿顿要有汤，就是所谓稀饭。这里农家平时喝的所谓稀饭其实并不稀，因为他们常常是只喝汤不吃馍就是一顿饭，所以，他们做的汤比较黏稠。大概正因如此，在河南，被称作粥、汤或稀饭的流食，还有另外一个名字叫“糊肚”。

粥是好东西，李时珍的《本草纲目》中就有三十六种药粥的介绍，说明喝粥有治病、延年的益处。中原人爱喝汤的原因，不光是从医学上和节约的角度来考虑，也与河南的地理、气候有关系。河南气候干燥，降雨量小，人体需要有充分的水分来调节。直到现在，中原人仍然爱喝汤，不过，汤的品种和质量已与过去有很大区别了。既有甜汤，也有咸汤，还有各种特制的养生汤。河南人称做粥为“熬汤”或“烧汤”，可见，小火慢熬是做汤的关键。只有熬制火候到位，汤才黏稠而可口。

4. 面条

中原人特别爱吃面条，过去岁月家家户户几乎天天都要有一顿面条。面条以汤面条为主，加些盐、青菜、小磨香油即可；夏季隔几天会做一顿捞面条，捞面条的调料拌菜，大多是食香菜捣蒜汁，另拌一些青菜，叫做蒜面条。奢侈一点的，可以拌鸡蛋菜、肉末菜。中原人现在仍然爱吃面条，但品种和做法有了很多创新和发展。除了传统的汤面条、捞面条外，还有卤面条、炒面条、焖面条、烩面、拉条、面叶等。从形状上说，有一厘米宽的宽面，窄如韭叶的窄面，有细如发丝的龙须面，绵长的面片，讲究的菱形面叶等。从味道上说，有淡味、咸味、辣味、酸味等。因交通便利，各地不同风味的面条也涌进中原，如山西的刀削面、四川的担担面、陕西的臊子面、山东的龙须面等，都颇受人们欢迎，成为人们常吃的风味美食。

5. 饺子

饺子是北方人最为欣赏的美食，河南人更为喜爱。过去日子艰苦，饺子不是经常可以吃到的，但有几个传统节日，是必须吃饺子的，如除夕、春节、元宵节、冬至等。现在就不同了，饺子成为人们的家常饭，想吃就吃，而且饺子馅也变得多种多样，四季皆宜。春季，人们多采集野菜，包顿野菜饺子，别有风味；夏天，用鸡蛋拌韭菜，清爽利口；秋季，萝卜白菜掺猪肉，香味十足；冬季，大葱调羊肉，温暖和胃。做法也多种多样，不仅可以煮，也可以煎、炸、蒸。

6. 副食

中原人的副食中，肉食以猪、羊、鸡、鸭为主。过去，牛肉是很少食用的，因为牛是大牲畜，是传统农耕时代的主要生产力，谁家也舍不得把尚能耕地的牛杀掉吃肉。只有到了老牛实在不能干活儿了，才很不忍心地杀掉，而且绝不会自己动手，要请屠宰匠操刀宰杀。猪、羊、鸡、鸭等是专供人们食用的，理所当然成为餐桌上的食品。但在生产力低下难以温饱的年代，人们平时是很少吃肉的，猪、羊、鸡、鸭要留到过年过节食用。平时可以吃到的主要有鸡蛋、鸭蛋、豆腐、粉条等，以及时令蔬菜和野菜。鸡蛋的吃法可谓五花八门，有煮、炒、炖等多种形式。在鸡蛋旺季，人们怕天热鸡蛋变质，往往用盐腌制一些咸鸡蛋，或用水淹，或用泥腌，或用石灰制作松花变蛋。民间食用的鸡蛋，还常常用茶叶来煮，称之为“茶叶蛋”。茶鸡蛋咸香味浓，营养丰富，易于消化，是日常食用和出差旅游的美味佳品。

中原人有腌咸菜、做酱菜、晒干菜佐餐的习惯。春天，人们将鲜嫩的香椿叶揉搓以后撒盐腌制，在吃馍时配合食用，别有风味；夏天晒酱豆，入伏后，太阳酷热，气温升高，适宜霉菌生长，人们以大豆、西瓜、盐为原料制作酱豆，存放起来，作为秋冬做菜的佐料；秋冬时节，人们会腌制韭花、咸萝卜、芥菜丝、萝卜叶等咸菜，并采摘芝麻叶、红薯叶等晒成干菜，以备秋冬缺少时令蔬菜时食用。

（二）豆腐制作

一般认为，豆腐是公元前 2 世纪西汉淮南王刘安发明的，这一说法流行甚远甚广。据著名作家林海音先生认真考证，否定了这一观点，在她 2014 年出版的《中国豆腐》中作了详细论证：豆腐不见于淮南王编辑的《淮南子》，也不见于其收录各种方术的《淮南万毕术》。中国最古老的农书《氾胜之书》的“大豆”项下，也没有豆腐的记载。南北朝时贾思勰的《齐民要术》也没有一语提及豆腐。而最早记载豆腐的是宋初陶谷的《清异录》。据此可知，豆腐是在五代后期至宋初，才较多成为肉类的廉价代用品。

本馆藏品：豆腐制作工具

林海音先生认为，豆腐是中原人民因不从事畜牧，不易获得牛羊乳原料，而以豆乳为原料制作成为牛羊乳的代用食品。这大约是唐代中期以后的事情。豆腐起初并非高贵食品，是从底层民间兴起，而后才进入上流社会的。明代以后逐步扩及至上层家庭，乃至调理成帝王专用的高级豆腐。

豆腐制作方法：第一道工序是泡豆子。将准备好的大豆浸泡六个多小时，最多不超过十二个小时，泡透就好，不能时间过长。第二道工序是磨豆浆。要使用专门的水磨（有大型的，也有小型手摇的），磨扇上方吊挂一个淋水盆，伴随豆子徐徐淋水。石头磨盘周边开凿有凹槽，磨出的豆浆由凹槽流下，接到大缸里。第三道工序是过滤豆浆。把豆浆放入粗布吊单中过滤，流下的是细腻的豆汁，吊单中剩下的是豆腐渣。第四道工序是煮豆汁和点豆腐。煮豆汁要边加热边搅动，使其受热均匀，防止沉淀烧糊。豆汁煮沸的程度也要准确把握，必须恰到好处。第五道工序是点豆腐，这是关键一环，必须由富有经验的师傅操作。将煮熟的豆腐汁倒入大缸里，用石膏水或卤水酸浆加入其中，快速搅动，使二者均匀混合，产生反应，豆汁顷刻变稠凝结。第六道工序是压制成形，将点好的豆腐脑放入压豆腐筐的布单中，包裹起来，盖上木板，压上石头，一段时间后就可成形。点好的豆腐脑如果不压，连汤带水就能吃，加上调料，便是风行各地的传统美味——豆腐脑。刚刚压成的嫩豆腐，也是一道美味——热豆腐。许昌热豆腐在河南很有名气，而许昌河街腐竹更是河南的著名品牌。腐竹是在烧煮豆腐汁的过程中制作的，将漂浮于上层的豆汁精华，打捞凝结而成。

本馆藏品：雕塑（花磨磨豆浆）

（三）小磨香油制作

小磨香油是久负盛名的地方传统特产，起源于三国时代，盛产于河南、河北、山东、安徽等地，尤以河南生产最为普遍，产量最高，在河南，驻马店的小磨香油最为著名。

小磨香油是由芝麻炒制后研磨榨取的，所以，主要用于拌制凉菜，或饭菜做熟后添加调味，香味浓郁，深受人们喜爱。

小磨香油的制作方法：一是备料，选取颗粒饱满的芝麻，用筛子、簸箕等除去杂质，并在水中淘洗干净，晒干备用；二是炒制，将芝麻放入专用大铁锅中炒制，掌握火候，并不停翻动，使芝麻均匀受热，炒制的最佳程度要靠有经验的师傅来把握；三是放烟降温，防止热芝麻继续熟化；四是研磨成浆，要用专业石磨进行研磨，控制好芝麻进磨速度，磨成的芝麻浆流入大锅或大缸中；五是兑浆，用旋转架将大锅里的芝麻浆快速搅动旋转，同时加上开水，使水和油浆混合均匀；六是墩油，混合好的芝麻浆液，经过一段时间由于水和油的比重不同，用提取油的专用油壶，反复在上层墩压震动，油便逐渐从油浆中分离出来，漂浮在上层，用油壶一点点提取出来；七是沉淀，提取出的油还要存放在油缸里，保持稳定，存放一段时间，其中的杂质就会沉淀下去，上层就是优质小磨香油。未进行墩油提取的油浆，被称作芝麻酱，可以直接拌菜食用，也是颇受人们喜爱的调料品。墩油剩下的油渣是上等肥料，也可喂养牲口。

（四）粉条制作

粉条制作（梁冠山摄，原载中国香港新闻出版社《沧桑岁月》2011 年 1 月版）

红薯粉条(亦可制成粉丝、粉皮)是北方人广为食用的美食，也是现在人们追捧的健康食品，有着“人造鱼翅”之美誉。粉条制作有 600 余年的历史。在中原地区，人们普遍制作，家家皆用。粉条被称为“热闹菜”，一是因为它可以与许多种菜品结合制作，大肉、萝卜、白菜、豆腐、土豆、大豆芽等与粉条结合的炖菜，成为农家餐桌的霸主；二是因为粉条有着极强的亲和力，菜锅里加入了粉条，满锅就热闹起来，它能把各种菜品结合在一起。

粉条各地都有，而禹州粉条尤为地道，色泽黄亮，丝条细匀，韧性好，质地纯，吃起来柔软爽口。河南盛田农业的“百年粉坊”，是传统粉条制作的代表性著名企业，其秉承粉条制作传统技艺，与现代科技有机融合，创造出保鲜即食的方便食品，广受欢迎，荣获全国名特优新农产品称号。

粉条制作的工序相当复杂，第一道工序是把红薯切碎或磨碎，混合为浆水，沉淀提取粉芡。然后进行晾晒，晒成干粉备用。第二道工序是捶芡。把晒干的粉芡擀压成粉面儿，用开水调和成为粉芡，由几个身强力壮的大汉围住缸盆，用手掌、拳头反复揉、抓、搓、翻，使粉芡完全渗透融合，直至产生良好的韧性，抓起一团，往上一举，能从指缝里呈瀑布状均匀流淌。第三道工序是下粉条儿。主要工具是下粉条露瓢。大多是用葫芦瓢在底部开挖出许多圆孔或长方形孔，也有更精美的铜制粉条瓢。圆孔的下出来的粉条是圆的；细长孔的下出来的粉条是扁的。掌瓢人要富有经验，左手端瓢，右手握拳，一下接一下地匀速撞击着瓢边儿，调好的粉芡便顺着瓢底部的孔眼徐徐流下，落入滚烫的水锅中，随即成形。瓢提得越高，下出的粉条就越细。另有一人，手中拿着长筷子专门拨动和打捞粉条，把它们一把把、一缕缕的捞出盘好，截成长短适宜的段。第四道工序是冻粉条。粉条必须经过冷冻环节，否则会粘连。所以，下粉条要选在寒冬腊月天。要抓住时机将成形的湿粉条用竹竿吊挂在搭起的架子上，一般过一夜就上冻了，有了这道工序，粉条晒干就不会粘连。第五道工序是晒粉条。将冷冻后的粉条一杆杆放在开水里解冻，等冰霜溶化后，再挂在田野路边的空旷通风处晾晒。最后，收起来用绳子打捆包装。农户自家做的粉条一般都是留着自家吃，专门作坊则大批生产，拉到集市上销售。

四　展厅掠影

本厅主要展品：

灶台、多种铁锅、蒸笼、案板、菜刀、笊篱、各种筷笼、吊烧铁锅、鏊子、各种风箱、多种水瓢、多种勺子、多种陶缸瓷缸、多种陶盆瓷盆、多种篦子、蒸馍草拍子、草编馍篓、各种餐具、各种酒具、多种做月饼及点心模具、豆腐磨及做豆腐工具、做粉条工具等。

第八厅“炊事饮食”掠影

第八厅“食品制作”掠影

第九厅　传统习俗

一　前言

民俗是人类群体因特定的地理环境、社会条件和社会需要而逐步形成并传承于社会的行为模式、生活惯例和文化现象，它具有流传于一定范围和区域、一定的流行时间，甚至始终生生不息持久传承等特点，并具有明显的趋同性和群体性。

中国是一个幅员辽阔的大国，又是拥有五千年历史文化的文明古国，所以，有着悠久厚重而又丰富多彩的传统文化，民间习俗就是传统文化的重要组成部分。中原地区是华夏文明的重要发祥地，自古以来，深受中华优秀传统文化的熏陶和滋养，民间习俗和传统礼仪得以持续传承。时至今日，尽管许多传统习俗已经不复存在，传续下来的也已经融入许多现代元素，得以创新发展，但是，它的根脉和灵魂是始终不变的。这正是我们民族最宝贵的东西，是我们文化自信的根基。

民俗是一门大学问，涵盖的内容非常广泛和丰富，在中原农耕文化博物馆由于分厅较细，许多内容分散在其他相关展厅表现，所以，在这里着重了解一下礼仪习俗、节日习俗和信仰习俗。

二　言行礼仪

（一）言语礼仪

1. 敬称、敬语与谦称、谦语

人际交往离不开语言，语言有雅俗之分。汉语是世界上最优秀的语言之一，经过数千年锤炼，形成了内涵极为丰富、表达意义和感情极为细腻的特征。中国人的“彬彬有礼”，在日常交往的语言中就有充分表现。

敬称是对他人表示尊敬的称呼，也叫尊称。敬称和敬语是配合使用的，称呼对方要用敬称，交流的语言中，涉及对方的事物和行为，要用敬语。早在先秦时代，我国就有了非常丰富的敬称词汇和成熟的使用方法。古代人们常用的敬称有：君、公、卿、阁下等，在交际语言中，常用的敬语有：贵、令、奉、恭、请、呈、惠、垂、高、敬、屈、俯、老、光、雅、华、玉、贤、圣、芳等。

谦称是与敬称相对的称谓表达，一般用于自己或自己一方。古人在自称时，自己的态度一定要谦逊，比如，“愚”谦称自己不聪明；“卑”谦称自己身份低微；“鄙”谦称自己学识浅薄；“敝”谦称自己或自己的东西不好；“窃”有私自、私下或冒失、唐突之意；“仆”谦称自己如对方的仆人，愿为对方效劳之意；女子谦称一般用“妾”“奴”。

对别人称自己的亲属朋友时，常冠以“家”“舍”，如“家父”“家母”“寒舍”“敝舍”“舍弟”“舍妹”等。

敬语对人，谦语对己，在日常交际中一定要遵循这个原则，不能混杂或颠倒。比如，询问人家用“您贵姓?”回答者不能说:“我贵姓张。”而应答:“免贵，姓张。”或“贱姓张。”若对方询问:“令尊大人近来身体安好?”回答不能用“我家令尊身体尚好。”而应称:“家父身体尚好。”

2. 书面语的敬称和谦称

“君”原指天子或君王，后来演变成比较宽泛的敬称;“公”“卿”原指天子的三公九卿，后来也都成为民间普遍应用的尊称。“公”作为书面语的尊称，直到现在还常被使用。

旧式书信中还常用“台”字表示尊敬，如“台启”“台甫”“台端”“台安”。如对方来信，回信时可称“大函”“惠示”“大教”“厚赐”“厚赠”“赐教”“承蒙”等。

现代的书面敬语，虽仍有人使用“君”“公”“足下”“阁下”之类的，但较多的则使用“先生”“女士”“尊师”等，一般都要在前面冠以“尊敬的”“敬爱的”“亲爱的”等，以示敬意。

3. 言语避讳

言语避讳是指说话时，遇有犯忌讳的事物，不直接说出该事物，而用别的话来表达。例如对于“死”，从古至今人们都避讳，古代称“亡”“殒”“殁”“尽”，现代的婉转说法更多:“逝世”“去世”“辞世”“下世”“谢世”“升天”“老了”“走了”“不在了”“与世长辞”等。

古时候，人物名字也是有避讳的。就是指人们在说话或者写文章时，不能乱写乱用，遇到应该回避的人物名字时，必须设法避开，用音同或音近的字代替，或用其他办法来改说改写。人物姓名的避讳主要有三种：一种是皇帝的名字，全国上下臣民都要避讳，这叫“国讳”，是最严格的避讳;第二种是“家讳”，或叫“私讳”，是父母和直系血亲祖辈人的名字，后代人要避讳；第三种是“圣讳”，是指“周公”“孔子”等圣人的名字，也要讲究避讳。

（二）行为礼仪

1. 个人行为

中国是礼仪之邦，自古以来，人们都非常重视行为礼仪。首先要从个人做起。《礼记》中对于个人的举止行为有着严格的规定，做得好，才堪称“君子”。这些规矩涉及举手投足、声情容貌等各个方面：足容重，手容恭，目容端，口容止，声容静，头容直，气容肃，立容德，色容庄，坐如尸。总体要求是容貌要庄重而舒展，举止要恭敬而优雅。在今天，这些行为规矩当然无须机械地恪守，但其中关于内心情感与动作表达的表里如一，关于举止优雅、容貌端庄的行为原则，仍然具有现实借鉴意义。例如，现在人们还常说的“行如风，站如松，坐如钟”就是对个人日常行为的赞许。

行走。古代关于行走，有步、趋、走、奔、翔之区分。“行”是一个统称，徐行（慢慢行走）曰步；疾行（较快行走）曰趋；疾趋（小跑）曰走；疾走（快跑）曰奔。与人相见和交际场所，一般适用的是步和趋。与人会见，当缓步端庄相向而行比较接近时，步子要加快，以示对于对方的热情和尊重，这就是古时所谓的“趋”。在礼仪场合，“奔”是通常不用的。古人在庄重场合的行走姿势“翔”，现在早已过时。古人的衣袖宽大，在参加庄重礼仪时，双手作合抱状，两肘外展，拱手于胸前，宽大的衣袖便垂直下落，徐徐向前走动时，两袖迎风飘动，好像鸟在展翅飞翔，故名曰“翔”。

在庄重礼仪场合，对于行走的姿势也有规定。《礼记》所说的“行不举足，车轮曳踵”，就是说两脚如车轮一样不离开地，步子很小，徐徐前行，非常稳重，以至于旁人看不到鞋底。

古人行走的这些烦琐规定，今人当然无须效仿，但步态行姿与不同场合、不同境况相适应的道理，是应该汲取的。在当今时代，人们出行走路的规则，仍然是社会文明的重要表现，例如，大家必须遵守交通规则；与人相会时要主动让路；与女士同行时，要让女士走在自己的右侧；上楼梯时，要走在客人的后方，下楼梯时要走在客人的前方；等等。

坐姿。先秦时期，人们是坐在地上的，在地上铺一张席子为座位，这就是“席位”一词的来历。魏晋南北朝时，原本是少数民族使用的椅子、凳子等坐具传入中原，当时人们称为“胡坐”，因为它很舒适，很快被汉人所采用，席地而坐的习俗渐渐消失。无论席地而坐，还是后来的椅凳落座，正规场合的坐姿都要注意保持身体端庄正直，人们用“坐如钟”来形容。席地而坐时，双膝着地，臀部落在脚后跟上，男子双手平行放在双膝上，女子双手向下交叉放在身前。席地而坐最忌讳两腿叉开伸向前边，屁股直接坐在地上，像个簸箕一样，这叫“箕坐”，是非常失礼之举。

站姿。人们在站立时要保持体态挺直，正身，平视，两手相合掩于袖中放在身前，也可自然下垂放在两侧，不妄动，不侧身，这就是所谓的“站如松”。

现在人们的落座和站立虽然没有了太多的繁琐戒律，但坐姿站姿及有关规矩显然是一个人风度气质和礼貌的直接表现，人们必须予以注意。例如，坐站的位置，古时是左为上，现在已改为右为上，如会议或照相的座次，若是奇数，尊者居中，若是偶数，尊者靠右。若有坐有站，绝不可尊者长者站立而自己落座。迎接客人时，必须起身迎候，而不能坐着不动。

2. 日常交际

执手。现代日常人际交往最普遍的一个礼节就是握手，在中国古代，没有握手，但有与握手相近的礼节，叫奉手或执手。奉手是双手握着对方的一只手，表示对对方的欢迎、尊敬和亲切；执手的文字表达，最早见于《诗经》，诗中说，丈夫要去打仗了，妻子“执子之手”（握住丈夫的手），发誓要“与子偕老”（守候丈夫，终生不渝）。东晋时，执手礼成为北方丧礼中不可或缺的礼节，此后，逐渐成为人们表示慰问或感谢的一种礼节。在当代，握手成为通行全球的见面礼节。

作揖。在中国，作揖是古人最常用的一种日常礼节，直到现在，人们仍然有所应用。作揖的正确方法是：右手握拳，左手成掌扶在右拳上，或抱盖右拳，这是“吉拜”；如果左右手姿势相反，那是“凶拜”，适用于吊丧。现在有人不懂这个规矩，在施揖手时随意而为，是很不合适的。揖手礼大约起源于周代以前，周公旦制作《周礼》后，得以传播和普及。

鞠躬。鞠躬源自中国，自古以来在东方文化圈中广为流行，现在仍普遍应用，成为对对方表示尊敬、感谢的最好表达。行鞠躬礼时，两脚并拢，两手自然下垂，并于大腿两侧，上身向前弯曲，弯曲的程度越大，表示礼越重，一般为 60°，大鞠躬为 90°，用于特殊情况。行鞠躬礼时，必须脱帽，目不斜视或环顾，但不宜直视对方，不能随意附带其他动作，速度不可太快。受礼者应以同样的鞠躬礼回敬。

跪拜。跪拜是古人常用的一种礼节，这是因为那时是席地而坐，当向对方致敬致谢时，要“引身而起”，然后俯身向下，坐就变成了跪，逐渐形成了跪拜礼。当不再席地而坐之后，需要行大礼重礼时，仍然要施跪拜礼，如拜祖宗、拜尊长、拜师傅等。直到今天，在一些特殊情况下，中国人还会用这一大礼。俗话说“男儿膝下有黄金”，说明这一礼节是非同寻常的。

3. 接人待客

预约。走亲访友、串门交往，需要提前预约。因为不速之客，贸然走访，很不礼貌，会给对方带来不便。预约一般要说明去意、事由、时间、人员等，征得对方同意后方可成行。

迎客。到达主人宅院大门前，无论大门是开是关，都要先叩门，或者大声打招呼，使主人知道有客人来临。主人要及时出门迎接。主客相见，主人要先向客人施礼，客人则立即还礼，几乎是同时进行的。见面要有一个简单的寒暄或问候，然后一同进入室内。古时，深宅大院，要进几道门，每进一道门，主人都要让客人先进，伸手示意。

入座。客人进屋后，坐在何处，不能自作主张，主人会示意请坐。如是尊贵席位，客人要表示谦让或感谢，随之落座。落座时，一般要坚持客人先坐的原则，但客人如果身份辈分低，则应让尊者长者先坐。古时座位次序是左为上，现代是右为上，上位要让给客人坐。

交谈。主客双方落座后，要端上茶水，或递上香烟，中原地区还会为一些特殊客人打上一碗荷包鸡蛋茶（特别是新女婿上门）。上茶后，一般先寒暄，询问一些生活、工作、健康等情况，然后切入正题。说话时，声音适中，表情亲切。对方说话时，要认真聆听，不可中途打断。自己说话，不可滔滔不绝，注意双方交流互动。

辞别。交流结束，应由客人提出，主人不可贸然下逐客令。而客人要注意掌握时间分寸，根据事情需要而定，同时注意主人的心情与姿态，不可无谓占用过多时间。离别时可以采用挥手辞别的方式，一般为举起右手挥动致意，或举起双手挥别，掌心向外，左右挥动。不可只举左手挥别。

路遇。熟人在路上相遇，要互相问候。如果是骑马、坐轿、坐车（现在骑自行车）等，应停下来，或下马下车，打个招呼，否则是不礼貌的。

陌生人在小路对面相遇，也最好点头致意，年轻人要主动为长者让路。在公交车上，年轻人要主动为老弱病残孕让座。如果需要问路，应先有个尊称，然后询问，不可直呼一声“哎”贸然发问。

节日贺礼。传统节日是亲戚朋友互相拜访联络感情的时机，主要有春节、中秋节、端午节、元宵节等，一般由下辈人带上礼品登门拜访，同辈人也可互访联络感情。一些地方则多以大村庄的物资交流会为时机，亲戚朋友聚到一起畅叙亲情友情。

三　婚育习俗

（一）婚嫁习俗

本馆藏品：新中国成立后结婚证样式（部分）

提亲。在古代封建家长制和买卖婚姻的背景下，家长在家庭中有至高无上的权力，子女的婚姻大事全由家长决定，即“父母之命，媒妁之言”。中国古代无媒不成婚。所以，婚姻首先起于媒人提亲、说媒。也称“纳采”，纳采是女家的谦虚提法，不是指接纳彩礼，而是自家女孩被对方择采、选择。

合婚。经媒人在男女双方沟通后，要先请算命先生查一下男女的“生辰八字”，俗称“合婚”“合八字”，没有妨碍时才可进一步商量。这期间家长一般不征求儿女意见。

定亲。在古代嫁娶六礼中称为“纳征”。提亲与合婚后，一般会明确告知儿女，这时就要确定下来。男方家庭备好定情信物及礼品，装上礼盒，送到女方家中。礼品要成双成对，切忌单数。女方要适当回礼。定亲时双方要交换生辰八字，俗称“传小帖”，亲事就算说定了。定情信物自古以来经久不衰，但不断变化。古代定情信物当属戒指，此外，还有手镯、香囊、簪、钗、铜镜、“罗缨”（古代女子出嫁时系于腰间的彩色丝带）、同心结、木梳等。近现代以来，定情信物除了一些传统物件以外，随时代变化而变化：20 世纪 30 年代爱情信物是雪花膏、老怀表等；40 年代是香胰子、围巾，或者战场立功奖章；50 年代是上海丝袜、金星钢笔等；60 年代是保温杯、丝绸被面、《毛主席语录》等；70 年代是自行车、缝纫机、手表、收音机等；80 年代是双卡录音机、黑白电视机等；90 年代是洗衣机、电冰箱、彩色电视机等；21 世纪以来，爱情信物的多样化、高档化急速提升，除了金首饰外，还有房子、车子等。

请期（看好儿）。随着时间推移，双方就要协商婚期。婚期主要由男方提出，征求女方同意。婚期必须通过占卜慎重选择，民间俗称“看好儿”，要择年、择月、择日，在日期内，还要选择最佳时辰。选好日期后，男方就要到女方家中“送好儿”，同时也要把彩礼送过去，就是男方送给女方的财物和聘金。

嫁妆。嫁妆是女子在结婚时带到丈夫家里的钱和物。嫁妆的多少、品种、档次，由娘家根据家庭条件而定，差别很大。无论贫富，娘家对于闺女出嫁都是高度重视的，必然尽力而为。亲戚朋友也会热情相助，称为“添箱”。这些嫁妆在出嫁当日，会随着迎亲队伍由娘家送客亲自送到新郎家中。往往是为了图排场、讲面子，嫁妆尽可能分散来拿，拉长送客队伍。婚前准备除了嫁妆外，还有嫁衣。在现代，新娘结婚已仿效西方，要穿洁白的婚纱，而过去的嫁衣则必定是红色的。新娘出嫁前要认真梳妆打扮，其中一项是修饰脸面。由母亲或其他人帮助，用手拉细绳形成交合拉拽，除去面部的汗毛，叫做“开脸”。

迎亲。迎亲是六礼中最核心的环节，礼仪繁多。古时乘花轿，现代乘车。中原地区迎亲程序礼仪大致相同，但各地亦有差异。披红挂彩、鞭炮乐器、隆重婚礼、盛大婚宴、彩礼红包等内容，各地大体相似，必不可少。

传统的花轿迎亲，吹吹打打，鞭炮阵阵，十分热闹和气派。尽管一些民间自制花轿并不高档，但上面都要尽可能做到雕龙画凤，彩带飘飘，上方还要安装照妖镜，为了在迎亲途中抵挡各种妖魔邪气。新中国成立后，特别是“文化大革命”“破四旧”，传统迎亲方式发生了很大变化。改用牛车做婚车，车盘上扎起彩棚，也很气派。有的不讲究，甚至用自行车、架子车，以及后来的摩托车来迎亲。改革开放以来，逐渐变为轿车迎亲，甚至可以出动十几辆、几十辆豪华轿车，近年来，务实节俭之风得到提倡，不少人家不再盲目追求奢华。

本馆藏品：八抬花轿

婚礼。中国传统迎亲结婚的仪式十分繁琐，包括祭祖、新娘上头、彰面、拜别、出门、燃放鞭炮、送花轿（礼车）、讨喜、掷扇、牵新娘、拜天地、喜宴、送客、入洞房、闹新房等。这里不再一一详述。许多陈规旧俗现在已经淘汰或演变，如今的婚庆公司往往会把传统习俗和现代礼仪结合起来，创造出新型的婚礼仪式，颇受人们欢迎。“拜天地”这一传统婚礼仪式一直保留下来，即一拜天地、二拜高堂（父母双亲）、三是夫妻对拜。现代婚礼一般都要请尊贵亲人或自己单位领导担任主婚人和证婚人，并热情致辞。在农村，一些传统婚礼习俗保留较多，甚至仍然有闹洞房的婚俗存在。新婚之夜家中大门不上，新房灯火通明，以家族嫂子和弟弟们为主，村上众多人参与闹新房、看热闹，有“结婚头三天没大小”之说。不论闹房者怎么折腾，新郎新娘都不能愠怒。城市也有追求复古风格的婚礼，当然，现代婚礼仪式占据主流。旅游结婚、集体婚礼等新潮婚礼正在为许多青年男女所接受。

道喜与回门。新婚第二天，新娘家长辈数人要备礼到男方家，亲家道喜并看望新娘。第三天新娘新郎一起回娘家认亲，俗称“回门”。新女婿向岳父岳母行认亲礼。

本馆藏品：送礼食盒

叫九。婚后第九天，新娘家长到男家将新娘接走，俗称“叫闺女”。闺女回娘家居住的时间为“头住四（在娘家住四天）、二住八、三住十二发婆家。”而后来往自由。

（二）生育习俗

求子。在中国传统观念中，“不孝有三，无后为大”。如果谁家媳妇迟迟生不了儿子，就会十分焦急不安，往往寄托于向神灵祈求，不管是否有用，但求子的习俗却经久不衰。民间臆造出来的主管生育的神灵有送子观音、碧霞元君、金花娘娘、七岩圣母、张仙等。中原地区主要信奉的是送子观音，也叫送子娘娘。认为求子妇女只要烧了香、上了供、磕了头、许了愿，即可得子。在河南淮阳太昊陵，求子活动也很盛行。

得喜。得喜是民间对妇女怀孕的别称，也常用“有喜了”“有了”“有身子了”来婉转表达。在古老传说里，有着一个所谓的“胎神”存在，民间相信胎儿生命受胎神支配。于是，因敬畏胎神而衍生出诸多禁忌。胎神是保护胎儿的神灵，他所在的位置有家庭大门、居住房门、床、厕所、厨房、灶台、仓库、磨坊、碓杵等处，所以，孕妇到这些地方要特别小心，不要乱动。这其实是让孕妇少干活，多休息，有益于保胎。对于孕妇，还有不准参加红白喜事的规定，避免胎儿招致邪气。

报喜。在中原地区，头胎婴儿，无论男女，都要到娘家报喜。写好喜帖，放在一个小盒子里，然后装在一个钱袋里，让一个男童背着袋子到婴儿的姥姥家报喜。若是男孩，袋子背在左肩上；若是女孩，袋子背在右肩上。一路不准换肩，人们一看便知。

洗三。洗三是中国古代婴儿诞生后的一个重要仪式，就是婴儿出生的第三天，举行沐浴仪式，一是洗涤污垢，讲究卫生；二是祈祥求福，消灾免难。

起名。婴儿降生后，要先起一个乳名，中原地区称为“小名”，这个名字要用到上学，上学后再起一个学名，或叫“大名”，而乳名在家庭亲人中的使用要伴随一生。乳名一般都是家庭或家族中的长辈或有学问者来起，考虑的因素大多在于吉祥、祈福、顺口、品德、学识、成才、健康等。农民纯洁朴实的风格往往在给孩子起名时有所表现，如狗娃、狗蛋儿、镢头、泥蛋儿、妮子、大山、西岭、麦穗、春花等。有的专门起一个比较凶的野兽名，认为这样能够抵挡伤害，如老虎、豹子等。起名的规矩很多，最主要的是避讳与自家的祖辈人同字，甚至同音。

满月。满月礼是中国古老的生育文化传统，自唐代以来一直秉承这一传统。在中原地区，普遍流行的习俗是设满月宴，招待亲朋好友。民间叫做“吃满月面”或“吃面条”。满月要给婴儿剃头，也是重要规矩，是用传统的剃头方法，用剃刀刮头，这样能够促使头发生长。满月对于产妇来说也很重要，因为在此之前，她的行动受到严格限制，只能在家中静养，不仅不准串门，许多场合都不准去，这其实是有利于产妇身体恢复的。满月后，这些禁忌即可解除。

抓周。就是在婴儿周岁生日，准备许多东西，摆在一起，供婴儿自由抓取玩乐，这些东西都有一定寓意，例如秤砣，代表将来可能从商；竹简，预示将来可能做学问；印章，期望孩子将来做官；小刀，预示孩子可能成为将军，等等。

四　丧葬习俗

丧葬活动及丧葬习俗均起源于人类早期的宗教思想和鬼神思想。早期人类信奉朴素的多种宗教，相信鬼神存在，灵魂不灭，他们希望通过这种带有神秘色彩的死亡祭祀活动及丧礼来达到使死者复生、灵魂转世的良好愿望，同时借此表达对亲人去世的悲哀和怀念之情。在长期的历史发展进程中，演变出了一套系统的丧葬礼仪及文化。

（一）初丧

招魂。招魂是为了祈求死者复生，是生者为挽救死者生命的最后努力。办法是将死者的上衣下裳的左边连在一起，交领和带子连在一起，用竹竿挑起来，一人从前方东边墙头爬上屋脊，高高举起衣裳，面向北方长声呼喊：“某某，回来吧——”共三次，然后把衣裳卷起来，放进一个箱子里带回屋内，覆盖在死者身上。若招魂之后死者仍无复活迹象，才确认无可挽回。守护者一起放声大哭。

沐浴更衣。沐浴就是清洗尸体，濯发为沐，澡身为浴。沐浴在招魂之后进行。水要从井里直接打出来，先洗头，后洗身，然后修剪指甲、胡须等。此后，必须抓紧时间为亡者穿上送老衣。这些规矩与程序自古有之，从春秋到秦汉已很盛行，至今尚存。但是，所谓沐浴，人死后已不大可能做到，实际上都是象征性的做一下。现在则由殡仪馆代为亡者修饰化妆。而穿送老衣，为了便于操作，也未必等到彻底死去后进行。至于“招魂”的愚昧做法，早已抛弃。

在中原地区，送老衣是亡者亲人必须提前认真准备的。当老人到了垂暮之年，提前为之准备棺材和送老衣，不会被看成忌讳或造次之举，反而被视为是晚辈孝道的表现，让长者亲眼看到子女的孝心，看到自己满意的归宿，会感到欣慰。旧时送老衣都为家人用家织布料亲手制作，后来改为到商店买回成品布料制作，如今早已变成买成品衣饰了。旧时送老衣的颜色以黑色、蓝色为主，品种要迎合春夏秋冬四季冷热之需。

寿终正寝。“寿终”是指人老死去；“正寝”是指死者的尸体要停放在正屋明间的正堂上。一般要在病人生命垂危之际，就在正屋明间铺设灵床，将病人转移到这里，让他在家庭中最重要最庄重的地方安然离去。这时，要在亡者口中放一枚系有红线的古铜钱，称“含口钱”，然后用黄纸盖面部。双脚用麻绳绑起，称“绊脚索”，以免惊魂乱跑。然后到土地庙烧香，将家中丧事报告“土地爷”，销掉“户口”，称“报庙”。

停尸与吊唁。殡葬之前的三天或七天，孝男孝女不分昼夜要守灵。这时，家中的正屋就设成了供吊唁的灵堂。灵堂前要安放一张桌子，摆上供品、香炉、烛台，设长明灯日夜不息，直至出殡。家族或亲戚朋友奔丧吊唁，过去要下跪磕头，上香烧纸等，现在则在灵前施三鞠躬之礼。主人要向吊唁者施礼道谢。

孝服。自《周礼》以来，晚辈为故去长辈穿戴孝服的丧葬礼俗一直传续下来。孝服也称丧服，古时对丧服的要求非常复杂，而现代简化多了。古时根据与死者的血缘关系的辈分高低和当时社会公认的形式来穿孝、戴孝，分为斩衰、齐衰、大功、小功、缌麻五等，即“五服”。到了近现代，规矩逐渐简化，各地习俗也有所区别。中原大多地区的习惯为：直系子女的孝服，是将一长条白布中间剪开一点，穿在脖子上，前后两片下垂，用白布带束在腰间，头戴白布孝帽或用白布带束在头上，鞋面蒙上白布；血缘关系较远的家族亲人，则用一条白布带束在肩腰之上即可；死者的孙子辈，则穿蓝色孝服。当今时代，城镇人的致哀方式更为简便，一般为左胸别一朵小白花，右臂戴一块黑纱，或者戴上从商店买来的特制孝章即可。

（二）殡葬

择日。中原地区丧葬习俗中一般在死后的第三天出丧殡葬，大多地方习惯在上午殡葬，也有的地方则习惯在下午殡葬。旧时，人们对于出丧殡葬的日期和时辰选择也十分慎重，要请阴阳先生掐算一下，必须没有大的妨碍。所谓掐算，是指根据死者的生辰八字以及死亡日期时辰进行测算，对出殡日期作以选择，主要避免对生者有不利影响。在传统习俗中，人们特别忌讳的是所谓“重丧”，认为若犯了“重丧”，就可能家中接连出事死人。所以，一定要尽量避开，或用个所谓的“破法”来弥补。

葬礼（朱宪民摄，原载南方日报出版社《象形岁月》2009年8月版）

入殓。正式殡葬首先是入殓，即把死者安放进棺材。棺材木料的优劣和用料的大小，取决于家庭条件。棺材结构分为梆、顶、底和前后档，其中，顶用材最厚。棺材等级的称谓也由顶的厚薄区分为七寸头、五寸头、四寸头、三寸头等，三寸以下称“匣子”，是贫穷人家不得已而为之，甚至还有用高粱秆箔卷了埋葬的。入殓程序包括铺棺底、入殓、净面、瞻遗容、钉扣等环节。入殓是亲人们最悲痛的时刻，因为死者要与家人彻底离别了。这时，亲人们要看死者最后一眼。所以，全家人必然嚎啕痛哭，依依不舍。但要避免将眼泪洒落在尸体上。往往要有司仪强行指令木匠盖上棺顶，钉上卯扣。

家祭出殡。出殡前在家中摆上供品祭奠，包括读祭文、孝子行礼、焚纸烧香等环节。然后由八人抬起棺材前往墓地，称“出殡”，或称“发引”“出丧”。子孙后代披麻戴孝送丧，由长子肩扛“哀杖”，头顶“丧盒”，俗称“脑盆”，走在前边。开始出殡时，孝子把“脑盆”摔碎在地面上。鞭炮和响器齐鸣，由司仪指挥，去往墓地。途中要进行路祭，沿途散播纸钱并鸣炮。送葬亲人按照辈分依次跟随棺材，直到墓地。

哭丧。哭丧是中国丧葬礼俗的一大特色。丧事必哭，而且基本贯穿丧礼仪式的始终，大的环节和场面多达数次。哭的音量、场面大小，成为丧礼是否隆重的重要标志。为了烘托场面和气氛，除了发自内心的痛哭外，还可以有所发挥，就是边哭边说边唱，称为“唱哭”。还有专门从事这一职业的“哭丧队”，受人之请，用训练有素的陪哭，烘托气氛。据我们近年来在河南农村调研发现，现在还存在这种现象，而且哭丧的水平很高。哭丧的说辞内容皆为正能量，成为借丧事进行民间思想道德教育的一种另类方式。

下葬。中原地区传统殡葬习惯是土葬，俗称“入土为安”。旧时，一般每个家族都有自己的坟地，是请风水先生选择确定的。墓地的讲究甚多，旧时甚至成为一门很玄奥的“学问”，讲究有山有水，后有靠山，前有应山，左青龙，右白虎，等等。在墓地中，根据血缘关系和辈分区分，有着严格的位置确定。墓穴按既定位置开挖。墓穴打好后，上方要搭建临时布棚，不能让墓穴暴露于光天化日之下。下葬时，有一人扛起棺材大头，跳进墓坑，掌握安放位置。众人在地面上用绳子系着棺材，徐徐平稳下落。安放好后，迅速填土，进行埋葬。当天埋葬的坟冢是初步的，到三天圆坟时，再认真修整。

（三）葬后

做“七”。做“七”是指对亡灵的祭拜每七天为一个时段，七七四十九天才结束。这种习俗在中原地区一直延续着。人死后，灵柩至少要停留三天，是古人希望死者复生，过了七天，才能完全认定死去。每个七天，亲人要到墓前烧纸祭拜。在中原地区，尤其重视“五七”这一环节，回敬吊唁者的请客大多安排在“五七”。这里还有一个习惯，若丈夫先亡，过七时，则以六天计算，称为“留妻（七）”，图个吉利。

立碑。墓前立碑，有在埋葬时立的，更多的则在百天或周年时立。是否立碑，根据家族或家庭的具体情况而定。传统农耕时代，中原地区的平民百姓为亡者立碑并不普遍，只有家境富裕、地位较高者会有立碑，平民百姓觉得没什么可张扬的，不会树碑立传。

家祭。这里所说的“家祭”，是指平时在家中为已故先人的祭拜。在中原地区，旧时许多村庄和大的家族都有祠堂，逢年过节，后人不会忘记已故的先人，要到祠堂祭拜。更多家庭还会在自己家中设置神龛，百姓称为神主牌位，便于平时祭拜。神龛由神主盒和里边安放的神主碑组成。标准的神主碑上部圆，象征天；下部方，象征地；底阔四寸，象征四季；高一尺二寸，象征十二个月；厚一寸二分，象征十二个时辰。神主碑上写上已故先人的名讳，父称“考”，母称“妣”，祖辈称祖考和祖妣。还有很多家庭没有制作神主盒，而是在正屋客厅正中位置悬挂一幅纸质的神主牌位，这里民间称为“主子”，上面由上到下依次写上各代先人的名字。这一做法过去在中原地区很普遍，足以说明中原人尊敬祖先的传统美德，以及务实简便的行为特性。

五　信仰习俗

（一）大自然信仰

由于人类祖先在很长一个历史时期对客观物质世界及人类本身缺乏认知，因此在大自然的威力下表现出软弱无力，在经验中逐渐构成了对大自然及周围事物的敬畏和信仰，随之采取一定行动，用一定形式去表示这种崇拜，去讨好自然力量和有关自然物，祈望能把“异己”的力量，通过信仰的形式和手段转化成为“顺己”“助己”的力量。

人类有史以来，大自然信仰包容的对象极为广泛，几乎对自然界的全部事物和现象都表现了崇敬和膜拜，形成了“万物有灵”的传统理念。诸如，对于天象的信仰，包括对日、月、星、云、雾、风、雨、雹、霞、虹、雷电等，综合起来就是对“天”和“天帝”（玉皇大帝，民间称为“老天爷”）的信仰。由对“天”“日”“月”“星”的信仰，派生出许许多多神话传说和民间故事，在人们心中形成强大的敬畏力量。对于大地的信仰也很突出，包括山、石、江、河、湖、海、池、泉等，掌管一方土地的神就是“土地爷”“城隍爷”。在古人的心目中，动植物也有灵性，甚至宰杀动物要祈禳，砍伐大树要供敬，一些树种被供奉为神树、圣树。

（二）图腾信仰

图腾信仰是古代大自然信仰及动植物信仰发展起来的一种原始氏族标志的信仰形式。在原始人的意念中，认为本氏族人都源于某一种特定的物种，大多数情况下被认为是某种动物的亲缘关系，也有以植物或自然物象为图腾崇拜的。在中国，自古以来民族众多，图腾信仰与习俗也复杂多样，不可胜数。而传续下来并得到汉民族及当代少数民族共同认可、最为崇拜和广为流行的，当属龙和凤了。

龙的来历。相传，轩辕黄帝经过五十三战，打败了蚩尤，统一了三大部落，七十二个小部落，建立起世界上第一个多部落一体并有共主的国家。黄帝打算制定一个统一的图腾，希望这个新图腾成为国家最好的象征。于是，让各个部落都把自己的图腾献出来，供大家商议选择。汇集起来的图腾各种各样，涉及的动物非常多，让人无所适从，难以统一意见。黄帝正在为此事忧虑为难之际，一天夜里，天下暴雨，电闪雷鸣，黄帝看到天空中的闪电亮光，深深印在了脑海里，顿生主意，觉得可以创造一个有雷霆万钧之力、能在天空中飞腾的动物作为新图腾，这个图腾参照和综合各个部落图腾的特点：蛇的身，鱼的麟，马的头，狮的鼻，虎的眼，牛的舌，鹿的角，象的牙，羊的须，鹰的爪。这样一个新图腾，可以代表众多部落，成为团结和谐的象征。大家商议为这个新图腾起一个与众不同的名字，仓颉建议叫做“龙”，这样一个动物，在世间谁也找不到它，谁也无法伪造，它既能腾云驾雾，又能翻江倒海，威力无比，无所不能。在华夏文明漫长的发展历程中，龙的形象一直延续下来，不断发展和强化，并经过人们创造性的艺术加工，成为意蕴极为丰富的中华民族图腾信仰。

凤的来历。关于凤凰的传说，也与龙有关。相传“龙”的图腾组成后，还剩下一些部落图腾没用上，黄帝的第一妻室嫘祖，受到黄帝制定新图腾的启发，她从剩下的部落图腾中挑选一些来，组成了一只漂亮的大鸟：孔雀头，天鹅身，锦鸡翅，山鸡羽毛，金雀颜色……黄帝的另外三位妻室看了都说好。方雷氏觉得孤零零一只鸟不好，不能让她单身，于是，大家商议着又组成了另一只大鸟。她们请来仓颉和风后，为这两只大鸟起了名字，分别叫“凤”和“凰”，凤代表雄，凰代表雌，连起来就叫凤凰。黄帝大加赞赏。这样一来，新部落统一联盟就有了自己的新图腾。五千年来，中华民族接受了龙凤的神话传说，龙凤成为华夏民族的伟大象征物，成为世界各地中国人的精神支柱。

（三）神灵信仰

旧时，由于科学技术落后，生产力低下，人们对社会生产中的吉凶、顺逆、祸福、生死等事物和现象无法解释，因恐惧而寄托于某种超人的精神力量，于是形成了形形色色的神灵信仰。

本馆藏品：钟馗（王中林木雕）

民间崇拜的“神”，是创造宇宙及万物，具有超自然能力的，住在天上的神灵；“仙”，在早期的字意中，神灵内涵并不明显，多指行为姿态飘逸、优雅、柔美之意。即使后来把“仙”奉为神明的道家，也有个渐变的过程。《庄子·天地篇》中描绘的“仙”，就是指隐居在天地交界处，与白云为伴的长寿高贤之人。在道教早期的经典《太平经》的六等神祇体系中。其排序依然是“一为神人，二为真人，三为仙人，四为道人，五为圣人，六为贤人，此皆助天治也。神人主天，真人主地，仙人主风雨，道人主教化吉凶，圣人主治百姓，贤人辅助圣人，理万民录也，给助六合之不足也。”而后，随着道、佛两教争夺信徒斗争的发展和历史进程的延续，为了将自己“长生不老、白日升天”的成神理念和佛教中死过一回才能成就的神明加以区别并显示其比佛教高明，“仙”字也就逐渐成了道教神明的重要称谓。进而在道教和佛教并行发展与切磋融合过程中，“神仙”逐渐成了中华民众对于各种神明的称谓或统称。

中国旧时民间信奉的神灵很多，道教的、佛教的、真人演化的、凭空想象的，多如星辰。中原民间信仰的主要神灵如下。

“老天爷”，即“昊天大帝”，民间也称“玉皇大帝”，被视为天地三界（天上、人间、阴间）十方（四方——东、西、南、北，六道——天、人、魔、地域、畜生和饿鬼）万灵（四生——胎生、卵生、湿生、化生）的真主宰。每年正月初一要隆重敬奉祭祀。

“财神爷”。民间信奉的财神不止一个。主要有姜太公奉元始天尊之命册封的赵公明，其职责专司金银财宝、迎祥纳福，此为武财神；另一个是公正无私的殷纣王之叔比干，其为文财神；近代以来，越来越多的人把“忠诚信义”的关公作为全能保护神和财神爷来祭拜。

“老灶爷”。又称“灶君”，一男一女夫妇二人。据说他是受玉皇大帝委派到各家各户监视人们言行之神，一年一度上天汇报功过是非（腊月二十三去，正月初一五更返回）。因此，春节对联就写“上天言好事、下界保平安”，奉为“一家之主”。

“门神”。民间供奉门神，主要是为了镇鬼驱邪，保佑家庭平安。最早的门神是用桃木雕刻的两个“桃人”；唐代时把捉鬼镇邪的钟馗奉为门神；元代以后大都把秦琼和尉迟恭奉为把门的武门神。

本馆藏品：朱仙镇门神木版年画及印版

“土地爷”。旧时农村每地都设有土地庙，土地爷是分管某一区域的基层神灵。

中国旧时民间信奉的神灵还有很多，诸如祖师爷、观音菩萨、送生奶奶、送子娘娘、龙王爷、火神爷、牛王爷、马王爷、城隍爷、阎王爷等，甚至大树和某种动物经年久体大亦可成仙成神。

正因为旧时民间对于神灵的敬仰，对于鬼怪的恐惧，认为人生命运和世间吉凶被一种神秘的力量主宰控制着。所以，迷信去凶、占卜算命等迷信现象才得以大行其道，甚为普遍。甚至做了噩梦、眼皮发跳、打喷嚏、头皮发紧、乌鸦叫、喜鹊叫、猫头鹰叫等，都会怀疑是凶相或喜事之先兆。出于迷信，民间在环境、行为、言语等方面有着许多禁忌避讳。例如：宅院有“前不栽桑（回避“丧”）、后不栽柳（柳树只开花，不结子，房后栽柳树，则身后无子）、门前不栽鬼拍手（杨树叶子发白，风刮起来响声较大，认为不吉利）”之说；院子里不栽桃树（避讳“逃荒”）；做床不用楝木（避讳“入殓”）；“月子婆娘”不能串门；女人不能上打麦场；大年初一不能乱说不吉利的话；早上不能说梦；小孩子命中金木水火土欠缺什么要取名弥补等。

（四）祖灵信仰

祖灵信仰是中国人的一个传统信仰理念。原始人类意识发展的依据是经验，其中从人的死亡经验和人做梦的经验中派生出一个原始思维的观念，即灵魂观念，认为人是有灵魂的，人死后，肉体与灵魂分开了，而灵魂是不死的；人睡着后做梦，是灵魂暂时离开肉体出游，躺在床上的是肉体，梦境则是灵魂的活动。这种把肉体与灵魂分离开来可以单独存在的观念，正是“鬼魂”观念产生的主要原因。由于人类在原始信仰中把自身看作双重构造，于是对周围死去的人便产生一系列看法和做法。人们把人死了以后经常出现在活人梦中交谈、办事等现象，理解为灵魂的显现。对于这种死人的灵魂，人们称为“鬼魂”“鬼灵”“幽灵”。随着原始宗教的发展，阶级社会的出现，人为宗教的传播，人们又把鬼灵区分为“善灵”和“恶灵”。善灵进而在人们的观念中转化升格为神或仙，恶灵被视为“恶鬼”或“妖魔”。自己的祖先，当然被后代视为善灵，被子孙后代所敬奉，认为祖灵是能够庇护保佑自己子孙后代富贵平安的一种超自然力量。于是，祖灵便成为一家一户最具体的祖先崇拜了。这也是后来“家庙”“宗祠”备受族人重视，以及民间祭祀活动经久不衰的原因。在当代，随着社会文明程度的发展和人们认识的提高，传统的神灵信仰、祖宗崇拜、祭祀活动，封建迷信的愚昧落后理念渐渐消失，更多的成为一种礼仪习俗和心理慰藉，不可与旧时代同日而语。

（五）生肖文化

什么是生肖？生指人的出生年，肖是肖似。生肖又称属相，相是面相。古人把人的所肖、所属分别归于十二种动物，配上十二地支，便成为子鼠、丑牛、寅虎、卯兔、辰龙、巳蛇、午马、未羊、申猴、酉鸡、戌狗、亥猪。生肖之所以取数十二，正是源于中国古代的干支纪年法。十天干与十二地支相配，称为一个甲子，一个甲子为六十年，其间以十二年为一周期，从而有了十二生肖。十二生肖的产生，其实是有深刻的天文学背景的。在原始时代，先民们体验着寒暑交替的循环往复，发现月亮的盈亏周期可以用来计量年岁的长短，十二次月圆为一岁。于是，十二就被看作传达天意的“天之大数”。天干与地支相配为伴，日月相配，天地相对，成为古人认识自然、测量岁月的主要方法。这一发现，是华夏民族早期在天文历法上的重大成果之一。至于十二生肖的取名与顺序排列，有多种传说，这里无法一一叙述。大多从每种动物的特性与相应时辰的特点来分析，并认为与动物足趾的奇偶代表的阴阳有关。其中，老鼠最为特殊，前足四趾，偶数为阴，后足五趾，奇数为阳。子时的前半部分为昨夜之阴，后半部分为今日之阳，正好用鼠来象征子时。牛、羊、猪蹄分，鸡四爪，再加上兔缺唇且四爪，蛇舌分，六者均应合偶数，属阴，占了六项地支；虎、龙五爪，猴五指，狗五爪，马蹄圆而不分，五者皆为奇数，属阳，连同鼠，占了另外六项地支。民间关于生肖的传说很多，这些传说丰富了生肖的内容，促进了生肖文化的传承和发展。十二生肖按阴阳分类，纳入了中国人五行信仰的观念，并将属相与人生礼仪相关联，将阴阳、五行与生肖相对应，从而解释和应对许多文化现象。

六　节日习俗（研学实践课程参考资料）

（一）中国主要传统节日

立春。立春是二十四节气的第一个节气。在立春这天，举行纪念和祭祀活动的历史悠久，人们要祭祀春神，还流行鞭打春牛的习俗，又称鞭土牛。这一习俗盛行于唐宋两代，尤其是宋仁宗颁布《土牛经》后，鞭土牛的风俗更为盛行，流传下来，成为民俗文化的重要内容。鞭春牛的意义，主要在于送寒气、促春耕，迎接一年农事的开端。这一活动在古时还有一定的巫术意义。

二月二。农历二月初二，传说是主管云雨的龙王抬头的日子。所以也叫春龙节。这天过后，雨水便逐渐增多。龙在中国人的心目中有着极其崇高的地位，龙是天的象征，主宰着风雨雪霜，对于一年的收成好坏至关重要。二月二恰在惊蛰前后，大地开始解冻，天气逐渐转暖，农民告别农闲，开始下地劳作，大地一派生机。二月二之后就会有雷声，这雷雨便是龙王带来的。

三月三。农历三月初三是上巳节。相传，这天是黄帝的诞辰。民间自古有“二月二，龙抬头；三月三，生轩辕”的说法。古时以三月第一个巳日为上巳，巳日多为三月初三，魏晋以后，上巳节定为三月初三，后代沿

每年三月三河南新郑黄帝故里举行盛大拜祖大典

袭。三月初三是重要的庙会日子。由于黄帝故里在河南省新郑市，所以，每年三月三，这里都要举行隆重的拜祖大典，是人们不忘本源、缅怀先祖的国家级重要活动，对于弘扬中华优秀传统文化发挥着重要作用。

清明节。清明节的起源，据传说始于古代帝王将相“墓祭”之礼，大约始于周代，已有2500多年历史。历代沿袭于此日祭祖扫墓，成为中华民族固定风俗和重要节日。此外还有禁火、踏青、荡秋千、门头插柳等习俗，民间忌使用针，忌洗衣，傍晚还要在门前撒一道灰线，阻止鬼魂进宅。

本馆藏品：冥币印版

端午节。关于端午节的来历，最耳熟能详的就是纪念屈原。据说，屈原于五月初五自投汨罗江而死，死后为蛟龙所困，世人哀之，每到此日，向江中投放五色丝线缠成的粽子等食物，不让蛟龙残害屈原躯体。端午节传承下来，已完全成为一个民间重要的传统节日，这天，中原人民不仅保持着吃粽子、大蒜、鸡蛋，给孩子们戴香包，手指头上缠五色线，大门上插艾草等习俗，而且也效仿南方习俗，举行赛龙舟等体育竞赛活动。

六月六。六月六是翻经节，传说唐僧从西天取经回来，不慎将所有经书失落到水中，捞起来晒干后，方才保存下来。因此，寺院每到这日，也要翻检暴晒经书，以利长期库藏。这个节日在民间流传下来，其内容早已世俗化了。在中国传统文化中，“六”有“顺”的含义，所以，六月六被称为“六六大顺”之日。在中原地区，由于这时麦子已经收打完毕，人们可以稍微放松一下，也可对丰收庆祝一番了，所以，一些地方往往要办台大戏唱唱。另外，中原还流行闺女六月六回娘家，带些点心看望父母。民间还有蚂蚁生日的传说，这天要吃干馍，因为吃干馍容易掉渣，可以供蚂蚁饱餐一顿。

乞巧节。农历七月初七，是我国汉族自古流传下来的传统节日，它是我国传统节日中最浪漫的一个节日，被称为中国的“情人节”。七夕仰望天上的牵牛织女星，是民间的习惯。相传每年这天夜里，是织女与牛郎在天河鹊桥上相会的时刻。自古以来，婚姻对于女性来说都是决定一生幸福的终身大事，所以，世间无数有情男女都会在这个晚上夜深人静时，对着星空默默祈祷自己的婚姻幸福美满。

中元节。每年七月十五日是中元节，也称“鬼节”。相传到了这一天，阎王爷就会打开地狱之门“鬼门关”，让关押的鬼魂出来自由活动，直至七月结束才收回地府。因此，民间盛行在这段时间对死去的亲人进行祭拜招魂活动，以祈求祖宗保佑，消灾增福。

中秋节。农历八月十五是我国著名的传统节日中秋节。“中秋”一词，最早见于《周礼》。据史籍记载，古代帝王祭月的节期在农历八月十五，此日恰在三秋之中，故名中秋节。中秋节的盛行始于宋朝，至明清时，已与元旦齐名。中秋节是一个关于月亮的节日，这个节日的主要风俗都和月亮有关：拜月、赏月、吃月饼，以及由月圆引起的亲友团聚的风俗。关于中秋节，有着许多美丽的传说：嫦娥奔月，吴刚伐桂，玉兔捣药，唐玄宗游月宫等，都是自古以来耳熟能详的民间传说。直到科技发达的今天，人类早已登月，中国已到达月球背面，取回了月球土壤，月亮已经没有了神秘感，虽然祭月拜月的风俗也已经消失，但吃月饼、亲人团圆等习俗，以及关于月亮的神话传说，这些文化符号却一代代流传下来。2018 年国家于秋分设立的“中国农民丰收节”与中秋节临近，从而使秋季这一时段的节日氛围更加浓厚。

重阳节。农历九月九日是我国传统节日中的重阳节。古人规定，九为阳数，九月九日因有两个阳数，故名“重九”，也称“重阳”。“九九”与“久久”同音，九在数字中是最大数，所以，重阳节有祝愿人长久长寿的美好寓意。秋季又是收获的黄金季节，因此，重阳节被人们认为是一个值得庆贺的吉祥日子。庆祝重阳节的习俗和活动，主要有登高远眺、出游赏景、插茱萸、赏菊花、放风筝、吃重阳糕、喝菊花酒等。时至今日，重阳节更被尊崇和传承的是敬老孝亲的意义和传统，成为中华民族的敬老节。

冬至。冬至是二十四节气中一个重要节气，也是一个传统节日，在中原地区人们颇为重视。在传统农历中，从冬至这天开始数九，古人有填九九消寒图的习俗。九九消寒图是一幅双钩描红书法，上有繁体的“庭前垂柳珍重待春风”九个字，每字9画，共81画，从冬至开始每天按顺序填充一个笔画，直到九九之后春回大地，一幅消寒图才大功告成。中原地区在冬至节日最流行的习俗是吃饺子，据传，这一习俗与纪念中医鼻祖张仲景有关。认为这天吃饺子有保护耳朵的奇效，如果这天不吃饺子，交九后就会冻坏耳朵。中原地区还流行有“九九歌”：“一九二九不出手，三九四九冰上走，五九六九河岸看柳，七九河道开，八九燕子来，九九杨花落，下地忙耕作。”

腊八节。每年腊月初八是我国汉族传统的腊八节。秦汉以前，各朝各代所使用的历法不同，因此，腊月所处的具体时间并不一致，一直到秦汉统一历法后，才确定了腊月的具体日期。“腊八”之源可追溯到炎帝神农氏，炎帝发明了农，“斫木为耜，揉木为耒，教民树艺五谷。”进入腊月，五谷收获完毕，人们要举行庆祝丰收、祭祀神灵的活动。所以，在古代腊八这天是一个祭祀的日子，有着祭祀八神、祭祀祖先的习俗。传承至今，早已没有了祭祀的习俗。由于它处在冬末春初、新旧交替之际，所以，人们把它看作春天的序幕，腊八节有着辞旧迎新的意义。中原地区腊八节的主要习俗是吃腊八粥，大米、小米、花生、豇豆、大枣等，家里的五谷杂粮尽可以往里放。熬成的腊八粥又黏又稠，香味可口。它的意义主要在于庆祝丰收，祈愿来年五谷丰登。

（二）关于春节的传说及文化传统

1. 春节的由来

“春节”在古时称“元旦”，是指农历年的第一天，民间称之为“过年”。过年，可以说是历史最为悠久、影响最为深远的中华民族传统习俗，据传已有4000多年历史。关于它的起源，传说很多。中原地区比较流行的传说是，在太古时期，深山老林里有一种生性凶残的怪兽，叫“年”。它身体庞大，口若血盆，张牙舞爪，威震千虫，专吃飞禽走兽、各种生灵，也会吃人。“年”越来越凶残，人类受到的危害越来越惨重。于是，人们想尽一切办法来对付“年”，但屡战屡败，无可奈何。后来，人们逐渐发现了“年”的一些规律，它怕光、怕响、怕红色。人们组成了庞大的勇士群，手持兵器、高举火把、燃放爆竹，与“年”决一死战。持续打了三天三夜零一早上，“年”终于妥协了，和人们约定，每岁首日出来一次，平时不再出来骚扰人们。这一天就被人们称为“过年”，成为一个岁时周期当中最重要的“关口”和“节坎”。当这一天来临前后，人们就严加防范，一家人躲在屋里，不敢睡觉，熬夜守岁，祈求神灵保佑，希望平安度过这一关。由此衍生出了过年的许多习俗和禁忌。

在古代，农历岁首第一天称为“元旦”。但这一天是否是正月初一，自古以来是有变化的。在夏代，是夏历的正月（寅月）初一；到商代，把一年的开始提早一个月，改为十二月初一；到了周代，再提早一个月，改为十一月初一；到了秦代，再次提前一个月过年，改为十月初一；汉代汉武帝太初元年以前，仍沿用秦代历法，经汉武帝下令恢复“夏正”后，重新以正月（寅月）初一，并沿用下来。民国时期，将元旦改称为春节。1949年9月27日，中国人民政治协商会议第一届全体会议正式命名农历的正月初一为春节，公历的1月1日为元旦。农历公历同时并用。

2. 祭灶

腊月二十三，人们称之为“过小年”，它标志着旧的一年即将结束，春节就要来临，人们开始忙着过年了。

旧时，腊月二十三最重要的习俗就是祭灶。祭灶的风俗很早就有，《周礼》中即有“天子祭五祀”的记载，其中之一就是灶神。《史记》上也记载了汉武帝祭灶的故事。千百年来这一习俗一直流传下来。民间传说，这一天灶王爷要到天宫向玉皇大帝（“老天爷”）汇报一年中这一家子的善恶德行与大事要事。祭灶，就是为灶王爷送行。灶王爷是一家之主，他时时刻刻都在观察监督着一家人的言行举止、善恶表现。所以，家长平时经常告诫全家人，要勤劳，要行善，要节俭，要敬老孝亲、邻里和睦，不要作恶。

尽管如此，一家人一年中难免会有这样那样的差错或不端。所以，到了灶王爷该升天之时，就特别担心他是否会向老天爷说些对家庭不利的话，从而影响全家来年的时运。于是，就要好好敬奉招待一下灶王爷，在灶王爷面前家长会多做自我批评，请求他上天多说好话，别提坏事。

灶王爷的神像是贴在厨房里的，祭灶仪式就在灶王爷神像前举行。首先要把灶台、案板、锅碗瓢盆刷洗干净，将上一年的灶王爷神像请下，换上新的灶王神像，两边贴上对联："上天言好事""下界降平安""一家之主"。然后在供桌上摆上麻糖、烧饼、水果等供品，另有红公鸡一只，点燃三炷香插在香炉内，两旁有红蜡烛一对。麻糖或糖稀是为了让灶王爷吃了以后嘴里甜，上天说话口气就会甜；烧饼是让灶王爷路上做干粮的，一路不忍饥，心里自然高兴；红公鸡是灶王爷上天要骑的马。一切就绪，就开始烧黄表纸，磕头祭奠。家长口中念念有词："今天二十三，灶爷您升天，上天言好事，下界保平安。"或者干脆用民间的朴素语言祈祷："今儿个二十三哩，给您换身新衣裳，备好干粮备好马，您上天吧！到老天爷那儿，好话多说，赖话少讲，保佑俺全家在新的一年里平平安安，有吃有穿。"祭灶时，把鏊子翻过来，放上红公鸡。主人"愿意"（祈祷）之后，会把酒杯里的酒洒向鸡冠上一点，公鸡受到刺激，就会摇头抖动，表示灶爷答应了，就会乘着这匹马上天了。然后，磕三个头，燃放鞭炮。主祭者为男性家长，因为素有"男不愿月，女不祭灶"之说。祭毕，一家人才能分享烧饼、灶糖、水果等祭品。

在中原地区，有着认干亲的习俗。认干亲与腊月二十三密切相关，一般要在这一天正式确定关系。腊月二十三也是干儿子干闺女看望干爹干娘的时机。干儿子带的礼物中，有一件是不能少的，就是一只大公鸡。干儿子认了干爹后，腊月二十三要到干爹家参与祭灶，因为干儿子也是家中一员，要让灶王爷确认，纳入家中户口。从结成"干亲"的当年算起，起码要连祭三年。三年后，可以不再年年参加祭祀仪式，但到十二岁时，还必须再祭一次。相处良好的干亲，两家的走动看望会是永久的，年年不断。

祭灶习俗寄托着人们对美好生活的期盼，同时也对一家人道德修养给予鞭策与约束的作用。现在，这种陈旧习俗虽然已不存在，但这个重要的节日符号却永久保留下来，从吃烧饼、烧鸡、麻糖的饮食习惯中，还能看到传统习俗的一些影子。我们希望人们不要忘却它所具有的丰富文化内涵和精神营养，家庭和睦、孝老敬亲、勤劳节俭、斥恶趋善等传统美德是我们应该永远传承的。

3. 贴春联、放鞭炮、敬门神

春节作为中华民族源远流长的传统节日，早已成为全球覆盖地域最广、人口最多的节日。传统习俗的保留、传承与演变，为这一传统节日标注上了特殊符号，成了富有感染力、影响力和凝聚力的民族文化。

在现代，张贴春联，燃放烟花鞭炮的意义在于营造喜庆欢乐、除旧迎新的氛围。这是逐步演变过来的，最初源于对付怪兽“年”的行为与措施。人们在与“年”搏斗中，逐渐发现火的强光、燃烧爆竹的响声以及红颜色，对“年”有着威慑和驱赶的作用，于是人们就在门口燃起堆火，燃放爆竹，或敲打盆子，在门上抹上鸡血，一家人躲在屋子里，不敢睡觉，在警惕防范中度过除夕夜。这些习俗一直保持下来，但不断发展演变。门框上抹鸡血，逐渐演变成了贴红纸、贴春联；燃烧堆火变成了挂灯笼，燃放爆竹、敲打铜盆变成了燃放鞭炮烟花。

宋代诗人王安石的《元日》，生动描绘了这一春节习俗的景象：“爆竹声中一岁除，春风送暖入屠苏。千门万户曈曈日，总把新桃换旧符。”关于桃符、门神，也有一个发展演变的过程。古时候人们认为桃木是一种神木，在夸父追日的神话里，夸父死后，他手中的拐杖化为了桃林，因此，桃木有辟邪驱鬼的功能。于是，人们就用桃木做成小板子，上面刻上神符，挂在门上驱鬼纳吉。门神源于古老传说中的神荼和郁垒，这两个兄弟生来有一种特殊的本事，就是能降妖捉鬼，人们就把神荼、郁垒的名字刻在桃符上，用来驱鬼辟邪、祈福灭灾。神荼、郁垒成为古代最早的门神。据史料记载，早在先秦时代，祭门神就被列为“五祀”之一。到了汉代，神荼、郁垒的形象开始具体化，逐渐演变为过年贴门神的习俗。唐代，又出现一位门神钟馗。他不但能捉鬼，还能吃鬼，后来成为民间公认的驱邪镇宅的代表性神灵。中原地区流传最广的门神，还是秦叔宝、尉迟恭两位武将，这是从唐朝开始的。传说唐太宗有一段时间得了怪病，夜里总听见鬼叫，夜不能寐，痛苦不堪。于是，他命秦叔宝、尉迟恭两员猛将为他把门，结果很有效，再也听不见鬼叫了。后来，人们也都效仿，把这两员大将的画像贴到门上用来辟邪。直到现在，朱仙镇木版年画的门神画上多为这两员大将。不同地方出现的门神还很多，大体可分为武门神、文门神和福门神几类，也有把历史人物奉为门神的，如包拯、海瑞、文天祥等。

“文革”期间，由于“破四旧”，人们不敢再贴传统的老门神了，改为在门上也贴红纸写的春联，贴到门上的春联叫作“门封”。也有一些艺术工作者，沿用传统门神的做法，把工农兵形象画成年画，用到了门封上，成为那个时代特有的“门神”。许昌有一位著名画家叫杜克礼，他创作的工农兵门画，丰富多彩，广受欢迎，当年风靡全国。他的门封年画现在也成了珍贵的收藏品。

4. 旧时春节禁忌

从春节的由来可以看到，在古时候，春节不是一个吉利的日子，甚至认为过年是一道关口，称为“年关”。“节日”的原始本意也不是“吉祥喜庆”的代名词。如同竹子一样，两段光滑竹子之间，有着一个不光滑、不顺利的疙瘩，这里就是“节”。古时人们认为春节就是一年之中最大的一个过节疙瘩。在一年开头的这个重要节骨眼上，人们的言行举止格外谨慎小心，认为这时的一些言语行为和事物现象会预兆着全年的吉凶福祸，于是，就生出许多的禁忌，包括语言禁忌、行为禁忌和饮食禁忌等。

旧时春节禁忌繁多。例如，春节期间，尤其是大年初一，不能说不吉利的话，特别忌讳“病、死、灾、难、贫、穷、败、毁、鬼、怪、少了、完了、没了”等字眼；不能打破器物用具，万一打烂了，也不能随便乱扔或扫进垃圾堆，可以扔进井里或埋进地下，口中念叨“岁岁（碎碎）平安”；大年初一到初四都不能打扫屋子，因为扫地会把福气扫出去，要到初五再扫，初五叫“破五”，要将屋里垃圾和炉灶柴灰清理一下倾倒在大路口，把穷气送走；除夕夜锅里要添上水，篦子上要放上馍，不能空着锅；一家人吃团圆饭时，不能少放了碗，还要多放一个，预示着新的一年要添人加口，而不是少人减口；初一的第一碗饭，要先敬天、敬地、敬祖宗，分别到大门外和祖宗牌位前供一供，浇下一点汤水，称为“浇奠”；盛饭时勺子不能向外倾倒，要向怀里方向倾倒，向外倾倒会破财主穷；除夕的饭不能吃得干干净净，要留一点剩饭，取意“年年有余”；初一早上不能起床晚，要比着起得早，晚了就接不到财神；初一打开家门后，就不能再关上，否则预示着有不祥的事情发生；初一早上家人不能叫着名字催起床，只能用其他声响或动静将他惊醒；大年初一的行为禁忌还有很多，诸如忌开箱柜、忌照镜子、忌动剪刀、忌泼洗脸水、忌板凳歪倒、忌吃药看病、忌讨债还债、忌借东西、忌啼哭、忌吵架骂人、忌讨饭人登门乞讨、忌从事各种体力劳动等；初三是上坟祭祖的日子，所以忌串门走亲戚；初十是石头的生日，所以忌动用一切石头做的东西，如石磨、石碾、石臼、捶布石等；从初一到十五，门口要放一根棍子，一是不让财神、福气往外跑，二是防止野鬼魔怪跑进来，等等。

总之，旧时春节的禁忌极为繁多，大抵都与当时人们贫穷苦难的生活境况和对自然科学认知局限密切相关，其目的都是为了避凶就吉、祈福防灾，表达了人们对平安吉祥、幸福安康的美好期盼，对凶险邪恶、灾害苦难的厌弃和防范。现在看来，这些禁忌都是愚昧落后的陈规陋习，当然应该予以摈弃。这些民间禁忌，在现代人们的生活中早已消失，某些留传下来的习俗，也都变换了方式和内涵，不再具有愚昧迷信的意义。

5. 敬神祭祖、祈福纳吉

在传统的春节里，敬奉神灵、祭拜祖先、祈福纳吉是一个重要的习俗。

中原地区的春节祭祀活动具有以下特征：一是人们敬奉的神灵非常多，财神爷、灶王爷、老天爷、土地爷、火神爷、龙王爷、祖师爷、城隍爷等，与人们生产生活相关的方方面面几乎都有神灵，人们对所有神灵都心存敬畏，都要祭祀；二是多种信仰交织并存，普通人既愿意到佛寺拜佛，又可以去道观烧香，还广泛敬拜民间诸神，交叉融合，互不排斥。按照民间想象，世间处处都有神灵。所以，中原民间不少家庭在自家的厅堂主墙壁上设置神位，干脆设了一个“天地诸神之位”，敬奉之时，诸神都包括在内了，免得遗漏有所不敬与得罪；三是祖宗崇拜是中华民族根深蒂固的心理特征和传统习俗，他们不仅敬奉神灵，而且要敬奉自己的祖辈先人。过去，中原人家主房正庭的墙壁上，一般都要悬挂族谱名录，民间称为“主子”；或者安放祖宗牌位“神龛”，民间称为“神主盒”或“神主楼”，都把自家的祖先当作神灵来敬奉；四是中国人自古以来的神灵崇拜，少有狭隘的宗教性质，不具有唯一性和排他性，而是兼容并蓄，各方神灵在民间和谐共存。百姓信奉神灵更多是出于祈福纳吉的心理需求，与宗教人士的虔诚膜拜有所不同。

从腊月初八到正月十六的整个春节期间，都会分布一些不同的祭祀活动，以除夕夜与大年初一最为集中和隆重。人们除了纷纷到有关庙宇道观和宗祠祭祀外，一般在自己家中也进行祭祀。点燃红蜡烛，燃上香，烧上表，点挂鞭，这些是少不了的，至于供品，可根据家庭条件尽心而为、酌情而定，贫苦人家设不起丰盛供品，只要心有神灵就行。神灵是体恤民情的，绝不会怪罪！中原百姓春节的敬神形式和基本程序，一般是在除夕年夜饭和大年初一早饭（均为饺子）做成之后，第一碗要盛三个饺子、一些汤水，双手捧起，来到院子中间，先敬天，后敬地，再敬世间诸神，然后，回到主房正厅神位前，祭奠设在家中的神位，大多都有财神爷，有的设“天地诸神之位”。最后敬奉自家的祖先。春节期间为已故家人扫墓烧纸的日子，是在正月初三。

新中国成立初期，“文革”“破四旧”之前，民间基本还保留着这些春节祭祀的习俗。不少村庄还要在村子中间公共场所或宗祠附近，搭建一个临时的神棚，神棚内设立的神位大多是与百姓生产生活关系最为密切的神灵，有玉皇大帝，他是主宰天地人间一切事物的；有财神爷，他是让人们发财致富的；有火神爷，敬他是为了保佑全村各家免遭火灾的；有龙王爷，敬他是祈求风调雨顺的。

斗转星移，时代变迁。现在，随着科技的发展、文明的进步，人们不会再有过去那般对于神灵的认识与祭拜。我们今天所讲的传承发展优秀传统文化，很显然是取其精华、去其糟粕，决不会效仿旧时的祭祀礼仪。人们懂得幸福是奋斗出来的，人人都是追梦人，人人都在努力奔跑。我们都应把对于美好生活期盼的心愿和热情，化为不懈奋斗的实际行动！

6. 拜年礼

中国是礼仪之邦，自古以来，人们都十分重视礼尚往来。春节期间，表现尤甚。

旧时民间的拜年礼，甚为讲究。作为传统习俗的“拜年”一词，含义是为长者尊者拜贺新年，包括向长者磕头施礼、恭贺新年、问候安好等内容。遇上邻里乡亲、同辈亲友，也要施礼道贺。

春节期间，特别是大年初一，人们出门相遇，都要主动上前施礼问候。一般都施揖手之礼，以颔首礼致谢。双方互致新年问候。这家到那家专程拜年，一行人在长者的带领下，着新衣，持礼物，来到要拜访之家的大门外。主人要迎出大门，互行揖礼，颔首答谢。小孩入门前可不行礼。进入厅堂之后，宾主再相互行一次一般揖礼，方可落座。然后，晚辈在设置的软垫上向亲友家的长者行叩首礼，长者向施礼的小孩送压岁钱。

在自己家中，按规矩行拜年礼，更是必不可少。大年初一的拜年也是从自己家中首先开始。晚辈起床后，要先向长辈拜年，祝福健康长寿。长辈受拜后，要将准备好的压岁钱分发给晚辈。也有的地方故意把分发压岁钱搞得热热闹闹的，晚辈跪拜之后，一齐涌向长者，讨要压岁钱。而长者故作小气，推推嚷嚷，由晚辈抢夺到手，最终还是一人一份，欢呼而散。这样做只是讨个热闹快乐，生气勃勃，长者和晚辈更开心。

从形式上看，旧时拜年的拜法通常有四种：一是跪拜磕头，称为叩拜，适用于晚辈对长者；二是躬身作揖，适用于幼对长、下对上的一般礼节；三是抱拳拱手，适用于同辈同事之间和街坊邻里；四是万福，这是古代妇女的一种礼节，右手覆左手，半握拳，附于右侧腰肋间，上下微晃数下，双膝微微下蹲，口中道福问安。

与拜年相关的活动，还有走亲戚。中原地区有春节期间亲戚朋友相互走动拜访的习俗，尤以豫西地区为甚。大年初二，必须带上礼品到岳父家拜年。老亲旧眷，时间可以灵活安排，只要不出正月十六，都是过年。过去生活艰苦，经济困难，一份礼品往往会往复频繁串门，人们心照不宣，互相理解，图个礼数罢了。

时光荏苒，文化传承。中华民族礼仪之邦的特征不会改变，只是形式和内容随着时代的发展在不断变化。从电话拜年，到送挂历；从寄贺年卡，到发信息；从微信一对一，到群发朋友圈；从一家家登门拜年，到召开新春团拜会……越变越先进，越变越简便，唯一不变的是浓浓的亲情与友情。还有一些礼数，一直保留下来，如抱拳拱手、躬身作揖、颔首鞠躬等。这些延续了数千年的传统礼节，有着十分深厚的文化内涵，它是我国礼仪之邦的标志符号，是和谐社会的润滑良剂，是亲朋邻里的情感纽带，是伦理道德的传承延续。它将在今后的千秋万代生生不息地传承下去！

7. 元宵节

正月是农历的元月，而十五日又是一年中的第一个月圆之夜，所以正月十五称为元宵节，民间也称它为小正月或灯节。元宵节又称为“上元节”。据《岁时杂记》记载，上元节的由来，是因循道教的陈规。道教把正月十五称为上元节，七月十五为中元节，十月十五为下元节，合称“三元”。

元宵节习俗的形成有一个较长的过程。早在西汉时就已受到重视，汉武帝正月上辛夜在甘泉宫祭祀“太一”（主宰世间一切的神）的活动，被后人视作正月十五祭祀天神的最初形式。而正月十五真正成为一个民俗节日是在汉魏以后。东汉佛教文化的传入，对于形成元宵节习俗起到重要推动作用。也有资料说，元宵节起源于“火把节”，人们为了驱赶虫兽雀鸟，在乡间田园燃烧篝火或持火把驱赶，久而久之，发展成为在田间或打谷场持火把跳舞的习俗。隋、唐、宋以来，元宵节歌舞游乐的民间习俗愈来愈盛，一直流传下来，直至现在。

新中国成立后，元宵节的习俗一直传承延续。特别是近些年来，随着国家对传承发展传统文化的高度重视，元宵节民俗活动更加丰富多彩，可以说已经成为中国的“狂欢节”。元宵节的习俗活动，早已为人们熟知，主要有吃元宵、赏花灯、舞龙、舞狮、踩高跷、划旱船、猜灯谜等，这些传统民俗活动不仅一直传承下来，而且借助现代技术，还有许多创新和发展，在这里无须赘述，只对已经淡化或消失的一些民俗，做一介绍。

赏花灯是元宵节的标志性活动。但扎制各种各样的花灯集中展示，一般都是在街镇集市，而在一个个的村庄，在寻常百姓家，过去是怎么过灯节的呢？一是在元宵夜，家家户户都要在自己家中点燃所有灯具，照亮所有空间，而且通宵点燃，不得熄灭；二是民间认为到处都有神灵，元宵节都要亮灯敬奉。所以，要点燃许多直径为一两寸的小灯盏，分别放置在磨坊、牛屋、井台、石碾、猪圈、羊圈、打麦场等，祈求神灵保佑新年五谷丰登，吉祥平安。由于没有那么多的陶瓷灯盏，人们就会用萝卜、红薯等东西临时刻制成灯盏，注上油，放几根灯草就行了；三是正月十五夜，大人小孩会提起灯笼到村上游玩，比比谁的灯笼最亮最好看；四是送孩儿灯，简称送灯。就是在元宵节前，娘家要送花灯给新嫁女儿家，希望女儿婚后吉星高照、早生贵子。也有一般亲友送给新婚不育之家的，以祈求添丁增口，送以吉兆，因为“灯”与“丁”谐音而形近。

还有一个民间习俗，已经淡化，就是“游陆儿”（河南方言将“陆儿”读作“绿儿”）和“走百病”。在中原民间，有着“正月拾陆儿，骡马闲日儿”的说法和习俗，就是在正月十六这一天，人们必须任何活儿都不能干，而要悠闲的到处走走看看，串串门。这是春节最后一天的悠闲日子了，过了这天，人们都开始忙碌起来。“走百病”是明清以来北方的风俗，也叫游百病、散百病、溜百病等，是一种消灾祛病祈健康的礼仪活动。多在十六这天，也有的在十五，妇女们穿上节日盛装，成群结队相约出游，走桥渡危，有路就走，直至夜半方归。

元宵节习俗堪称传承发展中华优秀传统文化的典范案例，不仅做到了取其精华、去其糟粕，而且有着许多创新发展，注入了新的时代元素，丰富了文化内涵和价值意义。以至发展为十几亿人的狂欢节，成为全球独一无二的盛景奇观！

七 展厅掠影

本厅主要展品：

婚嫁花轿，官轿，多种送礼食盒，花灯，旧时婚贴，新中国成立后各个年代的结婚证，旧时丧事资料与用品，巫术用品，风水用品，民俗书籍，二十四孝剪纸作品，旧时房契地契等材料、罗盘、阴钞印版、占卜用具、神符印版、桃符、朱仙镇木板年画印版等。

第九厅“传统习俗”掠影

第十厅　休闲娱乐

一　前言

休闲娱乐，自古以来都是人们生活中不可或缺的组成部分。休闲娱乐的意义大抵有两个方面：一是解除体力上的疲劳，恢复生理的平衡；二是获得精神上的慰藉，成为心灵的驿站。

中国古人对休闲方式和内容也颇为讲究，具有浓厚的地域色彩和丰富的文化内涵，形成了独具一格的文化现象。中原地区作为中华农耕文明率先演进且一路领跑的范本区域，在休闲娱乐方面，也体现出了丰富多彩的一面。百家技艺，异彩纷呈。不仅有种类繁多的地方戏曲、曲艺杂耍、魔术杂技、舞龙耍狮、民间体育等，还有颇具地方特色的串门子、聚饭场、喷空儿、占方、斗鸡、养鸟等民间日常娱乐方式。这些传统农耕时代的民间休闲方式，是农民日常生活的重要调节剂，不仅具有丰富文化生活、有益身心健康的作用，而且有着促进人际和谐、维持社会稳定的社会意义。

二　戏剧曲艺

中国的戏曲起源于原始社会的歌舞，经过汉、唐到宋、金时期才形成比较完整的戏曲艺术。中国戏曲分为戏剧和曲艺两大类。河南农耕文化的土壤十分深厚，从农耕文明的土壤中产生出来的戏曲、音乐、舞蹈、表演等艺术之花绚丽多彩，以多种多样的艺术形式存在于中原民间。例如，舞阳贾湖出土的骨笛，说明 8000 年前中原大地已经有了高度发展的音乐艺术。这些都为音乐和戏曲的发展提供着丰富的营养。直到现在，河南人民对戏剧和曲艺的热情仍然不减。

（一）河南戏剧

农闲唱大戏（张培林摄，原载中国摄影出版社《大地回春》2016 年 8 月版）

在传统农耕时代，戏剧是农村的主要娱乐方式之一。逢年过节、集镇办会，或者村里有了重大事项，常常要唱大戏来造势或庆贺。一旦哪里要唱大戏，方圆几里甚至十几里的村民都会汇集起来，摩肩接踵，涌向戏场。简易的戏台下密密麻麻全是观众，热闹非凡。开场前，先是一场乐器合奏，称为“打闹台”，目的是等待时间和招徕观众。正式开演，往往先有一场短小精悍的剧目，叫做“垫场”，然后才开演正规大戏。如果是连续几天的活动，往往要演有名堂的连续剧，称为大部头折子戏，使人们不忍割舍，场场接着看下去。如果是两台以上的对戏，那就更加热闹了。每家戏班子都使出浑身解数，力求压倒对方，赢得观众。为了不耽误农活儿，唱戏往往安排在夜间，在没有汽灯之前，用烧煤油的“老鳖灯”照明，虽然光亮暗淡，但丝毫不影响观众的情绪。看罢戏，闪着无数手电筒、马灯光斑的队伍，向着四面八方流动。常有一些老戏骨评头论足，也有扯开嗓子南腔北调吼叫几句的。这一切，对于他们都是一种享受。一场戏，能让人们心里美上好几天。

河南地域辽阔，不同区域、不同群体对戏剧的偏爱有所不同，呈现出戏曲品种众多、异彩纷呈的局面，河南是地地道道的“戏曲之乡”。明清以来，河南有据可查的剧种达 45 种之多，到 20 世纪 80 年代，有专业或业余剧团演出的戏曲剧种仍有 31 种。河南戏剧的基本特点是热烈、红火、激昂、明快，透着中原人的朴实与率直。

河南最具代表性的剧种是豫剧、曲剧和越调三大剧种，居首位的当然是豫剧。其实，豫剧形成的时间并不早。在清代乾隆年间才开始流行。它刚诞生时，还依附于罗戏、卷戏的门下求生存。但中原艺术有一个很大的优势，就是包容性很强，善于吸纳、借鉴、融合、创新。豫剧吸纳兼容了秦腔、罗戏、卷戏、弋阳戏、昆曲、京剧等剧种的表演特色和语汇，并吸纳了河南坠子、鼓子曲等说唱艺术以及大量民间舞蹈的艺术营养，短短数十年，到了清末便由一个不起眼的剧种发展成为万众瞩目的大剧种，剧目繁多，表演精湛，语汇丰富，影响远播。新中国成立以来，在常香玉、马金凤等艺术大师的创新推动下，更是达到前所未有的艺术高度，成为在全国有着极大影响的地方剧种。在流传的过程中，形成了不同的派别，基本可以分为豫东调体系和豫西调体系。其中，豫东调体系包括豫东调、祥符调和沙河调。20 世纪 20 年代末到 30 年代，豫剧进入一个新的发展时期。特别是新中国成立以来，豫剧得到快速发展和传播，在演出剧目、舞台表演、人物塑造、表述方式、音乐唱腔等方面都形成了独特的风格，带有浓郁的中原地方色彩。20世纪50年代的《朝阳沟》，以及后来的《花木兰》《穆桂英挂帅》《七品芝麻官》《人欢马叫》《朝阳沟》《倒霉大叔的婚事》《赵氏孤儿》等，在全国有着广泛影响，享有盛誉。豫剧不仅在河南受到人们普遍喜爱，而且也流行于河北、山西、山东、陕西、新疆、西藏等地。曲剧和越调在河南民间也很受欢迎，曲剧在南阳最盛行。越调以周口、许昌最具代表性，申凤梅扮演的诸葛亮角色享誉全国。

除了豫剧、越调、曲剧三大剧种之外，河南还有许多地方小剧种。近年来，国家高度重视非物质文化遗产保护，这些小剧种现在大多得到了保护和传承。以下列举部分项目：二夹弦（开封、濮阳、西华、睢县、滑县、延津等地），大平调（濮阳、滑县、延津、内黄、浚县等地），皮影戏（信阳、灵宝、濮阳、长垣、桐柏、睢县等地），罗卷戏（汝南、滑县、内黄、通许、范县、邓州、南乐等地），怀梆（新乡、温县、武陟、修武、沁阳、济源等地），四平调（商丘、濮阳等地），花鼓戏（虞城、孟州、光山等地），道情（太康、灵宝、夏邑、桐柏、通许等地），木偶戏（灵宝、汝阳、宝丰、内黄、周口、南乐等地），落腔（内黄、辉县、长垣、淇县、南乐、安阳等地），四股弦（林州、武陟、淇县等地），二股弦、大辫戏（武陟），二簧戏（叶县、郏县等地），扬高戏（三门峡、灵宝、陕县等地），大弦戏（滑县、濮阳等地），嗨子戏（潢川、固始、淮滨、商城、息县、光山等地），坠子戏（南乐、郸城等地），连目戏（南乐、商丘等地），地灯戏（新县），杠天神（新蔡），柳琴戏（永城），柳子戏（清丰），五腔调（南乐），枣梆（范县、台前），花篮戏（商城），淮调（安阳），扁担戏（新蔡）。

（二）河南曲艺

曲艺是民间说唱艺术的统称，在中原地区，人们称之为“说书”。它是由民间口头文学和歌唱艺术经过长期发展演变形成的一种独特的艺术形式。说书是旧时河南农村十分流行的娱乐方式，主要品种有河南坠子、三弦书、琴书、鼓儿词、评书、河洛大鼓、丝弦道、豫西锣鼓曲等。说唱艺术的特点是人员不多，设备简便，一般不化妆，以“说”和“唱”为主要表现手段，以“一人多角”的方式，通过故事把各种人物、事件情景等表演给观众，剧目多以短小精悍为主，也有大部头连续剧。大多在农闲季节或晚上，以村庄为单位，在开阔场地露天演出。演出活动大多由家庭主办，但凡家中有添人增口、老人生日祝寿、儿女升学就业等喜庆之事，就会专门举办这样的演艺活动，既可显示家庭荣耀，又是对乡邻友情的答谢。

坠子书（梁冠山摄，原载中国香港新闻出版社《沧桑岁月》2011 年 1 月版）

河南坠子是最具代表性的河南曲艺形式，民间也称为“坠子书”“剪板书”“响板书”。河南坠子的前身是流行于河南的道情和莺歌柳两种形式。从清朝末叶开始，两个曲种的艺人逐渐合流，相互吸收融合，并吸收了三弦书、山东大鼓等表演元素，逐渐形成自己独特的艺术形式。河南坠子所用乐器主要是坠胡和剪板，一般是两人合作，一人手持“剪板”击拍演唱，一人拉弦伴奏。旧时还有不少是一人连拉弦带唱的，用脚踏击棒子打拍子。从事这种艺术的，有不少是盲人，大多是根据自身情况找一个吃饭门路，正因他们一门心思干这一件事，倒往往能够做到极致，受人敬佩。坠子书使用河南方言说唱表演，以唱为主，唱中加说。唱词基本为七字，大多艺人都有随时编词，顺口演唱的本事。声音舒展，节奏明快，恢宏大气，风趣幽默，演唱内容故事性很强，颇受民众喜爱，在民间有着广泛的影响力。

宝丰马街书会和许昌杜寨书会是历史传承下来的两个主要书会，这是全国说书艺人汇聚在一起，比赛交流的大平台，也是推广写戏的大市场。马街位于河南省宝丰县，离县城 7.5 公里，历史上也是一个“商贾云集，物产集散”的繁盛之地。每年的农历正月十三河南各地以及安徽、河北、山东、湖北、陕西、四川等省成百上千的民间曲艺艺人，负鼓携琴，汇聚马街，说书会友，弹唱献艺。书会上曲艺种类繁多，曲目丰富多彩，有河南坠子、湖北渔鼓、四川清音、山东琴书、凤阳花鼓、上海平话、徐州琴书、三弦书、大鼓书、评书、乱弹、道情等。这种胜景奇观绵延700多年而不衰，被称为中国曲艺史上的一大奇观。时至今日，政府和民间更加珍视这份文化遗产，马街书会的规模与水平不断提升，成为闻名全国的文化节会，宝丰被国家有关部门授予“中国曲艺城”称号。

除了河南坠子之外，河南的曲艺还有很多种，以下列举一些：河洛大鼓（洛阳、巩义、登封等地），大鼓书（邓州、郸城、柘城、鲁山、内乡、唐河等地），三弦书（南阳、汝阳、兰考等地），丝弦道（平舆），锣鼓书（三门峡），豫东琴书（永城），新野梆书（新野），蛤蟆嗡、锣鼓曲（淅川），灶书（固始），王屋琴书（济源），画锅（开封）。

三　歌舞社火

中原地区的民间歌舞虽然没有少数民族地区盛行，但也同样丰富多彩，有着中原地区的独特风格。自古以来，民间音乐和舞蹈都是人们生活中休闲娱乐的主要形式之一。

（一）民间音乐

河南地域辽阔，兼具平原、山区、丘陵等地形，各地的生产生活习惯有着不小差异，信阳地区已与江南民俗十分近似。因此，各地的民歌既有相近之处，也有诸多差别。例如，豫南地区的民歌高亢嘹亮，旋律明快轻盈；豫西南的民歌则质朴粗放；平原地区以民间小调居多，曲调婉转流畅，优雅动听。

普遍流行的最主要民间音乐形式和活动，当属锣、鼓、镲等打击乐器和唢呐、笙、笛等吹奏乐器。这两种音乐形式几乎在各地普遍存在，只是表现形式和人员规模有所不同。以锣鼓为主的乐队，称为鼓乐队或大铜器，以唢呐和笙为主的乐队被称为国乐队或响器班。这两种多人多乐器合奏的音乐形式最大特点是热闹、喜庆，富有震撼力和感染力。每逢过年过节、门店开市、红白喜事、重大事件，都会伴有这些音乐娱乐形式打造声势、烘托气氛。这两类音乐形式在各地的传承发展过程中，被改造和衍生出许多表现形式，呈现出丰富多彩的局面。

河南省舞钢市杨庄乡袁门村古代轧琴艺术传承人郭九州家族乐队在演奏（王志军摄）

近年来，国家重视非物质文化遗产的发掘、保护与传承。许多前些年渐渐弱化或消失的音乐舞蹈活动和项目，重新焕发了生机，这是可喜可贺的。河南比较著名的音乐类非物质文化遗产项目有：盘鼓（开封、武陟、新乡等地），大铜器（西平、遂平、郏县），信阳民歌（信阳），西坪民歌（西峡），官会响锣（项城），轧琴（舞钢），中州大鼓（新乡），武德镇抬鼓（温县），筹音乐（许昌、项城），十盘（渑池），板头曲（南阳），八音楼子（周口），小咚鼓（新乡），啸乐（新乡），秧歌（清丰），桐柏山歌（桐柏），锣鼓曲（淅川），锣鼓十八番（潢川），黄河号子（郑州、三门峡、荥阳、武陟、济源等地），土硪号子（孟州、中牟、洛阳、卢氏等地），船工号子（漯河、淅川、济源等地），超化吹歌（新密）等。

（二）民间乐舞

中原地区民间舞蹈起源很早，种类风格各异。模拟、象征的表现手法是中原民间乐舞中常用表现手法，如狮子舞、龙灯舞、麒麟舞等；利用道具进行表演也是中原民间舞蹈的显著特色，如利用仿制的车、船、轿、剑，以及面具、头饰、扇子等进行表演；载歌载舞、大铜器伴奏，是中原民间舞蹈的又一个特征；舞蹈主角往往有着武术功底，身手不凡，在表演中常常会加入武术、杂技、魔术等元素，使得舞蹈更有吸引力和感染力。

大型群体乐舞是中原地区最常见的表演形式，一般在传统节日、商贸集会、店铺开市、重大事件等场合举行。最常见的有狮子舞、龙灯舞、麒麟舞、跑旱船、赶犟驴、花鼓舞、花篮舞、秧歌舞、腰鼓舞、走高跷、耍故事、大头和尚舞、肘阁、二鬼摔跤、霸王鞭等。

近年来，河南各地发掘和传承下来的民间乐舞主要有：火龙舞（孟州），苏家作龙凤舞、砖井狮虎舞（博爱），高抬花轿（沁阳），齐天圣鼓、王家热锣鼓（灵宝），跑帷子（汤阴），花挑舞（固始），铜器舞（许昌），大里王狮舞、曹屯排鼓（洛阳），小相狮舞（巩义），麒麟舞（兰考、睢县），火绫子（商城、潢川），旱船舞（临颍），文狮舞、扑蝶舞（沈丘），打春牛（内乡、荥阳），卧拐秧歌（兰考），九莲灯（新安），鱼灯花社舞（舞钢），吕村战鼓舞（安阳），金龟舞（鹤壁），马皮舞、独腿高跷、踢棒槌（获嘉），独脚舞、闹阁（登封），小冀背桩、小宋佛高跷（新乡），虎舞（温县），哼小车、齐天大鼓（武陟），莲花灯舞、老虎舞（长葛），双狮舞（漯河），云彩灯（南召），庆丰花鼓舞（商丘），项城肘阁、回民秧歌（项城），西平鱼灯、武驴（西平），龙舞、狮舞（南乐），狮龙斗蛛舞、五彩纸龙、铁花火龙、麦秆龙舞（清丰），竹马舞（滑县、沁阳、宜阳、新乡），霸王鞭（叶县、林州），担经挑（上菜、淮阳、新密），抬阁（偃师、洛宁、原阳），柳位高跷（卫辉），花伞舞（商城），弓子锣舞（禹州），独杆跳（开封），背装（嵩县、社旗），善堂老秧歌（浚县），鸡毛人逗蟾舞（西华），鲤鱼闹莲（淅川），耍老虎（焦作、沁阳），肘阁（宁陵）等。

（三）社火庙会

社火是中国民间久已流传的节庆狂欢活动。它的源头可以追溯到原始社会，那时人类需要战胜野兽而生存，常常在猎到野兽后庆贺一番。在聚会庆贺活动中，往往会扮演成某种野兽进行表演，教育和感染后代，鼓励后代要有勇有谋并练就本领。这就是最早的扮兽戏和“村傩”活动，延续下来。后来农户以族户设“堂”，以村堡设“社”，与“社”有关的集体活动称“社事”。这种会社，每逢迎神报赛、庆贺集会，都要举行游艺活动，

有天下第一庙会之称的河南省周口市淮阳太昊陵庙会（王志军摄）

锣鼓火把助威，舞狮舞龙游行，人群相随，以“人威”助“神威”，逐渐形成了“社火”习俗。中原地区许多地方在春节、元宵节、二月二、三月三等节日都有举行庙会的习惯，各种庙会也是社火表演的大舞台。各地社火成为人们放松生活节奏、调节身心健康的“狂欢节”，无论是表演者，还是观赏者，都会忘掉一切烦恼，尽情欢乐。在各地众多社火活动中，灵宝市阳平镇东常村、西常村的“骂社火”别具一格。据传这一习俗起源于唐代，一直流传到现在，每年春节仍然“骂”得不亦乐乎。这种“骂”，完全是一种娱乐方式，按约定俗成的规则进行。东常村和西常村分别交替叫骂，对骂要交替三次进行。轮到哪村叫骂，全村男女老少齐上阵，成群结队到对方村上助威。骂的规则是当场只兴骂不兴还，回击要等到轮到本村准骂时。为了压倒对方，占领上风，每村都要成立“骂社火”班子，并且精心挑选和培养主骂者。主骂者要思维灵活，口齿伶俐，声音洪亮，骂得巧妙。另外，还要有策划编词的人予以帮助，使骂的内容有新意、有水平，而且能顺口押韵，令人赞赏。骂的同时，也是各尽所能，展示各自娱乐项目和社火绝招的时候，双方都能从中获得愉悦。

前面所述的民间乐舞大多属于社会活动中表演的项目，或者说，正是经久不衰的社火和庙会习俗，才使得许多民间歌舞得以传承发展。近年来，社火与庙会习俗作为非物质文化遗产，得到了政府有关部门和民众的重视，很好地保护和传承下来。这方面的项目主要有太昊陵庙会（淮阳），新郑黄帝故里拜祖大典、黄帝故里上巳节（新郑），太清宫庙会（鹿邑），浚县正月古庙会、九流渡添仓会（浚县），关林朝圣大典（洛阳），嫘祖祭典、升旗打酒火（西平），火神祭祀（商丘），中岳古庙会（登封），青龙宫庙会（武陟），三霄娘娘庙会（灵宝），医圣张仲景祭祀（南阳），比干祭典（卫辉），摸摸会（登封），道口正月古庙会（滑县），九曲黄河灯展会（安阳），高王庙会（内乡），二仙庙会（沁阳），张曹庙会（清丰），马街书会（宝丰），杜寨书会（许昌），王海玉皇庙鳌山灯会（濮阳），仓颉庙会（南乐），老君山庙会（栾川）等。

本馆展品：舞龙舞狮等社火道具

社火表演需要各种道具和服装。许昌市建安区灵井镇霍庄村有上百年的社火道具制作历史。近年来，随着农村文化事业发展和乡村旅游活动的兴盛，这里的生意越发火爆。他们已经可以制作全国各地所有社火道具，成为享誉全国的行业佼佼者。

四　体育、杂技与游艺

（一）民间体育

传统农耕时代的民间体育十分简单朴实，器具极其简陋，主要靠自身的活动。主要有游泳、摔跤（摔轱辘）、拔河、赛跑、爬山、上树、掰手腕、打陀螺、叨鸡（脚斗）等，也有把劳动竞赛和体育结合起来的，如比扛麦袋、比挑东西、比提水桶等，实在淳朴可爱。这些都能让人心情愉悦，身体得到锻炼。

当然，在那个时代，正规的体育运动也是有的，只是要经过专门学习和训练才能开展。在河南，最著名的传统体育项目当属少林功夫和陈家沟太极拳，它们早已闻名全球，世间各种资料也很多，这里不做赘述。除了这两项著名体育活动外，河南还有一些传统体育项目，如心意六合拳（漯河、淮阳、邓州、襄城），八极拳（博爱），苌家拳（荥阳），打铁花（确山、禹州），岳家拳（新乡），南无拳（洛阳），子路八卦拳（开封），回族七式拳（开封），阴阳八卦拳（武陟），马坡八卦拳（沁阳），太乙拳（郑州），杨家枪（南乐），沈氏摔跤（郑州），奇士拳（开封），大洪拳（台前），忠义门拳（宁陵），嵩山内养功法（登封），查拳（驻马店），梅花拳（濮阳）等。

（二）杂技、魔术、杂耍

在中国，杂技艺术源远流长。大约在新石期时代就已经萌芽。原始人在狩猎中形成的劳动技能和在自卫防护中创造的武技和超常体能，以及在欢庆胜利和收获时的自娱表演，被视为最早的杂技艺术。在此后的漫长岁月中，逐渐形成了“百戏”体系，进而发展成力量技巧、形体技巧、耍弄技巧、高空技巧、动物戏耍、魔术杂耍、滑稽表演等多种门类和形式。这些供休闲娱乐的技艺，在旧时统称为“杂耍”。

中原地区历来是文化艺术的兴盛之地，自古以来，杂耍也多姿多彩，在民间普及和兴盛开来。但在元代以后，百戏杂耍不受官方提倡，逐渐被视为贱业末技，文人雅士更是耻之贬之，只在平民百姓间还有一些表演机会，主要在年节娱乐活动中表演，平时只能走村串乡半乞讨式的演出。从艺人多是半农半艺，农忙时在家种地，农闲出乡卖艺。

在河南民间，把各种杂耍表演称为“玩把戏”“耍玩意儿”。杂技艺人在农闲季节，三五人合伙走南闯北到乡间卖艺。每到一村，先以锣鼓招人，找一开阔场地，就地画线或用绳网圈出一块演出场地，行话称为“画锅”；场子打好后，让前面的小孩们坐下，场圈子就固定下来了，这叫“定锅”；表演的目的是为了要钱。走村串乡的撂地表演与剧场卖票演出不同，表演者不仅要设法吸引住观众，而且要有本事让他们舍得扔下钱来。这种要钱的本事叫“空点”，也叫“下肯”；收钱的时机要安排在节目表演最紧张、最有悬念的高潮阶段，戛然而止，节目表演暂时停顿下来，表演者以富有感染力和煽动力的语言，请求关照，端着礼帽或器皿绕着场子收钱。在农村，多数情况下，收的不是钱，而是让他们从家中拿些粮食来。常常有村里的管事人帮助收取报酬，这样能更好保证艺人专心演出，而且演得更卖力。

在传统农耕时代，河南民间杂技、魔术、杂耍的品种、项目及从业人员甚多，涉及杂技、魔术、武术、气功、杂耍、幻术、驯兽、滑稽表演等，其中最著名的杂技之乡有濮阳的东北庄杂技和周口杂技，最著名的魔术之乡是宝丰魔术，最著名的驯兽表演是唐河耍猴。

民间传统杂技内容很多，达数百个项目，主要有手技、顶技、登技、踩技、绳技、鞭技、口技、空翻、钻圈、爬杆、走索、倒立、柔术、举鼎、拉弓、耍壶、耍刀、飞镖、上刀山、喷火等。濮阳的东北庄杂技艺术历史悠久，源远流长。相传，东北庄杂技始于夏朝，有据可查的历史可追溯到元末明初。千百年来，东北庄杂技薪火相传，人才辈出，誉满天下。2001年，中国杂技家协会将濮阳东北庄和河北吴桥同时命名为“杂技之乡”，两地被国内外杂技界誉为中国杂技“南北两故里”。新中国成立以来，东北庄为国内外输送杂技精英400余人，国内27个省市的杂技团体都有东北庄的杂技人才；在国外，东北庄杂技已传播到41个国家和地区。周口的杂技艺术也是源远流长，尤其近些年来，传承发展得比较好，举办有专门培养杂技人才的学校，民间组织有大大小小100多个杂技团，有万余名周口籍杂技人常年在全国各地巡演，有的还走出国门，闯荡世界。

平顶山市的宝丰县是著名的魔术之乡。这里的魔术技艺，源于唐宋，发展于明清，兴盛于当今。宝丰县赵庄镇一带，自古就有民间“玩魔术、变戏法”的传统。史书上有“汝水作带，虎狼（指虎狼爬岭）为壁，山清水秀，老幼竞艺”的记载。当地流传有民谣：“上至七十九，下至刚会走，跳唱变戏法，人人有两手。”“一捆围布一根绳，三根竹竿来搭棚，真真假假变戏法，换得银钱回老营。”改革开放以来，宝丰县域内以魔术为主，曲艺、歌舞为翼，气功武术为辅的各类民间艺术表演团体像滚雪球一样迅速发展。至 20 世纪末，全县已拥有民间艺术表演团体千余家，从艺人员 5 万之众。他们农忙务农，农闲从艺，足迹遍及大江南北，有的还走出国门，到越南、缅甸、俄罗斯演出，年创收入达 3 亿余元，形成了颇具规模的民间文化产业。这种以非物质文化为依托的生产方式，成为这里分流农村富余劳动力的创举，被文化部称为“宝丰文化现象”，引起各级领导、政策研究部门及思想理论界的极大关注。中央领导同志先后对这一现象作出重要指示，河南省委原书记徐光春专程到宝丰调研，先后八次作出批示，有力促进了宝丰的文化产业和文化事业的快速发展。2006 年 8 月，宝丰县被中国杂技艺术家协会命名为“中国魔术之乡”。

猴艺是一种历史悠久的传统民间艺术，萌芽于先秦，起源于汉，发展于唐，兴于宋，盛于明，成熟于清和民国初年。地处豫西南边陲的南阳市新野县的猴艺闻名全国。这里自古就有“十数人家八家猴”之说。世代经验的积累，形成了这里关猴、养猴、驯猴、玩猴、交易猴一整套猴艺体系。现今常年游走于外乡的耍猴艺人达 2000 多人，足迹遍及全国各地和周边国家。

河南新野县是著名的猴艺之乡，沙堰镇赵湖村猴艺传承人鲍玉明在驯猴（马青峰摄）

五 日常休闲

传统农耕时代，人们日出而作，日落而息，似乎生活很单调，其实不然，中国百姓的精神世界是多姿多彩的，日常生活是富有情趣的。老百姓日常休闲娱乐的特点，一是善于随时随地、忙里偷闲地创造愉悦、寻找乐趣。在劳作间歇，在茶余饭后，在村头地边……只要有点空闲，人们就会来点什么玩一玩。比如掰手腕，摔个轱辘，练练猜枚，比比爬树，耍项游戏，打个水漂，赛赛游泳，亮亮歌喉，哼段小曲，说个笑话，猜个谜语，养鸟种花，骑驴遛狗等。这些技能几乎人人具备，可以信手拈来；二是中国百姓的日常休闲娱乐充满人际和谐、讲究友善、舍己为人的伦理精神。几乎所有娱乐活动都是在人际互动中实现的，无论玩什么，人们的目的绝不仅仅是为了自己取乐，更多的是为了大家都乐。甚至主动充当娱乐主角“丑化”自己、辛苦自己、作践自己，只要能给别人带来快乐，也在所不惜；三是中国百姓的娱乐方式充满了软幽默。外在表现不张扬，内心世界很丰富，是大多数中国人的性格特征。民间许多日常娱乐活动，看似简单，其实都有很多诀窍在里边。人们在活动中会斗智斗勇，有许多窍门和意蕴是只可意会不可言传的。无论是直接参加者，还是在一旁观望的间接参与者，都能从活动中获得享受和快乐。

这些渗透在人们日常生活的娱乐项目和活动，可以说是五花八门，无法一一述及，以下简单介绍几类。

（一）串门喷空儿

“喷空儿”是典型的河南方言，指的是旧时河南农村常见的一种娱乐方式，“聊天”的意思。聊天，在不同方言中有不同的说法，北京叫“侃大山”，四川叫“摆龙门阵”，河南就叫“喷空儿”。河南的“喷空儿”，不是一般的聊天，形式是多人参与、大声大调、热烈奔放；内容是天南地北、三皇五帝、海阔天空；规模是可大可小、来者不拒、多多益善；时间是茶余饭后、雨雪农闲、多在夜间。仔细琢磨，“喷空儿”的概念也颇有含义，十分贴切。“喷”，形象地显示出话语出口的方式和激情；“空”，恰切地形容了内容的空灵与无限。喷空不空，人人热衷，喷家起劲，听者得劲。

在这项娱乐习俗中，每个村子都会逐渐涌现出一些“喷空儿”高手。俗话说：“人不可貌相，海水不可斗量。”在民间，不少人可能识字不多，但是不能代表他们不聪明，也不能说明他们肚子里没货。当然，那些肚子里灌了墨水的“秀才们”或曾经外出闯荡的能人们，更是见多识广，他们自然受到村民们的追捧，成为“喷空儿”场子的核心。

“喷空儿”一般都在农闲时节开展。冬季天冷，人们少有外出，常常聚到一起“喷空儿”消闲。人们会约定俗成地汇集到“喷空儿”场所，比如牛屋、生产队队部等地，或者某个比较宽敞的家庭等。一群人围着一堆炭火，听得津津有味。平时一有空闲，也会随时聚起来喷一喷，大多在晚上。吃过晚饭，人们三三两两悠出家门，一商量到谁谁家去串门“喷空儿”，随即便可组织起来。到谁家串门，决不会被拒绝，否则，会被大家斥为“不识抬举”，成为“孤家寡人”。即使在村头饭场、茶余饭后，也常见有人忍不住缝插针喷几句。可见，“喷空儿”真的是那时村民生活中不可或缺的调味料和黏合剂！

我们可不要小看这个“喷空儿”娱乐习俗。因为，在信息交流非常匮乏的农耕时代，“喷空儿”就是一个最有效、最实用的信息交流平台，也是一个传播知识、开发智慧的平台。“喷空儿”的内容，大多都是正能量，不少具有启迪教育后代怎样做人做事的道理和能力，事实上成为一种民间小课堂。当然，为了取乐，也常有一些低俗的东西，那些上不了台面的黄段子，喷家会有所分寸，掌握“少儿不宜”的原则。全是大人时，免不了会插科打诨，引起大家哄堂大笑，达到愉悦身心的功效。

（二）花鸟乐趣

养花养鸟也会成为一些富有情趣家庭的爱好，只不过富贵之家与平民百姓会有差别。富人家有着深宅大院，养花养鸟自然讲究，而寻常百姓之家则从实际出发，着重把宅院里的树木花草打理好就行了。农家宅院常有的树木有核桃树、柿子树、梧桐树、香椿树、楸树、桐树、榆树、杏树、梨树、枣树等。花草有牡丹花、月季花、荷花、芍药花、菊花、兰花等。

随着季节的变化，人们还会就地取材，从大自然中寻求乐趣，特别是小孩子乐此不疲。例如春天爬山、野游、挖野菜、放风筝等；夏天打水仗、捕鱼虾、逮蚂蚱、捉知了、掏鸟蛋、扑麻雀、养蝈蝈等；秋天采山菊、赏桂花、摘柿子、挖莲藕、放风筝、打皮牛、扑蝴蝶等；冬天打雪仗、滑冰凌、做游戏等。人们有时也会有意识地组织一些竞技活动，例如羊羝头、赛牛等。总之，在他们心目中，大自然的一切似乎都是美好的，都能从中获得乐趣。

中国旧时民间一些富人雅士还会搞一些奇特的娱乐活动，这些活动不仅仅为了自身的愉悦，更被视为某种身份地位的象征，比如养鸟、斗鸡、斗蛐蛐、赛八哥、把玩鹌鹑等。

（三）棋牌娱乐

老人们的棋牌娱乐（梁冠山摄，原载中国香港新闻出版社《沧桑岁月》2011 年 1 月版）

民间娱乐除大规模群体娱乐外，还有不少小范围或两人娱乐的方式。棋牌类娱乐自古以来就广受民众喜爱，经久不衰。棋牌娱乐的特点是比较文雅，能够锻炼智力，至少两人就可进行，也可多人参与，比如下棋，两人对弈，常常多人围观。在民间，还有不少简便易行的游戏，比如走古路、占方等，随时随地在地面上画出图形，捡来一些小石子、小木棒就可开战。

在中原地区，比较流行的棋牌游戏有如下七类。

打麻将。四人一组，围桌四方而坐，各抓十三张牌。然后轮流起牌打牌，同一花型牌中三张相连或相同为抹，两张相同为对，谁先组成四抹一对者为胜。

打扑克。最常玩的有打百分、打双升、斗地主、交公粮、推十点半、吹大气等。旧时打的叫做天牌，多为赌博性质的活动。

下棋。象棋和围棋历史悠久，是人们非常喜爱的活动。村子里谁的水平如何，大家了如指掌，所以常常是比较固定的对手对弈，这叫棋逢对手。

如果强弱差距较大，强者会主动让对方几个子。虽有观棋不语的规矩，但在农村并非什么正式比赛，就是图个乐趣，所以，往往是两人对弈，众人围观，评头论足，不亦乐乎。棋类还有军棋、跳棋，也很受欢迎。

走古路。在地上画出图形，每人五子，轮流走动，以“挑担”和“夹子”方式，消灭对方之子，直至取胜。

憋死驴。在地上画图，每人两子摆在两边，轮流走动，第一步不准把对方堵死，此后各显神通，直至将对方的子逼得无路可走，即憋死，方为取胜。

走窑儿。在地上画图或挖窑儿，每窑放6~10个小子，每人抓起一窝子，依次一窑一粒分放，放完接续挖窑走子，直至恰遇空窑，即可吃掉下一窑子。两人轮流进行，最后得子多者为胜。

占方。占方的方式和规则比较复杂。常有五道方、七道方和九道方之分，是在地面上画出格数不同的封闭型方格子。两人分别放子占位，然后走动。放子的过程叫“占方”，走动的过程叫“战方”，其中都充满智慧，双方调兵遣将，运筹帷幄，斗智斗勇，走方排周扫除障碍，最后短兵相接，决出胜负。

（四）儿童游戏（研学实践课程参考资料）

玩耍和娱乐是少年儿童的天然本性。自古以来，孩子们都是在各种各样游戏的陪伴下成长起来的。如今，随着时代进步、科技发展和儿童生活方式的变迁，传统儿童游戏受到了冷落，大多已渐渐地离开现代儿童生活，取而代之的是现代儿童游戏。现代儿童游戏虽然具有科技含量高、信息内涵丰富等优点，但与传统儿童游戏相比，也有不少劣势。旧时民间儿童游戏种类繁多，最大的特点是少有玩具，主要靠自身的自娱自乐。参与游戏的儿童既是游戏活动的主体，又是游戏活动的客体，是你玩我、我玩你的人玩人活动。在这些活动中，孩子们可以得到体质、智力、心理、性格、肢体技能等许多方面的锻炼，并且非常有利于儿童之间的感情交流和心理互动，对于正确感受和认知个人价值、他人价值、集体价值，树立友情观念、集体意识、团结精神、合作意识、宽容胸怀、坚韧作风等都大有好处。传统儿童游戏具有促进儿童身心发育和健康成长的独特优势和价值，值得我们重视，应该在新时代经过改造和发展很好地传承下去。

本馆举办的传统儿童游戏夏令营

这些游戏大多都是从长辈那里言传身教传承下来的，同时，孩子们在玩要的过程中发挥自己的聪明才智再不断创新改造，逐步形成各个地方孩子们一整套自己的玩法儿。中原农耕文化博物馆专家团队对中原地区过去流行的儿童游戏认真进行了发掘整理，并举办了传统儿童游戏夏令营、冬令营，深受孩子们的欢迎。他们发掘整理出来的传统儿童游戏大体可以归纳为五大类，约 80 来项。

1. 娱乐类游戏

丢手绢，老鹰抓小鸡（老狼捉小羊、杀羊羔），瞎子摸拐子（摸瞎虎儿、打瞎驴儿），猫捉老鼠（老鼠钻十二洞），投弹围攻，攻城夺宝，抓子，踢方格（跳房子），抢凳子，抢占城楼，编花篮，击鼓传花，藏老猫儿（捉迷藏），跳皮筋，贴膏药，木头人，打鼻子眼，星星过月儿，清官打贼，打耳等。

2. 体育类游戏

叨鸡（脚斗），拔河，掰手腕，推小车，挤脓包（挤肉墩儿、挤油渣），捉尾巴，骑马赛跑(竹马赛跑)，坐轿摘帽，好友三腿走，风车赛跑，打水漂（漂鱼），打纸包，雉鸡翎、砍大刀（闯关挑兵），撂轱辘（摔跤），金鸡独立，过独木桥，蝎子爬爬，筛麦糠等。

3. 智力类游戏

剪刀石头布（剪刀锤子纸），开绞，解疙瘩，走窑儿，瞎子画画，拍手背，猜宝，金锁银锁，拍手打麦，手影及手指技巧，弹玻璃球，打纸包，听口令做动作等。

4. 器具类游戏

放风筝、推铁环、打皮牛（打陀螺）、踢毽子、跳绳、荡秋千、跷跷板、滑滑梯、跳皮筋等。

5. 自然情趣类游戏

扑蝴蝶、捉麻雀、逮蚂蚱、捉知了（蝉）、做柳笛、扒螃蟹、玩蝈蝈、玩纺花虫、挖野菜、捉青蛙等。

六　展厅掠影

本厅主要展品：

社火大鼓、小鼓、多种大镲、多种铜锣、开道大锣、舞狮、舞龙、礼炮冲子、多种铁制兵器、说书坠胡、说书脚蹬棒子、剪板、京胡、三弦胡、皮影、多种儿童玩具、麻将、老纸牌、鸟笼、鹌鹑布袋、淮阳泥泥狗、方城石猴、琉璃咯嘣、儿童摇篮、儿童坐车、儿童站桶、儿童学步车等。

第十厅“休闲娱乐”掠影

第十一厅　乡村工匠

一　前言

“手艺在手，吃穿不愁”，这似乎是对一代代乡村工匠个人追求的真实写照。如果人们都这样理解那个时代的匠人们，就远远低估了他们对于人类社会发展的作用和功绩。在工业极不发达的传统农耕时代，在人们的意识中，只有耕田种庄稼是最重要的事情，所以种地人也是最光彩的，而乡村工匠的社会地位并不高，甚至有的行当还被列为下九流，受人鄙夷和歧视。这是很不公道的。其实，民间工匠是那个时代的科技人才，他们承担着生产工具和生活器皿的制作、改进、维修等重任，是推动农耕时代社会生产力不断提高的重要方面军。没有百工百匠对劳动工具和生活用具的发明、改造、传承、创新，就没有生产的发展和历史的前进。他们的贡献不可磨灭，他们的劳动值得尊重，他们的技艺值得赞颂！在大力发展科技、弘扬工匠精神的今天，我们回首审视民间传统工匠，更觉肃然起敬。

二　老行当发展历程

（一）古代手工业发展历程（研学实践课程参考资料）

我国古代手工业源远流长，原始社会晚期在黄河流域就出现了制陶、制石、制骨、制玉的专业工匠。我们的祖先用灵巧的双手创造出众多生产生活的工具和用具。

殷商时期，青铜器制造得到发展，陶器、骨器、玉器、车辆等各种手工业技术也都在不断提升。丝织物已成为贵族们主要的衣着用料，花色品种、制作工艺有了很大提高。

到了周朝，由于社会经济的发展和公私需要的浩繁，周王室和诸侯公室拥有各种手工业作坊和众多具有专门技艺的工匠。这些作坊和工匠都由官府供养和管理，称为“工商食官”。主要门类有青铜铸造、陶瓷、玉器、木器、车辆等。

春秋战国时期，有作为副业的家庭手工业，也有独立经营的个体手工业，还有“豪民”经营的较大规模手工业，乃至各国封建政府经营的官营手工业。各种工匠技艺有了很大进步，漆器技术已很高超，特别是丝织业技艺长进很大，能生产罗、纱、锦、绣、绢、帛等多种新品。

秦统一全国后，逐渐形成一套庞大的官营手工业体系。西汉时期，农业有了很大进步，铁器广泛使用，大大促进了手工业进一步发展。特别是冶铁技术已经相当高，应用广泛，不仅有剑、矛、刀等各种兵器，还能制作灯、釜、炉、剪等许多生活用具。纺织工具已可制作纺车、织布机、提花机等。

三国两晋南北朝时期，手工业技术继续发展，尤其是纺织业、造船业、陶瓷业、造纸业，以及建桥技术等发展很快，进步较大。

唐朝的手工业技术发展到一个新的高峰。北方的手工业生产有很大进步，各种手工业作坊的数量、规模和内部分工，都超过前代。矿业开采、冶铁技术、器物制造以及瓷器制作等达到一个新的水平。

唐代开始有了“三十六行”之说。到了宋代，随着生产的发展，行业也逐渐增多，号称七十二行。在宋代，造纸业、造船业、雕版印刷业、纺织业、制茶业以及火器制造业等相当发达，尤其是瓷器制作达到一个前所未有的高度，钧、汝、官、哥、定等五大名窑闻名于世，瓷器产品远销国外。景德镇在元代时，成为全国最大的制瓷中心。

元朝时，又把七十二行转记为一百二十行。至于三百六十行之说，最早见于明代田汝成的《游览志余》，显然是形容行业之多的笼统概念，泛指各行各业的行当。

明清时期，手工业发展很快，不仅作为农村副业的棉麻纺织、养蚕缫丝有了普遍推广，而且全国各大小城市和市镇，大都建有磨坊、油坊、机坊、纸坊、酱坊、弹棉花坊、糖坊、木作、铜作、漆作、铁作等各种作坊。特别是清朝对元明以来匠籍制度的废除，在客观上更有利于私人手工业的发展。鸦片战争之前，民间的手工业水平已超越了明代，劳动生产率也相当高，产量和品种更加丰富。尤其是制盐、采矿、冶金等行业得到很大程度发展，商业资本也开始流向产业部门，民间手工业达到鼎盛时期。

近代以来，中国错过了前两次工业革命的机遇，渐渐与世界先进国家拉开了差距。蒸汽机工业革命时代，中国正处在康乾盛世。尽管康熙皇帝本人对西方科技充满兴趣，但没有将个人兴趣转化为国家行动；电气化革命时代，中国在遭受鸦片战争打击后，开展了洋务运动，但落后的政治制度影响了中国赶上第二次工业革命的浪潮，结果甲午战争彻底将中国的工业革命梦击碎了；第三次工业革命，中国正处在计划经济时代。由于恶劣的国际环境，中国处于被封锁状态，我们也有意识将自己与世界隔离。因此，中国差一点再次与工业革命失之交臂。所幸的是，改革开放使我们快马加鞭赶上了这次工业革命的尾巴。

清代以来，中国开始在工业革命中失去机遇并落后于世界，主要原因在于清朝封建政府的闭关锁国政策，另外一个原因就是中国社会的民间传统手工业经过几千年的传承发展，形成了相当完备的体系。在自给自足的小农社会，人们生产生活服务之需完全可以满足，人们满足于现状，不思进取。正因如此，传统手工业在中国存留时间最为漫长，直到新中国成立初期，乡村工匠依然活跃在社会舞台上。改革开放后，随着经济社会的快速发展和科学技术的巨大进步，传统手工业技术及其匠人才逐渐谢幕收场。时至今日，在乡村中和旷野里，再也听不到匠人们那个性十足的吆喝声。现在，我们只能到博物馆去观赏他们的工具和用品，追寻他们的足迹和身影了。

（二）工匠祖师

祖师爷是指各行各业所尊崇的本行业创始人，或者是对这一行业的形成、发展做出重大贡献的人。其实，民间流传的各行各业祖师爷有的是真有其人，有的则是传说中的人物或神灵，或者是虚构出来的人物。我们现在了解这些，不必求其真、求其全，而重在理解各行各业祖师崇拜的精神价值，行业祖师代表的其实是一种行业形象和工匠精神。民间流传的行业和工匠祖师很多，这里择要列举一些行业祖师。

农耕业：神农氏，教育业：孔子，商业：范蠡，印刷业：毕昇，旅游业：徐霞客，缝纫业：轩辕，丝绸业、养蚕业：嫘祖，中医：华佗、孙思邈，中草药：李时珍，兽医：伯乐，造字：仓颉，水利：大禹，渔业：伏羲，水产业：龙王，饮食业：彭祖，旅店业：孟尝君，造酒业：杜康，制醋业：帝予，制糖业：邹和尚，茶业：陆羽，戏曲：李隆基，武术：张三丰，算卦：鬼谷子；等等。

工匠祖师。木匠、石匠、瓦匠、绳匠、泥水匠、雕刻匠：鲁班，铁匠、窑匠：太上老君，皮匠、鞋匠：孙膑，小炉匠、兴秤匠：胡令能，屠宰匠：张飞，印染匠：葛洪，制笔匠：蒙恬，造纸匠：蔡伦，画师：吴道子，盐匠：葛洪，陶匠：范蠡，篾匠：张班，豆腐匠：刘安，厨祖：詹王，泥塑匠、面塑匠、补锅匠：女娲，剃头匠：罗祖，制车匠：奚仲，车夫：造父，膏药匠：铁拐李，灯具匠：东方朔，花匠：花王神，编织匠：刘备，爆竹匠：马钧，乐器匠：孟昶，建筑匠：有巢氏，刺绣师：卢眉娘，织布：黄道婆，扎彩匠：五道真君，磨刀匠：马上皇帝，修脚匠：陈七子，媒婆：月下老人，吹鼓手：师旷，小偷：时迁；等等。

三　部分工匠简介

（一）木匠

木匠（梁冠山摄，中国香港新闻出版社《沧桑岁月》2011 年 1 月版）

在传统农耕社会，木匠与农业生产和家庭生活的关系最为密切，可以说家家离不开，人人都尊敬。在各种工匠中，木匠的人数最多。除了有一些较大木工作坊外，几乎每个村都有一两个会点木工活儿的师傅。木工内部还有许多细分，有所谓的粗木工和细木工。粗木工是指那些做较大物件的木匠，例如修房盖屋、打造车辆、制作农具等；细木工指制作那些需要精雕细刻较小物件的工匠。木匠所用的工具大体相同，根据制作对象的不同，具体工具有所差别。最主要的工具有各种锯、锛、斧头、钻、凿子、刨子、墨斗、长尺、拐尺等。每一品种中，有着许多规格、形状的区分，各有各的用途。锛的使用难度较大，若技术不熟练，不仅难以很好发挥应有功效，而且具有危险性。木工师傅外出干活儿，会把各种工具巧妙的绑挂在锯子上，用大锛挑起，扛在肩上。大锛常常是随身携带的，不仅有做工之用，而且有防身功能。木匠的祖师是鲁班，他是传说中谙熟多种技能的能工巧匠。清代蒲松龄写过《木匠》一诗：“木匠祖师是鲁班，家伙学成载一船。斧凿铲钻寻常用，曲尺墨斗有师传。”

（二）铁匠

在中国古代，铁的发现和冶铁技术的发明，在传统农耕时代具有划时代的意义，铁匠应运而生，在各种工匠行当中占有十分重要的地位。铁匠技艺的难度较大，一般都是专门的作坊，叫做铁匠铺。每个铁匠铺都有一位老师傅带领几位徒弟。工作时，老师傅掌握主导权，是掂小锤、掌钳子的角色。而徒弟的职责是抡大锤、拉风箱、打下手。打造器具时，师傅的小锤点到哪里，徒弟的大锤落到哪里。轻重缓急的暗号指令，师徒间自然明白，十分协调与娴熟。叮叮当当，节奏鲜明，悦耳动听。打铁的主要设施是炉台、风箱、砧子等，以及淬火的设施，铁匠的工具主要是各种锤子、钳子、剪子等。铁匠一般都是多面手，客户要什么，有求必应。但也有内部细分的，比如，剪刀匠就是独立的一个铁匠工种。

（三）陶匠

中国早在约一万年前就已经发明了原始的制陶术，世世代代一直传承发展下来，形成了灰陶、红陶、白陶、彩陶、黑陶等许多品种。直到现在，在民间仍然大量存在和使用。可以说，各种陶瓷器具就是传统农耕最典型的历史符号。由此可见，陶匠的作用与地位也就不言而喻了。

原始瓷出现于商代，从西周、春秋战国到东汉，历经一千多年的发展变化，才逐渐成熟。东汉时多为青瓷，白釉瓷萌芽于南北朝，隋朝时发展成熟，唐宋时期中国瓷器得到巨大发展，宋代有了闻名于世的五大名瓷。时至今日，瓷器已成为中国具有标志性意义的器物。

窑匠拉坯（王志军摄于固始县段集镇旱庄村缸窑厂）

制作陶瓷器具的工匠不仅是匠人，还是艺人。他们必须懂得和掌握全部流程的技术和艺术，不过，在陶瓷作坊中，一般都有较多人员，各有分工。技术高超的师傅做关键性的工序，如拉坯成型，以及掌火烧窑等。而徒弟做和泥、烧火、搬运等粗活儿。陶匠作坊设施和工序分为选料、制料、和泥、拉坯、雕刻、涂釉、煅烧等，最主要的工具是拉坯转轮和雕刻工具等。

（四）绳匠

绳匠（王银安作）

在原始社会就出现了，我们可以通过已出土陶器上的纹饰证明它早已存在。所谓“结绳记事”，绳不仅作为古代农业用具，更富有某种文化的意义。绳子在农耕劳作和日常生活中用处很广，直到现在仍然广泛使用。绳子的制作技术难度不大，所以，几乎家家户户都有简单的制绳工具，就是捻经子的拧车，有小型手摇的，也有较大的卧式经子摇车。但是，适用于生产活动的绳子是多种多样的，仅靠自己往往不行，当需要一些特殊绳子或需用量较大时，就必须到专门的绳铺里去购买。绳铺一般开设在街市集镇上，也有某些村子比较集中地开设有绳子制作的家庭作坊。这些作坊在农忙到来前夕也常常走村串街主动推销。

做绳子的原料主要是麻、葛和棉花，主要工具有捻经子的纺车、合绳子的拧车、合绳刮子等。主要工序有备料、捻经子、合绳等。近代以来，化学纤维的出现和机械化生产的进步，取代了绳匠手工技术和作坊。

（五）石匠

在人类发展历史中，石器的制作和使用是最早的，以至命名为十分漫长的旧石器时代和新石器时代。可见，石器及历代石匠对于人类的发展进步有着多么重要的作用和地位。自古以来，人们与石头打交道的劳动和事情，数不胜数。所以，石匠的分工也就自然很多很细。大的分类可以分为粗石工和细石工两种，细分就有锻磨匠、石刻匠、石碑匠、碾盘匠、玉石匠、石雕匠等。石匠的工具主要有各种锤子、钎子、凿子等，工具简单，全靠匠人的技术技巧。所以，当石匠必须拜师学艺。就锻磨匠而言，其中的奥妙就很多，锻得不好，就影响出面的效果和质量。最近几十年，农村的石磨、石碾早已废弃不用，但是，中原地区盛产的传统小磨香油，至今仍然非常流行，用的还是传统石磨，所以，世间仍然有锻磨匠传承并活跃在小磨香油制作的行业内。他们都有一个新的名字，叫做非物质文化遗产传承代表人。面对他们，我们肃然起敬。

（六）砖瓦匠

砖和瓦是民居建筑的主要构件，用处多，需求大。十里八村总少不了砖瓦窑。砖瓦窑一般都建在离村子稍远的地方，以免污染村子的空气，也便于有充足的原料和开阔的场地。

砖的制作比较简单，只要把泥土和好，利用制砖模子（称为砖斗），有力气的男女青年都可操作。砖斗一般是一连二或一连三，打砖时的关键是必须用力将泥块摔进砖斗，并按压实在，不能使中间留有空隙，然后上面削平，端到平坦场地上倒扣出来，晾干后叠起存放备烧。

做瓦比做砖复杂得多，需要使用专门的工具设备，由可以旋转的轮盘以及瓦筒子（俗称“瓦札子”以下统称“瓦札子”）和弧形拍板（俗称“水板”）组成。转轮固定在地上，但轮体可以水平旋转，底部有一个圆托盘，中间有一个圆形立柱；立柱上可以随时套上和取下瓦札子，瓦札子由许多木条组成，可以开合，便于灵活套上和取下转盘立柱；瓦札子外侧套有布套子，是为了避免泥片粘连在瓦札子上；手持的拍板叫做水板，内弧有竖形细条纹。制瓦一般都由专业师傅来承担。制瓦需要的泥更为讲究，必须非常细腻，决不能有石子或杂质，搅和翻动的时间、软硬程度等要由专业师傅来把握，韧性达到要求后方可制作。用专用刮铲在和好的泥垛上切割出长条泥片，双手托起，包卷在瓦札子的布套上，接好口茬。然后双手拿着两个水板，拍打泥片并驱动转轮旋转，使泥片厚薄均匀而内部实在，然后切出整齐的边沿。这时就可以提起瓦札子放到平坦的地面上，将瓦札子开口处错开合拢，使内径缩小，便可顺利抽出瓦札子，留下圆筒形的瓦坯子。瓦坯子的四周均匀分布有四道凹槽，是为分解成瓦片预备的。待瓦坯子半干之时，即可分解成四片瓦坯，加以修整，完全干透后码起备烧。

砖瓦匠的技术更在于烧窑上面。砖瓦窑由耐火砖砌成，下部是烧火设施，上部为圆形空腔，用于装载砖坯和瓦坯。旧时烧窑用柴或炭烧，后来一般都用煤烧。烧窑的时间、温度、火候等，要由砖瓦师傅来把握。师傅对每一窑的烧制都极为重视，生火、开窑等环节往往还要有庄重的仪式，祈求窑神保佑。

（七）屠宰匠

杀猪宰羊也是一个技术活儿，一般人不仅少有承受血淋淋毁掉一个生命的胆量，而且不得诀窍是难以一刀毙命的。所以，每个村子往往要有一两个专门干这个活儿的人，这就是屠宰匠。在自给自足的小农经济时代，农户逢年过节就把自家养的猪羊等牲畜杀掉，一家人享用。当然，在集镇上也有专门开设的屠行，自家没有养猪羊的人家，就要到集镇屠行里去买。

屠宰匠：杀猪（段双奇摄，原载中国图书出版社《农耕与传承》2020 年 6 月版）

屠宰工具主要有长短不同的宰刀、剔骨刀、挺条、吊钩、腿毛刮子、接血盆、杆秤等。杀猪时，需要较多人合作，由一些身强力壮、眼疾手快的年轻男子先把猪捉住，抓起四条腿、猪耳朵、猪尾巴，抬起平放到桌子上，这时才轮到屠宰匠下手。只见他拿起长长的宰刀，从猪脖子下方下刀，向着心脏方向斜插下去，刀尖轻轻一搅，便可刺破心脏，鲜血随即由刀口处喷射而出。刀迅即拔出，让血流到事先准备好的盆子里，猪便顷刻毙命。第二道工序是在一条后腿上用刀刺开一个小口子，然后用一根长一米多的细铁棍（叫做“挺条”），从开口处沿着皮下向猪的全身多个方位插进去，目的是形成充气通道。第三道工序是由一个肺活量大的棒小伙子嘴巴对准开口用力吹气。每吹一口换气时，必须用手握住进气口，以免气体外泄。另有人用木棒在猪的身上不停敲打，使气体在全身各处充盈起来，直至圆圆滚滚，才把气口扎起来。第四道工序是煺猪毛，露天就地支起一口大铁锅，把水烧开后，将猪放进开水中迅速翻动，使各个部位均匀滚烫，屠宰师傅凭经验知道滚烫的火候，合适时，开始用刮子刮毛，浓浓的猪毛便会连根拔掉，直至浑身雪白。第五道工序，主要由屠宰匠来做，就是开膛破肚，把煺干净的条子猪头朝下吊挂在搭好的木架子上，屠宰匠用刀具打开猪肚子，先取出胃、肠、膀胱等部件，这些称为“下水”。然后取出心、肝、肺等部件，这些叫“杂碎”。最后砍下猪头，把猪身分成左右两半，再逐步分解。最后工序是做些善后工作，主要是翻洗肠子、收拾猪头等杂活儿。屠宰师傅的劳动报酬，农家一般不是付钱，而是酌情送些猪杂碎、猪头之类的东西，以示酬谢。屠宰匠有一条重要行规，就是宰刀不能借给别人使用，避讳“借刀杀人”，实际就是为了保证安全。如果有人需要借用一下刀具，那么，屠宰师傅要亲自去帮忙，刀是始终不能离开师傅自身的。

猪的使命就是供人食用的，长成了就要杀掉，似乎是天经地义，无须人们同情。而牛就不同了，它们为人们辛劳耕作一辈子，到了衰老体弱不能耕作之时，人们还要宰杀吃掉，实在有些残忍。老牛是通人性的，当它看到人们即将杀掉它的时候，甚至会默默地留下老泪！所以，主人是决不忍心下手的，这活儿非专门的屠宰师傅莫属。屠宰匠宰牛时的心境和姿态也与杀猪有所不同，他们会用一块破布将老牛的眼睛遮盖起来，并口中念念有词地说些解释与开脱的话，以求牛王爷对自己罪责的原谅，然后才会下手。力求干脆利落，一刀毙命，减轻老牛的痛苦。周围帮忙的人往往会看得心酸，与牛相守多年的牛把儿甚至流泪不止，令人唏嘘。

（八）阉割匠

专门从事阉割猪、牛的匠人，叫做阉割匠。民间往往直接称他们为“择（zhai）猪师傅”“骟牛师傅”。骟牛是专指公牛而言，母牛是要让它生犊繁殖的。用于拉犁拉车的公牛，如果不进行阉割，就会经常发情影响体力和干活儿的专注度。骟牛有两种方式：一是割骟，即直接把睾丸切除；二是锤骟，就是把输精管锤砸破坏。

在农村，家家户户都要养猪。农家喂养生猪是为了吃肉，如果不进行阉割，则会严重影响增肥长肉。阉割猪要在小猪崽的时候进行。在中原地区，农家称公猪为“牙猪”，称母猪为“草猪”。牙猪和草猪都需要阉割。牙猪阉割比较容易，直接切除睾丸即可；草猪阉割很不简单，师傅要定准位置下刀，尽可能开口要小，以减少对猪的伤害。技术高超的师傅开的口子仅能插进一个手指头。他用食指插进去，就可以摸到卵巢，勾出体外予以切除。这样的微创刀口很容易愈合。

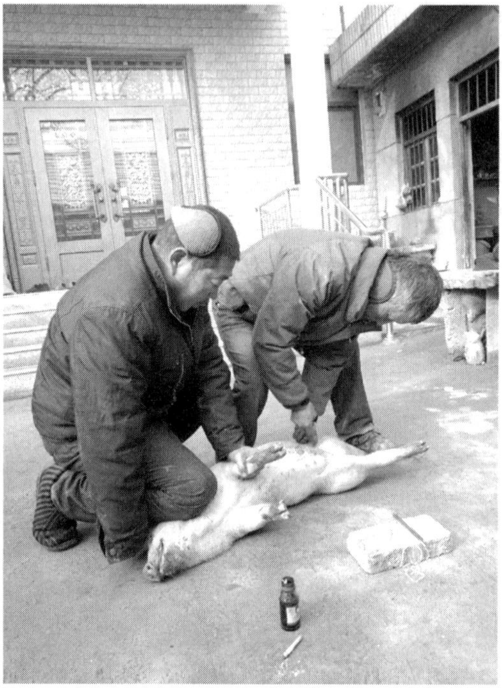

阉割匠（梁冠山摄，中国香港新闻出版社《沧桑岁月》2011 年 1 月版）

择猪师傅的工具是一套小刀具，用一个皮夹套装着。招牌是一根拐杖状的棍子，上端束着两缕白色鬃毛。阉割匠到村上是不会大声吆喝的，人们就是靠幌子（招牌）来辨认。因为，旧时民间对于阉割匠存有严重的行业偏见，认为他们能把牲口的生殖系统破坏掉，这样的人过不好的，甚至要断子绝孙。现在看来，这是多么的荒唐！其实，这些师傅很了不起，他们是外科兽医的一种，没有过硬本事是干不了的。他们为服务人们生活默默做出了很大的贡献。

（九）轧花弹花匠

轧花弹花是纺织工序中十分重要的基础性工作程序。在男耕女织的时代，家家户户的女人们都必须学会一手纺织技术。但是，轧棉和弹棉不是一般家庭妇女可以做到的，大多需要依靠专业作坊来完成。最原始的轧棉，使用的是非常笨拙的手摇轧棉绞车，后来发明了脚踏的轧棉机，效率提高不少。传统的弹棉花，使用的是弹花弓和弹花锤。家用弹花弓一般是小型手持的，作坊多使用大弓子。用一木制弹花锤敲打振动弓弦产生颤动，把棉花花絮弹蓬松。后来，发明了弹棉花机，先是靠人手工摇动，后来改为电力带动。这种作坊直到20世纪80年代才渐渐消失。

（十）剃头匠

剃头匠（李岩作）

在中国古代，男人们都要留须发。唐代以前，男人是不剃头的。那时人们认为，毛发、皮肤都是父母给的，不能动，动了就是大不敬。唐代以后，男人开始刮去胡子，剪短头发，民间也就有了剃头这门手艺，以梳头剪发为主。古时女人奉守封建伦理，不可能抛头露面让别人修饰打扮，所以，女人们的头发修饰是靠自己或亲人梳理的。清军入关后，下令剃掉前额头发，梳结长辫，剃头成为一种独立的工匠门类。

剃头虽然是人们生活之必需，但是这种匠人却不能受人尊敬，甚至遭人鄙视，毫不隐讳的叫做“剃头匠”，并贬之为“下九流”。民间流行有“不学吹手不学戏，不学剃头刮毛羽”之说。而剃头匠人则讲究自尊，号称自己的行当“虽是毫末技艺，却是顶上功夫。”

传统农耕时代，剃头匠除了在市镇开设剃头铺外，在农村，还常常见到挑着一副担子走村串户服务上门的。俗话说：“剃头挑子——一头热”，就形象说明一头是烧水炉子和锅子，一头是兼有座凳功能的工具箱，竖起一根杆子，挑着一个逼刀布子。在20世纪六七十年代，一个剃头匠常常包几个村子，所得的报酬是按人头收取粮食，小孩子不计人数。20世纪80年代后，新型理发美容业取代剃头匠的职业，职业鄙视也完全消失。如今的美容美发行业成为非常红火且颇受尊敬的职业。

（十一）补锅匠

补锅匠通常是一职多能，其技艺有补、钉、锔。其中锔包括锔铁锅，锔铜盒，锔缸，锔瓷器。俗称“没有金刚钻，别揽瓷器活”就是指没有好的工具和手艺，就不敢接手修理瓷器的活儿。锔陶缸瓷缸用铁扒钉锔，锔小型贵重的瓷器，用铜锔钉锔。补锅也是过去乡村最多的活计，那时买口新锅要花不少钱，旧锅破了，是不会轻易废弃不用的，补补钉钉，能用还用。补锅匠常是师徒二人同行，挑着担或推个车，必带一个化铁炉，两个以上坩埚。补锅是用融化了的铁水，补上锅洞；钉锅是用带有大盖的钉子，穿进漏孔中，在锅底上铆牢封严。铁锅发生裂纹时则钻孔，用铁扒钉锔紧。补锅匠在20世纪60年代尚存，湖南花鼓戏《补锅》被搬上文艺舞台后，全国风行。补锅匠因现代廉价工业品夺去了其生存空间，20世纪后期已彻底绝迹。

（十二）磨刀匠

磨菜刀（李岩作）

磨刀匠人属于铁匠的一个独立分支，他们靠游乡串村为人家磨剪子戗菜刀为营生养家糊口。旧时，乡间村寨或街头巷尾经常能够看到他们的身影，而且听到“磨剪子来戗菜刀——”的悦耳吆喝声。他们的设备全在一条长条凳子上，磨刀石、戗刀、水壶、刷子等绑的绑、挂的挂。行走时，肩扛凳子；工作时，骑坐上边，十分方便。所以，他们自称为“马上皇帝”。无论别人怎么看不起，自己要尊重自己。

（十三）钉掌匠

钉掌匠（王银安作）

牛、驴、骡、马等大牲口，是农耕时代的重要生产力，拉犁耕地、驱车运输全靠它们。这些大牲口蹄子的骨头与角质虽然非常坚硬耐磨，但经常行走在高低不平的土路或石子道路上，磨损是很厉害的，必须钉上专门打制的铁片掌子才行。钉掌这个技术活儿要由专业师傅来承担，他们叫做钉掌匠。钉掌匠的工具主要是外凸型切刀、内凹型削刀、小锤子、特制掌子、钉子等。大牲口力大性烈，难以驯服，钉掌时需要多人配合。先用缰绳把牲口头部固定在树干上，然后把需要钉的蹄子放在一个高低合适的木凳上，垫上垫子，钉掌师傅先把蹄子上的杂质清除，然后把表层的软骨和角质适当切除一层，目的是要形成平面。所用铁掌是事先在铁匠炉打制好的，与牛、驴、骡、马的蹄子形状相适应的环状铁片，留有钉钉子的孔眼。钉子的长度较短，钉上去不至于伤到蹄子深处的神经。边缘处的钉子是斜插进去的，钉子的尖头从蹄子一侧露出，打一个小卷儿，固定在蹄子上，这样，既结实，又不伤神经。牲口蹄掌如同人们的鞋子，钉上新掌子的牲口，因为舒适耐磨，会格外神气，昂头吐气，四蹄生风，加上脖子上的铃铛吵子之类，声音清脆，节奏分明，引来众人喝彩，这时，钉掌匠的自豪感往往溢于言表。

四　展厅掠影

本厅主要展品：

全套木匠工具、全套铁匠工具、全套绳匠工具、全套陶匠工具、剃头器具、兴秤工具、小炉匠工具、磨刀匠工具、制砖工具、制瓦工具、屠宰匠工具、阉割匠工具、锻磨匠工具、掌鞋工具、编草鞋工具、制鞭炮工具、做竹篦工具、编织匠工具、扎笤帚工具、油布伞、纸伞、多种货郎担、拨浪鼓等。

第十一厅“乡村工匠”掠影

第十二厅　农副生产·地方特产

一　前言

中原地区气候温和，物产丰富，是全国重要的粮食产地，以小麦、玉米、豆类、稻谷等各种粮食作物生产为主的生产活动占据着主要位置，但在自给自足的传统农耕时代，各种副业生产也必不可少。植树造林、饲养牲畜、捕鱼打猎、商贸活动、服务行业等各种生产和活动在中原地区源远流长，十分兴旺。俗话说：“无农不稳，无粮不济，无商不活，无副不富。”这些副业生产和活动是传统农耕时代农村经济收入的主要来源，也是社会活力的生动体现。长期以来，各个地区人民秉承着“靠山吃山，靠水吃水”的理念，充分利用当地自然优势和人文条件，把能够发掘的财富尽可能挖掘出来，把能搞出的经营尽可能搞出来，农林牧副渔等各种生产经营活动异彩纷呈，积累了丰富的经验，形成了众多的驰名地方特产，一代代传续下来，不断发展创新，丰饶中原大地，养育华夏子民。

二　副业生产

（一）种植类

种植类副业生产是指粮食作物以外的经济作物品种。主要包括油料作物（芝麻、花生、油菜籽等），烟草，药材，蔬菜等。这些作物除自家留用一部分外，主要是为了卖钱增加家庭收入。中原地区气候温和，四季分明，雨水调润，土地肥沃，适宜多种作物生长，所以，各地有着不少传统优势的特色种植。

芝麻、花生、油菜籽等油料作物的种植在中原地区非常普遍，一到春季，各地的油菜花开放，成为一道道亮丽的风景。芝麻种植和榨油，尤以驻马店地区最普遍、最典型。

油菜花香（王志军摄）

烟草种植以许昌地区最有代表性。1958年夏，毛泽东主席曾经来到河南省襄城县烟田视察并盛赞："这里成为烟草王国了！"旧中国唯一一个烟草研究所就建在许昌，当时许昌的烟叶大量出口，享誉国外。著名品牌"大前门"香烟，许昌卷烟厂是全国准许出品的三个烟厂之一。直到现在，许昌仍是全国重要烟草和卷烟生产的重要基地之一。

药材种植在中原地区也比较普遍，涉及白芍、血参、生地、玄参、山药、半夏等上百个常用药材品种，野生中草药品种更多。伏牛山、太行山、大别山、桐柏山等山区的野生药材都很丰富，涵盖了中草药的绝大多数品种。采集野生药材，是当地山民的一项重要经济收入来源。就人工种植而言，各地根据气候和土壤条件，种植品种有所不同，这就是所谓"药出地道"。比较突出的产药基地有豫北焦作（温县、沁阳、武陟、孟州一带古称怀庆府）的四大怀药（山药、牛膝、地黄、菊花），禹州、南阳等地的中草药种植及销售也历史悠久、声名远播，直到现在仍是重要的中草药集散地。

（二）林业类

林业类多种经营主要指自然山林的开发利用与管理，以及花卉苗木的种植与栽培。除了深山一些自然生长的原始森林需要加以保护和利用外，人们非常重视人工植树造林，尤其近年来，随着人们生态文明和环境保护意识的不断增强，"绿水青山就是金山银山"理念的日益强化，中原地区的林业发展和生态环境有了很大改善，从事林木花卉经营的企业也得到较快发展。

林业经营分为经济林和用材林。经济林木主要有各种果树、茶树、桐油树、漆树、桑杈树等。桐油树和漆树已渐被人们遗弃，我们在豫西伏牛山区尚能见到少量的漆树和桐油树，时至今日在西峡竟然还有农家坚持从漆树上割取树液熬制山漆。

桑杈是农村收打庄稼时一种重要工具，一根长长的木把，一端有二至四条均匀分叉，可以用来翻挑秸秆。这种木杈是桑树经打岔分枝人工培育出来的，往往形成专业生产村。作为果树和茶树的经济林木，历来受到人们喜爱，随着人们崇尚健康食品的热情持续上升，如今越来越受到重视，得以快速发展。在河南，比较著名的水果产地和品种，主要有豫西地带的灵宝苹果、豫北太行山地带的柿子、核桃等，豫南大别山地带的茶树等，

“信阳毛尖”系全国著名品牌之一，信阳的山茶油也颇受人们欢迎。

河南省西峡县丁河镇蒲塘村刘玉生老师傅在割收山漆（张培林摄）

花木产业在新中国成立以前并不兴旺，只有富户人家才有私家园林和养花赏草的雅趣；广大农民由于家境贫寒，除房前屋后植树绿化外，少有花卉种植。中原地区历史上受人推崇和喜爱的传统种植花卉主要有牡丹、荷花、菊花、梅花、月季、兰花、蔷薇花等，树木花卉有桃花、梨花、桂花、石榴花、海棠花等，人们宅院喜爱种植的主要树木有梧桐树、核桃树、桂花树、槐树、柿子树、楸树、香椿树、桐树以及竹子等。现在随着农村生活水平和农民素质的提升，特别是人们生态环境保护意识的提高，城乡环境美化的需求越来越多，花卉苗木产业日益兴旺。

许昌市鄢陵县一年一度举办的中国·中原花木交易博览会（牛书培摄）

处于河南中部的鄢陵县，自古就有种植培育花卉苗木的传统，近年来借助改革开放的东风，乘势而上，又有突破性发展。利用当地有利的气候条件和工艺基础，在南花北移、北木南迁的驯化培育上下功夫，在苗木培育与集散上大发展，成为我国长江以北地区最大的花卉苗木集散地，每年举办的花木交易博览会非常火爆，成为国内本行业颇具影响的重要节会之一。许昌荣膺“中国花木之都”“国家森林城”“国家园林城”“国家生态园林城”“中国腊梅之乡”等称号。

（三）养殖类

耕牛交易市场（梁冠山摄，原载中国香港新闻出版社《沧桑岁月》2011 年 1 月版）

养殖类是农家最普遍的副业生产，在传统农耕时代，是家家必做的事情。普遍现象是作为家庭副业伴随日常生活而养殖的，也有人家专门从事养殖产业。主要种类有牲畜类的牛、马、骡、驴、猪、羊、狗、兔等，家禽类养殖主要有鸡、鸭、鹅等。牛、马、骡、驴是作为传统农耕时代的重要生产力来对待的，自然倍加重视。这些牲畜在那时是不会轻易宰杀吃肉的，只有到失去劳动能力时，才不得不杀掉。而猪、羊、兔、鸡、鸭、鹅等畜禽则是专门供食用的，但是，也并非养成即食。往往是要留到过年过节或遇到大事之时宰杀食用的。农家最重视、最经常的养殖莫过于鸡、鸭、鹅了，它们有一个重要功能——下蛋，成为百姓家里平常零花钱的主要来源，人们甚至戏称那是农家的“鸡屁股银行”。那时，我们常常可以在村头巷尾听到“鸡蛋换盐、换洋火”的吆喝声。

养殖类的经营品种是比较广泛的。农家根据当地自然条件和经验积累，进行选择、发掘和传承。除了农家通常饲养的牲畜和家禽外，有经验的人家还会养殖一些特殊的动物，比如蜜蜂、桑蚕、柞蚕、鱼虾，以及可以作为药材的蝎子、蜈蚣、土元等。

养殖蜜蜂的农户，在山区较多，有一家一户小规模养殖，也有蜜蜂养殖专业户大规模养殖。养蜂专业户往往不局限于当地，会游走于外乡追赶不同花源和花期，尽可能生产出更多更好的蜂蜜。养蜂被称为“甜蜜的事业”。蜂蜜具有很高的营养价值和药用价值，自古以来都是备受推崇的优质食品。

养蚕缫丝是具有悠久历史的农事活动。在中原地区，不仅有桑蚕养殖，还有柞蚕（也称山蚕）养殖。桑蚕吃的是桑叶，在室内养殖；柞蚕吃的是柞木叶子，在山上放养。传统农耕时代，一些农家拥有养蚕、缫丝、织绸等一条龙的设备与技能，他们的产品不是供自家消费，而主要是为了卖钱。

养鱼养虾要根据当地自然条件，有河湖坑塘方可。当然，不少地方是人为创造条件进行鱼虾养殖的。改革开放以来，人们勤劳致富的积极性、创造性得到极大激发，人们利用原有水库和开挖的水塘进行鱼虾养殖，中原地区的渔业也有了很好发展。

（四）渔猎类

打猎捕鱼也是民间获得农耕以外收入的途径之一。俗话说“靠山吃山，靠水吃水”，居住环境中有河流库塘的，捕鱼成为一种重要副业。河南属北方内陆地区，除了信阳一带水利资源比较丰富之外，大部分地方的河流水量不大、水流平缓，所以，所用船只也不大，捕鱼用的船只甚至多为两条小窄船连接在一起的鱼鹰船。渔夫双腿叉开，分别踏在两条船上，用一根长竹竿支撑河底产生动力驱动船体行进。捕鱼的主要工具有撒网、立网、手持捞网、鱼叉、鱼勺、鱼篓、鱼罩子以及一些特制工具等。最常用的是撒网，渔夫站在船头或岸边，两手配合将撒网远远抛出，形成一个圆形网罩，依靠网坠迅速下沉，将鱼网入其中，拉出捡拾到鱼篓里。古时，还有一种更原始的捕鱼办法，就是鱼鹰捉鱼。下河捕鱼时，渔夫将养育驯化的鱼鹰带在船上，到了有鱼的深水处，鱼鹰扑下水去，用长长的喙捕捉到鱼后，便跳上船头，交付主人。鱼鹰的这种“自觉”和“忠诚”不是天生的，而是渔夫训练出来的。开始训练时，要把鱼鹰的脖子轻轻束起来，使它难以吞下鱼体，慢慢地，它就知道捉住的鱼是不能随便吃下的。

小船·渔夫·鱼鹰（李岩作）

如果说钓鱼、捕鱼是优雅浪漫的事情，那么打猎则是机智剽悍的活动。旧时民间有不少猎枪（长筒火药枪，俗称老笨炮），动力靠自制黑火药，子弹是铁砂子。秋冬季节是打猎的好时节。专业猎户很少，大多是业余活动。农闲之时，他们到山地和田野寻找猎物，主要对象有山兔、野鸡、飞鸟、野狼、狐狸、刺猬、野獾、黄鼠狼等。有经验的猎人能够根据季节气候、早晚时辰、地形地貌等特征，准确掌握各种动物的活动规律，找准区域，把好野兽出入路径，就会收获颇丰。冬天下大雪后，猎人反而更忙，野兔这时出来，足迹明显，而且行动不便，易于捕猎。打猎的用处一是吃肉，二是剥皮卖钱。

（五）工艺类

加工技艺类副业是涉及面很广的副业门类，可以分解为许多具体门类，我们在“乡村工匠”“休闲娱乐”“炊事饮食”等展厅都有述及，这里只就个别工种项目作以简要介绍。

在自给自足的小农经济时代，民间加工制造类副业非常普遍，这些行当大多都以家庭作坊形式进行，除了前面述及的工匠门类外，食品加工类主要有小磨香油作坊、压榨油油坊、豆腐坊、黄酒作坊、白酒作坊、酿醋作坊、酱菜作坊、干果作坊、粉条作坊、制茶作坊、糕点作坊、糖果作坊等。新中国成立后，随着工业化进程，它们逐渐发展成为专业工厂。

榨油是在民间比较普遍的行当，主要有压榨式大槽油作坊和小磨香油作坊两种方式。大槽油作坊以芝麻、花生、油菜籽、黄豆、棉籽等为原料打造出不同品种的压榨油。压榨油的打油工具相当庞大，是用两个巨大的硬材树干组合而成的打油横梁，两道油梁相距约 70 厘米平行放置，中间嵌入原材料榨油包，两端有可移动的木板堵头，堵头一端嵌入大木楔，以打油锤夯打大木楔，对嵌在中间的原料包产生强大压力，从而使油液挤压渗出。其中要经过原料筛选、炒制、碾压、熏蒸、包扎、夯打、收存、沉淀等一系列程序才能完成。

河南省鲁山县张官营镇楝树村古法压榨油技艺传承人刘心建（王志军摄）

鲁山县张官营镇刘心建老师傅是这一非物质文化遗产项目的代表性传承人，直到现在，仍然保留着老作坊的设备及工艺。在这里还能听到他和徒弟们的打油号子声，还能尝到这里产出的地道压榨油。在榨油种类中，近年来还兴起一些健康概念新品种，信阳的山茶油广受欢迎。

中原地区的造酒业虽没有川贵地区的白酒和江浙地区的黄酒那么闻名，但也是酒类生产大省之一。早些年一度叫响省内外的白酒品牌是“张（张弓）、宝（宝丰）、林（林河）”三大品牌，后来，真正有着古代品牌价值的

“杜康酒”，以及“宋河”“仰韶”等品牌逐渐恢复壮大起来。黄酒制作也有悠久历史，这里的黄酒是以小米为原料制作，不仅有佐餐功能，更有药用功效，邓州、鹤壁、社旗、扶沟等地黄酒制作颇有名气，传承至今。

茶文化在中国具有标志性意义，河南虽不是产茶大省，但也有比较著名的品牌，就是“信阳毛尖”。在大别山区盛产茶叶，当地百姓自古就有采茶制茶的传统，茶叶成为他们的主要经济收入来源之一。

美术工艺类涉及面很广，大多属于非物质文化遗产，近年来，在政府的高度重视下，得到很好的发掘、保护、传承和发展。诸如朱仙镇、滑县、卢氏、内黄等地的木版年画，陕县、灵宝、卢氏、禹州、辉县、鲁山等地的剪纸，汝南、舞阳等地的农民画，柘城、登封等地的泥塑，开封汴绣，淮阳泥泥狗，方城石猴，浚县泥咕咕，黄河澄泥砚，方城黄石砚，滑县秦氏绢艺，淮阳、上蔡等地的毛笔，南阳烙画，浚县、偃师的石刻石雕，西平棠溪宝剑，上蔡核桃雕花，禹州、灵宝等地的刺绣，清丰的麦秸画，洛阳面塑，郑州香包，安阳灯笼画等。在中原工艺类行当中，最著名的当属陶瓷和玉雕工艺。宋代五大名瓷有其二，即禹州神垕的钧瓷和平顶山的汝瓷，久负盛名，至今传承发展得相当好。驰名中外的禹州神垕古镇，被誉为“一直活着的古镇”，就是指钧瓷工艺炉火不断，世代传承，以“入窑一色，出窑万彩”而著称于世，素有“纵有家财万贯，不如钧瓷一片”之说。现在，钧瓷已成为我国外交活动的著名国礼。此外，还有洛阳的唐三彩、焦作的绞胎瓷、淮阳和沁阳的黑陶等，都是中原陶瓷工艺的重要品牌。河南玉雕也久负盛名，南阳的独山玉和新密的密玉自古就颇有名气，南阳镇平的玉雕工艺长盛不衰，现在已经发展成为中原地区重要的玉器集散地。

（六）商贸类

在自给自足的小农社会旧中国，商品意识和商业贸易都不活跃，但要满足人们生产生活之需，物资流通和产品交换是必不可少的。因此，乡间便以集镇或规模较大的村为基地，组织区域性的物资交流会，时间是约定俗成固定下来的，常常设在麦收前后、秋收前后及传统节日期间。较大集镇除了有固定日期的物资交流大会，平时则有“逢双”或“逢单”的“丰集”“背集”的规律。豫中豫东平原地区村庄密度和规模较大，几乎每个大村庄每年都会有几次本村的物资交流大会。每逢会期，十里八村的村民便从四面八方汇集一起，他们有着各自的需求，要么是要出售自家东西，要么是想购买所需物品，当然，也有不少跟随大人打闹玩耍的小孩子。在集市上，大多数卖家都是随地摆摊，吆喝叫卖。会场上看货询价，讨价还价，吵吵闹闹，热闹非凡。每个集会一般都要有台大戏，甚至两台、三台唱对戏，有的还请一些魔术杂耍之类的，为的是制造声势、吸引人气。所以，乡间集会不仅具有物资交流的功能，还有民众休闲娱乐的作用。

在各种商品交换活动中，都有人们约定俗成的规则，价格也比较稳定，虽有随行就市之规律，但上下浮动不大，一些常用工具甚至几年、十几年保持在一个价位上。传统农耕时代，人们日用花销的经济来源，主要靠各显其能生产出别人需要的生产工具和生活用品，通过物资交流活动获得收益。所以，乡间物资交流会必不可少、意义重大。

仅靠固定的物资交流大会，还远远不能满足人们日常生活之需。柴米油盐酱醋茶，以及各种器具的修修补补等，要靠走村串巷流动销售的各种商人，包括卖百货的货郎担，修修补补的小炉匠，卖油的、卖醋的、卖豆腐的等。他们的招牌、吆喝声、拨浪鼓、拨浪锣等各有不同，人们耳熟能详，一听便知，交易方式是以物换物还是用钱购买，自然明了，买家出门之前便做好了准备，免得多跑腿脚。

在众多的物资交流中，牛、马、驴、骡等大牲口的买卖非同小可。一般要专设交易会，人们称为“牲口绳”或“牛绳”。大牲口交易较少买卖双方直接商谈，多由中间商帮助协调。民间称这种中介叫“行户”或“牛行户”。行户在买卖双方之间协调价钱。协调的方式也很特别，不是当面直说，而是双方在袖筒里或衣襟下“摸指头”。通过多次协调，得到双方同意，即可成交。

三　中州特产

自古以来，中原地区物华天宝，物产丰富，形成许多河南老字号产品，历朝历代进贡朝廷的珍品也很多。近年来，随着国家对非物质文化遗产的重视和保护，许多老字号产品得以传承和创新发展。据了解自 2007 年以来，河南省民间文艺家协会把“河南老字号”和“中原贡品”的调查、申报与认定列入河南省民间文化遗产抢救工程重点项目。截至目前，经评审、认定、公示，先后公布了七批 372 家“河南老字号”和六批 92 家“中原贡品”名单。

这里仅介绍部分中原贡品与地方特产。

（一）中原贡品（首批名录）

市、县	项目名称	申报主体单位	贡品确立年代
郑州登封市	登封瓷	嵩山古陶瓷研究会	北宋元丰二年（1079 年）
郑州市	黄河澄砚	黄河金沙泥艺术研究所	唐代
郑州新密市	密 玉	新密市聚宝楼玉器厂	明代
郑州新密市	密 瓷	新密市密瓷研究会	唐开元年间
郑州市	郑商瓷（郑州青瓷）	郑州阎氏陶瓷研究所	五代
开封市	北宋官瓷	开封市何氏官瓷艺术有限公司	北宋
开封市	汴 绣	开封市素花宋绣工艺有限公司	北宋
洛阳市新安县	虢州澄泥砚	新安县虢州澄泥砚店	唐代
洛阳市新安县	河洛澄泥砚	洛阳市蓝鸟文化艺术传播有限公司	唐代
平顶山市宝丰县	汝瓷	宝丰大宋汝窑实业有限公司	北宋政和七年（1117 年）
平顶山市鲁山县	鲁山花瓷	鲁山县非物质文化遗产保护中心	唐代
平顶山市鲁山县	鲁山丝绸	鲁山县非物质文化遗产保护中心	唐代
平顶山汝州市	汝瓷	汝州市民协 / 汝州市汝瓷协会	北宋
安阳市滑县	秦氏绢艺	滑县秦氏绢艺研究所	明崇祯二年（1629 年）
鹤壁市浚县	花斑石	浚县屯子镇人民政府	明天启六年（1626 年）
焦作市修武县	当阳瓷（绞胎瓷）	修武县西村乡当阳峪村	北宋崇宁四年（1105 年）

续表

市、县	项目名称	申报主体单位	贡品确立年代
许昌 禹州市	钧瓷	禹州市星航钧瓷有限公司	北宋
许昌 禹州市	钧瓷	禹州市向阳钧窑	北宋
三门峡 灵宝市	虢州砚	灵宝市朱阳镇文化服务中心	唐代
三门峡市 渑池县	澄泥砚	韶韵轩旅游商品开发有限公司	唐代
周口项城市	汝阳刘毛笔	项城市汝阳刘笔业有限公司	明代
郑州荥阳市	河阴石榴	荥阳市高村乡人民政府	唐代
平顶山市 鲁山县	张良姜	鲁山县张良蔬菜专业合作社	汉代
三门峡市 渑池县	段村柿饼	河南华韵农业开发有限公司	西汉景帝年间
商丘永城市	丰庄枣干	永城市演集镇丰庄村	明宣德元年（1426 年）
商丘市宁陵县	金顶谢花酥犁	宁陵县人民政府	明弘治八年（1495 年）
信阳市 浉河区	信阳毛尖	浉河区董家河镇车云山茶厂	唐代
开封市	花生糕	开封惠民斋食品有限公司	清代
洛阳市 汝阳县	杜康酒	汝阳杜康酿酒有限公司	三国时期
平顶山市 宝丰县	翟集米醋 （冯异醋）	宝丰县冯异醋业有限公司	东汉
三门峡市 渑池县	醴泉酒 （韶泉酒）	河南韶泉酒业有限公司	唐代
三门峡市 渑池县	坻坞贡米	河南华韵农业开发有限公司	唐代
郑州新密市	密二花	新密市“密二花”种植专业合作社	清乾隆十五年（1750 年）
商丘市 民权县	张培仁贡麻花	民权县豫贡麻花厂	清乾隆年间
商丘市 虞城县	景家麻花	虞城县景家食品股份有限公司	清康熙年间

续表

市、县	项目名称	申报主体单位	贡品确立年代
商丘市虞城县	馨远斋贾寨豆腐干	虞城县贾寨镇豆腐干厂	清乾隆年间
商丘市宁陵县	张弓酒	河南省张弓酒业有限公司	东汉
商丘市柘城县	王贡酒	河南省王贡酒业有限公司	北宋至道二年（996年）
周口市沈丘县	沈丘顾家馍	沈丘县顾家馍食品有限公司	清光绪二十年（1894年）
焦作市修武县	五里源松花蛋	修武县五里源乡五里源村	元末
焦作市温县	四大怀药	河南伟康实业有限公司	东周桓王二年（公元前718年）

（二）河南部分著名特产

特产类：洛阳牡丹、新郑大枣、焦作四大怀药、信阳毛尖、灵宝苹果、信阳山茶油、西平棠溪宝剑、汝阳刘毛笔、鲁山丝绸、鄢陵腊梅、濮阳花生、鲁山张良姜、商丘金顶谢花酥梨、新乡原阳大米、驻马店花菇、驻马店小磨香油、鲁山大槽油、许昌腐竹、禹州盛田粉条、郏县翟集陈醋等。

饮食类：滑县道口烧鸡、西华逍遥胡辣汤、舞阳北舞渡胡辣汤、焦作怀研堂怀姜糖膏、怀府闹汤驴肉、武陟油茶、杜康酒、宝丰酒、张弓酒、宋河酒、仰韶酒、南阳黄酒、濮阳茂家红酒、开封花生糕、开封马豫兴桶子鸡、尉氏洧川豆腐、开封朱仙镇豆腐干、商丘贾寨豆腐干、孟州浑浆凉粉、濮阳王五辈壮馍、洛阳水席、开封第一楼灌汤包、修武五里源松花蛋、郑州葛记焖饼、兰考秋油腐乳等。

工艺美术类：滑县秦氏绢艺、淮阳泥泥狗、淮阳陈州官窑黑陶、浚县泥咕咕、朱仙镇木版年画、滑县木版画、开封汴绣、方城石猴、禹州钧瓷、洛阳唐三彩、平顶山汝瓷、焦作绞胎瓷、郏县金镶玉、洛阳董家古陶、清丰县刘氏麦秆画、商城县三多堂毛布底鞋、永城徐记石雕、郑州市李氏密瓷、开封市童义号彩灯、郏县李家古典家具、安阳市郭氏砖雕、濮阳和锦堂古琴、汝州市侯氏木雕、汝州市李氏石雕、三门峡市陕州区人马寨王玉瑞澄泥砚、方城黄石砚等。

四　研学实践课程参考资料

（一）蜜蜂王国

蜜蜂奉献给人们的蜂蜜营养丰富、好吃，但是当你看到养蜂工具时，却有点失望，因为它十分简单，没有几件东西。然而，正因为养蜂工具很简单，更证明蜜蜂很不简单！人们赞扬蜜蜂的勤劳、忠诚、讲秩序、守纪律等优秀特质，其实是很有道理的。

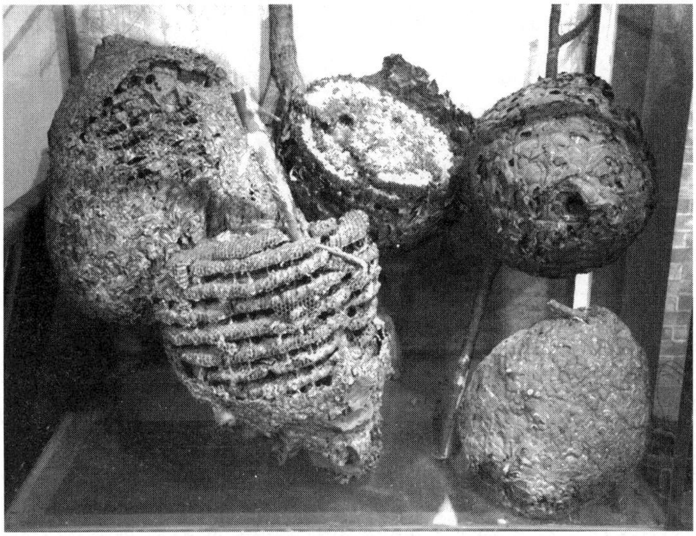

本馆藏品：巨型野蜂巢

蜜蜂分中蜂和洋蜂。所谓中蜂，是指中华蜜蜂，也称本地蜂。这种蜜蜂有完全建造蜂巢的能力，不需提供人工制作的巢基。而被人们称作“洋蜂”的外国蜂种，则需要提供人工巢基（俗称“巢础”）。养蜂工具很简单，人们只需建造一些薄木板制作的蜂箱，中蜂甚至在墙体上挖个洞穴就行了，然后提供一些供蜜蜂筑巢酿蜜的巢基即可。有了这些简单设备，蜜蜂就能依靠自己的本领建造出一批批精美而规范的蜂巢。那上面密密麻麻布满的蜂室，每个都是绝对规范的正六边形，据说现在人们制造最先进的航天器，就采用了蜂巢的有关原理，这种正六边形结构最科学、最坚固，而且重量最轻。

更令人惊讶的是“蜜蜂王国”的严密秩序和蜜蜂的勤劳与自律。在蜜蜂王国中，分工明确，等级森严，蜂王是蜜蜂王国至高无上的领袖。它在蜂脾上行走巡查，所到之处，蜂群便会自行闪开大道。在蜂王的统领下，不同蜜蜂分工明确、各有职责。蜂王是蜂群中唯一具有生育能力的雌性，它的职责是产卵繁育；蜜蜂王国中数量最多的也是雌性蜜蜂，但它们不会产卵，采蜜建巢等工作全靠它们，所以它们叫“工蜂”，我们常常在鲜花上看到的黄黄的蜜蜂都是工蜂；与人类和自然界众多动物不同的是，雄性蜜蜂不会采蜜做工，是光吃不干活的“懒汉”。打开蜂箱看到的黑色蜜蜂，就是雄蜂。它们的作用只有一个，就是当新蜂王发育成熟时，通过竞争与蜂王交配。那时，新蜂王会飞出蜂箱，到空中奋飞。成群的雄蜂奋力追赶，优胜劣汰，最后追上的优秀者，才有资格与蜂王交配。蜂王受精后，便会不断产卵于一个个巢室中。然后，经过蜜蜂的养育，就会生长出新的蜜蜂来。每年春季，是蜜蜂繁育的高峰时节。繁育的蜜蜂多了，就会酝酿分家。它们先是有计划地培育出新的蜂王，当新蜂王发育成熟后，人们就要注意帮助它们有秩序地和谐分家，否则，新蜂王就会制造“分庭抗礼”的局面，蜂王会相互厮杀，或者直接率领一部分蜜蜂冲出蜂箱，另立门户。当蜂王飞出落到附近树上或屋檐下，众多的蜜蜂就会纷纷落下，护卫在新蜂王周围，形成一个大大的蜜蜂球团。这时，养蜂人必须抓紧时机，设法把它们收回来。养蜂人一手拿一个蜂脾，另一手拿一枝艾蒿，小心把蜂团移动到蜂脾上。这里的关键在于只要重点关注到蜂王即可，只要蜂王移到了蜂脾上，就可以把蜂脾带回，放进一个新设置的蜂箱里。不管外边还有多少散飞的蜜蜂，它们都会自动飞回蜂箱的。这样，一个新的蜜蜂大家庭就形成了。

蜜蜂的勤劳、守纪、团结等许多优秀品质，非常令人惊讶和赞叹。每一只工蜂每天的出工劳动，既是它们的职责，更是它们的自觉行动。每只工蜂只要还有一点劳动能力，决不会偷懒怠工。以至于有的工蜂因年老体衰，采蜜后负重而归累死在途中。只要它还有一点力量，也要坚持着将采来的花蜜和花粉带回巢中。当然，它们内部也会注意合理分工，不适合外出工作的蜜蜂从事室内劳动。在蜜蜂家庭中，如果哪个蜜蜂觉得自己体力难支，生命即将结束，那么，它会努力用最后一点力气，支撑着爬出蜂巢，死在外面，尽量不危害家庭环境。如果发现有死在蜂箱内的蜜蜂，蜜蜂们就会及时将死蜂拉出蜂箱，净化环境。

酿造甜蜜生活（汪庆华摄于叶县常村镇）

（二）春蚕的奉献

我国很早就发明了养蚕、缫丝、织绸的技术，并且把丝织品出口到外国，造就了著名的丝绸之路。在中原农耕文化博物馆，不仅可以看到各种养蚕缫丝和纺织的工具，还能够看到桑蚕、山蚕两种蚕茧、蚕蛾、绸布，乃至蚕籽等实物标本及实地采集到的原创照片、视频等大量资料，从而对春蚕有更直观的认识和深刻感悟。

“春蚕到死丝方尽，蜡炬成灰泪始干。”人们对于唐代李商隐的这一著名诗句耳熟能详，我们也常常会用春蚕来形容和歌颂老师教书育人的奉献精神和高尚品德。那么我们就以河南鲁山、方城地区柞蚕养殖为例讲点春蚕的故事。

蚕有两大类，一类是桑蚕，吃的是桑树叶子，我国南方地区养殖比较普遍；一类是山蚕，最爱吃的是柞树叶子，所以也叫柞蚕，北方地区较多养殖，以河南、山东养殖比较普遍。时至今日，在河南鲁山、方城等豫西山区，仍有个别山民在养殖。桑茧丝绸与山茧丝绸相比，桑茧丝绸更白亮、更细软，而山茧丝绸白中带灰、更坚韧厚实一些。

河南省鲁山县柞蚕养殖场（王志军摄）

柞蚕是我国特有的一种具有重要经济价值的昆虫资源。它起源于山东省鲁中南地区，逐渐发展到山东、河南、山西、内蒙古、四川、贵州及东北地区。柞蚕可以分别在春季和秋季养殖，主要为春季养殖，所以常常叫它“春蚕”。

春蚕的一生，完全是为了人类，生命非常短暂，但奉献很多。它们吃的东西来自于大自然，却能把柞叶或桑叶神奇地变成精美细软的丝线。认真审视它的一生，会让我们深深感动、肃然起敬。我们就先从成虫（蛾）说起。春季万物复苏，身居“幽室”（茧）的蚕蛹，顺应气候温度开始孵化，慢慢蜕变为成虫，叫做蛾子。刚刚成型的蛾子还蜷缩在茧壳内，它会吐出弱碱性液体即溶茧酶，溶解开茧子的端头，这里有着做茧时黏合在一起但经溶茧酶浸润可以松开的预备端口。这个端口被它溶解张开后，蛾子便钻了出来，接触空气后很快坚硬强壮起来。雌雄蛾子进行交配，而后雌蛾便开始产卵。当卵产完后，蚕蛾便完成了一生的使命，迅即死掉。蚕的生命历程就这么短暂，大部分是幼年阶段，变成蛾子的成年阶段总共只有 14 天左右。

接下来我们说说它成年之前的阶段。清明前夕，蚕农用蛾子产的卵开始孵化繁育幼蚕。在育蚕屋子里放入炭火，使温度保持在 25℃ ~30℃之间，将卵均匀铺展在干净的纸面或布面上。10 天左右，便逐渐生出蚁蚕。这时一般在清明前后。刚出生的蚁蚕是黑色的，体量非常小。蚕农为了便于养护管理，会从山上采下柞木嫩芽枝条，捆扎起来，将下端浸在水里保持叶子鲜嫩。蚁蚕在上面吃了柞木嫩叶后，便开始迅速生长。稍微大一点，蚁蚕的自然抵抗能力渐强。接近一眠之时，蚕农将它们转移到山坡的柞木枝条上，蚕便自由行动，开始不停地吃叶子。不久就进入第一次蜕皮成长期，称为“一眠”。所谓“眠”，是指蚕为了适应身体的生长，会有一昼夜的时间停止吃叶子，整个身子僵硬，一动不动，如同一次睡眠。醒来之后，就会蜕掉一层皮，身体得以舒展，迅速生长。当一眠蜕皮之后，黑色蚁蚕的体色发生变化，成为黄色或者淡绿色，非常美观。

我们常说的春蚕，一般是指它的幼虫阶段。这个阶段分为“四眠五龄”，也就是说，它要经历四次僵眠、蜕皮促长，随之分成五个龄期。这期间，蚕农要根据食材情况，及时把蚕转移到新的场地，保证充足的食材供给。蚕吃叶子的食量、消化能力和成长的速度十分惊人。如果你有机会走进蚕场，可以清晰听见“沙沙”的响声。它们边吃边消化边排泄，它们似乎知道自己的寿命很短，必须珍惜时光，分秒必争。而使命只有一个，就是拼命地吃，快快地长，积蓄营养，好吐出更多的丝线奉献给人们。它的每个眠期间隔在七八天左右，经过四次僵眠，蚕体就长成了。最后一次称为大眠，大眠之后，蚕体变得肥壮坚实，晶莹剔透，色泽艳丽，非常可爱。身长达到 7 厘米左右。这时就停止吃叶子了，体内粪便杂物会彻底排泄，留下的全是供给吐丝的有用物质。然后，它就以枝叶为依托，不停地吐丝做茧，把自己束缚在里边。成语“作茧自缚”便是由此而来。它的目的是为了建造自己居住的房屋，而实际意义则是为人们提供真丝佳品。

在中原地区养殖的柞蚕，一般在小满节气开始做茧，到芒种时节，就已经全部结茧完毕，采摘下山。这样算来，山蚕生活在自然界的幼虫阶段前后只有 55~60 天。在如此短暂的时间内，它们竟然完成一个如此伟大的创举，它腹中有着一个多么神奇的化工厂，令人惊叹！在如此短暂的生命中，它们匆匆忙忙只做一件事：造丝做茧，供人享用，实在叫人感慨！

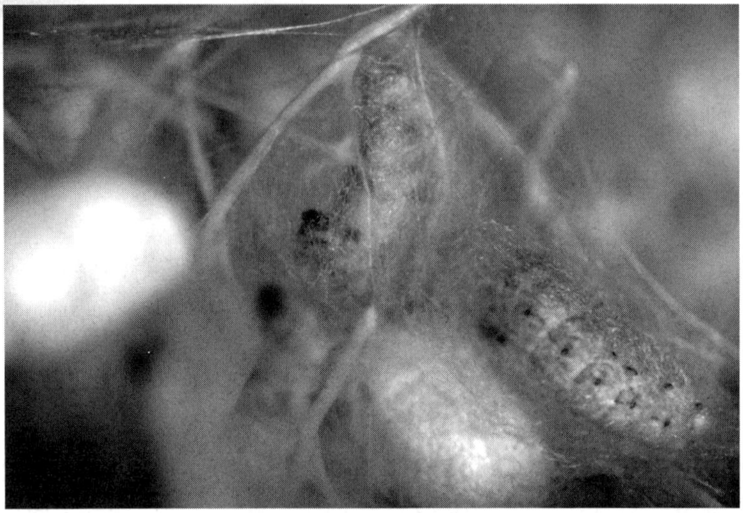

作茧自缚（王志军摄）

当茧做成后，蚕体就逐渐收缩变化，成为蛹。在外界温度环境适宜的情况下，蛹的生命可以持续一年乃至更长时间。等到来年开春，就可以化蛹成蝶，又一轮生命周期开始了。但是，只有被蚕农留作种子的茧才如此幸运。而百分之九十九的茧和蛹，则是赴汤蹈火的悲惨结局。人们把茧投放进滚烫的水锅中，坚硬的茧就会慢慢松软开来，把那巧妙缠绕黏合在一起的丝线抽取出来。每个茧的丝线假如不要弄断，完全可以一根丝线抽完。由此可见，世界上再也没有比春蚕更厉害的“纺线能手”了！当丝线抽完，圆滚滚、亮晶晶的蚕蛹就暴露出来。这是人们非常喜欢的一道美餐。自古以来，中医都将蚕蛹或者蚕蛾列入滋养和食疗佳品。在蚕乡，我们常常可以看到一群孩子簇拥在取丝锅台跟前，眼巴巴等着蚕蛹露出来。再加上取丝师傅脚踏转轮踏板，双手抽拉丝线，茧子在丝线的拉动下起伏跳跃，灶门内的柴火噼噼啪啪作响，大锅上方水蒸气朦朦胧胧缭绕……这一切构成一幅恍若仙境的美丽图画，实在令人陶醉！

五　展厅掠影

本厅主要展品：

全套油坊设备器械、多种养殖设备、全套打鱼设备、烟叶及手工卷烟机、割取山漆工具、猎枪及配套设备、养蜜蜂全套设备、桑蚕茧、柞蚕茧标本及丝绸、木炭标本、山茶油产品、黄酒产品、陈醋产品、为牛马灌药的器具、大车把士刀具、造纸工具、铡刀、淘金沙木箕、养小鸡笼子、切药刀、卖豆腐脑担子、大野蜂巢等。

第十二厅“农副生产·地方特产”掠影

第十三厅　交通运输·水利灌溉

一　前言

中原地区自古就有天下之中的美誉，有着南北通衢、承东达西之优势。开封、洛阳等京畿古都在历史上长期作为政治文化中心的特殊地位，使得中原地区不仅有东西南北纵横的官道，也有通江达海、舟船水楫的漕运。隋唐大运河促进了中原与南方的交流，古丝绸之路成为走出国门连接西域的重要通道。宋元时代，天下四大名镇之一的朱仙镇，以及赊店、桐柏等重镇，都曾是水陆运输的重要中转地。由于水陆运输条件的便利，使得中原地区的运输工具也更为多样，宋时宫廷画师张择端的《清明上河图》，描绘的舟车繁盛、骡马交蹄的盛时景象，令世人叹为观止。

本厅分别展示了旧时交通运输和水利灌溉的各种工具和器物，并介绍了自然条件和相关知识。

二 交通运输

（一）运输车辆

这里所说的运输车辆是指传统农耕时代的各种农用车辆。车，在中国有着悠久历史，甲骨文中已有“车”字。《诗经》中有许多关于车的描述。相传夏禹时期的奚仲发明了车辆。至于奚仲当时造出的马车到底什么样子，无法得知。河南省平舆县的得名，与奚仲挚地造车有关。所谓“平舆”，含有“平坦的地势，车辆的发明”之意，还因为这种车是四个轮子，行走起来四平八稳，人们称它为“太平车”。据《路史后记》记载：奚仲发明车辆，禹王举奚仲为“车正”，主管天下造车及应用推广之事。《周礼·考工记》云：“舆人为车”“从舆为正”。

商周时代已大量用车。春秋战国时期，车辆广泛使用。那时的战场上，车轮滚滚，尘土飞扬，战车是当时主要战争装备。汉画像石中有许多车的图像，其中很多都是农用车形象。这些都说明运输车辆有悠久历史。

就中原及广大北方地区而言，运输工具主要就是各种车辆，舟船水运不是这里的主要运输方式，所以，本馆主要展示介绍的是运输车辆，包括太平车、马车、牛车、独轮车、拖车和架子车。

1. 太平车

本馆藏品：太平车

太平车也称大车，是从古代传承下来的一种古老车辆，甚至认为是我国古代造车工艺趋向成熟的重要标志，被誉为农用大车的活化石。相传，平舆县即为太平车的发源地。

民间形容太平车有个顺口溜:“木制大车四轮圆，粗框厚底坚如磐，四四方方像碉堡，拉车要用大老犍。”太平车通体为木材制作，关键部件以铁制配件加固。以本馆收藏的清代太平车为例，车体长约 225 厘米，宽约 145 厘米，高 90 厘米，车厢长 85 厘米，车厢内宽 80 厘米，车栏宽 33 厘米，车轮直径 80 厘米。车轮为无辐的实木圆轮，周边镶有 1 厘米厚的铁边，车栏的四个端头向外延伸，调整方向时可供人把握。车体前方有粗大方木做成的车杠，上边有三至四个用于挂接牛绳的铁鼻。附带配件还有供调整方向或刹车的木制或铁制的刹车楔子。这种车的主要特点是四平八稳，承载量大。缺点是比较笨重，由于是四个轮子着地运行，所以，拐弯调头很不灵活，必须靠人用力搬拽车尾才行。可见，太平车只适用于平原地区，在河南周口、驻马店、商丘以及山东等地黄淮海平原地区比较流行。在山区和丘陵地带则无法行走。

2. 马车

本馆藏品：马车

马车发明很早，源远流长。在古代，马车不仅是用于生产生活的重要交通工具，更是战争中重要的武器装备，我们可以通过秦始皇兵马俑的壮观场面，真切感受到它的地位与威力。马车的形制世世代代沿袭传承下来，基本变化不大，只是冷兵器时代结束后，它的主要功能就完全成为服务于生产生活的交通运输工具了。由于骡马体高力大，所以马车都比较高大。车体和车轮上一般都镶嵌有铁制配件，以增强坚固度和美观性，但由于主人家的富裕程度不同，装备的差别也很大。以本馆收藏的清代马车为例，车体总长450厘米，宽190厘米，高140厘米，车厢板总长300厘米，车厢内长140厘米，车厢内宽100厘米，车轮直径136厘米，车辕长140厘米。这种大马车，在新中国成立后，直至改革开放前的人民公社时期，在关中地区仍然大量存在和使用。在中原地带，大集体时期使用的马车基本都改成了橡胶轮子，车体也有明显缩小，由一匹马即可驾驭。

3. 牛车

本馆藏品：牛车

在中原地区，牛车最为普遍，用处最大。大集体时期，牛车是生产队的重要公共财产，一个生产队至少要有好几辆。

牛车的基本架构与马车近似，但骨架体量要比马车小得多。豫西、豫北山区的牛车都是两头犍牛牵拉，豫中、豫东黄淮平原地区，一头牛即可牵拉。两头牛牵拉与一头牛牵拉的车体结构与大小有所不同。

双犍牛牵拉的牛车是典型的牛车，这里根据本馆收藏的牛车，以豫西地区方言为参照，简要介绍一下它的结构：车的主体叫车体、车身或车架，村民们则叫它“车盘”，长 266 厘米，前部宽 110 厘米，后部宽 95 厘米，两侧各安装一道竖立护栏，高 23 厘米。车盘中间依托诸多横梁铺设上木板，形成一个可供载货的平坦空间。车盘前后两端留有框孔，分别可以插挂竖起的木架，前端木架叫护翼，高 108 厘米。后端木架叫吊翼，高 88 厘米。加装护翼和吊翼是为了装载体积较大的柴草与庄稼。车盘下方正中位置，横架着一条坚硬木料做成的中间粗两头细的车轴，车轴两端安装两个铁制的轮子。轮子直径 70 厘米，生铁铸造，有轮辐与轮毂。轮毂套装在轴头上，轴头里侧粗、外侧细。在光滑的木质轴头上，分别嵌入钢质键条，由内到外分别有三根“海底键”，两根“迎风键”，一根“背风键”和两根“油键”。这些钢键是为了增强耐磨性和光滑度。每次出车，车把式都要在轴头处涂抹润滑油，目的是为了增强轮子转动时的光滑度。那时的所谓润滑油，其实就是植物油或动物油。车盘的底部正中位置，纵向安装有一条长长的圆木杆，叫做“车沿条”，一般选用质地坚硬的树干制作，前端伸出车盘约 200 厘米。车沿条前端横向垂直安装一条长 150 厘米的木杆，叫做车抬沿，车抬沿与车沿条的接触处，下方用另一条曲形木棒套架在一起，使车沿条既可抬起又能牵拉车沿条，从而拉动车体向前行走。车抬沿能围绕沿条头灵活转动，这是为了适应两头牛行进中高低起伏的变化。车抬沿上方安装有两对木橛，用于梆束固定牛绳牛套，分别叫“大扬角”和“小扬角”。车沿条前端下方安装一根 50 厘米的木杆支撑于地面，叫“车小脚”，停车时使车身保持平衡与稳定。牵拉牛车需要两头犍牛，是靠车抬沿压放在牛肩脖处拉动的。牛身上同时还要有兜住屁股的牛套，叫“牛坐坡”，下坡时靠牛的后坐反向力降低车速。车盘上的辅助配件可以根据需要安放，例如，围上一个草苫子，就可以装载粪土；搭起一个篷架，围上红布，就成了娶媳妇的婚车。

使牛赶车的人叫车把式或大把式，村民们日常更多的还是叫他们为“牛把儿”。车把式在大集体时期是比较高级的岗位，谁被选中当车把式，就会非常自豪，自然也会十分敬业。他们赶起车来，手握长长的鞭子，打着响鞭，亮起嗓门，牛蹄嘚嘚，车轮飞转，加上牛脖子上铃铛和吵子有节奏的悦耳响声，很是神气。也难怪，悠久而厚重的农耕文化，难道不正是这古老牛车滚动出的一道道年轮吗？

4. 独轮车

本馆藏品：独轮车

独轮车也叫小推车、小平车，是一个人推动的小型运输工具，发明于汉代，一直流传下来。在中原地区尤为流行，解放战争中，人民群众推着独轮车送粮送物上前线，成为人们记忆犹新、由衷赞叹的景象。直到如今，山区个别农家仍有使用。本馆收藏的独轮车总长 190 厘米，车把长 54 厘米，高 88 厘米，前部宽 50 厘米，后部宽 115 厘米，车轮直径 75 厘米，全木结构，车轮为无辐实木轮。

独轮车利用杠杆原理，把负载重量的抗力点集中到车轮这一支点上，而使人身体可以灵活运动。由于只有一个轮子，所以，它非常适合在弯弯曲曲的山路土路上行走，方向调整十分灵便。但是，掌握和推动独轮车并非易事，不仅需要始终保持车体的平衡，而且还要用力推动它向前运动，是非常费力气的活儿。推车人肩挎车带、双手紧攥车把，双腿叉开，猫腰弓背，用力前行。人们形象地说："独轮车，不用学，叉腿扭腰屁股活。"短途运输还好，长途运输则非常辛苦。累了，放下稍事休息。饿了渴了，靠随身携带的水和干粮解决问题。在平时的生产生活中，它的用途也很广泛，推柴草、运粮食、买东西等，甚至还可以让小孩子坐上去赶集上店。如果结成车队行进，车轮吱吱咛咛地叫，尘土纷纷扬扬地飞，煞是壮观。

5. 拖车

这里所说的拖车，不是汽车、拖拉机等后挂的拖车，而是一种历史悠久、结构十分简单的运输工具。它没有轮子，是靠畜力拖拉、靠两根粗大的木头在地面上滑动前行的古老运输工具。记载这类工具的历史文献相当久远。《史记·夏禹本纪》中就有“禹乘四载：陆行乘车，水行乘船，泥行乘橇，山行乘檋”的记载。《汉书·沟洫志》中也有类似记述。其中，用于“泥行”的“橇”，很可能就是后来拖车的前身。当然，古时的橇不止后来拖车这么简单，可能有更多的形式，或更适合人去乘坐。在距离河姆渡遗址 1.5 千米的鲞架山遗址，出土的两件大型木器的用途，目前尚未准确确定，就有可能是这类运输工具。因为它的整体像一只小独木舟。系整体圆木楔裂而成，上面略内凹，背面因使用而显得光滑，一端较粗，且微翘，并凿有一条木沟，可供缠绕绳索。随着车辆的发展演进，这种笨重落后的运输工具逐渐退化为只供拖拉犁耙往返田间的简单工具了。它的用途主要是耕牛下田犁耙地时装载驮运犁子、耙等笨重工具和相关器物，以便减轻牛把式的负担。

6. 架子车

架子车是新中国成立后，有了橡胶车轮之时人们发明的一种日常运输工具，大量出现和使用在人民公社大集体时期。有的地方叫它板车。它的车体与牛车、马车近似，但要小得多。本馆收藏的架子车，总长 320 厘米，其中车盘长 205 厘米，宽 75 厘米，高 75 厘米，车轮为钢条轮辐的橡胶轮子，直径 68 厘米。车架两侧木框向前伸出两根木把手，用以拉车人掌握，另有一条拉带拴在车架上。拉车时，这条拉带套在拉车人的肩上，双手扶着车把，俯身用力拉动车子前行。车盘上的配件根据需要灵活配置。架子车用途非常广泛，可以拉粮食、拉柴草、拉粪、拉煤、拉土等。拉架子车的技巧性不是很强，主要是得有力气。尤其是拉重载爬坡时，非常吃力，往往需要有人在前边拉稍，或在后边推车，形成合力方能上得去。而下坡时虽然依靠车子的惯性很省力气，但存在危险性。如果是重载，惯性很大，车子就会加速度飞奔，拉车人留不住步子，就有摔倒的危险，严重的甚至被裹压在车子底下，造成严重伤情。控制车子下坡飞奔的办法，就是拉车人用力抬着车子把，使车尾重重地在地面上拖拉，产生强大的摩擦力。同时，也可有人赘压在车尾上，靠车尾与地面的摩擦减缓车子的前冲惯性。

（二）牲口驮运

骡子驮运（梁冠山摄，中国香港新闻出版社《沧桑岁月》2011 年 1 月版）

牲口驮运是中原地区农村旧时较为常见的一种运输方式。驮运主要靠牲畜，主要有马、驴、骡等，所需工具有鞍子、驮架、驮篓、驮水桶等。鞍子是人骑坐时的必要配件，人坐在鞍子上，双脚踩着脚蹬，这样就比较稳定和舒适；驮架主要用于运载较大体积的货物，货物分挂在驮架的两侧，并进行捆束固定；驮篓主要用于运载散装货物，便于收拢；驮水桶是木制的，主要用于灌溉，也可用于托运液体货物。

（三）人力运输

在传统农耕时代的生产生活中，人力挑担是更为普遍、更为经常的运输方式。人力担运的工具主要有各种扁担和各种承载东西的器具。根据转运东西的不同，选择相应工具。比如，扁担有带钩的，有不带钩的。带钩的或带有绳索铁环的，用于钩挂箩筐、篮子等容器；不带钩的扁担，两头要削尖，便于插进庄稼捆或柴草捆。扁担大多是平直的，也有两头翘的。两头翘的扁担用于挑担体积大的东西，为了挑起后使得它们能够离开地面，如挑运大陶缸，就需要两头翘扁担。运载东西的容器种类非常多，主要有篓子、箩筐、篮子、木架、水桶等，有竹制的、木制的、铁制的、荆条编的等。长途担运往往还有一些辅助工具，肩上要带上一个垫肩，这是为了减少扁担对肩膀衣服和肌肉的摩擦。豫西人们叫它“肩帕儿”。另一个重要辅助工具是随身携带一个与肩高基本等高的木棍，木棍上端有一个月牙头，下端有一个削尖的或铁打的尖头。豫西地区叫这个工具为“搭处”，豫中地带叫“点棍”。它的作用是行走时可以搭在不负重的肩头，把棍头翘在另一肩上的扁担下，使重量向空着的肩上转移一点。当需要换肩或短暂休息时，就把点棍竖立在地面上，把扁担正中位置放在点棍上端的月牙上，依靠担子的重力，点棍下端就会插进地面，上边用手扶着，可保持担子稳定。休息片刻后，换个肩头挑起担子继续前进。重载长途担运途中小憩，往往是靠这种方式，而不是每次都放下担子坐下休息。因为那样休息会浪费更多时间，更重要的是，负重长途担运时，担夫非常劳累，腰酸腿疼，如果放下担子坐下休息，往往腰和腿就很难再适应担子的重压，难以重新挑起来。所以，长途担运，必须咬住牙一鼓作气往前走，只有到达一个节点，才会用较长一段时间休息调整。由此可见劳动之艰辛。

（四）乘坐工具

传统农耕时代，供人乘坐的工具基本是与劳动运输工具共同使用的，马车、牛车、太平车、架子车、独轮车等，都可以供人乘坐。如果讲究一点，或者长途旅行，则会在车厢上临时搭建一个车棚，以遮挡阳光或雨雪。除了车辆之外，就是牲口，主要是马和驴。骑坐不同牲口有诀窍，俗称“驴骑后，马骑前，骆驼骑到正中间。”在中原地区，一般人家是养不起骡马大牲口的，最多也是骑驴子。官员和财主出行，靠的是轿子。轿子品位高低的档次及规矩很多，民间自然会遵循规矩的。一般百姓出行不可能乘坐轿子。只有女性，有可能在一生中乘坐一次轿子，那就是新婚大喜时的迎亲花轿。人们的出行工具，直到新中国成立后，才逐渐变化。20 世纪六七十年代开始，自行车逐渐流行起来。改革开放后，人们的出行工具日新月异，变化之快，令人咂舌。

三 水利灌溉

水是生命之源，不仅人的生存离不开水，自然界所有动物、植物等，凡有生命的东西都离不开水。土壤、水和阳光是农作物生长的三大要素，水利灌溉是十分重要的一项农事活动。在传统农耕时代，为了寻水、取水、存水用于浇灌田地，人们发挥聪明才智，顽强地与大自然抗争，创造了许多方法和器具，兴修了许多不同类型的水利工程，有力地促进了农业生产的发展。

（一）水井

据文献记载，我们的先民懂得凿井，历史相当悠久。《淮南子·本经训》中说："伯益作井，而龙登玄云，神栖昆仑。"还有更早的说法，《世本》说："黄帝见百物，始作井。"《周书》也有"黄帝穿井"之说。就这些文字记载推算，井的发明至少有5000年历史。现在知道较早的古井遗址，是发现于浙江余姚河姆渡遗址二期文化层，距今约5700年。所发现水井为方形木构，由200多根桩木、长圆木构成，井深1.35米，估计是由水坑加深加固而成。中原地区发现最早的水井，是在河南汤阴白营属于龙山文化的村落遗址，也是木构方井，井深达11米，叠压的"井"字木架有46层之多，从技术和规模上都远远超过了河姆渡井。历年来，在全国各地还陆续发现了许多汉代水井模型。先后在河南境内发现的水井模型就有很多：唐河石灰窑，唐河针织厂，唐河湖阳，济源泗涧沟，禹州白沙，禹州东十里村，巩义市，灵宝张湾，淅川下寺，陕县刘家渠，扶沟古城，偃师杏园，巩义仓西，巩义站街，巩义食品厂，新安洛新开发区，偃师姚孝经墓，济源承留，洛阳西郊，洛阳邙山，洛阳五女冢，洛阳邮电局，洛阳烧沟西区，洛阳苗南新村，鹤壁后营，方城党庄，方城城关，洛宁黄沟湾等。洛阳一地就出土水井模型91件，陕县刘家渠一处发现24件，禹州白沙一处发现10件。这些模型大多是陶制品，有少量瓷制品和石制品，个别还有铜制品。有不少水井模型都附带有井亭、井架、滑轮、水桶、水罐等。这说明，水井不仅是农田灌溉的重要设施，更是人们日常生活用水的主要来源，备受人们关爱，乃至崇拜。

从出土的水井模型来看，井筒主要有方形和圆形两种，而井台、井栏、井亭等则多种多样，有的很有艺术水平。例如，河南方城党庄东汉陶水井模型，施绿釉，涂淡黄粉。井栏呈方形，栏口边长 17.5 厘米，栏高 13.3 厘米，四角之上有方锥体形栏杆头，四周饰卷云纹。栏体四壁饰浅浮雕式几何图案，其间还有五铢钱图案。井栏之上竖立梯形井架，高 20 厘米，上部有滑轮。这套模型整体制作相当精美。

圈垒水井（张培林摄，中国摄影出版社《大地回春》2016 年 8 月版）

近现代以来，竖式水井仍然在中原地区农业生产中占有十分重要的地位，是人们生活和生产用水的主要来源。井体仍然有圆形和方形两种，绝大多数为石头砌成。井台、井架等也以石板铺设，以坚固、美观为原则，村头生活用水的井台和井亭比较讲究，人们对水井始终保持着关爱与崇拜之情，春节期间也要当作神灵祭拜。

（二）取水器具与方式

1. 取水器具

早期用于灌溉的工具，应该是新石器时代陶制的壶、罐之类的器物。一些地方出土的穿牛鼻耳高领罐、陶制小口双耳罐等，就是印证。另外，在新石器时代仰韶文化遗址出土的一批被称为“攲（qi）器”的尖底瓶陶器，也被认为是一种比较奇特的取水工具。《荀子·宥坐》记载这种陶瓶“虚则攲，中则正，满则覆”。孔子见到它，感悟出“恶有满而不覆者哉”

的哲学道理。以至后代许多开明统治者常以此物为“铭”而置于“座右”，成了“座右铭”典故的发源处。后来，又发明了从井中汲水的“甀（zhui）”和“瓮”。由于这些器物盛满水后都不能提，可推测是由人们抱着走到田间的。

《授时通考》戽斗

从汉代水井模型可以看出，由水井提水的机构当时已经比较成熟，使用也比较广泛了。只是由于这些器物多是木制之物，因而没有保存下来。距估计，秦汉时代用于取水的工具定滑轮、桔槔、木制水桶、柳编水斗、陶制水罐等工具和设施，已经大量应用。

本馆藏品：木水桶

近现代以来，用于取水的工具器皿早已变得多种多样。但主要的还是木制水桶居多，后来，以金属水桶为主。木制水桶有平底圆桶和尖底倒桶等。尖底倒桶能够自动倾覆盛水和水满自动复位的功能，主要用于提水灌溉。木桶是用许多木条拼合而成的，需要木工中的专门师傅才能承担。随着木桶的废止，这种工匠也早已消失。

2. 辘轳、机汲、筒车

“辘轳”一词及其实物，早在春秋战国时代乃至周代就出现了。到了秦汉时期已比较普遍使用。那时所用的辘轳，其实是与后来使用的手摇式辘轳不同的。那时的辘轳都是在两根立柱之间加一横轴，轴上装一只两端粗、中间细的轮子，用一根绳搭跨在轮子的细部，绳子的一端系上汲水器，人用手拉绳子的另一端拉拽可使汲水器上下运动，这样便可以依靠轮子的转动比较省力地把水提出来。这种辘轳，实际上是现代物理学上所说的定滑轮结构。我们可以把这种辘轳叫做滑轮式辘轳。而《王祯农书》中描绘的辘轳，与近现代的辘轳实物及其构造已基本相同：“辘轳，缠绠械也。《唐韵》作‘椟轳’，汲水木也。井上立架，置轴，贯一长毂，引取汲器……”这种辘轳是在井口上方用木棍支起一个架子，架子上固定一条圆木轴，轴上套着可以绕轴转动的辘轳头，辘轳头上安装有弯曲摇把。汲水人手摇辘轳摇把，系着汲水器的绳子一圈圈绕在辘轳头上，把汲水器从深井中提起来。这种手摇式辘轳，以及机汲、筒车、井车、龙骨车等汲水工具，应该是汉以后逐步改进和发明的，唐代大量出现并定型下来。

手摇式辘轳与唐代刘禹锡的《机汲记》中记载的“机汲”原理和结构基本相同：“比竹以为畚，置于流中。中植数尺之臬，辇石以壮其趾，如建标焉。索绹以为絙，縻于标垂，上属数仞之端，亘空以峻其势，如张弦焉。锻铁为器，外廉如鼎耳，内键如乐鼓，牝牡相函，转于两端，走于索上，且受汲具。”这是为了把江中的水提取到高处和远处的岸上而特意设计制作的动滑轮结构。在江中竖立一根立柱，立柱上端安装滑轮，滑轮上的绳子横拉到岸上，岸上用辘轳摇动，使绳子拉动汲水器来往运动。用竹笼装上石头沿着立柱带着汲水器下落到江中，汲水器灌满水后，摇动岸上的辘轳把水提取过来。

本馆藏品：辘轳

唐代还发明了筒车，筒车是一种不需要人力或畜力，只借助水力即可推动运转的、实用效果很好的水利灌溉机械。这种依靠水力自动化的灌溉工具，一直在水源丰富地区广受欢迎，并传承沿用下来，直到现在在江南和西北地区仍能见到，人们称为水轮车，或木轮水车，并在不少旅游景点做成庞大的木轮水车模型用来吸引游客眼球。中原地区由于水源不足，这种木轮水车极少使用。

3. 桔槔（jiegao）

桔槔在中原地区被称为“吊杆”。这是一种非常古老的取水灌溉工具。桔槔发明于春秋时期，或者更早，秦汉时代大量使用。桔槔利用杠杆原理进行取水。在一根竖立的架子上吊挂一根细长的木杆，中间为支点，后头重，前头轻，后端悬挂一块石头或其他重物，前端悬挂水桶。手拉前端就俯下，松手就会自动吊起。取水时，人拉动挂在前端的水桶下落，打满水后上提，借助后端重物，利用杠杆原理，即可轻松地把水提起来。这种汲水工具虽然简单，但大大减轻了人们的劳动强度，提高了劳动效率。这种原始汲水方式从发明之日起直到现代，结构、原理和操作、使用没有任何改变，甚至到20世纪50年代，在中原地区仍有所见。

《授时通考》：桔槔

4. 龙骨水车

《便民图纂》车戽（龙骨水车）

龙骨水车也叫翻车。龙骨水车的发明，没有准确的文字可考，但通过唐宋大量出现诗人咏颂这种器具的作品可以判断，龙骨车发明于唐代以前，因为当时已大量使用。此前的辘轳、筒车、井车、机汲等，都有一些重大缺陷：辘轳、井车只能架在井上；机汲的结构复杂且提水量不大、效率不高；筒车（木轮水车）只能在有流水的地方才能使用。而且这几种汲水工具都是固定的，不能根据需要随意挪动，更重要的是它们都是只能用于灌水而不能用于排水。龙骨车就是在寻求解决这些问题、克服有关缺陷的背景下创造发明出来的。

本馆藏品：龙骨水车

这种水车之所以被人们称为龙骨车，是它的外形很像龙骨（蛇骨）。它有一个长长的木槽，两端有拖挂刮水板链的支架和转轴，刮水板链上一个接一个串连着方形小木板。汲水时，龙骨车的下端插入水塘中，利用人力脚踏或手摇，驱动水槽上端的轮子转动，拉动刮水木板链从水槽中滑动上升，水便从水槽中向上流出。这种龙骨水车一个很大的优点，就是可以随意挪动。哪里需要就搬运安放到哪里，而且，既可以抽水灌溉，也可以排水防涝。

5. 解放式水车

所谓解放式水车，是因为它是新中国成立后发明的一种水车，人们当时就叫它解放式水车了。它的结构比较复杂，是通过齿轮传动进行抽水的，由生铁铸造的多种部件组合到一起。主要部件有一竖一横、一大一小相互咬合的两个齿轮，上部安装有供人推或牲畜拉的长木杆，动力通过齿轮传动到一侧挂住抽水链子的轮盘，抽水链子上间隔安装许多橡胶圆盘，抽水链子穿在一条铁皮管子中落入水井。随着抽水链子的拉动，链子上的橡胶圆盘就会把水带进管子，源源不断地抽到地面上来。抽出的水先流入一个接水槽中，然后流入导水渠道。中原地区少雨缺水，而且河流不多，人民公社大集体时期的灌溉主要依靠这种水车。当时，在大块田地附近能够打出水的地方，大多都打有水井，安装上解放式水车就解决了灌溉问题。在那个年代，解放式水车为农业生产立下了汗马功劳。

本馆藏品：解放式水车

（三）河南水系

河南境内水系分属黄河、淮河、长江、海河四大水系，其流域面积分别为 8.61 万平方千米、2.27 万平方千米、3.60 万平方千米、1.53 万平方千米。境内河流众多，纵横交织，有 1500 多条河流，流域面积 100 平方千米以上的河流有 493 条。其中，流域面积超过 10000 平方千米的河流有 9 条，分别为黄河、淮河、洛河、沁河、沙河、洪河、卫河、白河、丹江；流域面积 5000~10000 平方千米的河流有 8 条，分别是伊河、金堤河、史河、汝河、北汝河、颍河、贾鲁河、唐河；流域面积 1000~5000 平方千米的河流有43条；流域面积100~1000平方千米的河流有433条。按流域范围划分：100平方千米以上的河流，黄河流域93条；淮河流域271条；海河流域54条；长江流域75条。因受地形影响，大部分河流发源于西部、西北部和东南部的山区，流经河南省的河流形式可分为4类，即穿越省境的过境河流；发源地在河南的出境河流；发源地在外省而在河南汇流至干流入境的河流以及全部在省内的境内河流。

（四）水利建设

新中国成立后，大力发展农业生产，高度重视农田水利建设，自20世纪50年代开始，全国掀起了兴修水利的高潮。各地调查水力资源，规划设计出大中小不同的水库。在大集体时期，一声令下即可调动千军万马，男女老少齐上阵，打石推土，筑坝开渠，挖坑修堰。在这个过程中，虽然当时出现了一些问题和偏差，但总体来看，正是有了新中国成立初期大规模的水利治理，不仅减轻了不少水患，更为创造和改善农田水利条件打下了一个良好基础，功不可没。

至今河南境内的大中小水库共有110多座，其中规模较大的有小浪底水库、三门峡水库、宿鸭湖水库、南湾水库、陆浑水库、鸭河口水库、故县水库、鲇鱼山水库、燕山水库、白龟山水库、昭平台水库、板桥水库、薄山水库、石山口水库、白沙水库、泼河水库、孤石滩水库、窄口水库、西霞院水库、宋家场水库、石漫滩水库、五岳水库、小南海水库、赵湾水库等。改革开放初期，实行家庭联产承包责任制，集体经济和公共农业设施一度受到影响，乃至损坏或废弃。近年来，重新得到重视，大量水利设施得到修复利用。随着人们对生态文明和乡村旅游的重视，这些水库大多都在环境美化方面下了功夫，在发挥农业水利功能的同时，也成为乡村旅游的重要景观，名称也都由某某水库改为某某湖。

四　展厅掠影

本厅主要展品：

马车、牛车、太平车、独轮车、架子车、古代马车车轮、各种配件、不同时期牛车车轮、各种担运工具、马鞍、马吵子、牛铃铛、辘轳、解放式水车、木桶、吊桶、驮水桶架等。

第十一厅“交通运输·水利灌溉”掠影

第十四厅　村镇民居

一　前言

中原地区自古以来就是最适合人类生存和居住的地方。早在新石器时代以前，这里就出现了原始村落。这些早期的村落民居，成为诠释中原农耕时代特定生活方式及其文化习俗的空间文本，并在农耕文化发展的过程中形成中原地区村镇民居的重要张力和凝聚力。

千百年来，中原地区的民居虽然不断发展变化，但从汉唐以来，农耕时代进入成熟阶段后，基本变化不大，直到我国改革开放以后，随着经济社会的飞速发展和人民生活水平的提高，才发生较大变化。

中原地区传统民居大体分为五大类：草房、瓦房、石头房、窑洞和地坑院，以及现代的各种楼房。当然，在每一种类型中，都还有许许多多的差别和式样。由于河南地域广阔，人口众多，位居国土中央，东南西北的建筑风格在河南都有不同的影响和渗透，可以说，中原民居是全国民居的一个典型标本。

本厅重点展示各种建筑工具、民居形式及建筑构件等，并引导观众在古村名镇保护和利用方面予以关注。

二 中原民居类型

（一）草房

夯土墙草房（王志军摄）

草房是对最古老建筑形式的承袭。原始人掘土为穴，最初搭建的茅草庵子、草棚子，就是草房的始祖。数千年来，这种房子一直是中原地区人民所喜爱的居所。它的最大优势是冬暖夏凉，而且所需原料都是就地取材，全是原生态的东西建造而成，用现在的理念看，这种房子是最为环保宜居的。

草房的墙壁要么是土质的，要么是石头的，土质的居多。土质墙壁的建造方法也有不同，豫西地区多为版筑夯土墙，就是直接选用合适的黏土，装进打墙夹板中，用铁杵和木杵夯打坚实，沿房基四周依次前移和叠加，螺旋式上升，直至完成；在豫中、豫东等平原地区，更多采用和泥垛墙，或者打坯垒墙。房顶屋面使用各种有硬杆的秸草覆盖，山区有一种专门用于盖草房的山草，叫黄稗草，质地非常好，坚实硬朗，经久耐用，新建的黄稗草草房，甚至可以几十年不用修葺。平原地区，没有这种草，只好用麦秸秆、稻草秆、谷子秆等秸秆盖草房，这些草的经久性就小得多。草房的门窗都不会太高大宽敞，一切设置都比较简陋，人们只图生活方便。这类房显然是平民百姓居住的，门口不会设置门当户对之类的装饰。

（二）瓦房

传统瓦房民居（梁冠山摄，原载河南人民出版社《家园》2016 年 10 月版）

中原地区人民习惯把凡是以瓦为房顶的房子统称为瓦房，其实，瓦房的种类、式样、材质等有很多差别。这些在本丛书《村镇民居》卷会有详细论述。一般来说，瓦房的墙壁都是砖砌的，叫做混砖瓦房；也有为了降低费用，采用两种材料搞成双层结构，即里边是土坯，外面用砖砌，俗称“里生外熟”；山区石头多，也有全部用石头垒墙，上面上瓦的房子，甚至还有土坯墙房子上面盖瓦的。当然，这些非典型瓦房都是经济条件所限导致的，必定不够美观气派，但还是比草房、石头房和窑洞子高一个档次。能建混砖到顶正规瓦房的家庭一般都有院落，大门口常常安装有门当和户对，有的雕有一对威武的石狮子。院内设有影壁墙。住房坐北向南居多，厢房分居两侧。瓦房的屋顶也要有装饰，所谓五脊六兽、勾心斗角等，就是对房顶装饰的描述。瓦房房门要用双扇门，门钉、门环等装饰配件一应俱全。传统房瓦都是黏土烧制的灰黑色陶瓦，现代逐渐有了机瓦、石棉瓦、金属瓦等，房子的式样随之也发生很大变化。

（三）石头房

河南有不少地方处于山区，生活在伏牛山、太行山、桐柏山、大别山的人们，就地取材建造的石头房成为别具一格的民居建筑。

太行山区石头房（王志军摄）

石头房也有多种多样，有石头垒墙、石板搭顶的完全石头房；也有石头垒墙，用草或瓦盖顶的；也有以石板盖顶而墙壁是土坯墙或夯土墙的。在河南林州地区，男子几乎人人都是石匠，他们打石板、凿石块、造门墩，打造各种石器，样样在行。他们能打造出闻名中外的人工天河“红旗渠”和绝壁公路，建个石头房子自然不在话下！石板搭建的房顶，有可能在屋内看得见外面的光亮，但是不会漏下雨水，这就是石匠们建房的技巧所在。在河南，至今仍有不少石头村保留着，诸如新乡的悬崖村郭亮村、林州的石板岩村、南阳的吴垭村、禹州的牡丹坪村、宝丰的三间房村、光山的向楼村、泌阳的一里坡村等上百个石头村，这些村子大多已经被当地政府或村民们保护起来，有的作为乡村旅游资源得以开发利用。

（四）窑洞及地坑院

中原地区西部接壤黄土高原，土质适合开挖窑洞，所以，窑洞住宅在河南省亦不少见。窑洞一般靠崖开挖建造的较多，洞内空间的大小深浅，会根据土质条件和家庭需要来确定。靠西部的窑洞，新劈成的外侧墙壁一般无须镶砌就可以经受多年风雨侵蚀，而靠近东部的地方，例如禹州市，因为土质的变化，这里的窑洞普遍需要用石头或砖头把前脸墙壁包镶一下，有的甚至要把窑洞内侧的壁和顶也都包镶一下才能经久和安全。禹州人称这些窑洞为“洞儿”。

河南省三门峡市的陕县（现陕州区），建有许多下沉式窑洞，人们称它们为“地坑院”或“天井院”。这种窑洞是在平地上开挖出一个四四方方的地坑，然后在地坑的四面墙壁上分别开挖出洞穴房间。院子正中挖一个接存雨水的水窖。入口是从一侧斜挖下去的通道。地坑院应是古代人们穴居方式的遗留，有“古代穴居活标本”之称。地坑院颇有观赏性，被称作地下四合院，明明走近了村庄，却“只见树木不见房，只闻狗叫不见庄，炊烟缕缕往上冒，哪知人家在何方?”近年来，随着乡村旅游的兴盛，陕县地坑院也成了一道独特风景。

本馆专家团队在三门峡市陕州地坑院考察（王志军摄）

无论哪种窑洞，都有一个很大的优点，就是冬暖夏凉，所以，深受当地人们喜爱，直到如今，还有一些老乡恋恋不舍。

（五）各种民居平房、楼房

改革开放以来，随着经济社会的发展和农民生活水平的提高，中原民居发生了很大变化。混凝土结构的平房和各式小楼房成为如今中原民居的主流。中原人民根据本地区雨水不多也不少，风沙也不强的气候特点，逐渐兴起平顶楼房之风。这种房屋的顶不起脊，不成坡，呈平面形，四周边缘略低，留有出水口。整个顶面进行防热防水处理。这样的屋面很有用处，在天晴日朗之时，可以晾晒粮食和各种东西；伏天，有人还喜欢睡在房顶，凉风吹拂，十分舒爽。目前中原地带农村所建新房大多是两层或三层平顶楼房，根据家庭经济条件，材料、式样、装饰等会有区别。也有人家将传统中原民居的一些元素结合进现代建筑之中，创造出仍有瓦房屋顶的楼房，值得赞赏和推广。

三　民居文化

（一）五脊六兽

中原民居建筑的五脊六兽，都有着民俗文化的底蕴。由于古建筑房顶屋架为木结构，以兽镇脊，避火消灾。五脊六兽最传统的说法是：五脊，就是指房架最顶上水平方向的脊为正脊（大脊）及四条垂脊。其中正脊两端有龙吻，又叫吞兽，民间俗称兽头。这是镇脊之神兽，起到祈求吉祥、美化装饰和保护建筑的三重功能。四条垂脊排列着五个蹲兽。分别是狻猊、斗牛、獬豸、凤、狎鱼。与正脊的龙吻统称“五脊六兽”。

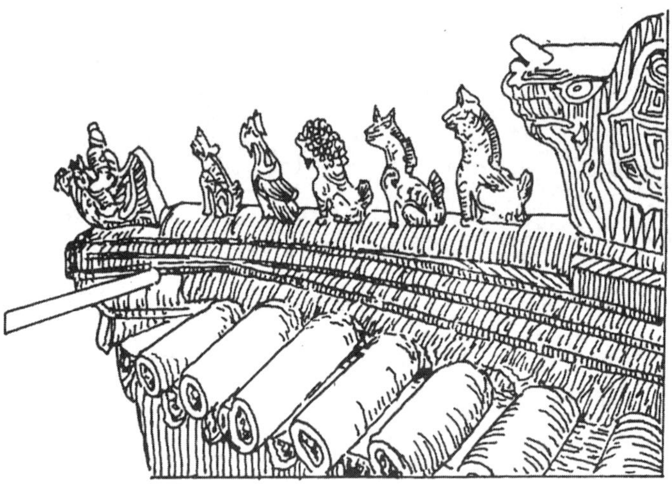

保和殿西庫房北面前坡硬山垂脊走獸

垂脊走兽（采自范有信等著《中国古建筑图典》）

龙吻据说是源于中原地区民间龙子争位的传说：因龙王的二子争夺王位，先吞下屋脊者称王。龙兄率先登上屋脊，一口吞下脊头，龙弟趁兄吞脊，拔剑刺兄于脊上，剑柄尚露在外面，就赶紧张口吞向另一端屋脊。龙兄负剑忍痛，拔出剑掷向龙弟。最后，兄弟两个双双负伤，卧在屋脊两头不能起来，从此成了屋脊两头的守护神。

在民间住宅，一般不敢张狂设六兽，而设为六畜：牛、马、羊、豚、鸡、犬，其实这些是更加接地气、合民意的安祥之物，而不是六兽那样面目狰狞、龇牙咧嘴、凶神恶煞。建房规矩和建筑装饰还有很多，这里不做详述。无论什么规矩和装饰，都是人们祈求吉祥、向往幸福的美好心愿。

（二）门当户对

门当是民宅大门口两侧相对放置的石雕装饰品，一般由方形石墩（枕石）和扁形石鼓（抱鼓石）组成。这是为了借助鼓声的威严壮阔、震撼雷霆来避鬼驱邪。在等级森严的封建社会，门当的设置，以及台阶的高低等，等级也十分严格。六、七品官员之家的门前台阶不能高于二级，五品官员之家不能高于三级，以此类推。到了后来，这些等级规定在民间已不再那么严格，门当的形状也有多种多样的变化，门口设置一对小石狮的也不少。商贾与富裕之家，大都设有门当。门当的形状也有规定，文官用方形，象征书箱；武官用圆形，象征战鼓；门当一边雕花，另一边不雕花的，是一般富裕人家，没有官职；有官职级别的才能两边都可雕花。

“门当户对”（采自陆元鼎等著《中国民居建筑艺术》）

户对，是嵌在门楣上的木雕装饰品。一般是在一条略长于门口的木板（门楣）上镶嵌呈双数的正六边形或圆形木柱，柱头雕刻有不同的装饰图案，或者涂上颜色，写上吉祥祝语。这些既是对住宅的美化，更是身份地位的象征。家庭主人地位不同，户对的柱头数量有所差别。古时所谓“光耀门楣”，便是由此而来。

有门当的，必有户对，所以，门当户对就成为不可分开的东西。后来，门当户对演变为人人皆知的一个成语，比喻男女提亲成婚要讲究家庭条件对等或相当。正是因为在封建时代，凡是设有门当户对的家庭，非官即富，绝非贫穷人家。寻常百姓家的土墙茅舍不会、也不相配有门当户对。

（三）瓦当

瓦当也是有着强烈艺术风格的一种建筑艺术。早在秦至西汉初期，瓦当艺术就达到了相当高的水平。圆形瓦当的筒瓦制作，先从瓦筒上横切到一半，再向下纵切成瓦筒。半瓦当从中央连瓦筒一起切开。到西汉中期，瓦的制法采用一次范成，瓦筒则仅做半筒，瓦背没有刀切之痕迹。此外，秦代带纹饰的圆形瓦当，中央无大圆柱，而汉代的则必有圆柱。秦瓦当边狭，用手捏成，宽窄不匀，汉瓦当的边轮整齐。秦瓦面积不大，汉瓦即使面积小者，也较秦瓦略大。

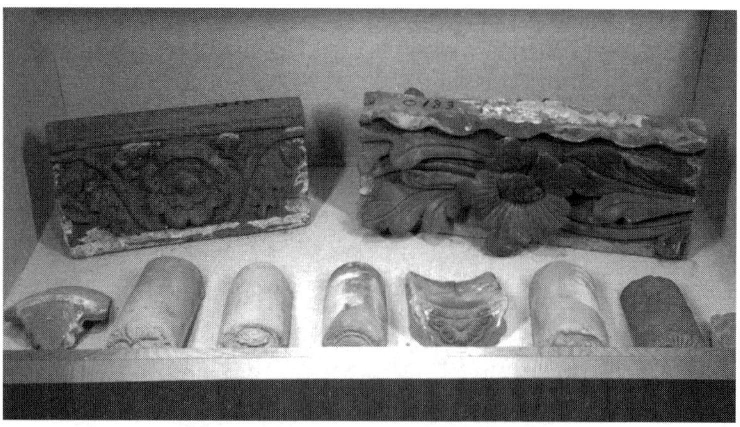

瓦房构建：瓦当、滴水等

在纹饰方面，秦代瓦当，绝大多数为圆形带纹饰，纹样主要有动物纹、植物纹和云纹三种，有文字的很少。汉代的瓦当纹饰更为精美，画面仪态生动。还有各种动物、植物等纹样，如龟纹、蛇纹、豹纹、鹤纹、玉兔纹、花叶纹等。王莽时期的青龙、白虎、朱雀、玄武四神兽瓦当，形神兼备，姿态雄伟，是这一时期的代表作。还出现了大量的文字瓦当，许多反映当时统治者的意识和愿望，如“千秋万岁”“汉并天下”“万寿无疆”“长乐未央”“大吉祥富贵宜侯王”等。汉代瓦当中，以文字瓦当的数量最多，特点是在形制上分区划界，中心是乳钉与联珠，给铭文安排一个固定模式，在此范围内作上下左右的变化。这些文字瓦当，字体有小篆、鸟虫篆、隶书、真书等，布局疏密有致，章法茂美、质朴醇厚，表现出独特的中国文字之美。文字数目不定，最长可达十多字，布局疏密相间，用笔粗犷，成为中国陶制品中独具魅力的珍藏。也留下了中原建筑艺术的无穷魅力。到了近代，瓦当纹饰已经没有太多讲究，但人们对瓦当、滴水、梁头、柱墩、屋檐等各种建筑构件的审美丝毫没有减弱，始终体现着泥瓦匠人和居家百姓的执着追求。

（四）门楼

门楼是在大门上边建成的类似房顶的建筑结构，它是居家宅院大门的重要装饰，也是一户人家贫富的象征。正因如此，中原地区无论贫富，对于宅院大门都很在意，认为大门就是一家人的脸面，除非穷得叮当响，毫无办法修理宅院的人家，否则绝不会连个大门也不安装，被人耻笑。当然，每家的经济条件有别，门楼也要与整个住宅的水平档次基本一致，破宅陋院不会修个豪华门楼的。比较正规的门楼，如同一间下部通透的小房子，房坡具有正脊、四道垂脊和两个斜坡等完整结构，小瓦扣顶。门楣处要有雕刻装饰或者匾额，大门多是红色油漆双扇木门，门钉、门搭等是铁制的，也有铜制的。门后面有门闩或大穿杠，保证夜晚关门后的安全。如果是豪门大户，有车有马有轿子，那就需要修成过车大门，还会在门额石上刻上象征家族郡望的“弘农门第”“南阳明堂”；以示雅居的“耕读之家”“幽林山居”；或者是表彰功名的“进士门第”等，尽量显示家族的富贵与气派。如果家庭经济条件较差，主房是草房，那么门楼一般也是草房顶，甚至只在院墙开门的地方，用木棍在墙上支撑起来一个顶棚，或者只有一个与墙头等宽的“道士帽”，下部安上院门即可。十分贫穷的破宅陋院，就连简陋门楼也没有了，也许只有一个木栅栏护住院子就行了。

现在农村越来越富裕了，人们自然更加重视宅院门面了。许多家庭有了汽车，因此，院子的大门楼也修建得宽大气派，门楣装饰上刻有“紫气东来”“金玉满堂”“五谷丰登”“家和万事兴”等字样的门额，配以吉祥如意内容的楹联。从一个侧面就可以看出新时代农村物质文明和精神文明的巨大变化。

（五）影壁

影壁是四合院内正对大门的一堵短墙，中原农村习惯叫影壁墙，官话也称作照壁。影壁具有民俗的和实用的两方面意义。从民俗讲，农村人有个说法，叫鬼怪不会拐弯，只会直来直去，所以在门里立一个影壁，可以阻挡鬼怪的进入。再者，按照中国风水学的说法，门口毫无遮挡，这叫“一箭穿心”。设置影壁墙，就可以避免“一箭穿心”的忌讳；从实用上说，影壁的功能，主要是起着阻挡门外行人视线的作用，这样可以不被人一眼看到正堂客厅，也不会把整个院子看个通通透透，有个影壁，就可以有效保护家庭的隐私。

影壁也是凸显主人身份地位及财力的一个重要地方，影壁从上到下分三个部分，最上是筒瓦，像房上瓦的作用一样，把雨水引到远离影壁主体的地方，免得侵蚀影壁主体；中间是影壁的主体，一般是条砖砌出框架，中间有各种吉祥文字或是图案；下面是须弥座，一般是山海景色。

影壁（汪庆华摄）

寻常的影壁分三种：一是大门以里，一字形，如果是单独一个影壁就是独立影壁，如果地方小而在厢房的山墙上直接砌出影壁形状的称为座山影壁；二是大门以外，有一字影壁及雁翅影壁，起到装饰作用和遮挡作用；三是位于大门的东西两侧，呈“八”字形，称作“反八字影壁”或“撇山影壁”。在这种影壁的烘托陪衬下，宅门显得更加深邃、开阔、富丽。大型而复杂的影壁建筑，显然是与大型豪华宅院相配的。

四　河南省部分历史文化名镇

许昌禹州市神垕镇、南阳市淅川县荆紫关镇、南阳市社旗县赊店镇、开封市开封县朱仙镇、郑州市惠济区古荥镇、驻马店市确山县竹沟镇、平顶山市郏县冢头镇、驻马店市遂平县嵖岈山镇、西平县仪封镇、安阳市滑县道口镇、信阳市光山县白雀园镇、新安县铁门镇、禹州市鸿畅镇、临颍县繁城回族镇、郏县广阔天地乡、南阳市卧龙区石桥镇、光山县泼陂河镇、永城市芒山镇、巩义市康店镇、林州市任村镇、襄城县丁营乡、舞阳县北舞渡镇、固始县陈集乡、永城市陈官庄乡、睢县后台乡、尉氏县洧川镇、滑县万古镇、桐柏县淮源镇、永城市李寨镇、商水县邓城镇、淮滨县张庄乡、济源市轵城镇、登封市君召乡、灵宝市函谷关镇、南召县云阳镇、宁陵县张弓镇、光山县砖桥镇、登封市颍阳镇、荥阳市汜水镇、安阳县蒋村镇、林州市石板岩乡、禹州市浅井镇、禹州市花石镇、宝丰县大营镇、宝丰县商酒务镇、项城市秣陵镇、滑县瓦岗寨镇、邓州市汲滩镇、永城市城关镇、永城市太丘镇等。

五　展厅掠影

本厅主要展品：

多种石夯、木夯、打地礤、泥瓦匠各种工具、多种瓦当、汉砖、滴水、多种建筑构件、夯土墙打造全套工具、门当、户对、瓦房建筑模型、草房建筑模型、石头房建筑模型、窑洞（地坑院）建筑模型、平顶楼房建筑模型等。

第十四厅“村镇民居”掠影

第十五厅 农耕嬗变

一 前言

有着五千年文明史的中华民族，一直随着源远流长的农耕文明走过来，如同滔滔不息的黄河长江。历史的车轮滚动到 20 世纪中叶，随着毛泽东主席在天安门上的庄严宣告，中华民族进入了一个新纪元。在中国，延续了几千年的传统农耕生产生活方式开始发生改变。进入 20 世纪 80 年代后，随着改革开放的进程，农业生产方式、农民生活水平、农村环境面貌都发生了翻天覆地的变化。传统农业逐渐向现代农业转变，现代工业文明对传统农耕文明形成强烈冲击。传统农耕工具和生活器具烧的烧、卖的卖、毁的毁，传统农耕技艺、场景和风貌也在渐行渐远，许多有着千百年沧桑历史的古村名镇渐渐消失……这一切，一方面使得我们为之振奋和高兴，另一方面，又会勾起我们深深的怀念。难怪近年来，追祖溯源、莫忘乡愁成为一个社会强音，绿水青山就是金山银山成为时代的呼唤，乡村休闲游成为城市居民的向往，粗茶淡饭受到众多人的追捧。在这重大的历史转折关头，我们很有必要对半个多世纪以来的农耕嬗变，进行追忆和审视，留住它们的足迹和身影，记下前辈的功绩和奉献！

二　新中国成立以来农业方针政策之变

（一）土地改革

发端于解放战争时期的土地改革，是中国有史以来惊天动地的大事件，一直延续到新中国成立初期，成为当时三大运动之一。1947 年 7 月，中国共产党在河北省西柏坡举行了全国土地会议，9 月，通过了《中国土地法大纲》。1947 年 11 月至 12 月，一个以土地改革为中心的波澜壮阔的群众运动，迅速在陕甘宁、晋绥、晋察冀、晋冀鲁豫、华东等老解放区，以及东北、鄂豫皖、豫皖苏、豫陕鄂、江汉、桐柏等大面积解放区广泛开展起来，猛烈冲击着几千年来的封建土地制度。

1950 年 6 月 30 日，中央人民政府颁布了《中华人民共和国土地改革法》，彻底废除了地主阶级封建剥削的土地所有制，确立了土地的社会主义公有制，同时《中华人民共和国宪法》明确规定：“任何组织或者个人不得侵占、买卖、出租或者以其他形式非法转让土地。”土地的所有权与经营权分离，通过土地改革，广大农民千百年来“耕者有其田，劳者得其获”的梦想得以真正实现，大大激发了农民的劳动积极性，解放了农村生产力，农业生产得以发展，为新中国的工业化开辟了道路。

（二）农业合作化

农业合作化，是指在中国共产党领导下，通过各种互助合作形式，把以生产资料私有制为基础的个体农业经济，改造为以生产资料公有制为基础的农业合作经济的过程。这一社会变革过程，也称为农业集体化。这一运动发生在 1949 年 10 月至 1953 年，以互助组的形式为主，同时试办初级形式的农业合作社。到 1952 年底，全国农业互助合作组织发展到 830 余万个，参加的农户达到全国总农户的 40%，其中，试办初级农业合作社 3600 多个。

1954 年至 1955 年上半年，是农业合作化运动的第二阶段，初级社在全国普遍建立和发展。1954 年春，农业生产合作社发展到 9.5 万个，参加农户达 170 万户。

1955年下半年至1956年底，是农业社会主义改造的第三阶段，也是农业合作化运动迅猛发展时期。到1956年底，参加初级社的农户达到农户总数的96.3%，参加高级社的农户达到农户总数的87.8%，基本实现了社会主义改造，完成了由农民个体所有制到社会主义集体所有制的转变。

（三）人民公社化运动

农村人民公社化运动是中国共产党在20世纪50年代后期全面开展社会主义建设中，为探索中国社会主义建设道路所做的一项重大决策。

人民公社开大会演出文艺节目（朱宪民摄，原载中国摄影出版社《百姓》2006年4月版）

1957年冬到1958年春，全国农村大搞农田基本建设，一些地方的农业合作社在修水库、抗旱、造林等劳动中搞起了大协作。1958年3月，中共中央政治局成都会议通过了《关于把小型的农业合作社适当地合并为大社的意见》。会后，各地农村开始了小社并大社的工作，有的地方出现了“共产主义公社”“集体农庄”“人民公社”等不同的叫法。1958年4月20日，河南省遂平县成立“嵖岈山农业大社”，不久更名为“嵖岈山卫星人民公社”。这是当时第一个正式成立的人民公社。1958年7月1日《红旗》杂志第3期发表《全新的社会，全新的人》，明确提出“把一个合作社变成一个既有农业合作又有工业合作基层组织单位，实际上是农业和工业相结合的人民公社”。1958年8月，毛泽东主席视察新乡七里营人民公社，赞扬“人民公社好”。8月29日，中共中央政治局在北戴河举行扩大会议，肯定了人民公社“一大二公”的优势，是过渡到共产主义的一种最好组织形式，并做出了《中共中央关于在农村建立人民公社问题的决议》。之后，全国迅速形成了人民公社化运动的热潮。到 10 月底，全国 74 万多个农业合作社改组成为 2.6 万多个人民公社，参加公社的农户达 1.2 亿户，占全国农户的 99%以上，至此，全国农村基本实现了人民公社化。

后来的社会实践证明，当时搞的人民公社化，违背了生产关系要与生产力相适应的客观规律，是受当时指导思想影响的结果。河南的影响最大，动作最快，于 1958 年 8 月底就迅速实现了全省人民公社化，办起了 1378 个人民公社，农户入社率高达 99.8%。

馆藏资料：人民公社时期基层生产队系统账册资料

（四）“大跃进”

“大跃进”运动是指 1958 年至 1960 年间，在全国范围内开展的极“左”路线运动。1957 年 9 月，中共八届三中全会通过了《农业发展纲要四十条（修正草案）》，这个文件实际成为农业“大跃进”的纲领。1957 年 11 月 13 日，《人民日报》发表社论，提出了“大跃进”的口号。此后，全国各条战线迅速掀起了“大跃进”高潮。在“大跃进”中，高指标、瞎指挥、虚报风、浮夸风、“共产风”盛行。在农业上，不断宣传“高产卫星”的虚假案例和典型，提出“人有多大胆，地有多大产”的口号，粮食亩产量层层拔高。在生产总结汇报会上，一个个大睁两眼说瞎话，牛皮吹破天。谁也不愿戴上“落后”“保守”的帽子。

"大跃进"运动兴起的三年"左"倾冒进，导致国民经济比例的大失调，造成了严重的经济困难。

（五）社会主义建设总路线

1958年5月，中国共产党第八次全国代表大会第二次会议，通过了"鼓足干劲，力争上游，多快好省地建设社会主义"的总路线。总路线的制定反映了广大人民群众迫切要求改变我国经济文化落后状况的普遍愿望。然而，在后来的执行过程中，表现出许多忽视经济发展客观规律的现象，忽视了国民经济计划的综合平衡，夸大了主观意志和主观努力的作用。尤其到后来的宣传中，片面强调总路线的基本精神是"用最高的速度来发展我国的社会生产力"，"快"成为总路线的灵魂。

在当时，社会主义建设总路线的制定和实践，无论在理论上还是实践上，都具有不可忽视的积极意义。但是，由于当时我们在社会主义建设方面还缺乏经验，对改变经济文化落后面貌、打破帝国主义封锁和包围、建设社会主义伟大强国的愿望十分迫切，对社会主义建设的客观条件和赶超世界先进水平的长期性认识不足，所以，在社会主义建设总路线的执行和实施中，出现了偏差和缺陷，有些甚至是严重的错误，最终导致国民经济和人民生活遇到了严重困难。

此后，面对出现的诸多问题及其造成的严重后果，我们党进行了认真的反思和总结。在1959年2月召开的中共中央政治局扩大会议（即第二次郑州会议）上，毛泽东批评了"共产风"；在1959年4月29日的党内通信中，毛泽东批评了虚报浮夸、说假话问题；关于社会主义建设急于求成的问题，毛泽东意识到："搞社会主义建设不要那么急。十分急了办不成事，越急越办不成，不如缓一点，波浪式地向前发展。"针对国民经济面临的困难和问题，1961年1月召开的党的八届九中全会通过了"调整、充实、巩固、提高"的方针。经过调整，农业生产逐渐得到恢复和发展。

（六）农业学大寨

农业学大寨，是在20世纪60年代开展的一场运动。大寨是山西省昔阳县大寨公社的一个大队，这里原来是一个非常贫穷的小山村，农业合作化后，在陈永贵的带领下社员们开山凿坡，修造梯田，使粮食亩产增加了

7 倍。1964 年 2 月 10 日《人民日报》刊登新华社记者的通讯报道《大寨之路》，介绍了大寨的事迹，并发表社论，号召全国人民，尤其是农业战线学习大寨人的革命精神。此后，全国农村兴起了“农业学大寨”运动，大寨成为中国农业战线的光辉榜样。“农业学大寨”的口号一直流传到 20 世纪 70 年代末，其中也被极“左”思潮利用过。

修大寨田（梁冠山摄，原载中国香港新闻出版社《沧桑岁月》2011 年 1 月版）

千军万马战洪水（张培林摄，原载中国摄影出版社《大地回春》2016 年 8 月版）

（七）人民公社大食堂

人民公社大食堂，是“人民公社化运动”和“大跃进”的产物。1958年夏天，“大跃进”如火如荼，一些地方热情高涨，直接宣布人民公社为全民所有制，作为“向共产主义过渡”的试点，所有个人财产和个人债务一股脑“共了产”，分配上完全实行供给制。公共食堂就是在这样的背景下产生的。“吃饭不要钱，老少尽开颜；劳动更积极，幸福万万年”；“吃饭不限量，吃菜不重样”；“放开肚皮吃饭，鼓足干劲生产”等，这是当时人们对公共食堂的理解和愿望。媒体也大肆宣传这是解放生产力，提高劳动生产率的有效措施。这种异想天开的实验型“共产主义大锅饭”，问题重重，又逢三年自然灾害国民经济遇到严重困难，“大锅饭”难以为继。当时，极“左”路线在河南影响尤其严重，“大锅饭”带给河南人民的伤痛十分深重。这个人民公社化运动和“大跃进”生下的怪胎，没过几年便宣告终结。

本馆藏品：大集体时期账册、证件等

（八）八字方针

八字方针即“调整、充实、巩固、提高”的方针，是我国在开始全面建设社会主义时期提出的恢复与发展国民经济的方针。这一方针是针对当时极“左”思潮影响下盲目冒进造成的诸多问题提出的。1961年1月14日至18日，中共八届九中全会讨论批准了这个方针。在八字方针指导下，适当调整国民经济各方面的比例关系，主要是调整农、轻、重之间的比例关系，尽可能提高农业和轻工业的发展速度，同时缩小基本建设的规模，使国家建设和人民生活得到统筹兼顾，全面安排。在八字方针指导下，到 1962 年，经济逐步得到恢复和发展；1965 年，国民经济调整任务基本完成；1966 年，全国基本完成了预定的国民经济调整任务，使国民经济得到了恢复和发展。

（九）文化大革命

“文化大革命”全称“无产阶级文化大革命”，简称“文革”，是一场由毛泽东发动，被反革命集团利用，给党、国家和各族人民带来严重灾难的内乱。

毛泽东发动这场“大革命”的出发点，是防止资本主义复辟、维护党的纯洁性和寻求中国自己的建设社会主义的道路。这一运动是在 1966 年正当国民经济的调整基本完成，国家开始执行第三个五年计划的时候发生的。在运动的发展过程中，被反革命集团利用，使原本为意识形态领域的批判运动逐渐发展成为矛头指向党的领导层的政治运动，成为十年浩劫的一场大灾难。

1981 年 6 月，中国共产党十一届六中全会通过的《关于建国以来党的若干历史问题的决议》对“文化大革命”做出了决议，指出：“1966 年 5 月至 1976 年 10 月的‘文化大革命’，使党、国家和人民遭到建国以来最严重的挫折和损失。”“实践证明，‘文化大革命’不是也不可能是任何意义上的革命或社会进步。”

（十）十一届三中全会

1978 年 12 月 18 日至 22 日，中国共产党第十一次中央委员会第三次全体会议在北京举行。全会的中心议题是根据邓小平同志的指示讨论把党的工作重点转移到经济建设上来。十一届三中全会结束了粉碎“四人帮”之后两年中党的工作在徘徊中前进的局面，实现了建国以来党的历史性伟大转折。全会做出了实行改革开放的新决策，启动了农村改革的新进程。这次全会标志着中国共产党从根本上冲破了长期“左”倾错误的严重束缚，端正了党的指导思想，将党的社会主义事业引向了健康发展的道路，揭开了党和国家历史新篇章，实现了我党历史上具有深远意义的伟大转折。

（十一）家庭联产承包责任制

家庭联产承包责任制是 1980 年初在中国大陆农村推行的一项重要改革，是农村基层集体组织实行的由生产任务承担者对其生产成果负责并按产量或产值计算劳动报酬的一种生产责任制。这种生产制度始于20世纪50年代的高级农业合作社时期，人民公社化后废止，中共十一届三中全会后得到恢复和发展。

1978年11月24日晚上，安徽省凤阳县小岗村18位农民在队长严俊昌的带领下秘密开会，决定私下实行“包产到户”的办法，改变村民的生活状态。那张按着18个红手印的字据成为农村改革大潮的源头，小岗村也因此成为中国农村改革的发源地。以包产到户、包干到户等为主的责任制迅速在全国得以推广。家庭联产承包责任制的推行，激发了农民的积极性和创造精神，大大解放了农业生产力，也拉开了改革开放的序幕。

（十二）乡镇企业

乡镇企业是指由农民举办的集体、合作、个体企业，是中国乡镇地区多形式、多层次、多门类、多渠道的合作企业和个体企业的统称。投资者可以是农村集体经济组织，也可以是农民个人。企业的经营范围包括工业、商业、饮食服务业、运输业、养殖业等。乡镇企业的兴起和发展，对于充分利用乡村地区的自然及社会经济资源、向生产的深度和广度进军，对促进乡村经济繁荣和人们物质文化生活水平的提高，改变单一的产业结构，吸收数量众多的乡村剩余劳动力，以及改善工业布局、逐步缩小城乡差距和工农差距，建立新型的城乡关系，均具有重要意义。

（十三）农民工、民工潮

农民工是对户籍在农村的进城务工人员的习惯简称。家庭联产承包责任制解决了人们的温饱问题，有限的土地上富余劳动力越来越多。一部分不满足于现状的农民开始探寻新的生活道路。一些青年农民背起行囊，离开家园闯天下、进城市，谋求通过劳动获得更好收益的工作。在相互影响和带动下，这样的人越来越多，在20世纪80年代后达到高潮，这就是所谓的“民工潮”，尤其在春节前后，南来北往的“民工潮”成为中国大陆的一个跨世纪壮举和一道亮丽风景线。

这是改革开放以来一个最大的新生事物，全国各地的城市和许许多多企业都有大量进城务工人员在工作，数量有近3亿人。他们早已成为城市化建设的主力军，是城乡一体化建设的重要载体，在我国工业化和城镇化进程中，农民工发挥了无可替代的作用，为中国改革开放的伟大事业做出了杰出的贡献！

（十四）取消农业税

新中国成立后，我国政府依照有关规定，在广大农村地区征收农业税，后又开征农业特产税。2004 年，政府开始实行减征或免征农业税的惠农政策。2005 年 12 月 29 日，第十届全国人民代表大会常务委员会第十九次会议决定，自 2006 年 1 月 1 日起废止《中华人民共和国农业税条例》。同日，胡锦涛主席签署主席令，宣布全面取消农业税，自此，延续了 2600 多年的“皇粮国税”彻底退出历史舞台。

本馆藏品：鄢陵县柏梁镇岗底张村民自发制作的“免税谢恩碑”

（十五）新农村建设

进入新世纪以来，现代农业科技日新月异，农业产业化日益深化，科技的发展大大拓展了农业的内涵和空间，推动传统农业向现代农业转变。中央连续出台了一系列深化农村改革的政策，十六届五中全会拉开了新农村建设的序幕，十七届三中全会吹响了新一轮农村改革的号角，农业现代化、农村城镇化的伟大蓝图日益成为现实。

（十六）实施乡村振兴战略

乡村振兴战略是习近平总书记在党的十九大报告中提出的。2018 年 1 月 2 日发布了《中共中央国务院关于实施乡村振兴战略的意见》，对实施原则、实施目的、实施时间、实施模式、实施方案、实现路径等一系列问题做出了部署，提出了坚持农业农村优先发展，按照产业兴旺、生态宜居、乡风文明、治理有效、生活富裕的总要求，建立健全城乡融合发展体制机制和政策体系，统筹推进农村经济建设、政治建设、文化建设、社会建设、生态文明建设和党的建设，加快推进乡村治理体系和治理能力现代化，加快推进农业农村现代化，走中国特色社会主义乡村振兴道路，让农业成为有奔头的产业，让农民成为有吸引力的职业，让农村成为安居乐业的美丽家园。

（十七）脱贫攻坚

2015 年 11 月 27 日至 28 日，中共中央扶贫开发工作会议在北京召开。中共中央总书记、国家主席、中央军委主席习近平出席会议并发表重要讲话。他强调，消除贫困、改善民生、逐步实现共同富裕，是社会主义的本质要求，是中国共产党的重要使命。全面建成小康社会，是中国共产党对中国人民的庄严承诺。会议提出要坚决打赢脱贫攻坚战，确保到 2020 年所有贫困地区和贫困人口一道迈入全面小康社会。2017 年 10 月 18 日，习近平总书记在党的十九大报告中指出，要动员全党全国全社会力量，坚持精准扶贫、精准脱贫，确保 2020 年我国现行标准下农村贫困人口实现脱贫，贫困县全部摘帽，解决区域性整体贫困，做到脱真贫、真脱贫。新中国成立以来，中国共产党带领人民持续向贫困宣战，经过坚忍不拔的努力奋斗，成功走出一条中国特色扶贫开发道路。中国成为世界上减贫人口最多的国家，也是世界上率先完成联合国千年发展目标的国家。

（十八）“三农”政策中央一号文件

中央一号文件原指中共中央每年发布的第一份文件。而现在几乎成为中共中央、国务院重视农村问题的专有名词。

中共中央在 1982 年至 1986 年连续五年发布以农业、农村和农民为主题的中央一号文件，对农村改革和农业发展做出具体部署。2004 年至 2020 年又连续十七年发布以“三农”（农业、农村、农民）为主题的中央一号文件，每年突出一个主题或部署一项重大任务，有力推动了“三农”有关问题的解决和重大决策的实施。

1982 年，中共中央发出《全国农村工作会议纪要》，文件明确指出包产到户、包干到户和大包干都是社会主义生产责任制，是社会主义农业经济的组成部分。

1983 年，中共中央发出《当前农村经济政策的若干问题》，从理论上论述了家庭联产承包责任制是马克思主义农业合作化理论在我国实践中的新发展。

1984 年，中共中央发出《关于一九八四年农村工作的通知》，规定土地承包期一般应在 15 年以上。

1985 年，中共中央、国务院发出《关于进一步活跃农村经济的十项政策》，取消了 30 年来农副产品统购派购的制度，对粮、棉等少数重要产品采取国家计划合同收购的新政策。

1986 年，中共中央、国务院下发《关于一九八六年农村工作的部署》，进一步肯定了农村改革的方针政策是正确的。

2004 年，中共中央、国务院下发《中共中央国务院关于促进农民增加收入若干政策的意见》，有力促进了农民增加收入。

2005 年，《中共中央国务院关于进一步加强农村工作提高农业综合生产能力若干政策的意见》，提出要把加强农业基础设施建设，加快农业科技进步，提高农业综合生产能力，作为一项重大而紧迫的战略任务，切实抓紧抓好。

2006 年，中共中央、国务院下发《中共中央国务院关于推进社会主义新农村建设的若干意见》。这一文件有力推进了中共十六届五中全会提出的社会主义新农村建设的重大历史任务迈出坚实步伐。

2007 年，《中共中央国务院关于积极发展现代农业扎实推进社会主义新农村建设的若干意见》下发，提出要用现代物质条件装备农业，用现代科学技术改造农业，用现代产业体系提升农业，用现代经营形式推进农业，用现代发展理念引领农业，用培养新型农民发展农业，提高农业水利化、机械化和信息化水平，提高土地产出率、资源利用率和农业劳动生产率，提高农业素质、效益和竞争力。

2008 年，《中共中央国务院关于切实加强农业基础建设进一步促进农业发展农民增收的若干意见》下发，从 8 个方面提出具体措施。

2009 年，印发了《中共中央国务院关于 2009 年促进稳定发展农民持续增收的若干意见》。

2010年,《中共中央国务院关于加大统筹城乡发展力度进一步夯实农业农村发展基础的若干意见》,强调对“三农”投入“总量持续增加、比例稳步提高”。

2011年发布的《中共中央国务院关于加快水利改革发展的决定》,是新中国成立62年来中央文件首次对水利工作进行全面部署。

2012年发布的《关于加快推进农业科技创新持续增强农产品供给保障能力的若干意见》,突出强调部署农业科技创新,把推进农业科技创新作为“三农”工作的重点。

2013年,印发了《中共中央、国务院关于加快发展现代农业,进一步增强农村发展活力的若干意见》,聚焦“三农”。

2014年,印发了《关于全面深化农村改革加快推进农业现代化的若干意见》,从8个方面提出33条具体措施。

2015年,《关于加大改革创新力度加快农业现代化建设的若干意见》,分5个部分,提出32条意见。

2016年,《关于落实发展新理念加快农业现代化实现全面小康目标的若干意见》,分6个部分,提出30条意见。

2017年,《中共中央、国务院关于深入推进农业供给侧结构性改革加快培育农业农村发展新动能的若干意见》,从6个部分提出33条意见。

2018年,《关于实施乡村振兴战略的意见》,把乡村振兴提高到国家战略高度,以16000字12个部分49条意见进行了论述和部署,其中,首次把“农耕文化”的概念写入中央文件,提出要“切实保护好优秀农耕文化遗产,推动优秀农耕文化遗产合理适度利用。深入挖掘农耕文化蕴含的优秀思想观念、人文精神、道德规范,充分发挥其在凝聚人心、教化群众、淳化民风中的重要作用。”

2019年,《中共中央国务院关于坚持农业农村优先发展做好“三农”工作的若干意见》,从8个方面提出了具体措施。强调抓重点、补短板、强基础,围绕“巩固、增强、提升、畅通”深化农业供给侧结构性改革,坚决打赢脱贫攻坚战。

2020年，中共中央、国务院印发《关于抓好“三农”领域重点工作确保如期实现全面小康的意见》，分为5个部分27条，包括：强化举措、狠抓落实，集中力量完成打赢脱贫攻坚战和补上全面小康“三农”领域突出短板两大重点任务，持续抓好农业稳产保供和农民增收，推动农业高质量发展，保持农村社会和谐稳定，确保脱贫攻坚战圆满收官，确保农村同步全面建成小康社会。

三　工农业关系与农业经营体系之变

（一）新中国成立后工农业关系的发展演变

我国近代以来处于半殖民地半封建社会，新中国成立后，工业化才起步发展，是一个典型的后起工业化国家。后起工业化国家在工业化的初始阶段，“以农养工”是一个普遍性规律。在这个阶段中，有三个要素，就是农民非农化、农业土地非农化和农业资金非农化。工业化初始阶段的“以农养工”过程就是具备三个要素的过程。这三个要素表现为农业为工业化提供资金积累的能力，市场对资源发挥配置的基础作用，农业劳动力向非农行业转移达到一定的程度。

新中国成立以来，我国工业化的进程大体可分为三个阶段。第一阶段是1952年到1978年，我国处于向传统工业化迈步的阶段。这个阶段的工农业发展关系主要表现为政策安排和保证下的“以农养工”。农业为工业提供资金积累主要是通过工农业产品价格的“剪刀差”、税收和储蓄三种方式进行的。在我国第一个五年计划期间，国家就确立了“以农业为基础，以工业为主导”的指导方针，依靠农业进行资金积累，通过向工业投资倾斜的政策，促进重工业发展。长期实施“以农养工”政策，造成了经济建设投资向重工业的严重倾斜，形成畸形的工农业经济结构。最显著的特征就是随着我国工业化产值在国民经济中的大幅度上升，并没有带来城市化率的提高与农业劳动力的相应大幅度转移。农业部门滞留着大量的剩余劳动力，严重影响到农业生产率的提高。在工业化建设之初，工业建设所需要的资金积累需要农业部门来提供，当时对农副产品实行统购统销政策，是必要的。因为我国当时的农业生产力水平相当低，依靠农业的个体经营和完全的市场采购确实不能及时满足国家工业化建设的需要。但是在这个过程中，持续加大统购统销的强度，完全排斥农村的自由市场，彻底消除个体和私营经济，造成市场机制的完全消失，其结果使得市场失去了资源配置功能和作为经济体制的独立品格，沦为计划经济体制的附属。这种状况对我国工农业发展造成了严重的消极影响。

第二阶段是1979年到1992年，这是我国工业化初始阶段中工农业互利发展的阶段，也是计划经济体制向市场经济体制过渡的阶段。在这个阶段，中国工农业发展关系的特点是：原来实施的优先发展重工业的战略得以改变，实行农、轻、重协调发展的工业化战略；农业部门改变人民公社的集体经营体制，实行家庭联产承包的双层经营体制；在资源的配置方式上实行计划与市场的双轨制；工农业发展关系的“以农养工”格局没有改变，但取消了工业部门汲取农业剩余的强制性统购统销政策和方式；在计划与市场对资源配置的双轨制条件下，工业部门高投入、高积累、高消耗、高速度和低效率的粗放型增长方式没有改变；由于采用工农业的协调发展战略，工农业在发展中相互支持，推进了农业劳动力的转移和市场化率的提高。

第三阶段开始于1993年，我国进入工农业市场化阶段，也是工农业发展关系从“以农养工”向“以工哺农”过渡的阶段。这个阶段我国工农业发展关系的特点是：工业化战略选择可持续的新型工业化发展战略；农业从个体经营向农业产业经营转化；工农业增长方式从粗放型的增长方式向集约型的增长方式转变；工农业发展关系从“以农养工”的资源配置格局向“以工哺农”的资源配置格局转化。随着中国特色社会主义市场体制的逐步完善，工业企业的改革实现了公有制和公有制实现形式的统一，国家的宏观调控能力逐步增强，社会经济领域的地域差别、城乡差别和工农业发展差别逐渐加大，经济增长与人口、资源的矛盾日益凸显。在这种条件下，我们不但具备了大规模“以工哺农”的条件和能力，而且处于政策上实施大规模“以工哺农”的战略机遇期。

我国工业化发展经历这三个过渡阶段，贯穿着农业部门的资源向工业部门流动，即农业资金非农化、农业土地非农化和农民非农化。农业资源的流出伴随非农部门产值份额的上升和农业部门产值份额的下降。工农业经济结构的根本性变化，带来了国家财政收入的大幅度提高，对外贸易结构的根本性改变，初级产品的出口份额降到相对较低的程度，城乡的储备余额总量和社会商品的库存量、销售量较大的情况说明，我国的经济发展已经达到了新的水平，结束了短缺经济时期，工农业供给大于需求，国民经济已经具备了“以工哺农”的条件和能力。

改革开放40多年以来，我们这个后发的工业化国家以令人惊奇的速度，走完了西方几百年的工业化历程。目前，我国已成为世界上工业门类最全、规模最大的制造业大国，许多工业门类已经跃居世界领先地位。以党的十九大为标志，中国特色社会主义建设已经迈入了一个崭新的时代。我国社会的主要矛盾已经转化为人民日益增长的美好生活需要和不平衡不充分的发展之间的矛盾。在这个矛盾中，农业显然还是个短板。我国农业现代化还远远落后于西方发达国家。当前和今后一个时期，我们正处在迈向新型农业现代化的关键阶段。

（二）改革开放以来新型农业经营主体的发展变化

我国改革开放以来，随着经济社会的快速发展和农业科技的进步与推广应用，农业生产机械化、农业服务社会化、农业经营信息化也在快速发展，为创新农业生产经营方式和服务方式提供了基础和条件，新型农业经营主体相继产生。这个过程大体分为四个阶段。第一阶段，1978年党的十一届三中全会召开后，普遍推行家庭联产承包责任制；第二阶段，1991年《中共中央关于进一步加强农业和农村工作的决定》发出后，以家庭联产承包为主的责任制、统分结合的双层经营体制得以稳定下来，并不断充实完善；第三阶段，2008年《中共中央关于推进农村改革发展若干重大问题的决定》发出后，家庭经营开始向采用先进科技和生产手段逐步转变，集约化、组织化程度逐步提高，家庭经营逐步向发展农户联合与合作，形成多元化、多层次、多形式经营服务体系的方向转变；第四阶段，2012年党的十八大召开及2013年《中共中央关于全面深化改革若干重大问题的决定》提出，坚持和完善农村基本经营制度，构建集约化、专业化、组织化、社会化相结合的新型农业经营体系。近年来，在家庭承包的基础上，专业大户、家庭农场、农业合作社、农业企业以及农业社会化服务等新型农业经营主体陆续产生，新型农业经营体系正在逐步发展和形成。

所谓新型农业经营体系是指以家庭承包经营为基础，以新型农业经营主体为核心，以农业社会化服务和农村金融服务为支撑的立体化、复合型的现代农业经营体系。在这个体系中，家庭承包经营居于基础地位，是其他新型经营主体扩大经营规模的源泉，而且会随着工业化、城镇化的发展而逐步分化；专业大户、家庭农场是在家庭经营基础上发展起来的新的农业经营主体，是构建新型农业经营体系的骨干，是商品农产品特别是大田作物农产品的主要提供者，是发展合作经营的核心力量；农业合作社是以家庭经营为基础、由农户合作组织起来的农业经营组织形式，是构建新型农业经营体系的中坚，是引领家庭经营主体参与国内外市场竞争的重要力量，是联结各类农业经营主体的桥梁和纽带；农业企业经营是从事农产品运销、储藏、加工发展起来的农业经营形式，是构建新型经营体系的引领，是分散经营有效对接社会化大市场的重要平台，是带动其他经营主体分享产业链增值收益的核心力量；农业社会化服务和农业金融服务是为农业经营主体提供生产服务和融资服务的组织体系，是构建新型农业经营体系的主要支撑，是维系其他农业经营主体健康发展不可或缺的重要依托，是推进现代农业发展的基本保证。

四 农民生活方式与生活水平之变（研学实践课程参考资料）

（一）衣饰

20世纪五六十年代，农家衣服、鞋帽、被褥等所用布料，大多是自家种植棉花、自家纺线织布、染色、裁剪、缝制而成，只有极少数人才到商店购买机织布料。布料式样比较单调，基本沿袭着新中国成立前中华民国时期的式样，男式上衣为立领对开门，布扣子。裤子为直裆大腰裤，布腰带束腰。妇女着一侧开口的开襟式上衣。颜色也比较简单，冬季前后的冷天，穿深色衣服，主要是黑色、蓝色、深灰色等。夏季前后的热天，穿浅色衣服，主要是白色、浅蓝色，或者方格子家织布。裤子一般为深色。农家男子一般都是剃光头，年轻女子留长发，大多都是扎双辫，额上有刘海。中年妇女多留剪发头，长短到脖子处，当时流行各式花色的方巾，成为妇女们心爱的装饰品。老年妇女扎发髻，蒙头巾。鞋子是手工制作的千层底布鞋，袜子也是家织棉布缝制。雨天，头戴草帽或更大一点的雨淋帽，身披蓑衣，脚上（带着鞋子）绑上木制泥板，有钱人家买来牛皮泥屐，穿起来显得格外神气。冬天为了防寒和踏泥雪，不少人家大人小孩穿草鞋。草鞋用木板作成鞋底，上面用芦苇花穗编扎而成，穿着比较暖和。小孩子在家里是宝贝，穿戴自然是尽其所能精心打扮，工夫主要用在刺绣花样上，诸如各种各样的虎头鞋、虎头帽、花肚兜等。

20 世纪六七十年代，服饰开始有较快较大变化。商店里的机织布料和花色品种逐渐多起来，主要有直纹平布、斜纹布、平绒布、灯草绒布等，百姓统称为“洋呢子”。民间穿戴在继续以家织布为主的情况下，从商店买来布料制作衣服渐渐多起来。“文革”期间，最为流行的是佩戴毛主席像章，戴“军帽”，穿解放鞋，最流行的衣服颜色是灰色和草绿色。有了化学纤维布料以后，这些布料成为最时尚的衣服材料，的确良、迪卡、尼龙等。有人甚至把装化肥的尼龙袋子拆开染色后做成裤子，轻柔凉快，自以为傲。

进入 20 世纪 80 年代，改革开放的春风吹遍祖国大地，随着经济的发展、物质的丰富、思想的解放和眼界的开阔，人们服饰材料、式样、花色的变化令人眼花缭乱，有喇叭裤、牛仔服、一步裙、吊带衫、紧身裤、大风衣、毛料装、羊绒衫、羽绒服、裘皮衣等，都成为寻常百姓的自由选择。今年时兴宽，明年时兴窄；今年流行长，明年流行短。稍有疏忽，就可能落伍掉队。男女青年的发型也在不断变化，黄种人以黑头发为美，但是在崇尚个性化的今天，有些年轻人也会把黑头发染成黄的、棕的、白的或花的。似乎只要时兴什么，什么就是美的！赶时髦、跟潮流成为年轻人的普遍特点。时装设计、美容美发等行当成为异常火爆的社会职业。许昌的假发产业有着悠久历史，也迎来了前所未有的发展机遇，以瑞贝卡为代表的假发制作企业，产品不仅行销全国，而且早已走出国门。发展到今天，全世界每十个假发有六个出自许昌。

前些年，人们的服饰文化在西方文化的影响下，呈现出多姿多彩的状况，愉悦了人们的身心，装点了社会生活，值得赞赏。但也存在一些盲目跟风或崇洋媚外的非理性现象。近年来，随着对优秀传统文化的重视和倡导，人们的文化自信大大提升，社会生活的理性日益增强，这些也明显反映在人们的服饰文化上，呈现出既丰富多彩，又文明大方，既不断创新发展，又始终保有民族特色。这是值得赞赏的。

（二）饮食

新中国成立后，广大农民虽然结束了过去食不果腹、吃糠咽菜的日子，但由于当时生产力仍然很落后，粮食产量很低，所以，农家的生活水平总体上还是相当差的。加上一度刮起的一大二公的浮夸风、“共产风”和60年代初三年自然灾害，人们的生活遇到很大困难。首当其冲表现在饮食上。直到改革开放前，中国农村大部分地区还没有解决温饱问题。中原地区由于人口众多，在传统农耕条件下和极“左”思潮的干扰下，大多数家庭都是粮食欠缺、生活艰难。河南虽然是小麦主产区，但是，大集体收获的麦子交了公粮后往往所剩无几。家家户户分到的小麦，只能留到年来节到或客人来访之时才能食用，平时吃的都是粗粮杂粮，以红薯、玉米、豆子为主，尤其是红薯，以及萝卜、白菜等这些大堆货，成为农家日常生活的当家食品。甚至流行着“红薯汤，红薯馍，离开红薯不能活”的说法。农家的日常饮食都以喝汤为主，这里人称为“糊肚”。大多是玉米糁熬制，加进红薯、南瓜等一些可以充饥的固体食物。馒头多为杂粮窝窝头，或者掺一点白面的花卷馍、包皮馍、素菜包子等。即便这些，平时也不是顿顿都有馍的，只能在农忙时节满足供应。一年中最艰难的时段是春季四五月份，正是青黄不接之时，不少家庭存粮已经很少，必须精打细算，勉强度日。一些家庭甚至断炊，不得不依靠挖野菜、刨绵枣、采榆钱等办法来维持生计。这时，人们会盯着地里的庄稼，迫不得已，他们咬着牙也要把即将成熟的麦穗捋下来，放到石臼里捣捣做成糊糊喝。如果采的多，还可以放到石磨上磨，下来的是弯弯曲曲、断断续续的面条子，人们称为“捻转”，蒸煮均可，都是绝佳美味！当时农家的主要高档食品，当属鸡蛋、豆腐、粉条等，肉类只能到节日吃一点，平时是吃不起的。即使自家鸡产的鸡蛋，也不能全部自家吃掉，要用来换取食盐和日用小商品。人们戏称“鸡屁股银行”。

广大农村饮食方面的重大变化，发生在改革开放之后。实行家庭联产承包责任制以后，农民的劳动积极性、创造性得到巨大释放，逐渐解决了温饱问题。此后伴随农民外出打工，乡镇企业的兴起，农业机械化的快速推进，以及国家一系列三农新政的颁布实施，农民的家庭收入不断增加，生活水平也日益提高。在早已解决温饱问题的基础上，农民开始追求饮食的品种、质量、卫生、保健等问题。

本馆藏品：人民公社时期各种票证

（三）居住

自从中国共产党领导广大农民打土豪、分田地以后，农民开始有了“耕者有其田，居者有其屋”。新中国成立初期，广大农民都有了自己的基本居所。但是，居住条件总体上还是相当差的。大量还是土墙草屋，或者窑洞、石头房等传统简陋农舍。在平原地区，砖瓦房屋较多一些，但总体也是比较简陋的。虽然在北方地区最典型的民间住宅是所谓的四合院，但是，真正有四合院的农村家庭却是寥寥无几。大多是三间头、四间头、五间头主房，前部酌情建设配房。能够建起五包三、四包三的已经是上等农户了。大多是三包二，或者是半包围结构。房子的建材、模式、质量等，随着时间的推移，不断发生变化。在农村，修房盖屋向来被看作是最重要的事情，把住宅视为一个家庭的脸面。提亲说媒，娶媳嫁女，首先也要看看房屋怎么样。所以，他们哪怕平时省吃俭用，也要积攒一些钱粮，用于翻修或新建房屋。整体来看，农家房舍是在不断发展变化的。真正变化较大的是在改革开放以后。许多家庭建起了两层或三层楼房，有的甚至建成了令城里人羡慕的小别墅，至少也是一层砖混结构的平房。但是，农村住宅的变化似乎还不能与衣饰、饮食、出行、用品等生活内容一概而论。仅看现在农村的房子难以说明问题。因为不少走出农村的农民工，都在城镇安家落户了。农村老家的房子基本遗弃不管，有的已破旧不堪，濒临倒塌，出现许许多多的空心村。越是农村老家房子破旧不堪的，他们都在城镇有着楼房，乃至豪华住宅。这种现象是随着城镇化进程必然发生的，完全不必哀叹和惋惜。只是对这种现象，我们应该思考和探讨，如何保护好、利用好传统村落和古建筑，已成为一个十分迫切、十分重要的现实课题。

这家人的住宅变迁：草房—瓦房—楼房（梁冠山摄，原载河南人民出版社《家园》2016 年 10 月版）

（四）出行

传统农耕时代，人们出行是很艰难的事情。大概有三种方式，即步行、骑牲口、乘坐传统交通工具。赶集上店、走亲访友等短途出行，基本都是靠自己的两条腿。路途较远的，还要起五更打黄昏，途中靠携带的干粮充饥。富裕人家有的养有可供骑行的牲口，主要是毛驴和骡马。传统交通工具多用于远途出行或负重出行，也就是牛车、马车，以及人力架子车、独轮推车，旧中国时官宦可乘轿子。新中国成立后，人们的出行方式和交通工具逐渐发生变化。20 世纪五六十年代，仍然以传统的出行方式为主，但开始有了自行车，到 20 世纪七八十年代，自行车基本普及。改革开放以来，农村家家户户不仅完全普及了自行车，而且逐渐出现摩托车、电动车、小型拖拉机、公共汽车、面包车等，如今不少农民家庭也拥有了小轿车。远途出行所乘坐的汽车、火车也在不断变化。汽车由起初的闷罐子客车到后来各式各样的豪华轿车、大客车。火车由绿皮内燃机客车到电气化客车，再到现代化高铁客车。现代农民与城市居民在出行方式上已经没有什么差别，飞机、高铁、自驾游、出国游等，任意选择。满天飞，遍地游，想走就走，无拘无束。

（五）用具

家庭用具的变化最为复杂，难以细致表述。只从最主要的大件家具和日用器具来看，发展变化就很明显。河南一直流行有所谓“三大件”的说法，就是指娶媳妇、嫁闺女的基本要求。20 世纪六七十年代的“三大件”是自行车、手表、缝纫机，加上收音机，被叫作“三转一响”；后来逐步发展为彩电、冰箱、洗衣机，加上大衣柜；再发展到车子、房子、票子。日用家具器物的变化十分复杂，从油灯到电灯，从蒲扇到空调，从算盘到计算器，从普通桌凳到高档沙发、红木家具，等等，变化之大之快，令人吃惊。这些前边已有一些介绍，不再赘述。最为明显的当属通信方式的变化，从书信来往，到有线电话，再到无线电话；从 1G、2G、3G，到 4G、5G；从邮件来往，到实时视频通话，等等，时至今日，当代农民已完全融入现代生活，享受着科技发展的各种成果。

五　农村精神文明与社会事业之变（研学实践课程参考资料）

（一）农村教育

中华民族自古以来就非常重视对后代的教育，但在封建时代农耕社会，所谓教育更多地体现在家庭教育中。在教育内容上，更多集中于伦理道德修养。我国自古就有“耕读传家”的观念和诉求，但是，在封建时代大多数人难以满足温饱的情况下，能够接受社会正规教育的只是少数人。那时社会教育机构的数量和规模也十分有限。在很长的历史时期内，私塾教育都是主要的教育形式。这种教育形式一直延续到清代。所谓私塾，是指私人所办的学校，一般开设于家庭、宗祠或乡村内部合适场所。大体分为三种形式，一是富贵之家能够请先生在自己家中教育孩子，称为教馆或坐馆；

二是一个宗族或一个村子共同捐助钱财或学田，聘师设塾教育后代，称为祖塾（宗塾）或村塾；三是教书先生私人设馆收费教授生徒，称为门馆、书屋、家塾、学馆等。塾师多为落榜秀才或老童生，学生入学年龄不限，学生少则一两人或三四人，多则可达三四十人。教授内容主要是儒家思想的书籍。初学教读《三字经》《百家姓》《千字文》《弟子规》《增广贤文》等，此后是四书五经等。按照施教程度，这些学馆可分为蒙馆和经馆。蒙馆教育儿童，重在识字的启蒙教育；经馆以成年人为主，教授四书五经等儒学经典。在封建社会，在“男尊女卑”“女子无才便是德”等理念的影响下，极少会让女孩子读书识字。在男子中，不识字的人也很多。一个村子里识字的人寥寥无几。少有的识字人，被尊称为“先生”，要承担十里八村写春联、写状子、写书信等差事。

新中国成立初期，广大农村的文盲仍然很多，文盲率达 80%以上。新中国人民政府高度重视扫除文盲的工作，发起了轰轰烈烈的扫盲运动。组织编写一些农民识字课本，采取“以民教民”的方法，设法解决扫盲师资问题。学习场所因陋就简，利用一些集体活动场所办成临时教室。学习时间见缝插针，大多放在农闲时段，以夜校为主，尽量不影响农事活动。这种扫盲教育活动，一直持续下来，经过 50 年的不懈努力，到 2000 年，文盲率下降到 6.7%。这可以说是 20 世纪中国教育史上一项标志性成就。改革开放以来，农村教育事业得到了快速发展。1985 年《中共中央关于教育体制改革的决定》颁布，1986 年国务院颁布《中华人民共和国义务教育法》，1987 年国家教育委员会、财政部颁布《关于农村基础教育管理体制改革若干问题的意见》，2004 年国务院颁布《国务院关于进一步加强农村教育工作的决定》，2005 年国务院《关于深化农村义务教育经费保障机制改革的通知》等一系列文件的颁发，“燎原计划”“希望工程”“春蕾计划”“烛光工程”等一系列重大措施的实施，有力促进了农村教育事业的发展。到 2005 年，全国普及九年义务教育的人口地区覆盖率超过 95%，迄今已达到全覆盖。

新中国成立以来普通教育的发展历史，这里无法详述。仅就新中国成立初期及改革开放前后农村普通教育状况作对比。20 世纪五六十年代，农村小学不仅数量少，而且基本设施和教学条件十分落后。教室大多设在可供使用的一些破旧公房内，学生课桌较多是长木板制作而成，还有许多是用砖头或土坯垒砌而成的泥巴台子。坐凳要靠学生自己从家中携带，坐起来高低不齐。讲坛墙壁上挂一块木制黑板，或者涂一块水泥板，刷上黑漆，便是黑板了。新中国第一批知识分子，后来成为大科学家、大作家、大政治家中的佼佼者，大多都是从这样的教室中走出来的！到了20世纪七八十年代，农村教育状况有了很大变化，大多数村子的儿童都可以在较近范围内入学，初中也都办到了生产大队。校舍条件也有很大改善，危房基本消除。学习桌凳、黑板等教学基本条件，都有很大进步。这一时期中国农村基础教育的师资队伍，是以民办教师为主体的。所谓“民办教师”，是指广大农村中小学中未列入国家教师编制的教学人员，是在当时农村学校教师数量严重不足情况下补充师资的一个重要措施。他们的生活待遇主要是享受所在地同等劳动力的劳动报酬（体现为劳动工分），外加国家发给的少量现金补贴。这支特殊的教师队伍，以高度的社会责任感和吃苦耐劳、甘于奉献的精神，在国家特殊历史时期，为农村基础教育做出了十分重要的贡献。

昔日的乡村小学教室（朱宪民摄，原载中国摄影出版社《百姓》2006年4月版）

改革开放以来，随着经济、社会、文化等全方位的飞速发展，农村基础教育事业也发生了巨大变化。国家对教育事业的投入不断增加，对改善农村办学条件给予高度重视，彻底消除了学校危房。师资队伍建设不断加强，大批由正规院校培养出来的教师进入农村中小学校任教，使教育质量有了根本性的保证。尤其是国家关于普及九年义务教育政策的实施，大大促进了农村基础教育的发展。据统计，2016 年全国已拥有义务教育阶段普通小学 17.8 万所、初中 5.2 万所，小学在校生 9913 万人，初中在校生 4329.4 万人。近年来，在国家实施的脱贫攻坚工程中，教育脱贫攻坚也是工作重点之一，农村教育状况得到进一步改善。

（二）医疗卫生

新中国成立后，中央政府对农村卫生事业给予了高度重视。特别是 1965 年 6 月，毛泽东提出“把医疗卫生工作重点放到农村去”（即著名的 6·26 指示），同年 9 月 21 日中共中央批转卫生部文件《关于把卫生工作重点放到农村的报告》，在这一政策精神指引下，我国很快建立了涵盖大部分农村人口的卫生制度，形成了由县级卫生院、乡卫生院、村级医生构成的“三级医疗卫生网”。不过，当时的医疗条件和医疗水平有限，真正经常在基层农村行医看病的，是大量的乡间医生，他们被称为“赤脚医生”。这些医生大多是过去师徒传承的中医，后来也在实践中学习掌握一些西医技能。他们见多识广，都有十分丰富的实践经验，几乎人人都是全科全能医生，中医西医，内科外科，都敢治疗。一般的小伤小病都不在话下，大病重病则转入正规医院治疗。他们行医大多是肩背一个药箱子，徒步或骑自行车行走乡间，服务上门。在较长时期内，他们都充当着基层农村医疗卫生工作的骨干，做出了不可磨灭的历史性贡献。

改革开放初期，由于集体经济在许多地方削弱，甚至解体，农村医疗卫生工作一度受到影响，合作医疗制度因失去重要经济来源而陷入瘫痪。1996 年 12 月，中共中央、国务院在北京召开了一次规模很大的全国卫生工作会议，各省（区、市）卫生厅（局）正、副厅（局）长均出席了会议。此次会议集中讨论了农村卫生问题，会议做出决定，一是把国家预算中卫生开支的份额由当时的 2% 增至 5%，二是发展合作医疗制度，三是提高乡村医生待遇，四是改善预防保健和公共卫生环境。经过几年的试点、恢复和重建，农村合作医疗取得了一定成效。2003 年国务院出台了《关于建立新型农村合作医疗制度的意见》，在农村合作医疗的筹资、管理体制、补偿模式、监督机制等方面进行了不同程度的创新和突破。新型农村合作医疗制度随即在全国推行开来。到目前，“新农合”已经达到全覆盖，广大农民的医疗卫生有了基本保障。

赤脚医生（张培林摄，原载中国摄影出版社《大地回春》2016 年 8 月版）

（三）文化娱乐

人们的生活质量，既包括物质生活，也包括精神生活。从某种意义上讲，自古以来中国人的精神世界都是丰富充实的。不仅有多姿多彩的民间传统娱乐活动，而且人们注重个人的修身养德，善于心理调节，能从平凡生活甚至艰难生活中寻找到乐趣。除了逢年过节村村镇镇都要组织各种集体娱乐活动外，平时人们还会就地取材、见缝插针开展许多自娱自乐的游戏活动，诸如聚众喷空儿、养鸟斗鸡、占方走窑、下棋打牌、摸鱼捉鳖、爬山游泳等。这种近乎原生态的民间娱乐活动，在新中国成立后，仍然可以见到它的影子。

随着新中国对文化建设事业的重视，农村文化娱乐活动逐渐丰富和活跃。“文化大革命”前，农村文化活动已相当活跃。中原地区是著名的戏剧之乡，不仅有豫剧、曲剧、越调三大剧种，还有许多区域性小剧种，那时，几乎每个生产大队都会组织一个自家的戏班子，逢年过节或遇到大事喜事都要唱一台大戏。更受人们欢迎的，当属放电影。只要听说附近村子放电影，十里八村的老乡都会聚拢到一起，甚至一个村子一个村子追着看。其他娱乐活动还有很多，诸如传统社火活动、曲艺、杂耍、武术等。与现在相比，那时的文化娱乐活动相当贫乏，但人们的精神生活并不空虚。“文化大革命”期间，在“破四旧”运动的冲击下，民间传统文化娱乐活动受到极大冲击，农村娱乐活动的最主要依托——地方戏，传统剧目一概退出了舞台，只能演出八个样板戏。这期间，农村文化娱乐活动和人们的精神生活进入了长达十年之久的萧条期。

本馆藏品：曾经的文化娱乐及家庭生活器具

改革开放后，农村文化场所及文化团体得到迅速恢复和发展，乡文化站和集镇文化中心不断增加。1991 年 6 月，国务院批转文化部《关于文化事业若干经济政策意见的报告》，明确指出，“八五”期间，要努力做到县县有图书馆、文化馆，乡乡有文化站。1998 年 11 月，文化部印发《关于进一步加强农村文化建设的意见》，明确农村文化建设的指导思想，把握农村文化建设目标，搞好“两馆一站一室”建设，进一步推动“万村书库”建设，管好用好文化设施，进一步加大对农村文化建设的投入。同时，积极开展丰富多彩的文化活动，文化下乡活动、文化扶贫工作、农民读书活动等相继展开，农村电影发行放映工作、繁荣农村文艺创作、保护传承非物质文化遗产工作、古村落保护等诸多工作措施得以实施，有力促进了农村文化事业的发展。1996 年，中宣部等十部门联合发出《关于开展文化科技卫生“三下乡”活动的通知》，受到广大农民的热烈拥护和普遍欢迎，在“三下乡”中大力宣传“爱国守法、明礼诚信、团结友善、勤俭自强、敬业奉献”的20字公民道德规范，努力提高农民道德素质，促进农村社会风气不断好转。

党的十八大以来，党和国家高度重视精神文明建设，发出来一系列重要文件，提出了“富强、民主、文明、和谐，自由、平等、公正、法制，爱国、敬业、诚信、友善”的社会主义核心价值观。2017年1月，中共中央办公厅、国务院办公厅印发了《关于实施中华优秀传统文化传承发展工程的意见》，2018年中央一号文件《中共中央国务院关于实施乡村振兴战略的意见》，以及持续深入开展的扶贫攻坚战，这一系列重大政策措施的实施，为农村精神文明建设注入了强大动力，农村文化事业得到空前发展。

六　展厅掠影

本厅主要展品：

人民公社时期各种账册资料，粮票、布票、菜票、食堂饭票等各种票证，早期收割机、磨面机、打稻机、爆米花机等简单机械，喷雾器、喷粉器、耘锄、架子车等各种农具，大铁钟、喇叭筒、汽灯等大集体用品，幻灯机、留声机、收音机、打字机、放映机等文化用具，自行车、缝纫机等家庭用具，“文化大革命”时期像章、书籍等物品与史料。

第十五厅“农耕嬗变”掠影

第十六厅　未来之光

一　前言

我们的祖先经历了从采摘狩猎到种植畜牧，从居无定所到部落定居，从刀耕火种到精耕细作，从结绳记事到创造文字的过程。早期的人类进化和后来人类社会发展进步，始终伴随农业发展的脚步，农业一刻也没有离开过人们的生活。

在滚滚向前的历史潮流中，一个优秀的民族是不能失去记忆、忘却历史的。我们应该明白从哪里走来，记住通往故乡的路，守住心灵深处那片家园。农业发展的历史走到今天，正在经历一场深刻变革，延续数千年的传统农耕几乎是断崖式向现代农业转变。

本馆雕塑：农耕嬗变，神农惊世

什么是现代农业？简单地说，就是指用现代工业力量装备的、用现代科学技术武装的、以现代管理理论和方法经营的、生产效率达到现代世界先进水平的农业。我们现在虽然对中国的未来新型农业现代化难以准确预测和清晰描述，但是，我们可以作以轮廓性的畅想和预判。当我们穿越了漫长的传统农耕历史隧道之后，一定要走出那个狭小空间，迎着未来农业的灿烂光芒，走向人类生存发展的海阔天空……

二　现代农业与传统农业的区别

（一）现代农业的特征

生产程序实现机械化。逐步形成现代农机体系，并在农、林、牧、渔等各领域农业生产的全流程中广泛应用。

生产技术实现高新化。从田间选种到太空育种，从传统种养到试管组培、基因工程、克隆技术，从口传手授、凭经验种地到微电子、核技术、激光、遥感、信息技术在农业中的运用，使农业生产技术由经验型转向科学化。

经营管理实现科学化。电子计算机、经济数字方法等现代科学技术在现代农业企业管理和宏观管理中逐步得到广泛应用。

机收小麦（牛书培摄）

产、供、销、加工等流程实现社会化。传统农业“小而全”的自给自足生产被高度专业化、商品化的生产所代替，农业生产过程同加工、销售以及生产资料的制造和供应紧密结合，实行集约化、规模化生产，形成农、工、商一体化的产业链。

农业主体实现知识化。从事农业的各类人员，要具备现代科技知识、技能和管理才华，能够适应现代农业生产和管理的需要。

（二）现代农业与传统农业的差异

现代农业是技术密集型产业。传统农业主要依赖资源的投入获取收益。而现代农业则依赖生物技术、信息技术、耕作技术、节水灌溉等农业高新技术，这些新技术成为现代农业的先导和发展动力，使得农业也成为技术密集型产业。

现代农业具有多种功能和形式。“面朝黄土背朝天”“土里刨食”是对传统农业的形象描绘，说明了劳动形式的单调和劳动目的的单一，它的主要功能就是为人们保障农作物产品的供给。而现代农业的主要功能除了农产品供给外，还具有生活休闲、旅游度假、生态保护、文明传承、教育后代等功能，成为多业态并驾齐驱的新型农业。

现代农业注重生态环保。传统农业在经营操作过程中往往只重视目的，对手段是否有负面影响不多注意，甚至是掠夺性经营。而现代农业注重生态文明，强调环境保护，追求资源节约型、环境零损害的绿色性。

第二届中原农村发展论坛“中原经济区背景下美丽乡村建设学术研讨会”

现代农业大力发展产业化组织。传统农业是以土地为基本生产资料，以农户为基本生产单元的小生产。而现代农业中，农户广泛地参与到专业化生产和社会化分工中，要加入各种专业合作社组织中，农业经营活动实行产业化经营。

三　现代农业的发展方向与主要形态（研学实践课程参考资料）

（一）现代农业的发展方向

生产流程现代化。整地、播种、灌溉、灭虫、收割、脱粒、运输、储藏、加工等全部流程，不仅实现了机械化，而且融入生物、电子、激光、遥感、信息等高新技术，生产效率空前提高。

秸秆打捆（牛书培摄）

供给保障现代化。通过科技手段提高土地、水等自然资源的利用效率，缩短种植养殖的农业生产周期，实现资源的利用率现代化。建立食品监管现代化，提升农产品的营养成分，去除污染、农药等不健康因素。

制度供给现代化。在制度层面上，以股份制、租赁制适度推进土地规模经营；在技术层面上，大力发展规模化生产和集约化生产技术；在商业层面上，不断创新推广农业合作化模式和供求电子商务平台。

农业生态一体化。建立耕地轮耕、休耕等土地可持续保障机制。坚守“绿水青山就是金山银山”的理念，高度重视生态环保，建立农业生产生态一体化协调发展机制。

农民收入多元化。不断减少农业人口比重，消除二元结构，农民收入多元化，农民收入和生活水平大幅度提高，农民社会保障机制健全。

农业布局全球化。农业立足全球进行资源生产、流通、储备及资本市场等环节的全面布局，培养国际性农业企业，大大提高中国农业的全球竞争力和整合力。

（二）现代农业的主要形态

休闲农业。休闲农业是开发利用农业景观资源和农业生产条件，结合农林渔牧生产、农业经营活动、农村文化及农家生活，提供民众休闲、增进民众对农业及农村生活体验的一种新型农业生产经营形态。休闲农业多依托城市、服务城市而建，其特征是注重生产性、生活性、生态性相结合，集约化、设施化、规模化相结合，经济效益、社会效益、生态效益相结合。主要类型有农业公园、观光农园、市民农园、休闲农场、教育农园、民宿农庄、民俗观光园、森林公园等。

生态农业。生态农业是指在保护、改善农业生态环境的前提下，遵循生态学、生态经济学规律，运用系统工程方法、现代科学技术和现代管理手段，在传统农业有效经验基础上建立起来的，能够获得较高经济效益、生态效益和社会效益的现代化农业。

有机农业。有机农业是指遵循一定的有机农业生产标准，在生产中不使用化学合成的农药、化肥、生长调节剂、饲料添加剂等物质，也不使用基因工程生物及其产物的生产体系，遵循自然规律和生态学原理，协调种植业和养殖业的平衡，采用有机肥满足作物营养需求的种植业，采用有机饲料满足畜禽营养需求的养殖业。有机农业也称绿色农业，也有人将二者分开，把绿色农业单独表述为以生产并加工销售绿色食品为轴心的生产经营方式。

循环农业。循环农业是指运用物质循环再生原理和物质多层次利用技术，实现“低开采、高利用、低排放、再利用”，尽量减少废弃物和提高资源利用效率的农业生产方式。

可持续农业。可持续农业是指通过管理、保护和持续利用自然资源，调整农作制度和技术，以确保获得并持续满足当代人类需要，又不损害后代利益的农业，是一种能维护和合理利用土地、水和动植物资源，不会造成环境退化，同时在技术上适当可行、经济上具有活力、能够被社会广泛接受的农业。

机收玉米（牛书培摄）

信息农业。信息农业是以信息为基础，以信息技术为支撑的农业，是在全面掌握和综合分析农业生产信息基础上，因地制宜全面应用现代信息技术组织和实施农业生产的过程，是一个以数字化、自动化、网络化、智能化和可视化为特色的农业信息化的过程。

特色农业。特色农业是将区域内独特的农业资源充分利用，开发出区域内特有的名优产品，并转化提升为特色商品的现代农业。特色农业多与订单农业形式相结合，经营者根据与购买者签订的农产品供销合同，依托龙头企业或加工企业扩大销售。

工厂化农业。工厂化农业是综合运用现代高科技、新设备和管理方法而发展起来的一种全面机械化、自动化技术高度密集型生产，能够在人工创造的环境中进行全过程的连续作业，从而摆脱自然界的制约，实现现代生物技术、现代信息技术、现代环境控制技术在农业上的广泛应用，大幅度提高劳动效率和农业生产水平。

机收红薯（牛书培摄）

许昌市天和有机蔬菜基地（牛书培摄）

立体农业。狭义的立体农业，仅指立体种植，是农作物复合群体在时空上的充分利用。根据不同作物的不同特性，利用它们在生长过程中的时空差，合理实行科学的间种、套种、混种、复种、轮种等配套种植，形成多种作物、多层次、多时序的立体交叉种植结构；中义的立体农业，是指在单位面积土地上（水域中），或在一定区域内，进行立体种植、立体养殖或立体复合种养，并巧妙借助模式内人工的投入，提高能量的循环效率、物质转化率及第二性物质的生产量，建立多物种共栖、多层次配置、多时序交错、多级质、能转化的立体农业模式；广义的立体农业，着眼于大农业系统，包括农业的广度（即生物功能维），农业的深度（即资源开发功能维），农业的高度（即经济增值维）。

大型机械化喷灌（牛书培摄）

（三）加快现代农业发展的主要任务

1. 提高农业劳动生产率

农业现代化是从传统农业向工业化农业、知识化农业转型的过程，其中提高农业劳动生产率是这一过程的核心任务。我国传统农耕时代十分漫

无人机喷洒农药（牛书培摄）

长，直到改革开放时期才开始发生根本性转变，所以，农业劳动生产率是我国农业现代化的最大短板，必须全面增强技术集成、科技创新、转化应用等能力，加强科研及其成果推广，重视新型农民人才队伍建设，切实把农业数量型增长模式转变为依靠科技进步和提高劳动者素质的质量型增长模式。

2. 转变农业生产和经营方式

完备的物质装备条件，先进的生产和经营方式，是现代农业的基本特征。必须大力加快农机化发展速度，加强高标准农田建设，加快推进农业发展由粗放型向集约型方式转变，推进家庭经营、集体经营向合作经营、企业经营等共同发展方式转变，实现农业技术集成化、劳动过程机械化和生产经营信息化，实现由繁重的体力劳动、高成本低效率向解放生产力、低成本高效率、标准化生产转变，实现由以兼业化的分散经营为主向专业化的适度规模经营转化。

3. 深化农村土地制度改革

农村土地制度改革是农村深化改革的一个关键点。我国农村现行土地管理制度存在权利二元和权能缺憾，土地市场处于城乡分割状态。所以，必须大力推进农村土地制度改革，在农村土地性质不变的前提下，将土地所有权、承包权和经营权进一步分离，有效推动农村土地作为生产要素在市场上的自由流动。

4. 完善粮食安全和食品安全保障与监管体系

作为国家经济安全的重要基础，保障国家粮食绝对安全必定是加快现代农业发展的重要任务。因此，必须确保全国耕地红线，稳定提高粮食产量，重点发展粮棉油糖、肉蛋奶、水产品生产，同时加快建设食品安全监管体系建设，保障民众健康安全。

5. 改善农村治理结构

以党的十九大为标志，中国特色社会主义进入新时代。全面推进乡村振兴，实现农业农村现代化，成为一个重要的战略目标。治理有效是农村现代化的重要标志之一。实现的主要途径是健全自治、法制、德治相结合的乡村治理体系，即逐步推进和健全乡村自治法律机制、乡村法制运行机制、乡村道德支撑机制，形成一个完整的乡村治理体系，既不脱离法制轨道，又有社会主义道德支撑的村民自治乡村治理体系。

四　发达国家发展现代农业的经验

（一）美国发展现代农业的经验

1. 大力发展家庭农场

美国是当今世界农业发达国家，它的人均耕地面积是世界人均耕地面积的3倍。这里不仅土壤肥沃，气候优越，自然资源丰富，而且科技高度发达，这些都是发展农业、畜牧业的有利基础。拥有大批具有高度商业化的家庭农场，形成了以家庭农场为主的现代农业发展模式，是美国现代农业的一大特点。美国大型农场分为超大型家庭农场、大型家庭农场和非家庭农场三种类型。近年来，公司农场迅速发展，数量已达7万多个，公司农场面积所占比例越来越大，销售额越来越高。

2. 规模经营和机械化生产

美国在农业生产过程中已经全面实现机械化和规模化，可以广泛在农场中利用机械进行整地、播种、灌溉、施肥、收割等生产活动。并将卫星通信、遥感技术、电子计算机等最新的高科技技术广泛应用到农业，实现了无人驾驶机械和自动化。

3. 政府大力支持农业

美国各级政府制定了诸如金融信贷支持、农产品价格补贴、优惠税收政策、立法保障和农业贸易保护等各种扶持农业发展和家庭农场发展的政策，对发展现代农业提供有力的支持服务。

4. 实行专业化生产

美国各个农业生产带都是充分利用当地比较优势的自然资源，进行规模化和专业化的农业生产，从而形成独特的区域农业生产布局，有利于提高农业生产率和降低农业生产成本。

5. 建立完备的农业教育、科研与技术推广体系

美国高度重视农业教育，农业类大学有100多所，遍布全国各地。50%左右的农场主受过高等教育，很多农场主是农业专家和农业高技术人才。由科研院所、政府部门、农场主和农业技术推广部门组成的现代农业

技术推广中心，所需经费由各级政府分担。

（二）加拿大发展现代农业的经验

1. 大力发展现代家庭农场

地多人少是加拿大农村的基本特点。家族式现代家庭农场是加拿大农业生产的基本单位。政府大力支持、资助农场主购买大型农机具和进行农业设施建设。加拿大的家庭农场不仅拥有非常便捷的交通运输系统和完善的农业基础设施，还有世界先进的农产品安全生产和管理技术。

2. 政府重视科技对农业发展的支撑作用

加拿大政府财政对农业教育和农业科技的投入力度很大，利用农业生物技术培育优良品种，不断提高农业发展科技含量，大力推进“可持续农业”的发展。加拿大自然科学工作者中农业科技人员占科技人员总数的28%左右，排名世界第一位。

3. 制定法律法规为农业发展提供保障

加拿大政府通过制定各项法律法规为农业发展提供保障，不仅有利于加强对农业的保护和明确农业的基础地位，而且有利于增强农产品在国际市场上的竞争力。

4. 大力发展农业合作社

农业合作社是加拿大农业非常重要的组成部分之一，主要包括三大类别：生产与服务合作社、销售合作社和农资供应合作社。这些合作社能够准确、及时地为农业生产者、农业科技工作人员、农业专家等提供市场信息和各种支持服务。

5. 培养高素质和高技能的农业生产人员

在加拿大，大多数农业生产人员接受过国家农业高等教育，或者参加过农业方面培训中心的相关农业生产技能与知识培训。大多数农业生产人员都具有较高文化素质、较强实践能力和业务管理能力；能够通过互联网获得农业方面各种政策信息和市场信息；能够通过上网获得继续教育和先进的农业生产技术；能够运用计算机进行生产管理；能够操作、维护和监控农业生产机械设备；能够对动物疫病进行防治等。

（三）日本发展现代农业的经验

日本国土面积狭小，多山地少平原，可耕农田较少，人口密度大，自然资源贫乏，人均耕地面积只有世界平均耕地面积的13%。这是日本农业的国情。但日本通过专业化生产、组织化生产、集约化经营和实行小型机械化的形式，实现了在小农背景下发展劳动密集型的农业生产方式，通过不断提高土地生产率和劳动生产率，达到了世界先进水平。

1. 培育“一村一品”的农业发展模式

日本从1979年开始搞“一村一品”运动，逐步形成了具有特色的现代农业发展模式。“一村一品”是指以各地具有的特色资源为基础，从当地的实际情况出发，每个村庄重点开发能够在一定范围内居销售前茅的、各具特色的、经济效益好的拳头产品。这一措施有力带动了区域农业经济发展。

2. 政府大力支持现代农业发展

日本实行的是小农经营，发展现代农业在很大程度上需要政府财政的投资。日本政府对农业的投资占国民经济总投资的40%以上，高达农业总产值的15倍之多。土地改良、农业项目开发、农业科技发展、农业现代化装备的购置和农田水利设施建设等支出，只有少部分由农民自己承担，绝大部分由政府财政承担。

3. 建立完善的农村金融市场体系

日本建立了农协金融与政策性金融紧密联系在一起的、功能互补的、完善的农村金融市场体系。其中，农协金融主要是解决农民购买种子、化肥、农药等生产资料出现的资金不足问题，满足农民短期流动资金的需要；政策性金融主要承担着大型涉农企业能力建设、耕作机具的购置与更新、农业技术的更新换代、土地开垦、农村基础设施建设等中长期融资的重要任务。

4. 不断完善农业法律体系

日本政府通过立法确保农业的基础地位和重要作用，并通过不断完善农业法律体系支持和保护现代农业的发展，从而对促进农业发展产生了积极影响。

5. 充分发挥农协的作用

农业生产联合组织是指多个农户或农业法人，就农业生产过程中的某个或多个环节开展共同合作而结成的生产集团，或者有组织的从事农业经营、农业托管服务的组织。农协是日本规模最大、实力最强的农业生产联合组织。在日本，99%以上的农民都是农协的成员。农民通过参股的方式，按照自愿原则加入农协，享受农协的各种服务。农协分为综合农协和专业农协两种组织形式，并分为全国农协、县级农协和基层农协三级网络，形成了比较健全、遍布整个乡村、全国统一的农协管理组织体系。“民办、民管、民受益”是农协的突出特点。农协具有强大的、全面的社会化服务功能，能够为农协成员提供全方位服务。

6. 建立完善的农业科教体系

日本在全国范围内建立了教育、科研、推广等多个层次的、完善的农业科教体系，为现代农业的发展培养了大批高素质经营管理人才和实用型农业技术人才。日本农民通过充分利用小型农业机械，并在化学科技、基因技术、生物技术等先进的农业科学技术帮助下，实现了对土地的精耕细作，从而提高了土地生产率和劳动生产率。

五　展厅掠影

本厅主要展品：

各种农耕器具微型仿真雕塑，各种文创产品，许昌学院中原农村发展研究工作情况，现代农业知识展板。

第十六厅“未来之光”掠影

贰

中原农耕文化博物馆创建纪实

中原农耕文化博物馆是河南省文物局批准创建的河南省首家以农耕文化为主题的博物馆，由许昌学院主办，自 2010 年至 2012 年历时三年建成，2012 年 12 月 30 日正式开馆。开馆以来运行良好，参观考察者络绎不绝、赞誉良多。它所具有的“珍藏农耕记忆、弘扬传统文化、教育子孙后代、传承中华美德”的社会功能和历史价值日益彰显，先后获得了一系列荣誉，并在省内外产生了广泛深入的影响，为推动中华优秀农耕文化的保护、研究、传承和利用，做出了积极的努力和贡献。

回顾建馆的过程，颇为艰难辛苦，现择其要点予以记述。

一　论证与决策

（一）动议

许昌学院是一所以理工为主多学科综合发展的省属本科院校。它的办学历史比较悠久，文化底蕴深厚。创办于 1907 年的许州师范传习所，可以视为许昌地区现代教育的源头，同时也是许昌学院的办学源头。而许昌学院的建校肇始是 1942 年国民政府创建的河南省第五行政区联合师范学校，简称“五区联师”。在风雨飘摇的民国时期，学校也难以避免颠沛流离坎坷多舛的命运。随着中华人民共和国的成立，学校才走出阴霾，迎来阳光，获得了新生。

新中国成立之后，许昌师范学校快速成长，成绩斐然。1956年许昌师范学校开始招收大专班，并于1959年被国务院批准为师范专科学校。此后历经三年自然灾害时期的调整和“文革”动乱时期一度停办的风风雨雨，至1978年12月，沐浴着党的十一届三中全会的阳光，迎着改革开放的春风，该校作为全国首批复办的师范专科学校之一，恢复了高等教育办学资格。许昌师范专科学校自此步入了健康发展的轨道。特别是在2002年3月，被教育部批准升格为本科院校之后，更名为许昌学院，学校实现了跨越式发展，办学规模、学科建设、人才培养、科学研究、社会服务、文化建设等各项工作取得了诸多成就和荣誉。学校升本以来瞄准“地方性、应用型、服务性、国际化”的办学定位，坚持以内涵提升为核心的转型发展，坚定不移地走出一条融入地方经济社会和文化生态的办学之路，创造和积累了一些富有新意的办学经验，与许昌市达成战略合作协议，不断深化政产学研合作，深度融入地方办学；及时调整优化专业布局，建设以理工为主的特色专业群；不断推进校企资源共享，创建校企协同创新中心；实施校地共建人才“双百工程”，努力打造双师型教师队伍；深化教育教学改革，建设创新型行业学院，构建应用型人才培养体系；应用性科学研究得到强化，科技创新与孵化转化能力不断提升等。在校园文化方面，聚焦区域特色文化与产业优势，服务地方文化传承创新能力显著增强，先后创建了钧瓷文化艺术馆、校史展览馆、中原农耕文化博物馆、吴道子美术馆、音乐厅等一批文化场馆。作为河南省首批地方本科高校转型发展试点单位，许昌学院转型发展的做法、成果和经验，被教育部誉为“许昌模式”。2015年1月，全省本科学校转型发展现场推进会在许昌召开，2015年4月全国人大常委会委员长张德江莅临学校视察调研。在这些成绩的基础上，学校正在瞄准建设富有特色的高水平应用型大学的奋斗目标持续努力，不断前进！

中原农耕文化博物馆正是许昌学院融入地方办学积极发挥文化传承创新功能的建设成果。建馆的最初动议，源于许昌学院美术学院王雨院长、原城乡建设与环境学院党总支书记徐中森等同志对传统农耕文化的关注和议论。从社会层面看，我们发现近些年来越来越多的人对传统农耕文明予以关注，以冯骥才先生为代表的一批仁人志士对保护传统文化不遗余力地奔走呼号，这些都启发和促使我们积极投入其中有所作为。王雨院长等一些同志针对抢救性收集、存留、展示传统农耕器物和研究农耕文化提出了一些初步想法和建议。时任许昌学院院长的陈建国同志敏锐地察觉到老师们对这一现象也很关注，于是他热情支持并积极推进，责成历史文化与旅游学院李俊恒、许国林等同志进行初步讨论提出意见。2010 年 3 月 8 日，陈建国院长将历史文化与旅游学院提交的文字材料批转给党委副书记汪庆华同志："请汪书记负责讨论、筹建等工作，成熟后上会讨论。"自此，在汪庆华副书记的主持下，此项工作正式启动。

时任许昌学院党委书记仉建涛（左 2）、院长陈建国（左 3）、党委副书记汪庆华（左 1）与美术学院院长王雨（右 1）等有关同志一起研究中原农耕文化博物馆创建工作

（二）论证

校园文化建设工作是汪庆华副书记分工负责的工作之一。他高度重视学校交给他的这一专项工作任务，遂将农耕文化研究及筹建博物馆工作纳入其工作日程，一连数日开展调研，听取有关同志的意见，迅速决定召开专题讨论会。2010 年 3 月 15 日，汪庆华副书记组织召开了筹建中原农耕文化博物馆论证务虚会，许昌学院院长陈建国、党委副书记汪庆华、副院长赵正风出席会议，党办主任崔斌、组织部长孙海、历史文化与旅游学院党总支书记许国林、院长李俊恒、基建处处长杨海钦、魏晋文化研究所所长马宝记、城市与环境学院副院长吴国玺以及李俊丽博士、郑敬刚博士等参加了此次会议，会议由汪庆华副书记主持。会议经过热烈的讨论达成了以下共识。

第一，筹建中原农耕文化博物馆立意新颖，责任重大，意义深远；第二，博物馆建设要突出优势，形成特色，选好角度，要把重心放在近现代，着力展现传统农耕文明发生历史嬗变的时代节点；第三，既要重视农耕器物的征集，又要重视非物质文化资料的收集和研究，既要展开传统农耕文明的研究，又要关注和研究现代农业文明发展的进程，全面反映农耕文化的面貌、内涵和发展进程；第四，博物馆的馆名有待商榷，但对于区域上选定“中原”，内容上应该全面反映“农业、农村、农民”诸方面文化内涵，大家的认识基本一致；第五，博物馆建设定位要高，立意要远，要集教育、科研和文化展示于一体，要有信心逐步建成中原地区乃至全国农耕文化研究基地和展示平台；第六，加强展品征集工作。学校投入适当的启动资金，动员广大师生积极参与，多方式、多途径征集实物；第七，以“中原农耕文化”为主，同时酌情兼顾相关传统文化实物的征集和展览；第八，加强专业人才队伍的聚拢、吸收和培养，逐步形成团队，同时开展对中原农耕文化的研究工作，边建设边研究，良性推进；第九，适时成立筹建机构，吸收相关人员参加；第十，学校要高度重视馆舍工程建筑工作，尽早论证在新校区复制老校区文科楼（20 世纪 50 年代初建设的教学楼）的问题，为博物馆建设奠定基础；第十一，博物馆内容设置、分类板块、展示手段、参观流线等具体策划要具有科学性，在国内开展必要的考察调研，科学论证，早日制定建设方案；第十二，注意因势利导，可以考虑申报有关科研项目或文化建设项目争取政府和社会的支持；第十三，本次会议形成纪要，提交学校领导以及有关会议研究。

（三）决策

2010 年 3 月 15 日，汪庆华副书记组织召开的筹建中原农耕文化博物馆论证务虚会形成会议纪要之后，及时向党委书记仉建涛做了汇报。此后仉建涛书记、陈建国院长、汪庆华副书记等学校领导多次在一起沟通，研究建馆的相关问题并达成共识，遂将论证务虚会会议纪要先后提交院长办公会议和党委会议研究。学校党政领导一致认为：中原地区是中华民族重要的发祥地，同时也是传统农耕文明的重要发祥地。几千年来，中原地区在传统农业文明的演进发展中始终处于中心地位和先进行列，创造了灿烂辉煌的农耕文化成果。直到现在，中原地区仍在全国农业发展和粮食安全的大局中占有重要地位。当历史跨入20世纪后期，随着我国改革开放的伟大进程和现代技术的飞速发展，传统农业的生产方式、生产工具和农民的生活方式、生活用品等已经或正在发生着革命性变革，传统农耕文化正在逐渐离开我们。在这个极其重要的历史节点上，创建一个专题博物馆，抢救性地收集、存留、展示和研究中华民族传统农耕生产生活器物和非物质文化遗产是十分必要和迫切的，是富有社会意义和历史价值的。

许昌处于河南省地理版图的中心位置上。这里是广袤的平原地带，沃野良田一望无际，农业基础很好，农耕文化底蕴深厚。早在远古时代便有先民在这里刀耕火种、繁衍生息；许昌灵井“许昌人”头盖骨的考古发现，对研究东亚古人类演化和中国现代人起源具有重要意义；传说中的高人贤士许由美德传世，其部落在此耕耘生息，古老的“许地”“许国”使这里留名青史；禹在此受封为夏伯，禹的儿子启于此创建第一个奴隶制王朝——夏；三国时期，曹氏父子在此建功立业，使这里成为当时社会政治、经济、文化的中心，许都也因“魏基昌于许”而谓之“许昌”；新中国成立以来，特别是改革开放以来，在许昌这块美丽富饶的土地上，率先发生着传统农耕文明向现代农耕文明的历史嬗变。近年来，这里的农业现代化进程、美丽乡村建设步伐、生态宜居的城市环境打造、历史文化底蕴的发掘，以及工业现代化、新型城镇化和综合经济实力的发展速度，均位居中原地区先进行列。由此可见，在这里创建一个以中原农耕文化为主题的博物馆，是具有一定优势和富有代表性意义的，同时也是切实可行的。基于以上认识，学校党委达成了创建中原农耕文化博物馆的决议，于2010年6月22日以院政〔2010〕25号文件印发了中原农耕文化博物馆筹建方案，同时明确由汪庆华副书记主持筹建中原农耕文化博物馆，负责组建团队、外出考察、策划设计等工作，并以时不我待的意识尽快着手征集展品。同时，由赵正风副院长主持，基建处负责，尽快启动馆舍建设事宜。

2010 年 5 月，许昌学院党委部署学校发展十二五规划，决定创建中原农耕文化博物馆（许昌学院党委宣传部资料）

关于馆舍，学校研究决定将老校区 20 世纪 50 年代建设的教学楼原样原大复制到新校区。这是一所仿苏式的建筑，青砖、红瓦、木楼板，上下两层均有贯通东西的外走廊，附以罗马立柱，甚为壮观、典雅，富有审美价值。当时，许昌市共建设四幢一模一样这样的楼房，老校区这幢楼房已被市文物局列为历史文物予以保护。许昌学院的前身先后为许昌师范学校和许昌师范高等专科学校，历届学生都对这幢楼房记忆颇深，许多学生都在这里上过课。因此，多年来凡有校友回校聚会，必然要到这幢小楼看一看，寻找往昔学生时代的记忆。这幢小楼成为学校历史的见证和历届学生的情感寄托。现在，随着学校的发展，早在 21 世纪之初就在许昌市东区建设了新校园，老校区已被置换，虽然那幢小楼得到国家文物部门的保护，但在新校区没有任何老校园的符号，不能不说是个遗憾！于是，学校研究决定，将那幢楼房 1∶1 复制过来，不仅能够使众多的往届毕业生回到母校时在新校区能够找到过去的记忆，而且其建筑风格也比较适合博物馆的特点，富有历史厚重感。这样，它就能够伴随永恒存在的博物馆和持续发展的高等学府而走向久远……

二　调研与策划

（一）调研考察

遵照学校做出的决定，中原农耕文化博物馆的具体筹建工作于 2010 年 6 月 22 日正式启动，汪庆华副书记主持召开了第一次筹建工作会议，院长办公室主任陈遂德、机关党总支书记崔凤巧、党办副主任杜志民、退休教师徐中森、院办秘书科长高凯等参加会议，会议研究制订了筹建中原农耕文化博物馆工作方案。

2010 年 6 月 23 日，汪庆华副书记主持召开了全校各学院负责人会议，陈建国院长及筹建工作领导小组成员出席会议。会议正式向全校宣告筹建中原农耕文化博物馆的决定及工作部署，并要求各学院在师生中予以宣传动员，着手收集展品。

2011 年 1 月 20 日至 26 日，由汪庆华副书记带领建馆团队一行 7 人，赴南京农业大学中华农业文明博物馆调研考察。中华农业文明博物馆由南京农业大学与南京博物院合作共建，基本陈列分六个部分：一是中华农业文明的起源；二是传统农业技术体系的创立与发展；三是中国农业制度的历史演变；四是中国传统农业在世界农业发展中的地位和影响；五是乡村生活与农业文化；六是南京农业大学校史陈列。该馆重在展示中华农业文明的演进过程。

2011 年 3 月 21 日至 25 日，由陈建国院长、汪庆华副书记带队一行 11 人赴陕西杨凌西北农林科技大学中国农业历史博物馆和西安半坡遗址博物馆、陕西省博物馆调研考察。中国农业历史博物馆分设原始农业厅、三代农业厅、汉唐农业厅、宋元农业厅、明清农业厅和现代农业厅六部分，重在展示我国农业的起源、发展及地域性特色。

2011 年 8 月 7 日至 10 日，由陈建国院长、汪庆华副书记带队一行 9 人赴北京调研考察了中国农业博物馆和故宫博物院，由农业部主办的中国农业博物馆设有中国农业史陈列、中国传统农具陈列、中国农业基本国情陈列、中国百年农业生活及中国土壤标本等专题陈列。

2012 年 2 月 7 日至 8 日，由汪庆华副书记带队一行 8 人赴湖南调研考察耒阳农耕文化博物馆。该馆由神农创耒与农耕文化陈列展和耒阳历史文物陈列展两部分组成，该馆立足耒阳历史文化展示了从神农创耒至今农耕文化的由来和发展，揭示了耒阳与中华始祖炎帝神农氏的渊源关系。

通过东西南北一系列的考察调研活动发现，近年来社会上关注和呼吁保护传统文化的人士日渐增多，呼声越来越高，但全国涉农博物馆寥寥无儿，我们所考察的几个较有代表性的专题展馆，表现的重点大多都在古代农业历史方面，而近代以来农耕嬗变则是我们动议建馆主要的关注点。通过考察调研，更加强化了我们在河南创建农耕文化博物馆的社会责任感和历史使命感，同时，这些考察调研活动也开阔了我们的视野和思路，为我们建馆的策划设计工作奠定了基础。

（二）建馆特色定位

通过一系列的考察调研活动，专家团队展开了热烈的讨论，认真思考和研究我们博物馆的定位问题。外地几家博物馆各有所长，值得我们借鉴，为此，我们应该坚持差异化定位，办出自己的特色。经过认真讨论，最终达成共识，我们把它提炼为五个字："中""近""深""全""真"。第一，"中"。就是区域定位，要立足以河南省为主要区域的大中原，生动展现中国中部地区传统农耕的特征和风貌，努力挖掘中原地区农耕文化的根与魂；第二，"近"。就是不以古代农耕文明发展演变为展示重点，而是以当下为历史立足点回望过去，重在记载和展示近代以来农耕文化面貌，着力把握传统农耕文明向现代农业文明转变的历史节点，真实记录和展现刚刚消逝和正在变化的事物和境况；第三，"深"。就是通过大量的文字展板深入挖掘和展示"人""物""事""境""技"的历史脉络、功能原理和文化内涵，突出大学博物馆特有的育人功能、研究功能、文化内涵和历史价值；第四，"全"。就是着眼于立体化地展现传统农耕社会样貌，内容要全，分类要细，系统展示传统农耕时代生产方式、农民生活方式、农耕社会风貌及非物质文化遗产，努力勾画出中原农耕文化的全景图；第五，"真"。展品要坚持从民间直接收集，务求真品真实，宁缺毋仿，宁旧毋新，尽可能原汁原味地反映传统农耕社会面貌和基层农村农民的生存状态。通过以上五点，打造本馆"接地气、通民情、贯古今、富内涵"的独特优势。

（三）建馆工作策略

为了加快建馆工作进程，在科学谋划的基础上，采取馆舍建设、展品收集、建馆策划、学术研究等工作齐头并进的策略，力争在 2012 年建成开馆。学校对这一项目高度重视，在学校党委统一领导下，由汪庆华副书记主持建馆策划、展品收集和学术研究工作，由赵正风副院长主持场馆建筑工作。各项工作均以超常规的速度强力推进。

三　场馆建筑

（一）规划变更与报建

在许昌学院新校区原来的校园整体规划中，图书馆大楼西侧是一个具有观赏和休闲功能的园林，学校决定将老校区文科教学楼复制建设在这个园区内作为中原农耕文化博物馆。这就涉及校园规划变更的问题。为此，基建管理处有关同志在赵正风副院长的领导下，多次与许昌市发展和改革委员会、城市规划建设局等有关部门协商沟通，做了大量艰苦细致的工作，终于在2010年10月25日获得许昌市发展和改革委员会批复立项（许发改社会〔2012〕505号）；2011年7月5日，规划调整经许昌市城市规划建设委员会第六次会议审议通过；2011年8月11日，规划调整平面图经张国晖市长签字批准。

（二）项目概况与设计

楼房样式依据老校区教学楼的外观与结构重新设计，原楼为砖墙红瓦木地板，现需改造成砖混结构，外观保留原貌，而内部改造为展馆功能，这是需要用心巧妙设计的。经公开招标，由许昌一方建筑设计有限公司承接，宋颖凯设计师主持完成。楼体为两层，设有立柱和外走廊，馆舍风格典雅，富有文化内涵，建筑面积1500平方米。

（三）建筑施工

即将落成的博物馆（王志军摄）

2011年4月，由许昌市建筑勘察设计院有限公司完成地质勘察工作；2011年10月17日，施工图设计文件审查通过；2011年10月18日至11月25日，在许昌市招投标交易管理中心公开进行施工招标，许昌市第六建设集团有限公司中标，建造师为张建峰；2012年7月27日竣工验收。

四　展品征集

创办博物馆，最核心最关键的工作是展品征集工作。虽然我们起初也估计到这项工作的艰巨性，但在实际运行过程中，它的艰难程度还是远远超出了我们的想象。在两年多的时间里，经历了诸多波折，付出艰辛的努力才得以实现。

（一）发动师生收集

许昌学院有两万多名学生和教职工，他们来自四面八方。其中农村学生以及与农村有联系的学生和教师占绝大多数。我们最初就把收集展品的希望寄托在他们身上。

全校师生齐动员，共同投入展品收集与布展工作（王志军摄）

我们从2010年6月开始部署，动员全校师生广泛收集展品，召开工作动员会，印发征集展品目录。此后，不断进行督促动员、信息汇总、统计通报等工作。建馆领导小组分别于2010年8月29日、11月4日、11月29日、12月7日、12月8日，2011年2月23日、9月12日先后7次召开有关专题工作会议和征集活动，历时一年多，虽然各个单位都给予了高度重视并做了大量工作，但最终的效果并不理想，收到的物品及信息非常有限。究其原因，一是传统农耕生产生活方式自改革开放以来发生很大变化，大量传统农耕器具和农民生活用品早在 10 多年前乃至 20 多年前已经淘汰。随着建新房搬新家，扔的扔，毁的毁，卖的卖，极少有人有意识地保留和存放；二是大学生太年轻，根本没有经历过传统农耕生产生活，他们家里即使在垃圾堆里还留有这些器物，他们也认识不到且难以发现。发现这条路未能走通后，建馆团队十分忧虑和困惑。没想到收集展品出乎意料的艰难，由此说明抢救性创建农耕博物馆的重要性和紧迫性，也强化了我们的社会责任感和历史使命感，更加坚定了我们建馆的决心。

时任许昌学院院长陈建国（左 2）、党委副书记马超（左 1）、副院长郑直（左 3）等研究农博馆建设有关工作（许昌学院党委宣传部资料）

（二）协商民间收藏

创办博物馆不是需要少量物件，而是需要成百上千件器物。如何收集这么多东西？有没有捷径可走？我们想到了民间收藏爱好者并试图与他们沟通协商通过转让或联合的方式来共同办馆。于是先后奔赴滑县、虞城、郏县、内乡、开封等地拜访民俗收藏爱好者，滑县、虞城、郏县三地均无所获，只有内乡宏达房地产开发有限公司总经理李刚先生和开封收藏爱好者张洪军先生给予了热情的支持和慷慨的帮助。李刚先生将自己收藏的大油槽、独轮车、太师椅以及一些其他器物无偿捐献给我们，张洪军先生将收藏的一些纸质资料热心奉献。在开馆以后的持续建设过程中，得到一些民间收藏爱好者的热情关心和支持，主要有驻马店的开红四先生、南阳西峡的景遂卷先生、鹤壁的王建发先生、湖北麻城的刘仕波先生、长葛的李学谦先生、许昌的常冬梅女士、许昌的庞丙德先生等。民间这些钟爱农耕文化的有志之士对我们建馆的关心和支持，令我们十分感动！

（三）地方行政协助

在展品收集过程中，我们还尝试了另外一种途径，就是通过校友、朋友等人脉关系，希望能够得到地方行政领导的协助与支持。我们向全省各县县长发函提出倡议，希望他们提供相关的信息、资料或器物，但收效甚微。我们也曾联系上由许昌调往太康县任县长的唐广辉同志，他给予了热情支持，亲自协调转楼乡的书记、乡长。书记、乡长向所属各行政村做了部署。然而，当我们按预定日期满怀希望地奔赴乡政府所在地时，发现各地村干部每人骑一辆摩托车，每辆摩托车上不约而同地（或者是“有约而同”）带一副牛套而来，就算是向上级领导交差了。不可否认的是，乡长倒是真心相助的，她自觉收集的东西实在不怎么样，就主动带我们到一个村庄，让我们亲自到农户家寻访。村民的朴实和热情让我们十分感动，我们亲自到他们家堆放废旧杂物的地方去扒拉，发现了几件稀罕物件。这家夫妻两人接过收藏证书很慷慨地把东西捐献给我们。这次走访给我们一个启示：要想收集到我们需要的东西，就必须亲自“下河摸鱼”，深入到农户家里去寻访、去发掘。

（四）团队亲自收集

虽然通过发动师生收集、协商民间收藏支持、寻求地方行政协助等途径收集到一部分物品，但是对举办一个博物馆来说还是杯水车薪，相差甚远。缺乏展品怎么能撑起博物馆呢？专家团队一度深感困惑。经过一番讨论，组成了以汪庆华、崔凤巧、徐中森、孟聚、侯永生、耿硕宇等为核心成员的展品征集团队，亲自深入到偏远农村、山区散户的农民家中直接寻访收集。自 2011 年暑假开始，展品征集团队成员几乎牺牲了全部周末和节假日休息时间，根据收集掌握的物品线索，以本校有关老师或校外有关同志为向导，顺藤摸瓜深入山乡农户去寻找。每一趟出征都充满了艰辛，或高温酷暑，或风雪严寒，或徒步跋涉，或驱车赶路，一身尘土，一身汗水，一碗乡村小店的手工面就是一顿饭，一个乡镇旅馆就可歇息一宿。然而，伴随汗水和艰辛，内心却充盈着无限的兴致和喜悦！在肮脏的牲畜窝圈里，在尘封的老屋附棚上，在危房的黑暗角落里，在村头的荆棘草丛间……常常会发现意想不到的稀罕器物。当见到一件件老物件时，就像哥伦布发现新大陆一样如获至宝、欣喜若狂；当听到老乡对过往生活的一番描述和絮叨，如同品味了一顿美味佳肴，再三咀嚼、回味无穷。这时候，旅途的一切辛苦与疲劳，遭遇的尴尬与难堪，都飞到了九霄云外！

农博馆创建团队在施工现场合影留念（王志军摄）

就这样，太行山区、伏牛山区、大别山区、桐柏山区，禹州、鄢陵、襄县、扶沟、鹿邑、叶县、鲁山、方城、内乡、西峡、淅川、新野、卢氏、陕县、林县、驻马店、三门峡、灵宝、光山、新县、固始、商城、濮阳、鹤壁、西华、淮阳、鹿邑、舞阳……我们的足迹遍布全省各地。实践证明，这是一条最有效的途径，往往由某位教师带领去到他的家乡，一转就是几个村子。有时是奔着一个线索或一件东西而去，但能顺藤摸瓜找出不少物件。在乡下，村民的热情、老乡的朴实令人感动。有的听说我们是办博物馆教育子孙后代的，许多人二话不说就把东西捐了，给予的经济补偿执意不要；当然也有受当今文物小贩影响而将废物视为珍宝与我们讨价还价的。不管怎样，我们觉得人家能把老物件保存下来，就是有心之人，就是对保护传统文化做出了贡献，都值得我们尊敬和感谢。所以，我们收集的所有藏品都充分尊重捐赠者的意愿，每一件均记载入册，并发给捐赠者收藏证书，同时尽量给予一定的经济补偿。我们收集到的绝不仅仅是一件件器物，实际上，我们收集的是延续数千年的农耕生活，收集的是乡村百姓的淳朴情感，收集的是过往时代的珍贵记忆，收集的是中华民族的传统美德！

日晷雕塑施工现场（王志军摄）

五　涉农研究推进

（一）开辟涉农研究新领域

许昌学院党委、行政在关注和支持传统农耕文化研究并筹建中原农耕文化博物馆的基础上，进而关注到推进农业现代化这一重大现实课题的研究，比较敏锐地注意到河南省提出了建设中原经济区的构想和规划，其中特别强调要“积极探索一条不以牺牲农业和粮食、生态和环境为代价的新型工业化、城镇化、农业现代化协调发展的路子”。本着积极服务地方经济社会发展的办学宗旨，学校决定开拓和加强现代农业发展的社科研究方向。2011 年 2 月 28 日，许昌学院郑直副院长带领社会科学部主任刘琳娜赴华中师范大学中国农村研究院考察，拜访了涉农研究著名专家徐勇院长，寻求支持与合作，得到徐勇院长的初步认可。随后徐勇院长、唐鸣院长亲临许昌学院考察，同我校汪庆华副书记进行深入沟通、协商和论证，正式达成了合作共建的共识和意向。

2011 年 4 月 12 日，许昌学院印发了院政〔2011〕22 号文件《关于成立许昌学院中原农村发展研究中心暨教育部人文社会科学重点研究基地华中师范大学中国农村研究院河南省调研基地的通知》，明确中原农村发展研究中心系我校多学科综合研究机构，由汪庆华副书记兼任主任，提出整合全校“三农”问题研究的科研力量，搭建学术平台，努力在学术创新、团队培养和咨政服务方面取得成绩，积极为地方经济发展和社会进步服务。

2011 年 5 月 7 日，许昌学院举行了中原农村发展研究中心首次涉农研究学术沙龙，汪庆华副书记、张建军副院长、郑直副院长以及 30 多位校内涉农研究教师和有关部门的负责人参加了会议，由此开启了我校“三农”问题的研究方向。

2011 年 5 月 24 日，学校在弘毅广场隆重举行“中原农村发展研究中心暨教育部人文社会科学重点研究基地华中师范大学中国农村研究院河南省调研基地”揭牌仪式。华中师范大学政治学研究院院长、博士生导师、长江学者徐勇教授，许昌市副市长熊广田，华中师范大学科研处处长石廷以及许昌学院领导仉建涛书记、陈建国院长出席仪式。华中师范大学优秀博士研究生马华应聘我校。学校决定由汪庆华副书记兼任中原农村发展研究中心主任，刘琳娜、马华为副主任。自此，逐步打开了我校农村发展研究的新局面。

（二）农村发展研究逐步拓展

许昌学院中原农村发展研究中心成立后，其科研工作迅速展开，立足于许昌市展开农业发展的实证性研究。2011 年 9 月 5 日，许昌学院汪庆华副书记、郑直副院长等向许昌市委副书记许廷敏进行了专题汇报并向许昌市委、市政府呈报了《许昌学院关于立足许昌加强中原农村发展研究的报告》。9 月 7 日，许昌市委书记李亚在报告上批示“这是一件很好的事情，请许书记牵头协调好，支持许昌学院服务地方发展，办出特色”。张国晖市长等领导分别阅示。

2011 年 9 月 22 日，许昌学院党委听取了中原农村研究工作的专题汇报，党委书记仉建涛充分肯定了这一方向和已取得的成果，对工作推进中的有关问题进一步研究，并指明了工作方向。

2011年9月26日，华中师范大学首批11名合作共建博士抵达许昌学院。9月30日，中原农村发展研究中心举行了第二次学术沙龙。10月2日至12日，在汪庆华副书记的主持下，课题组23位成员分为4个调研团队进入建安区、襄城县8个调研点开展实证性调查研究，形成了一批富有价值的调研报告。

2011年12月8日，许昌学院大学生社团“中原三农发展研究会”成立并举行誓师动员大会，拉开了中原百村调研观测点和数据库建设的宏大工程。此后，该社团年年持续深入到全省各地100个观测点开展调研，回校后依据调研成果举办“中原农村发展大学生论坛”。这一活动不仅为中原农村发展研究中心提供了大量富有价值的原始资料，而且对大学生了解农村、服务社会、锻炼能力大有裨益。该社团2013年被评为全国高校大学生社会实践活动优秀服务队。

2011年12月20日，许昌学院汪庆华副书记、刘琳娜主任、马华博士参加了在广东云浮召开的第七届中国农村发展论坛，汪庆华教授以“从政策与体制创新中探寻现代农业发展的突破口”为题做了专题发言，马华荣获该论坛颁发的“三农研究创新奖”。

（三）研究成果及社会影响

截至2015年8月，中原农村发展研究中心先后取得以下研究成果，社会效益日渐凸显。

1. 高层次学术会议

在学校党委和行政的关心和指导下，中心于2011年11月率先发起并组织召开了首届“中原农村发展论坛”，于2012年12月主办了以“农村城镇化与农村产权制度变革”为主题的第八届“中国农村发展论坛”。两次论坛汇聚了国内一大批“三农”研究的著名专家学者，同时也有来自基层的农民代表、涉农企业和基层干部参加论坛，接地气、重实际、务实事成为论坛的突出特色。这两次会议均收到了良好效果，产生了较大的社会反响，人民网、新华网等主流媒体都对会议进行了相关报道。2014年5月23日，由河南省社会科学界联合会主办，许昌学院中原农村研究中心、许昌学院城乡规划与园林学院、许昌学院中原农耕文化博物馆等单位联合承办了主题为

“中原经济区背景下美丽乡村建设”的第二届“中原农村发展论坛”，围绕美丽乡村建设这一现实热点问题展开了专题研讨。

2. 政产学研合作项目

中心已先后签署并实施了数项政产学研合作项目，已完成与许昌市金菜篮农业开发公司合作的“创意农业——开心农场投资计划可行性论坛”项目，与舞钢市政府合作的“家庭农场的建设规划编制与实践指导研究”项目。2013，与国务院农村综合改革示范点单位——广东省蕉岭县签署了“以产权改革为导向的农村综合改革”项目，指导蕉岭建立的农村综合产权交易中心成为广东省首家县级农村产权交易中心，该项目因其创新性已在国内产生了社会反响，并得到主流媒体的报道宣传。

3. 高层次科研项目

马华博士参与完成了国家社科基金重点项目“基层民主发展的途径和机制研究：权利保障和社区重建”。中心专职研究员马华博士、马洪伟博士均主持有教育部人文社科项目。中心团队勤奋努力、团结协作，先后主持完成5项省级项目，其中包括河南省政府决策招标项目、科技厅软科学项目和教育厅重点项目等。

4. 学术著作

中心已编著出版《南农实验：农民的民主能力建设》《中国工农业发展关系研究》《秦汉帝国与罗马帝国的交通及社会比较研究》等五部著作，另有《家庭农场与中国农业经营格局变迁》和《中原农村发展研究报告》两部新作即将出版。

5. 咨询服务

2011年以来，中心已向中央和省级有关部门寄送咨政报告数十篇，其中《资本下乡并非洪水猛兽》等多篇咨政报告得到河南省领导批示。河南省人大常委会副主任张大卫批示：“许昌学院的这份调查报告非常好，可管窥到我省‘农村承包经营土地流转’和‘资本及其他要素下乡’这两个重大问题的现状，引起我们深刻的思考。……呈请孟厅长阅，转河南大学中原发展研究院阅参，以为互鉴。”马华博士的文章《“主体多元、功能扩展”：农业公共服务的社会化》被河南省《资政参考》全文登载。

6. 高层次人才奖励

中心副主任马华的博士论文成功入选2013年“全国百篇优秀博士论文”（简称“全国百优”）。他的专著《南农实验：农民的民主能力建设》荣获“中国农村发展研究提名奖”。马华博士还先后荣获“河南省教育厅人文社科研究成果特等奖”“2012年度河南省高校哲学社会科学年度人物”候选人提名，并入选“河南省创新人才支持计划”。

7. 高层次学术交流平台

中心与华中师范大学中国农村研究院密切合作，成为国家级“农村改革发展协同创新中心”协同创新合作单位之一，并与河南财经政法大学达成合作共识，成为中原经济区“三化”协调发展河南省协同创新中心合作单位之一，为中心不断深化研究提供了很好的交流平台。

六　装饰布展

（一）展厅布局策划

中原农耕文化博物馆本着“中”“近”“深”“全”“真”的五字特色定位，陈展构架确定为两廊十八厅二十二部分，即两个中原农耕风貌图片长廊，十八个展厅二十二个内容板块。序厅：千秋基业；展厅：农耕源流、农耕器具、时令节气、农耕风貌、粮食加工、五谷稼穑、收获储存、纺织衣饰、家居生活、炊事饮食、食品制作、传统习俗、休闲娱乐、乡村工匠、农副生产、地方特产、交通运输、水利灌溉、村镇民居、农耕嬗变、未来之光；尾厅：农博简介、参观感言。

展览采取展台、展柜、展板、雕塑、微缩景观、实景展现、多媒体、交互触摸屏等形式综合应用，力求利用多种展示手段立体化、全方位地生动展现传统农耕社会的全景图。

展厅结构遵循参观规律，在保持馆舍建筑外观原貌的前提下，内部尽可能打通使用，保证参观流线自然顺畅。

（二）装饰布展施工

装饰布展工程经公开招标，河南一创艺术发展有限公司中标。2012年6月开工，2012年11月20日竣工。工程质量优秀。一创公司总经理李国庆、项目主管李程伟，项目团队刘涛、赵金升、贾巍等同志以满腔热情和高度的责任感为中原农耕文化博物馆的装饰布展工作付出了心血和汗水。

（三）馆名题字

中原农耕文化博物馆特邀故宫博物院研究员、国家行政学院教授、著名书法家张志和博士题写“中原农耕文化博物馆”馆名，并撰写了楹联“欲知华夏农耕事，且看中原稼穑图”。原《许昌学院学报》主编孟聚教授书写了楹联“稻黍稷麦菽丰饶中原八万里，仁义礼智信凝聚华夏五千年”。

（四）团队协同建设

中原农耕文化博物馆建设团队成员：汪庆华、崔凤巧、徐中森、孟聚、耿硕宇、马金柱、李新生、李俊丽、马华、牛秋实、高凯、牛磊、高军锋、侯永生。他们虽在各自的本职工作岗位上十分繁忙，但为了这一富有意义的社会公益事业，都表现出了无私奉献精神，加班加点毫无报酬，吃苦耐劳在所不辞。在建馆过程中，还得到学校众多单位以及陈遂德、王雨、潘春彩、陈文利、任垠仓、江斌、王国范、李俊恒、许国林、黄军伟、纪玉卿、杨海钦、孟繁根、吴国玺、张永祥、杜志民、常小静、郑国瑞、张志立、刘琳娜、赵兰群、崔越、张玲、王志军、孙林东、张晓珂、吴强、王永太、骆昕丽、徐玉茂、耿沛甲、冯帅、彭晓冰、王建强、高歌等许多教师的热情参与和积极支持。可以说，中原农耕文化博物馆倾注了全校师生共同的热情和心血。

七　请示报告

由于最初对中原农耕文化博物馆展品收集的数量、质量、展馆建设的进展程度、最终所能达到的效果等情况难以把握，所以，博物馆筹建初期只向上级有关部门报告了基本意向，直到 2012 年 11 月，对展馆情况有了一定把握时，才正式向上级有关领导部门做汇报。许昌学院党委书记王清义、院长陈建国向河南省委宣传部主要领导做了汇报；正校级调研员、中原农耕文化博物馆名誉馆长汪庆华、中原农耕文化博物馆馆长崔凤巧赴河南省委宣传部向李宏伟副部长、李庚香副部长做了汇报；汪庆华、崔凤巧赴河南省文化厅向崔为工副厅长、李霞副厅长做了汇报；汪庆华、崔凤巧赴河南省文物局向陈爱兰局长、李玉东副局长做了汇报；汪庆华、崔凤巧赴河南省教育厅向陈垠亭处长、李金川主任、王亚洲处长、孔繁士处长做了汇报；汪庆华、崔凤巧赴许昌市政府向秦春梅副市长、市文化局张琳局长、高宇平局长做了汇报。最后，许昌学院党委书记王清义和名誉馆长汪庆华一道专程赴河南省政府向张广智副省长做了汇报。听取汇报的各位领导均对中原农耕文化博物馆建设的社会意义和历史价值给予了充分肯定，表示了赞赏和大力支持，提出了重要的指导意见，对中原农耕文化博物馆的顺利开馆给予了有力支持，并为后续深化建设指明了方向，给予了鼓励，注入了动力。

八 开馆运行

（一）试开馆

为了迎接许昌学院承办的第八届“中国农村发展论坛”，刚刚竣工的中原农耕文化博物馆于 2012 年 11 月 23 日试开馆，11 月 24 日即接待了第八届“中国农村发展论坛”的 20 多位国内著名“三农”研究专家，包括农业部政策法规司司长张红宇、农业部农村经济研究中心主任宋洪远、中国社科院农村发展研究所宏观经济研究室主任党国英，中国民族贸易促进会执行会长刘延宁、华中师范大学中国农村研究院院长徐勇、中共中央党校经济学部教授徐祥临、华中师范大学政治学研究院院长唐鸣、许昌市委副书记许廷敏等。各位专家对本馆的社会意义、历史价值、学术价值给予了充分肯定和高度评价。

2012 年 11 月 28 日，许昌学院举行建校 70 周年暨升本 10 周年庆典，与会嘉宾和回校校友参观了本馆。

中原农耕文化博物馆匆匆开馆，刚刚揭开面纱，以未施脂粉的素颜，面向两批大规模高层次的嘉宾，获得的赞赏和好评出乎我们的意料，初次大考的成功给了我们更加坚定的信心和愈发高涨的热情。

（二）正式开馆

经过一段时间筹备、联络和内部整理，中原农耕文化博物馆于 2012 年 12 月 30 日隆重举行了开馆剪彩仪式。河南省文化厅常务副厅长崔为工、河南省文物局副局长李玉东、省教育厅社科处副处长魏军，许昌市副市长秦春梅、许昌市委宣传部副部长王格慧、许昌市文化局局长张琳、许昌市旅游局局长范忠诚以及许昌学院有关领导出席开馆仪式，陈建国院长、李玉东副局长分别讲话。李玉东副局长在讲话中对中原农耕文化博物馆给予了高度评价，他指出这是河南省首家以农耕文化为主题的博物馆，在全省高校中是首屈一指的。这所博物馆对于抢救性搜集、保存、展示和研究中原农耕文化具有十分重要的意义，它的历史价值和社会意义是深远的。

2012 年 12 月 30 日隆重举行开馆仪式（王志军摄）

（三）管理机制与团队

许昌学院明确中原农耕文化博物馆主管领导为郑直副院长，正厅级调研员汪庆华教授任名誉馆长，主导农博馆持续深化建设工作；机关党总支书记崔凤巧兼任馆长，对农博馆日常工作负全面责任。农博馆适当选配专职管理员和卫生保洁员，讲解员队伍从大学生中选拔，纳入大学生志愿者服务工作体系和勤工助学补助范畴。要积极发挥退休教师中热心农耕文化的老同志的积极性，纳入关工委工作体系，共同搞好农耕馆的后续建设。此后，农博馆引进了郑州大学文物与博物馆专业硕士高明同志。董静同志、尚建乐同志曾经在本馆工作，为博物馆的建设做出了贡献。2016 年 12 月，由刘军伟同志兼任馆长，高明、刘素帆为专职馆员，卫生保洁员为李亚晴。博物馆专家团队发展到 24 人，校内 12 人，校外特聘研究员 12 人。

（本文成文于 2016 年 12 月，仅记载中原农耕文化博物馆建设过程，开馆以来的成绩及有关情况请参见其他材料）

叁

中原农耕文化与乡村发展研究基地简介

鉴于许昌学院自 2010 年以来，围绕中原农村发展研究和中原农耕文化研究的良好基础，2018 年 6 月 25 日，河南省委宣传部对许昌学院申请报告做出批复，批准中原农耕文化与乡村发展研究基地为“河南省重点社会科学研究基地”，围绕中原农耕文化与乡村发展开展研究工作。要求基地认真学习研究、宣传贯彻习近平新时代中国特色社会主义思想和党的十九大精神，按照《中共中央　国务院关于实施乡村振兴战略的意见》部署和要求，以河南优秀传统农耕文化的传承创新与乡村发展研究为重点，切实加强对有关重大理论问题和现实问题的研究阐释，紧密围绕河南省委省政府重大决策部署开展应用对策研究，多出成果、多出人才，同时兼顾其他领域研究工作。充分发挥河南省重点社会科学研究基地“思想库”和“智囊团”的重要作用。为决胜全面建成小康社会，谱写中原更加出彩新篇章做出贡献。

以下对基地情况作以简要介绍。

一　基地建设的目的意义

（一）深入开展优秀农耕文化保护利用与传承创新研究，是学习贯彻党的十九大精神、习近平新时代中国特色社会主义思想，大力推进中华优秀传统文化传承发展工程的必然要求。

党的十九大把增强文化自信和大力加强文化建设提高到治国方略的高

度，习近平总书记在报告中指出："文化自信是一个国家、一个民族发展中更基本、更深沉、更持久的力量。"我们要："深入挖掘中华优秀传统文化蕴含的思想观念、人文精神、道德规范，结合时代要求继承创新，让中华文化展现出永久魅力和时代风采。"中共中央办公厅、国务院办公厅 2017 年 1 月印发了《关于实施中华优秀传统文化传承发展工程的意见》。中国自古以来以农立国，源远流长的农耕文明一直伴随中华文明的历史脚步。新中国成立以来，特别是改革开放以来，随着经济社会和科学技术的迅猛发展，延续了数千年的传统农耕生产生活方式正在渐行渐远，当前正处在农耕嬗变的重要历史节点上。中国漫长的传统农耕时代，留下的丰富文化遗产和精神财富亟待我们去深入发掘、整理、研究和保护，如何保护好农耕遗产、弘扬传统文化、教育子孙后代、促进社会发展，成为一个十分迫切的时代课题。开展这项重大研究，有利于推进中华优秀传统文化传承发展工程，有利于增强中华民族的文化自信，有利于繁荣发展中国特色社会文化事业。

（二）深入开展优秀农耕文化遗产保护利用与乡村发展研究，对于积极推进乡村振兴战略，促进农村发展，具有重要的理论和实践意义。

农业农村农民问题是关系国计民生的根本性问题，党和国家历来高度重视。党的十九大报告对于新时代农村发展战略做了深入阐述。中共中央、国务院 2018 年 1 月 2 日印发了《关于实施乡村振兴战略的意见》，做出了具体部署。其中，明确提出："切实保护好优秀农耕文化遗产，推动优秀农耕文化遗产合理适度利用。深入挖掘农耕文化蕴含的优秀思想观念、人文精神、道德规范，充分发挥其在凝聚人心、教化群众、淳化民风中的重要作用。"农耕文明是中华五千年灿烂文化的根与魂。以河南为中心的中原地区，是中华农耕文明的重要发祥地。遵照乡村振兴战略的部署和要求，立足河南深入开展优秀农耕文化保护利用与乡村振兴研究，是一个具有重要现实意义和实践价值的时代课题。

（三）深入开展优秀农耕文化保护利用与传承创新研究，对河南省推进华夏历史文明传承创新区建设，构筑全国重要文化高地具有积极意义。

中原地区是中华文明重要发祥地之一，同时也是传统农耕文明的重要发祥地之一。中原地理位置十分重要，农耕文化内涵丰富而厚重，自古以来，就有“得中原者得天下”之说。近年来，随着中原经济区建设上升为国家战略和郑州市列为国家中心城市，河南省在全国大局中的地位日益突出。2016 年河南省委、省政府印发了《华夏历史文明传承创新区建设方案》，大力推进文化大省迈向文化强省。2017 年 12 月在河南省委办公厅、河南省政府办公厅印发的《河南省“十三五”时期构筑全国重要文化高地规划纲要》（豫〔2017〕57 号）文件中，明确将中原农耕文化博物馆作为中国文化遗产保护传承示范基地之一，纳入实施优秀传统文化传承发展工程的工作序列和建设规划，努力打造全国重要文化高地。这充分说明以中原为例开展农耕文化研究正当其时，以中原农耕文化为切入点研究中华优秀传统文化传承发展，具有重要的社会价值和现实意义。

（四）建设好中原农耕文化与乡村发展研究基地，有利于整合和加强许昌学院社科研究方向和团队建设，促进教学科研和人才培养。

许昌学院建有中原农耕文化博物馆，马克思主义学院设有中原农村发展研究中心和中原农耕文化研究中心，历史文化学院、城乡规划与园林学院的教学与科研，与本研究方向也密切相关，创建农耕文化保护利用与乡村振兴研究基地，有利于促进各方研究力量的融合，形成“古今兼容、一体双翼”的研究平台；另外，学校还设有省级非物质文化遗产研究基地、许昌发展研究院、颍川文化研究中心、许昌中国钧瓷研究院等研究机构，这些研究机构都与传统文化传承和当前社会发展有所关联。因此，创建传统农耕文化保护利用与乡村振兴研究基地，有利于整合、带动和促进相关研究力量和研究方向，形成许昌学院社科研究的合力机制，更好地服务于教学科研和人才培养。

二　研究基地组织架构

（一）基地架构：“一馆”“两中心”＋“大平台”

“一馆”即中原农耕文化博物馆。

“两中心”即中原农村发展研究中心和中原农耕文化研究中心。

“大平台”即由马克思主义学院、文史与传媒学院、城乡规划与园林学院、商学院、法学院、信息工程学院、教育学院、美术与设计学院、音乐舞蹈学院等专业院系及校内外有关专家学者构成的协同创新大平台，包括有关学科教师和中原农耕文化博物馆教师团队，以及校外受聘于我校中原农耕文化研究中心的兼职研究员。

（二）组织领导

主任：闫纪建，历史学教授、许昌学院党委书记

副主任：

寇鸿顺（常务），政治学教授，兼许昌学院马克思主义学院院长、兼中原农耕文化博物馆馆长

许国林，历史学教授，原许昌学院历史文化学院院长

吴国玺，经济地理教授，许昌学院规划发展处处长

马华，政治学教授，百优博士，山西大学城乡建设研究院博士研究生导师，许昌学院中原农村发展研究中心顾问

郭现军，政治学教授，许昌学院中原农村发展研究中心主任、马克思主义学院副院长

目前团队成员：

校内团队成员（以姓氏笔画为序）

马华、马金柱、马宝记、马洪伟、王雨、王林、王珍、王丽英、巴文泽、师连枝、朱志浩、刘军伟、刘素帆、刘晓静、刘道全、刘霞、刘镭、许国林、杜根远、吴国玺、李文君、李俊丽、杨天宏、杨晓航、杨海钦、余显显、汪庆华、沈春光、张永祥、张新铭、张彩丽、林韵、周健、周新峰、屈鑫涛、孟聚、郝二旭、胡建锋、俞琳、耿利川、徐中森、高明、高远浩、郭现军、郭超峰、崔斌、菅强、姬超、寇鸿顺、程晓涵、鲁小亚、谢永鑫、谢依楠、路运洪、慕旗娟、魏惠萍、藏珂

特邀校外研究员（以姓氏笔画为序）

王丙森、叶二红、田聚常、朱贵良、杜富强、李九科、李维、杨晓宇、张培林、张敦、周颖、庞仁甫、赵俊锋、唐明仓、符春绿、董中锋、韩晓民、潘民中、潘运明

研究团队部分成员合影（许昌学院党委宣传部资料）

（三）学术顾问

徐勇：华中师范大学中国农村研究院、政治学高等研究院教授，教育部首批文科长江学者特聘教授，曾任国务院学位委员会政治学学科评议组召集人、教育部社会科学委员会委员、中国政治学会副会长。

张志和：故宫博物院研究员，故宫博物院博士后工作站导师，享受国务院颁发的特殊津贴，河南省政协委员，北京非物质文化遗产技艺传承协会常务理事。

高天星：郑州大学教授，博士研究生导师，著名民俗学专家，现任河南省中华文化促进会副主席，河南省老教授协会名誉会长。

李小建：河南财经政法大学教授，博士研究生导师，经济地理研究专家。

仉建涛：河南财经政法大学教授，经济学教授，中共河南省委“三农”问题咨询组特聘专家，原许昌学院党委书记，主导创建中原农耕文化博物馆和中原农村发展研究中心。

汪庆华：许昌学院教授，中原农耕文化研究中心主任，中原农耕文化博物馆名誉馆长。

三　基地建设工作基础

（一）中原农耕文化博物馆建设成就（略，详见前文“中原农耕文化博物馆简介”）

（二）中原农村发展研究中心工作基础

1. 中心概况

“许昌学院中原农村发展研究中心”于 2011 年 5 月挂牌成立，该中心也是“华中师范大学中国农村研究院河南省调研基地”。自中心成立以来，秉承“培养办学特色，服务地方发展”的初衷，进行了中原“三农”领域务实性、多维度的有益探索，为立足中原深入开展“三农”研究奠定了良好基础。中心坚持探索“校校联合，五方结合”的协同创新平台，强化自身建设，打好学术研究的根基。在许昌学院成为河南省首批地方本科高校转型发展试点单位后，中原农村发展研究中心抢抓历史机遇，服务于“地方性、应用型、服务性、国际化”办学目标，与中原农耕文化研究中心（中原农耕文化博物馆）形成一体两翼、古今结合、相得益彰的研究格局，中心进入了特色智库建设阶段。党的十九大提出乡村振兴战略之后，中心建设迈向更高层次，致力于建设富有特色的高水平应用型大学，实现了省级社科平台建设不断突破，高层次成果纷纷涌现的崭新发展阶段。

2019 年 4 月，中原农村发展研究中心举行乡村治理研讨会
（许昌学院党委宣传部资料）

2. 科研平台建设

许昌学院成功举办第八届“中国农村发展论坛”，第一、二、三届“中原农村发展论坛”，成为河南省内外富有影响力的“三农”研究智库之一。积极探索协同创新之路，许昌学院中原农村发展研究中心与华中师范大学中国农村研究院建立合作关系，成为首批成员；与河南财政政法大学城乡协调发展河南省协同创新中心合作，成为理事单位；与山西大学中国城乡发展研究院成为重要合作单位。2018 年 6 月，许昌学院被河南省委宣传部批准设立河南省重点社会科学研究基地。2018 年 10 月，许昌学院中原农村发展研究中心与中共许昌市委联合成立许昌市党内法规研究中心。2019 年，许昌学院中原农村发展研究中心获批河南省社会科学创新团队。这些科研平台的建设实现了许昌学院社科研究方面的突破。

3. 科研队伍建设

中原农村发展研究中心聘请首批长江学者、著名“三农”研究专家徐勇教授为名誉主任。马华博士成为全国百优博士论文奖获得者，山西大学特聘教授、三晋学者、博士生导师。姬超博士入选 2017 年度教育部“香江学者”支持计划，入选 2018 年度河南省高层次人才特殊支持“中原千人计划”。3 人入选河南省教育厅“创新人才支持计划”，3 名同志成为博士、硕士生导师。以“中原农耕文化传承与乡村发展”为主题的科研团队成为河南省社会科学创新团队。

4. 科研成果

中原农村发展研究中心近年来先后获得国家社科基金重点项目 2 项，国家社科基金一般项目、青年项目 4 项，教育部基金项目 3 项，河南省社科规划（咨询）项目 7 项，民政部、国有民委项目 4 项，河南省政府决策项目 3 项，河南省科技厅软科学项目 2 项，河南省教育厅课题 7 项。出版智库系列专著 7 部，获得河南省社科优秀成果二等奖 1 项，三等奖 2 项。《南农实验：农民的民主能力建设》荣获河南省教育厅人文社会科学成果特等奖。中心研究人员在《中国社会科学》《政治学研究》等权威期刊发表论文共 4 篇，CSSCI 期刊论文 60 多篇。被《新华文摘》全文转载 1 篇。获得河南省社科优秀成果奖二等奖 1 项，三等奖 2 项。研究报告《河南推动全面从严治党向基层延伸的实践探索》2018 年 8 月被中共河南省委政研室评为“河南省优秀调研成果一等奖”。

5. 智库平台建设

2017 年 3 月建成中原农村发展智库（大数据）平台，入选教育部“曙光计划”百校工程。许昌学院中原农村发展智库平台最终目标是，使用计算机网络技术、数据库技术、地理信息系统等先进信息技术，逐步对河南省村庄的基本信息进行数字化、空间化管理并开发展示系统。建立一个精确到村的数据查询系统，对村庄的信息能直观、准确、全面、无误地整合并实现动态更新。通过数据库平台建设，使决策部门、科研机构能快速地查询浏览村庄，掌握村庄的海量信息，并根据历史数据和经验模型构建仿真预测，从而提升河南省农村政策制定的科学水平，促进许昌学院科研水平和科技创新能力的飞跃发展。中原农村发展智库（大数据）平台集地理信息、数据采集、智能分析、舆情监测多种功能模块于一体。中原农村发展研究中心依托中原农耕文化博物馆，形成科学研究与文化传承创新紧密结合的平台建设理念。

6. 智库成果

许昌学院中原农村发展研究中心与河南省规划设计总院开展协同创新合作，完成了《许昌市乡村振兴战略规划（2018~2022）》的编制工作。每年通过深入农村开展调查研究撰写大量咨政报告，其中《难点村治理机制探索》受到河南省委宣传部常务副部长的批示，《资本下乡并非洪水猛兽》受到河南省人大常委会副主任的批示并转主管农业的副省长阅示。《“主体多元、功能扩展”：农业公共服务的社会化》咨政报告在河南省高等学校哲学社会科学委员会主办的《资政参考》2012 年第 2 期上发表，为省领导决策提供服务，具有一定的社会影响力。中原农村发展研究中心不断拓宽智库平台，积极服务于地方经济社会发展和服务政府决策。《农村土地确权登记中的法律问题》《河南省古村落保护的法律制度路径》《坚持标本兼治 建立长效机制》《河南推动全面从严治党向基层延伸的实践探索》《河南推进乡村振兴战略进程中需要强化人才支撑》被河南省政府和省政协采用，并被省领导批示。

2019 年 1 月 12 日，隆重举行河南省重点社会科学研究基地——中原农耕文化与乡村发展研究基地揭牌仪式（许昌学院党委宣传部资料）

（三）中原农耕文化研究中心工作基础

1. 实施“中原农耕文化记忆传承工程”

基于在国内率先创建区域性、系统化、全景式农耕文化主题博物馆，许昌学院中原农耕文化研究中心于 2014 年策划启动了“中原农耕文化记忆传承工程”，含 8 项子工程，分别为实体展馆建设、智慧农博建设、系列丛书编著、典籍资料建设、古今双向研究、融媒宣教传播、社会实践推进、农

2014 年 10 月，中原农耕文化记忆传承工程举行启动仪式（本馆资料）

耕场馆联动。本工程起到了推动博物馆持续深化建设及相关理论研究和社会实践的统领作用。六年来，8 项子工程持续推进，取得了一系列重要的阶段性成果。

2. 开展农耕文化基层调研

中原农耕文化研究中心团队在河南省文化厅和河南省非遗中心的大力支持和指导下，自 2015 年起连续深入全省各地基层农村开展调研考察，调研内容涉及非物质文化遗产传承、乡风民俗、古村保护、地方特产、新兴产业等，调研活动覆盖全省全部市及 60% 的县（区）。每到一个调研点由当地文化或非物质文化遗产部门协助，直接接触农家生产生活及非物质文化遗产传承人、项目当事人，获得大量文字、照片、视频等第一手资料及有关器物。同时组织大学生开展暑期社会实践活动，开展田野调查、案例调研，直接关注和融入乡村振兴社会实践。

本馆专家团队深入全省各地对农耕文化及非遗项目开展调研考察（汪庆华摄）

3. 典籍资料建设

立足于当前和今后持续深入的理论研究和实践探索，中原农耕文化研究中心依托中原农耕文化博物馆和学校图书馆，建立以传统文化和农耕文明为主题的大型典籍资料库。现已收集到河南省全部市县（区）清代的和当代的地方史志；拥有省内外 10 多位著名摄影家 2000 多幅传统农耕生产生活的原创照片资料；近年来深入中原各地基层农村抢救性拍摄大量珍贵视频资料；通过多种渠道收集到人民公社时期大量账册、土地承包、有关证件等各种文献资料，其中含襄城县十里铺镇韩庄长达17年的系统账册资料；陆续收集古代典籍及近年来出版的有关民俗、非物质文化遗产、古村名镇、地方特产等书籍和视频图片资料，与图书馆共建“传统文化·农耕文明”典籍资料库，内容正在不断充实。

4. 农耕文化著述

策划编著、逐步推出“中原农耕文化”丛书，抢救性搜集、研究、存留、记述传统农耕时代的生产生活方式、境况、器物、习俗等物质文化和精神文化遗产，2021年推出第一辑（5卷）。此前，已出版农耕文化相关著作系列成果5部，分别为韩晓民的《民间记忆》、唐明仓的《故园梦影》、张培林的《大地回春》、段双奇的《农耕与传承》、李九科的《冬去春来》。其中韩晓民的《民间记忆》（光明日报出版社2015年出版）先后获得河南民间艺术金鼎奖、第二届杜甫文学奖、河南省人文自然科学奖。

中原农耕文化丛书编审委员会集体讨论书稿（本馆资料）

5. 农耕文化课题研究

许昌学院在省内外较早关注农耕文化这一重大时代课题的研究，并在学术界率先发出声音。2017年7月11日，《光明日报》发表许昌学院中原农耕文化研究中心主任、中原农耕文化博物馆名誉馆长汪庆华教授的文章《留住农耕文化的根脉》，中国社会科学网、光明网、中国政协网、中国经济网、中国青年网等众多知名网站均予转载，在学术界产生积极影响；2019 年 9 月 8 日，《光明日报》再度发表汪庆华、寇鸿顺的理论文章（署名“河南省中国特色社会主义理论体系研究中心”），针对 2018 年中央一号文件中关于优秀农耕文化遗产保护、研究和利用的号召展开论述，对这一重大课题的理论研究和社会实践推动，具有积极意义；2019 年 9 月 23 日，汪庆华教授受邀为 2019 年中国农民丰收节全国分会场之一的湖北黄梅中国农民丰收节作了农耕文化专题讲座，积极呼吁和推动优秀农耕文化遗产的保护和利用；2019 年 9 月 27 日至 29 日，汪庆华、郝二旭、胡建锋应邀参加中国农业出版社、江苏省农史研究会、苏州农业职业技术学院举办的“农耕文化遗产与乡村振兴学术论坛暨全球农业文化遗产影像保护与传播平台建设”启动仪式，他们在会上作专题发言，并提交论文《关于优秀农耕文化遗产保护、研究和利用的思考》，受到与会代表的关注和好评。

中原农耕文化研究团队部分成员合影（本馆资料）

四　基地建设工作目标

（一）主攻方向

以中华优秀传统文化传承发展工程和乡村振兴战略为引领，以传统农耕文化研究和现代农村发展研究“古今结合、一体双翼”为特色，紧紧围绕优秀农耕文化保护利用和乡村振兴战略，务实开展理论和实践研究，积极融入“黄河流域生态保护与高质量发展”国家战略，努力为中华优秀传统文化传承发展工程、黄河文化保护传承弘扬工程和乡村振兴战略做出积极贡献。

（二）基本任务

1. 持续深化中原农耕文化博物馆内涵建设

认真落实豫办〔2017〕57号文件《河南省“十三五”时期构筑全国重要文化高地规划纲要》；河南省文物局、许昌市政府关于河南省政协“关于加强中原农耕文化遗产保护”提案的答复意见等文件精神，不断深化中原农耕文化博物馆内涵建设，立足中原地区，着眼文化传承，努力做好传统农耕时代各种器物以及相关文献、书刊、图片、视频等各种资料的收集、整理、保护与研究，酌情推进中原农耕文化博物馆扩建提升工程，逐步建设数字博物馆和智慧博物馆，把中原农耕文化博物馆建设成在省内外具有广泛影响、特色鲜明的区域性、系统化、全景式专题博物馆；重视利用广播电视、网络、报刊各种媒体和文学艺术形式，进行传统农耕文化的诠释、传播与利用；积极推动省内外农耕文化主题博物馆、展览馆和体验园的创建，加强农耕文化场馆横向联合，携手共进，充分发挥珍藏农耕记忆、弘扬传统文化、教育子孙后代、促进社会进步的社会效益和历史价值，为中华优秀传统文化传承发展工程、黄河文化保护传承弘扬工程和乡村振兴战略做出积极贡献。

2. 深入开展优秀农耕文化保护传承与开发利用研究

以中原农耕文化博物馆丰富的馆藏器物资料及深入基层农村调研考察为基础，以农耕文化为切入点深入开展中华优秀传统文化传承发展的研究，积极推动优秀农耕文化遗产保护及其合理适度开发利用。要深入发掘农耕文化蕴含的优秀思想观念、人文精神、道德规范，充分发挥其在凝聚人心、教化群众、淳化民风中的重要作用，积极推动非物质文化遗产项目的传承发展、古村名镇的保护修葺、名优特产的传承创新、传统美德的弘扬继承、农耕器物的保存传世、传统习俗的扬弃传习等，以最接地气的姿态、最贴近百姓的内容、最易于接受的方式探索和推动优秀农耕文化遗产保护传承与合理应用，努力发挥出农耕文化的现实社会价值和深远历史意义。

3. 紧密围绕乡村振兴战略开展农业、农村、农民问题研究

农业农村农民问题是关系国计民生的根本性问题。没有农业农村的现代化，就没有国家的现代化。实施乡村振兴战略，是党的十九大做出的重大决策部署，是新时代“三农”工作的总抓手。中原农耕文化与乡村发展研究基地将以《中共中央国务院关于实施乡村振兴战略的意见》为指导，针对建立健全城乡融合发展体制机制，有力推进产业兴旺、生态宜居、乡风文明、治理有效、生活富裕的政策与措施，优秀农耕文化遗产保护与合理适度开发利用等方面开展深入的理论研究和实践探索，为河南省实施乡村振兴战略和推进农业新型现代化做出积极贡献。

2019 年 11 月基地召开第六次“中原农耕文化与乡村发展研讨会”（本馆资料）

（三）工作目标（六个一工程）

建设一个富有社会效益和历史价值的特色博物馆，逐步实现博物馆的数字化和智慧化，努力成为省内外富有影响、特色鲜明的区域性、系统化、全景式农耕文化主题博物馆。

密切关注和主动融入社会实践和理论研究，推动中原农耕文化与乡村发展研究工作不断深入和扩展，积极申报省级和国家级科研项目，陆续推出一系列研究成果，努力发挥出“思想库”和“智囊团”的重要作用。

建设一个富有价值的“传统文化·农耕文明”典籍资料库，持续收集

农耕文化古今书籍、账册资料、图片、视频等，为深入开展农耕文化研究打造一个比较权威的资料平台。

跟踪乡村振兴战略和新型农业现代化进程，建设一个中原农村发展智库（大数据）平台，为持续开展研究和服务乡村振兴战略提供有力支持。

从古今两个方向着手，陆续推出一系列具有史料价值的“中原农耕文化”图书和具有现实指导意义的“中原农村发展”丛书。

积极支持和推动优秀农耕文化在社会实践中的合理适度开发利用，为在省内外创建一批农耕文化体验场馆、特色村镇和文化产业项目，当好参谋，献计献策。

肆

学术文章与媒体报道选录

《光明日报》

留住农耕文化的根脉

中国自古是一个以农业立国的大国，农耕文明的历史进程，一直伴随中华文明的历史脚步。当今时代正处在农耕嬗变的历史节点上，我们该如何传承农耕记忆、弘扬传统文化?

我们的民族从农耕原点走来，我们的祖辈从农村原野走来，我们的文化从庶民百姓走来。亲身经历了这个时代转换和文明嬗变的一代人，有责任为留住根脉、记住乡愁、传承文化做些有益的事情。

中华农耕文化是指在中华民族所经历的漫长农耕时代，农民、农村、农业创造、形成和传承下来的文化成果和精神财富。悠久而厚重的农耕文明是中华文化之根，是中华传统文化的根基和重要组成部分。

虽然农耕文化正在日益远离当下生活，但我们可以借助诸多有形器物作为载体留存记忆、加以表达，诸如传统农耕生产工具、生活用品、娱乐器具、工匠用具、典籍资料及各种各样的器物、衣饰等，都可以通过博物馆的诠释来讲述农耕文化。这些原本在农村都司空见惯的物件，如果不抢救性地收集保存起来，必将随着工业文明替代农业文明而消逝。因此，抓住时机创建一批以重在表现农耕嬗变为主旨的专题博物馆十分必要和迫切，这是一项功在当代，利在千秋的社会工程，希望引起社会足够关注和积极参与。

可喜的是，越来越多的有识之士认识到了这一点，创建与农耕主题相关的博物馆日渐形成热点。特别是近年来党和国家对于弘扬传承传统文化给予了高度重视，更加激发了人们保护、传承、发展中华优秀传统文化的热情。仅就农耕主题的博物馆来看，中国农业博物馆、西北农林科技大学创办的中国农业历史博物馆、南京农业大学创办的中华农业文明博物馆是较早创建的，重在表现古代农耕文明发展史。新近还陆续涌现出一批以农耕嬗变为主题的博物馆，如西安高陵的关中农耕文化博物馆、湖北保康的尧治河农耕文化博物馆、湖南的耒阳农耕文化博物馆、宁夏固原的西北农耕文化博物馆、广西贺州的族群文化博物馆等。

河南省许昌学院于2010年着手创建的中原农耕文化博物馆就是比较突出的一例。该馆经河南省文物局批准，于2012年12月正式开馆，现已加入中国博物馆协会和全国高校博物馆专业委员会。馆舍面积1500平方米，藏品3000多件（套）。“接地气、通民情、贯古今、重文化”是该馆的突出特色。开馆以来产生的社会效益和受欢迎的程度远远超出预期。省内外参观团队络绎不绝，赞誉良多，尤其是对青少年的教育作用十分突出。

目前珍藏农耕记忆，弘扬传统文化，渐成社会共识和积极行动。据了解，农耕文化专题博物馆、展览馆建设方兴未艾，全国已有多地正在建设或筹划中，发展势头良好。

对于悠久而厚重的传统农耕文化，仅有博物馆珍藏器物、存留记忆是远远不够的，立足当代，面向未来，传承文化，教育后人，才是我们的出发点和落脚点。因此，我们应该把中华农耕文化记忆传承作为一个系统工程来对待，不仅要办好实体博物馆，还要进而建成数字博物馆和智慧博物馆，同时还应在开展调查研究、资料汇集、媒体传播、活态呈现、开发利用、创新发展等方面努力，主动融入中华优秀传统文化传承发展工程。笔者认为，以下几个方面当为工作重点。

第一，国家有关部门对全国各地创建农耕文化专题博物馆的热情应予鼓励和支持，加强宏观指导，把握正确方向，促进健康发展。条件成熟时，加强馆际沟通交流，引导和组织馆际横向联合，互相借鉴，携手共进。社会文化建设管理机构应重视发挥农耕文化博物馆、展览馆的作用，通过一定方式和措施，使之更好地融入社会文化建设工作体系之中，产生更大的社会效益。

第二，切实加强学术研究，深入发掘传统农耕文化的内涵。在重视整理和利用历史存留的珍贵资料基础上，要把注意力更多集中在针对传统农耕时代尾部的深入研究，因为这个时期的传统农耕文化最为成熟，它不仅承载着漫长农耕时代传承下来的优秀文化成果，而且距离我们最近，更便于开展抢救性田野调查和实证研究。通过深入挖掘和整理，对传统农耕文化进行系统性的扒梳，辨别良莠，提取精华，传承弘扬。

第三，积极推动优秀传统农耕文化的开发应用和传承发展。鼓励和支持休闲旅游业开发利用农耕文化资源，通过器物展示、活态呈现、体验感受、观光采摘等手段，大力发展休闲农业，从而达到社会效益和经济效益双丰收。西安高陵大型农耕文化体验园“高陵场畔”及其关中农耕文化博物馆，就是成功的范例。这里每到周末游客可达数万之众，节假日更是摩肩接踵，异常火爆。

第四，多途径推动优秀农耕文化的传播与弘扬。大力倡导现代传媒、教育领域、文学艺术领域，以优秀农耕文化为素材进行宣传教育和艺术创作。近年来许多电视台和网络新媒体以回归自然、守望家园、传承文化、莫忘乡愁为主旨制作播出的栏目和作品，广受欢迎。社会上陆续涌现的以弘扬传统文化为主旨的文学艺术作品和学术成果也颇受青睐。许昌学院中原农耕文化研究中心研究员韩晓民的散文集《民间记忆》（光明日报出版社2015年出版），社会反响强烈，先后获得河南省民间文艺金鼎奖和第二届“杜甫文学奖”；中原农耕文化博物馆开展的“农耕回望·文脉传承”大型图片巡展以及传统儿童游戏夏令营等诸多活动，受到公众广泛欢迎。这些都充分说明以农耕文化为切入点弘扬传统文化，前景广阔，大有可为。

总之，留住农耕文化的根脉，传承中华优秀传统文化，值得关注，任重而道远！

（原载 2017 年 7 月 11 日 12 版《光明日报》“文化记忆”专栏，作者：汪庆华）

《光明日报》

农耕文化遗产：乡村振兴不能没有你

中共中央、国务院《关于实施乡村振兴战略的意见》中指出：要“切实保护好优秀传统农耕文化遗产，推动优秀农耕文化遗产合理适度利用。深入挖掘农耕文化蕴含的优秀思想观念、人文精神、道德规范，充分发挥其在凝聚人心、教化群众、淳化民风中的重要作用。”可见，优秀农耕文化遗产的保护与利用，作为一个重要的时代课题，已经摆在我们面前。

近年来，留住乡愁情怀，守望心灵家园，成为社会共识和时代呼声，特别在中共中央、国务院《关于实施乡村振兴战略的意见》中针对优秀农耕文化遗产保护、研究和利用提出指导意见后，社会各界对于农耕文化的关注度更是大为提高。人们保护和利用农耕文化遗产的积极性日益提高，相关的社会实践项目也随之兴起，呈现出方兴未艾的良好态势；但也不可否认，在实际操作中还存在某些不容忽视的偏差和误读。因此，对于相关问题我们要认真思考，厘清思路，把好方向，行稳致远，为这个课题交出一份合格的历史答卷。

一　守望与保护的紧迫性

中国的传统农耕时代延续数千年，直到改革开放后，才发生了根本性的重大转变。目前，我们正处在农耕嬗变的历史节点上。大量过去农村司空见惯的生产工具和生活器物，因不再需要而迅速消逝；许多民间习俗信仰，因现代生活方式的剧烈变化而不再传承；甚至部分优秀的传统观念也被年轻人遗忘。中国的农耕文化传承出现断层。

值得庆幸的是，近年来，人们开始警觉到传统农耕文化正在渐行渐远，意识到了这一时代课题的重要性和迫切性。越来越多的有志之士或社会组织，着手抢救性收集保存农耕器物，留下农耕记忆。

农耕文化包括物质文化遗产和非物质文化遗产。虽然绝大多数非遗，如技艺、民俗、信仰，为无形的文化存在和传承，但是，这些文化信息常常依托于有形的器物而留存下来。因此，我们可以借助诸多物质载体将历史记忆直观地呈现出来。

中国地域辽阔，中华农耕文化既有着同源同流同质的特性，又有着地域差异性和多元性，所以，当漫长的农耕时代终结之时，不同区域抢救性创建具有本地特色的农耕文化场馆，不仅是必要的，而且是紧迫的。此举，功在当代利在千秋。

纵观目前国内农耕文化场馆建设情况，基本还处于起始阶段。大多为民间自发行为，也有少数场馆由政府有关部门或有关行业创办。初期的主创者大多是凭兴趣收集物品，由直觉引发行动，展览陈列比较粗放，内涵释读浮于表面；有的甚至单纯出于吸引眼球、招徕顾客而为，缺乏文化遗产保护传承的意识；更有甚者，因缺乏知识和学术支撑，虽然号称“博物馆”，但实际存在一些误读、曲解、张冠李戴的现象。希望有关方面进一步予以重视，不仅做好宏观指导，而且给予学术支持，合理适度地创建一批农耕文化主题场馆，准确地为传统农耕时代留影造像。

二　解读与传播的针对性

中华农耕文化的内涵十分丰富厚重，它涵盖了中华民族在漫长的农耕时代里，农民、农村、农业创造、积累和传承下来的一切文化成果和精神财富。其中，有精华，也有糟粕。对于这笔庞大的文化遗产，我们需要认真研究，加以甄别，深入挖掘它所蕴含的优秀思想观念、人文精神、道德规范，在当代社会实践中充分发挥出凝聚人心、教化群众、淳化民风中的重要作用。诸如修齐治平、遵时守位、知常达变、开物成务、道法自然、天人合一等思想理念，天下兴亡匹夫有责的担当意识，精忠报国、振兴中华的爱国情怀，崇德向善、见贤思齐、邻里和谐的社会风尚，孝悌忠信、礼义廉耻的荣辱观念，自强不息、敬业乐群、扶危救困、见义勇为、敬老爱亲的传统美德，求同存异、和而不同的处事方法，吃苦耐劳、坚忍不拔的奋斗精神，俭约自守、中庸泰和的生活理念……这些其实都是社会主义核心价值观的题中之义，因而释读、传播这些优秀的农耕文化，对于当今时代的精神文明建设，具有重要的现实意义和实践价值。

在深入、准确把握农耕文化精髓的基础上，我们应该借助多种渠道和手段进行富有针对性的阐释、传播和教育。

一是利用报纸、广电、网络等进行传播弘扬。近年来，不少报纸、广播、电视和网络媒体以守望家园、莫忘乡愁为主旨，制作播出了一批栏目和作品，广受欢迎，尤其是一些关于非遗项目介绍、传承的内容备受追捧，表明优秀的农耕文化遗产已经成为公众关注的热点。当然利用媒体解读和传播优秀农耕文化的工作才刚刚起步，任重道远。特别是在5G、物联网、大数据的背景下，如何做好这项工作，迫切需要我们去研究和探索。

二是将优秀农耕文化纳入青少年思想道德教育的内容。可以遴选和培育一批农耕文化优秀场馆建设成中小学研学实践教育基地，并编写一些高质量的农耕文化主题教育资料，让青少年通过参观、研学和实践体验，了解祖祖辈辈的生存状态，感悟时代的进步和祖国的变化，从而增强爱国情感和文化自信。

三是积极倡导电影、电视、文学、书画、摄影等文艺创作，更多关注农耕文化题材，以优秀的作品记录和传播优秀的农耕文化，起到潜移默化的宣教育人作用。

三　开发与利用的实操性

遗产的传承和保护，重在“活化”。在当前实施乡村振兴战略的社会实践中，优秀的农耕文化遗产无论在物质层面，还是精神层面，都具有不可替代的作用。

目前，各地都在积极探索利用农耕文化遗产保护利用的途径，既有经验也有教训。

近年来，国家相关部门开展的历史名镇和传统村落保护工作，有效地保护了一批有历史、有文化、有特点的传统名镇与村落。但是与庞大的村落数据相比，这种保护实在太有限。据我们在基层农村调研，还有相当多很有价值的村落或老民宅濒危，亟待保护。所以，这一工程仅仅依靠政府是远远不够的。必须激发村民保护的自觉性，提高社会参与的积极性。

一方面通过宣传，引导、强化村民对于老宅、老物等物质文化遗产的保护意识，努力使更多有价值的东西留存下来。建议在推进乡村全域旅游项目中，重视古村名镇、特色民宅，以及传统农耕器具等物质载体的合理适度开发利用，鼓励有条件的进城农户，将废弃的旧宅进行修缮整理，改造成为可供观赏并能够居住的民宿宅院，供旅游休闲之用。

另一方面，积极倡导社会各界参与保护，鼓励和吸引一些涉农企业和文化产业关注农耕文化，创建农耕文化休闲体验园地，以鲜活生动的方式展示出农耕时代的思想精华，诠释前辈先人的聪明智慧。例如，传统技艺的活态呈现、地方特产的培育展示、农耕劳作的实践体验、田园风光的打造展现、传统休闲娱乐项目的开发创新、农业知识的科普教育等，都可以打造成为文化旅游项目的亮点。

必须强调的是，在农耕文化遗产开发利用的实践中，要高度重视“合理适度”的政策把握。目前，个别地方存在一哄而起、泥沙俱下的现象。有的无视自身条件，盲目上马一些“政绩工程”，造成有头无尾的半拉子项目，其结果是劳民伤财；有的项目只求表面热闹，不接地气，不切民情，凭空臆造，对于农耕文化元素出现“滥用”“错用”现象，不伦不类，令人啼笑皆非；有的仅仅停留在制造旅游看点的表象层面，忽视了农耕文化遗产的实质内涵，动不动就叫出一个什么什么节、什么什么会，有名无实，有形无魂。在当前农耕文化保护、传承、利用刚刚兴起之际，我们必须及早防患于未然，切实贯彻好中央文件中强调的“合理适度”原则，把好方向，行稳致远。

农耕文化遗产不仅可以为乡村振兴提供物质基础，而且在精神层面亦有不容小觑的能量。

农耕文化在生产劳作、家居生活、休闲娱乐、传统习俗、乡音俚语、人际交往、子女教育等方面，都蕴含着丰富的精神内涵，可以为乡村政治建设和文化建设提供充沛的给养。例如，在当前大力推进法制、德治、自治三治融合的农村治理策略中，农耕时代的乡贤文化、家风家训、乡规民约等，具有一定的借鉴价值。人们耳熟能详的“男耕女织”“耕读传家”“勤俭持家”“邻里和睦”“仁义礼智信”“忠恕孝悌廉”等传统理念，也可以通过批判吸收，成为塑造新时代家风和新型农民精神世界的有益元素。

总之，中华优秀农耕文化保护、研究与合理利用，是一个十分迫切且意义重大的时代课题，更是一个任重道远的社会实践过程。我们呼吁和期待社会各方进一步予以高度重视，以实际行动为留下农耕记忆、弘扬传统文化、教育子孙后代、传承中华美德做出积极贡献。

（本文发表于2019年9月8日《光明日报》，署名：河南省中国特色社会主义理论体系研究中心，执笔人：许昌学院汪庆华、寇鸿顺）

【光明日报客户端】

留住中原农耕文化的“根”

当我们感叹传统农耕文明渐行渐远之时，许昌学院却用一个博物馆、3000余件（套）展品细细描摹、满怀深情地记录下了它的背影。

许昌学院有一座仿制20世纪50年代的两层建筑，从外观上看，灰砖、红瓦、白柱，与美丽的校园交相辉映，这正是中原农耕文化博物馆所在地。馆内，耧、犁、锄、耙、食盒、蓑衣、草鞋……3000余件（套）生产工具和生活用品被分门别类地陈列在17个展厅中，勾画出了近现代中原农耕文化的全景图。

2017年12月30日，是中原农耕文化博物馆（后文简称“农博馆”）开馆五周年。五年里，作为经河南省文物局批准建立的全省首家以农耕文化为主题的博物馆，农博馆先后被评为河南省非物质文化遗产优秀展示馆，入选全省第一批高校校园文化重点建设项目，被命名为许昌市爱国主义教育基地、河南省爱国主义教育示范基地。五年里，农博馆累计开放1500天以上，上千支参观队伍，数十万参观者走进农耕馆，见证了中原农耕文化的源远流长。

筹建之初，跋山涉水觅展品

中原地区是中华民族的重要发祥地，同时也是传统农耕文明的重要发祥地。当历史跨入20世纪后期，传统农业的生产方式、生产工具和农民的生活方式、生活用品等已经或正在发生着革命性变革。站在时代转换和文明嬗变的历史节点上，2010年初，许昌学院以强烈的社会责任感和文化传承的使命感，决定建设中原农耕文化博物馆，抢救性地收集、存留、研究和展示中华民族传统农耕生产生活用品和非物质文化遗产。曾任许昌学院正校级调研员、党委副书记的汪庆华教授作为名誉馆长，受命组建团队，全力筹建农博馆。

从2010年3月动议，到2012年11月开馆，不到三年的时间，从馆址的选定、论证、设计、报批、施工；到展厅的创意、策划、招标、布展；再到文物的征集、运输、整理、收藏，尤其是上千件物质非物质馆藏文物的寻访征集，充满了艰辛。

筹建之初，工作团队遇到了不少难题。现在的农村变化太大，很多东西早已消失不见，大家前往郏县、滑县、虞城等地寻找民间收藏家，希望从那里有所收获，但效果也不甚理想。“我们开始搜集的时间还是晚了，很多东西已经淡出了我们的生活圈。后来，我们决定到农村，挨家挨户去找、去发现。”和汪庆华一起搜集展品的退休老干部徐中森告诉记者。团队成员深入豫东乡野、豫西深山，原始村落里，古旧老屋内，到处都留下了他们辗转奔波的身影。

功夫不负有心人，到农博馆开馆前夕，收集到的展品有1000余件。

深入调研，沉下心来找定位

展品收集初见成效后，为了全面了解专题博物馆的现状，汪庆华、孟聚、徐中森、崔凤巧等团队成员前往北京、南京、西安、湖南等地进行考察。考察后，他们发现，中国的东南西北几个城市的专题博物馆都有对农耕文化的历史研究，但对近代以来农耕器具的收藏很有限。

为此，他们决定农博馆的建立要以差异化定位，彰显特色，立足挖掘和展现中国中部地区传统农耕文化的特征和风貌，重在记载最近几十年来刚刚消逝和正在变化的事物与境况，突出研究功能和教育功能，全方位展示农耕社会生产方式、农民生活方式、农村风貌和文化现象。展品不求外观华丽，但求真品真实，宁缺毋仿，宁旧毋新。目前，所有展品都是来自民间的珍品，均记载出处及捐献人，尽可能原汁原味地反映传统农耕风貌。

如今，农博馆供民众免费参观。“古朴物件勾起了很多古朴的回忆，有中原大地远古先人的智慧结晶，也有近代国民丰富的文化生活，当然还有小时候做农活儿时的珍贵回忆。中原农耕文化博大精深，令人叹为观止。”这是参观者张康凯的留言，类似参观者的留言现在有厚厚的几十大本。

自 2012 年 12 月 30 日开馆以来，农博馆的参观者络绎不绝。尤其是 2016 年以来，观众数量大幅提升，每年超过十万人次。其中不乏专程到访考察的业内外有关单位和有关专家，还有来自美国、英国、日本的农业研究专家和文化学者。

育人为要，潜心传承情寄农耕

五年的实践证明，中原农耕文化博物馆的宣教育人作用得到了充分发挥。

除获批河南省、许昌市爱国主义教育基地外，近年来，许昌市委组织部、宣传部、教育局、团市委纷纷在此设立教育基地，在参观人员中青少年学生占较大比例。除农博馆固定展览外，农博馆积极策划举行各类专题特色活动，扩大宣教范围和育人功效。2013 年以来，连续 5 年在“5 · 18”国际博物馆日期间举行以“农耕回望 · 文脉传承”为主题的摄影图片系列展览，分别深入到大中小学校、许都广场、灞陵桥公园等校内外公共场所进行巡回展览；举行传统儿童游戏夏令营、义写义送春联、“莫忘乡愁”清明诗会、特教生走进农博馆助残活动等一系列主题活动，效果良好，广受欢迎。

农博馆还与图书馆联合，建立了以“传统文化 · 农耕文明”为主题的大型典籍资料库，集中收藏了农博馆近年来收集到的河南省各个市县的地方史志，近年来国内陆续出版的农耕、民俗、非遗等方面的书籍，以及团队成员深入偏远农村抢救性拍摄得到的视频、照片等大量第一手资料。

良好的口碑使得农博馆名声大噪，社会影响日益扩大。开馆五年来，陕西、湖北、河北、安徽、新疆、内蒙古、山东、山西、甘肃、辽宁、广东等先后有 80 多支团队专程前来参观考察，该馆直接指导建设的西安高陵“关中农耕文化博物馆”和湖北保康县“尧治河农耕文化博物馆”已经落成开馆。在某种意义上，中原农耕文化博物馆积极带动形成了“农耕文化”专题博物馆建设这个新方向。

内涵拓展，留住农耕文化记忆

“农博馆建设是一个不断完善和提升的过程。今后，我们在抓好日常开馆运行和持续搜寻稀缺展品、不断充实展馆的基础上，更要着力抓好农博馆的内涵建设。”农博馆现任馆长刘军伟说。

据汪庆华教授介绍，农博馆今后将分别建好实物展馆和网络展馆两个平台，努力扩大展馆受众面和社会影响力。同时，农博馆通过抓好中原农耕文化典籍资料、中原农耕文化摄影图片、中原农耕文化视频影像、中原农耕文化口述历史等四个方面的持续建设来深化农博馆的文化内涵。通过广泛调研和深入发掘中原地区目前尚存的传统农耕生产方式、生活环境、文化活动、古村风韵和非物质文化遗产项目，使农博馆成为全方位收藏和展示中原农耕文化的重要平台。

2014 年 10 月，农博馆启动“中原农耕文化记忆传承工程”。该工程包含 8 项子工程。分别是实体展馆建设、数字农博建设、大型丛书编著、典籍资料建设、古今双向研究、融媒宣教传播、社会实践推进、农耕场馆联动。目前，团队成员正在编纂一套深入系统地记载、描述传统农耕时代底层社会生产生活状态的史论丛书“中原农耕文化”丛书，作为“纸上博物馆”与实体博物馆互为补充，这套丛书 2016 年获批河南省“十三五”重点出版计划。

中原农耕文化研究中心团队先后推出韩晓民的散文集《民间记忆》，唐明仓的散文集《故园梦影》和张培林的摄影集《大地回春》等 3 部系列成果，深受社会民众欢迎。其中，韩晓民的《民间记忆》先后获得河南省民间文艺“金鼎奖”、第二届“杜甫文学奖”和河南省人文自然科学奖。

2017年汪庆华教授撰写的《留住农耕文化的根脉》在《光明日报》刊发，也在国内产生了广泛影响。近年来，河南电视台、《河南日报》等媒体多次报道农博馆。农博馆还与学校的中原农村发展研究中心结合，潜心研究传统农耕文化，形成了古今兼备、一体双翼的涉农研究格局。

“我们应该明白从哪里走来，记住通往故乡的路，守住心灵深处那片家园——我们的民族从农耕原点走来，我们的祖辈从农村原野走来，我们的文化从庶民百姓走来。把传统农耕生产活动、民间生活境况、底层社会状态和草根文化，深入而系统地研究、挖掘、记载、描绘下来，富有极大价值和意义。”汪庆华如是说。

青山绿水，悠悠乡愁，寄情农耕，情怀所至，7年来（从筹建算起），农博馆工作团队不辞劳苦，冒着酷暑严寒，走遍中原，深入山村，收集展品、开展调研，付出良多，但他们说，这一切都是值得的，因为农博馆的存在会让老年人抚慰浓浓的乡愁、让中年人寻回儿时的记忆、让年轻人懂得生活的不易。“许昌学院正是用一座博物馆的情怀力证了她强烈的社会责任感和文化传承的使命担当。”一位参观者这样写下他的留言。

（作者：光明融媒记者 王胜昔，通讯员 钟伟平）

【中央纪委国家监委网站】

走进中原农耕文化博物馆，原汁原味感受乡土情怀

“我生在一个小山村，那里有我的父老乡亲。胡子里长满故事，憨笑中埋着乡音……”还记得吗，老式织布机那嘎吱嘎吱的响声？孩子们是否还认得，那些陪伴中国人几千年的碾、磨、碓、辘轳都长啥样？在农耕文明源远流长的中原地区，有这么一座博物馆，能带你走进时空隧道，让你感受农耕文化魅力，记住通往故乡之路，留住悠悠乡愁。

这座博物馆名叫中原农耕文化博物馆，位于河南省许昌市，由许昌学院于2010年创建，是国内较早创建的区域性、系统化、全景式的农耕文化

主题博物馆。

中原农耕文化博物馆藏有展品3500多件（套），设有17个室内展厅，分列千秋基业、农耕源流、农耕器具、时令节气、农耕风貌、粮食加工、五谷稼穑、收获储存、纺织衣饰、家居生活、炊事饮食、食品制作、传统习俗、休闲娱乐、乡村工匠、农副生产、地方特产、交通运输、水利灌溉、村镇民居、农耕嬗变、未来之光22个部分，室外设“传统文化园”图片展区。馆藏数千幅传统农耕时代的老照片和大量书籍、账册、视频等资料，为举办展览和开展研究奠定了坚实基础。

这座博物馆的特点，可以用五个字来概括——“中”“近”“深”“全”“真”。“中”，就是立足以河南省为主要区域的大中原，挖掘和展现中国中部地区传统农耕文化的特征和风貌。

“近”，就是以当下为历史立足点回望过去，重在记载和展示近代以来农耕文化面貌，把握传统农耕文明向现代农业文明转变的历史节点，真实记录和展现刚刚消失和正在变化的事物和境况。

“深”，就是深入挖掘和揭示“人”“物”“事”“技”“境”的历史脉络、文化底蕴，突出博物馆的教育功能、研究功能和文化内涵。

“全”，就是全方位展示农耕社会生产方式、农民生活方式、农村风貌和文化现象，勾画出中原农耕文化的全景图。

“真”，就是馆藏展品均来自民间，尽可能原汁原味地反映出传统农耕风貌。

“树高千尺也忘不了根。”如同歌里唱的那样，农业是国民经济的基础，是安天下稳民生的战略产业。自古以来，农耕文明的进程，一直伴随中华文明的历史脚步，中华优秀传统文化也深深扎根于农耕文化之中。中原农耕文化博物馆抢救性收集、存留、研究和展示中华民族传统农耕生产生活用品和非物质文化遗产，为珍藏农耕记忆、弘扬传统文化、教育子孙后代做出积极贡献。

（撰文：汪庆华，图片17幅从略，摄影：牛原）

《中国教育报》

从中原农耕文化中追寻大学的根与魂

当我们感叹传统农耕文明渐行渐远之时，许昌学院却用一个特色鲜明、藏品丰富的高校专题博物馆细细描摹出了它的背影，珍藏下了过往时光的记忆。

2019 年 5 月 18 日是第 43 个“国际博物馆日”，走进许昌学院，在逸夫图书馆西侧，有一座造型别致的两层楼房，青砖墙，红瓦顶，典雅的白色立柱，纵深的屋檐长廊，在校园里显得格外醒目。“欲知华夏农耕事，且看中原稼穑图”“稻黍稷麦菽丰饶中原八万里，仁义礼智信凝聚华夏五千年”，一副副意味深长的对联，更显和谐。

这里就是 2012 年落成开馆的中原农耕文化博物馆（后文简称“农博馆”）。这座建筑，原样原大地复制了该校前身于 20 世纪 50 年代建在老校区的一座仿苏式文科教学楼。如今，它的意义已不仅仅是一个学校历史的记忆符号和校友的往日情思，还承载着珍藏农耕时代记忆、弘扬中华传统文化的重大使命。

眼光与决心

“古朴物件勾起了很多古朴的回忆，有中原大地远古先人的智慧结晶，也有近代国民丰富的文化生活，当然还有小时候做农活儿时的珍贵回忆。中原农耕文化博大精深，令人叹为观止。”这是参观者张康凯的留言，类似参观者的留言现在已有厚厚的几十本。

开馆 6 年多来，来自省内外的参观考察者络绎不绝，赞誉良多。农博馆所承载的宣教育人功能、文化传承功能和学术研究功能日益凸显。与此同时，农博馆也得到了上级有关部门的充分肯定和大力支持：作为河南省文物局批准建立的全省首座以农耕文化为主题的博物馆，2014 年、2015 年分别被中国博物馆协会和全国高校博物馆专业委员会吸纳为团体会员。近年来，先后被命名为许昌市爱国主义教育基地、河南省爱国主义教育示范基地和河南省非物质文化遗产优秀展示馆。

回溯 2010 年最初动议创建农博馆之时，师生教职工的看法并不一致。虽然很多人看到了它的意义和价值，但也有少数人认为许昌学院并非农业院校，建这样的博物馆是不是多管闲事？是不是浪费精力财力？

学校为此召开了专题论证会，经过深入讨论，大家一致认为，中原地区是中华民族的重要发祥地，同时也是传统农耕文明的重要发祥地。当历史跨入 20 世纪后期，伴随改革开放和现代科技的飞速发展，我国传统农业生产方式、生产工具和农民的生活方式、生活用品等已经或正在发生着革命性变革。文化传承创新是高校功能之一，站在时代转换和文明嬗变的历史节点上，抢救性地创建农耕文化专题博物馆，不仅是必要的，而且是十分迫切的。

学校探索转型发展之路，致力于建设高水平应用技术大学，理应瞄准社会需求，积极主动地为服务社会文化事业做出贡献，创建农耕文化博物馆是社会责任感和使命感的体现。

建馆定位

没有一间房舍、没有一件藏品、没有一丝经验，仅仅只有一个理念，这就是当时的建馆基础。但是，建馆团队认为，只要有了社会责任感和历史使命感，其他的都可以“无中生有”，都能够一步步创建！

基建团队立即动手，图纸很快变成了楼房，农博馆创建团队随即确立了“五字方针”的建馆定位。

一是“中”，就是立足以河南省为主要区域的大中原，努力挖掘和生动展现中国中部地区传统农耕文化的特征和风貌。

二是“近”，就是以当下为历史立足点回望过去，重在记载和展示近代以来农耕文化面貌，着力把握传统农耕文明向现代农业文明转变的历史节点，真实记录和展现刚刚消失与正在变化的事物和境况。

三是“深”，就是深入挖掘和揭示“人”“物”“事”“技”“境”的历史脉络与文化底蕴，突出高校博物馆应有的育人功能、研究功能和文化内涵。

四是“全”，就是全方位展示农耕社会生产方式、农民生活方式、农耕风貌和非物质文化遗产，努力勾画出中原农耕文化的全景图。

五是“真”，该馆展品不求外观华丽，但求真品真实，所有展品均由民间搜集而来，宁缺毋仿、宁旧毋新，尽可能原汁原味地反映传统农耕风貌。“接地气、通民情、贯古今、重文化，融宣教育人功能、文化传承功能、学术研究功能为一体”被确定为本馆特色。

创造一些理念的东西，似乎并不难，最难的莫过于搜集展品。由于农村早已发生很大变化，展品搜集起来十分困难，但越是展品难搜集，越证明创建这样的博物馆具有必要性和迫切性，越是不能退缩。功夫不负有心人，随着开馆后几年来的持续搜集，现在该馆已经成为全省乃至全国农耕藏品最全、最为系统、最接地气、最具学术价值的专题博物馆。

功能彰显

自2012年12月30日开馆以来，农博馆受欢迎的程度和产生的社会影响远远超出了建馆之初的预料，其中不乏专程到访考察的来自美国、英国、日本、新西兰等国家的有关团队和农业文化研究学者。

在每天熙熙攘攘的参观队伍中，青少年学生占较大比例。为了充分发挥农博馆的宣教育人功效，除固定展览外，农博馆在每年国际博物馆日和中国文化遗产日期间，积极策划举行各类专题教育活动。

作为一座建在高校的博物馆，农博馆的研究功能日益凸显。为切实做好农耕文化这篇大文章，许昌学院于2014年启动了含有8项子工程的“中原农耕文化记忆传承工程”，逐步展开有关工作。其中，学术研究具有基础性、决定性意义，它是传承发展中华优秀传统农耕文化的前提和基础。农博馆团队成员认为，不仅需要对农耕文明溯源追流，汲取丰富营养，而且需要考究现代以来、特别是改革开放以来农耕嬗变的过程与趋势，面向未来，推进传承；不仅需要认真搜集、整理和消化吸收历史留下的典籍资料，更需要针对刚刚离去和目前尚存的传统农耕生产生活方式开展深入调查研究。

中原农耕文化与乡村发展研究中心的团队持续深入河南省各个市县偏远农村开展田野调研，获取了大量的资料、图片、视频等第一手材料，同时认真开展整理和研究，着手撰写“中原农耕文化”丛书。为给当前和今后的学术研究及参观学习打造权威的资料平台，农博馆与学校图书馆联起手来，建设以“传统文化·农耕文明”为主题的大型典籍资料库。目前已搜集全省各个市县的地方史志，以及大批关于民俗、非遗、古村名镇等有关资料。

学校在传统农耕文化传承创新与乡村发展研究方面不断积淀，形成了鲜明特色。除农博馆外，先后建立中原农村发展研究中心和中原农耕文化研究中心，密切关注当前农村农业发展的理论与实践课题，紧紧围绕中原农耕文化的发掘保护和创新应用等问题，已形成了古今兼备、一体双翼的涉农研究格局。

学校建设的中原农村发展智库（大数据）平台入选教育部“曙光计划”百校工程大数据的核心节点单位，建立了包括中原印象村史档案在内的精确到村的数据查询系统。此外，学校还建有省级非物质文化遗产研究基地、许昌发展研究院、颍川文化研究中心、许昌中国钧瓷研究院等研究机构，形成涉农研究“矩阵”。

开放传承

中华民族传统农耕文化源远流长，历史厚重。中国地域辽阔，不同地域的农耕文化各具特色、丰富多彩。作为一个重大的时代课题，中华农耕文化的发掘、研究、传承、发展，绝不是一两个或少数博物馆力所能及的。

一花独放不是春，万紫千红春满园。中原农耕文化博物馆由于建馆较早，对于影响带动省内外形成农耕文化专题博物馆建设新方向起到了积极作用。农博馆以开放的思路和眼光，力促省内外创建同类博物馆，携起手来共同为珍藏农耕记忆、弘扬传统文化、教育子孙后代、传承中华美德做出努力。

许昌学院党委书记闫纪建表示，中原农耕文化博物馆及其相关研究工作是学校内涵发展的重要成果之一，已经成为学校服务社会的重要平台，也是学校对外辐射影响力的亮丽名片，学校将进一步利用好这个平台，以农耕文化为切入点深入研究中华优秀传统文化传承发展，凸显高校学术研究的优势，更好地发挥综合效益。

“我们应该明白从哪里来，记住通往故乡的路，守住心灵深处那片家园。”有参观者写下这样的留言。

青山绿水，悠悠乡愁，寄情农耕，情怀所至。许昌学院正在用一座博物馆的情怀力证其强烈的社会责任感和文化传承的使命担当，回望传统农耕生活，更感今日幸福，展望未来，我辈更当共勉。

（发表于 2019 年 5 月 20 日《中国教育报》，作者：通讯员 刘军伟、钟伟平）

《中国博物馆通讯》

中原农耕文化博物馆开馆五周年成绩概览

斗转星移，黄河东去，中华民族延续了数千年的传统农耕生产生活方式正在渐行渐远。在这农耕嬗变的历史节点上，如何留住农耕记忆，弘扬传统文化，教育子孙后代，促进社会进步是一个十分重大而迫切的时代课题。

河南省许昌学院以敏锐的眼光、强烈的社会责任感和历史使命感，于 2010 年着手创建中原农耕文化博物馆，2012 年 12 月 30 日正式开馆。该馆占地面积 13 亩，馆舍面积 1500 平方米，设有 17 个展厅和两道室外图片长廊，不重复展品 3000 多件（套）。分别从 22 个方面，系统、全面地展现出一幅中原农耕文化的全景图。该馆特色定位概括为五个字：一是“中”，就是立足以河南省为主要区域的大中原，努力挖掘和生动展现中国中部地区传统农耕文化的特征和风貌；二是“近”，就是重在记载和展示近代以来农耕文化面貌，着力把握传统农耕文明向现代农业文明转变的历史节点，真实记录和展现刚刚消失和正在变化的事物和境况；三是“深”，就是深入挖掘和揭示“人”“物”“事”“技”“境”的历史脉络和文化内涵，突出高校博物馆应有的育人功能、学术价值和社会效益；四是“全”，就是全方位展示农耕社会生产方式、农民生活方式、农耕风貌和非物质文化遗产，努力勾画出传统农耕时代民间底层社会的全景图；五是“真”，展品务求真品真实，所有展品均由民间收集而来，宁缺毋仿，宁旧毋新，尽可能原汁原味地反映传统农耕风貌。“接地气、通民情、贯古今、重文化，融宣教育人功能、文化传承功能、学术研究功能于一体”是该馆的突出特色。

该馆开馆以来产生的社会效益和受欢迎的程度远远超出预期。省内外参观团队络绎不绝，赞誉良多，尤其是对青少年的教育作用十分突出。每年开放300天以上，全年累计观众10多万人次。参观者中除了大多数为各级各类学校学生外，还有众多来自省内外有建馆意向的政府单位、有关企业或有志之士，以及来自国内外关注和研究中华传统文化的专家学者。

为了充分发挥农博馆的宣教育人功效，除固定展览外，该馆每年在国际博物馆日和文化遗产日期间，还积极策划举行多种专题教育活动。例如，2013年以来，该馆连续5年举行以“农耕回望·文脉传承”为主题的摄影图片系列展览，陆续展出原创照片近千幅，深入到大中小学校和社会公共场所巡回展览，反响十分强烈；该馆还在深入发掘研究的基础上，整理出60多种传统儿童游戏，举行了传统儿童游戏夏令营；先后举行的义写义送春联、“莫忘乡愁”清明诗会、特教学校残疾学生走进农博馆等一系列主题活动，均广受欢迎。

学术研究是高校博物馆的一项重要功能。自2010年以来，许昌学院一直坚持学术研究与博物馆建设同行并进。他们先后成立了中原农村发展研究中心和中原农耕文化研究中心，形成了古今兼备、一体双翼的涉农研究格局。于2014年启动了含有8项子工程的“中原农耕文化记忆传承工程”，特聘中国人民大学、华中师范大学、郑州大学、故宫博物院等有关著名专家担任农博馆和研究中心的学术顾问。几年来，研究团队在省文化厅和省非遗中心的大力支持和工作指导下，持续深入全省各个市县偏远农村开展调查研究，直接接触农家生产生活、非遗传承人、有关项目和活动等，获取了大量的资料、图片、视频等第一手材料，与学校图书馆联手建设以“传统文化·农耕文明”为主题的典籍资料库。目前，已收集到了全省各个市县的地方史志，以及大批关于民俗、非遗、古村名镇等有关资料。策划编著的大型史料丛书，已列为河南省“十三五”重点出版计划。2017年7月11日，《光明日报》刊发了名誉馆长汪庆华教授的文章《留住农耕文化的根脉》，中国社会科学网、中国政协网、光明网等众多著名网站均予转载，在学术界产生了积极影响。

中原农耕文化博物馆由于建馆较早，主题突出，特色鲜明，在省内外产生了积极的影响带动作用。开馆五年来，不仅省内大部分市县均有专程来访团队，而且国内许多省市先后有 80 多支团队专程赴该馆参观考察，学习借鉴建馆经验。该馆专家亲临现场直接指导建设的西安高陵“关中农耕文化博物馆”和湖北保康县“尧治河农耕文化博物馆”已经落成开馆。为了发挥此类场馆的合力效应，该馆已同有关场馆结为战略合作伙伴关系，后期将不断扩大联系范围，互帮互学，相互借鉴，加强交流，携手共进，共同致力于农耕文化记忆传承这一历史使命。

该馆的建设成就和社会效益，得到了上级有关部门的充分肯定和热情鼓励，先后授予河南省爱国主义教育示范基地、全国高校校园文化建设优秀成果二等奖、河南省优秀非物质文化遗产示范展示馆、河南省高校思想政治教育优秀品牌、河南省高校校园文化建设重点项目特色品牌等荣誉和奖励。

党的十九大开启了中国特色社会主义新时代，文化建设、文化自信上升到了国家战略的高度，祖国的博物馆事业必将迎来更加繁荣的大好局面。博物馆是一项永恒的事业，对于中原农耕文化博物馆而言，五年时间，仅仅是短暂一瞬、沧海一粟，展望未来任重而道远。该馆团队表示，要在已有成绩的基础上，不断努力，继续前进，突出优势，打造品牌，不断把它锻造成为一颗熠熠闪光的珍珠，永远镶嵌在中原大地上，珍藏于中华民族传统文化的宝库中！

（发表于《中国博物馆通讯》2018 年第 2 期，作者：汪庆华、刘军伟）

【国家文物局推介百优主题展览】

中原农耕文化博物馆
“脱贫谢党恩 · 小康忆农耕”主题展览

滔滔黄河，奔腾不息；莽莽中原，文化传续。

一个优秀的民族是不能失去记忆、忘却历史的。回望数千年的农耕时代，我们感慨万千！是的，我们应该永远记住通往故乡的这条路，守住心灵深处的那片家园。处在这个农耕嬗变的历史节点上，许昌学院于2010年创办了中原农耕文化博物馆。农博馆一期工程1500平方米，分设17个展厅22个单元，馆藏不重复展品3500多件(套)。室外设有4000平方米的传统文化园，经常举办大型图片展。2020年，农博馆紧扣全面脱贫这一重大成就，发挥自身优势，举办了“脱贫谢党恩·小康忆农耕”主题展览。连同展厅实物展和室外图片展，构成了数千年来农耕变迁的生动画卷。

处于黄河中下游的大中原，是中华民族的重要发祥地，同时也是华夏农耕文明的重要发源地。5000多年来，一代代炎黄子孙在这里繁衍生息。在漫长的农耕时代，人们面朝黄土背朝天，挥汗如雨，起早贪黑，春种夏耕，秋收冬藏，为的就是食有米、穿有衣，“得以温饱”成为祖辈们的永恒期盼。然而，“贫困”的幽灵，是那么难以驱离！

这个亘古难题，直到今天才有了真正答案。新中国成立以来，中国共产党领导人民持续向贫困宣战。特别是改革开放以来我国的农业、农村的面貌和农民的生活境况发生了沧桑巨变。党的十八大以来，打响了脱贫攻坚战。2020年，我们胜利实现全面脱贫、全面小康，铸就了彪炳史册的里程碑。

“欲知华夏农耕事，且看中原稼穑图。”“乡愁萦怀别故里，田园寻梦进农博。”走进农博馆，如同穿越时空隧道，您可以聆听到往昔的农耕故事，触摸到祖辈的心律搏动。数千年来，人们赖以生存的劳动工具和生活器物，在这里应有尽有：曲辕犁、木耧车，石磨、石碾、碓臼，风车、牛车、马车、太平车、独轮车，织布机、纺花车，等等，令人目不暇接；丰富的馆藏资料：全省各地的地方史志、人民公社时期的老账本等，具有珍贵的历史研究价值；在传统文化园，展出186个展板，500多幅照片：犁地耙地、摇耧撒种、抢收抢种、扬场放磙、打铁制陶、打鱼撒网、磨面下粉、杀猪宰羊，等等，这些珍贵的老照片，带给您的绝不仅仅是新奇与感叹，更多的是品鉴与思考！祖辈生活之艰辛，黄河儿女之淳朴，中华民族之伟大，中原文化之厚重，皆在其中。

斗转星移，岁月更替，历史车轮滚滚向前。纵观炎黄子孙艰难跋涉的坎坷道路，回望改革开放以来脱贫攻坚的奋斗历程，瞩目当今社会的沧桑巨变，我们心潮澎湃！当昔日的耧犁锄耙被现代农机取代，草房石屋被高楼新舍取代，牛车马车被汽车高铁取代，粗布草履被时尚新装取代之时，我们应该留下往昔的印迹，守住农耕文化的根脉！

文脉传承，知古察今。中华圆梦，勠力同心！中原农耕文化博物馆将认真秉承自己的历史使命：珍藏农耕记忆、弘扬传统文化、教育子孙后代、传承中华美德。伴随时代的前进步伐，向后人讲好农耕文化的故事，迎着祖国富强和民族复兴的灿烂阳光，迈向更加广阔的崭新天地！

（中原农耕文化博物馆 2020 年举办的“脱贫谢党恩·小康忆农耕”主题展览荣获国家文物局向全国推介的核心价值观百优主题展览，展览宣传片分别在新华网、人民网、学习强国等重要平台推送。以上是本展览的解说词）

【河南日报客户端】

5 年迎来数十万观众
看这座大学博物馆如何描摹农耕文明背影

“欲知华夏农耕事，且看中原稼穑图”“忆农耕赏珍藏穿越时光道，听民俗看非遗感受乡土情”“稻黍稷麦菽丰饶中原八万里，仁义礼智信凝聚华夏五千年”……一副副意味深长的对联，与青砖墙、红瓦顶的古朴建筑交相辉映，分外和谐。

12 月 22 日，还未走进许昌学院中原农耕文化博物馆细细品味她的风采，参加建馆 5 周年座谈会的学者和嘉宾们已被高楼林立的现代化校园内这座别具一格的建筑所吸引。

这座博物馆承载的不仅仅是文化传承，更体现出高校强烈的社会责任感，见证了已经退休的老教授们无私奉献、不求回报的高贵品质。

5 年，3000 多件藏品，数十万观众

当人们感叹传统农耕文明渐行渐远之时，许昌学院却用一个特色鲜明、藏品丰富的专题博物馆——中原农耕文化博物馆细细描摹出了它的背影，珍藏下了过往时光的记忆。

2012 年落成开馆的中原农耕文化博物馆，是经省文物局批准建立的全省首家以中原农耕文化为主题的博物馆。该馆通过耧、犁、锄、耙等 3000 余件（套）藏品以及图片、文字说明，既直观又全面地勾画出了近现代中原农耕文化的全景图。

中原农耕文化博物馆对外免费开放，5 年来累计开放达 1500 天以上，迎来了上千支参观队伍、数十万参观者，其中青少年学生占很大比例。每年“5 · 18”国际博物馆日前后，该馆都要深入大中小学校、公园广场举办“农耕回望文脉传承”等摄影图片展。此外，还举办了“莫忘乡愁”清明诗会、义写义送春联等活动。

该馆先后被命名为许昌市爱国主义教育基地、河南省爱国主义教育示范基地、河南省非物质文化遗产优秀展示馆，并荣获第七届全国高校校园文化建设优秀成果二等奖、河南省高等学校思想政治工作优秀品牌、河南省高校“礼敬中华”优秀传统文化成果奖，2016 年入选全省第一批高校校园文化重点建设项目特色品牌。

上山下乡找“宝贝”，终成藏品齐全专题博物馆

又不是农业院校，建这样的专题博物馆是不是浪费精力财力？建馆动议时，许昌学院及时召开专题论证会，经过深入讨论，大家一致认为，中原地区是传统农耕文明的重要发祥地，站在时代转换和文明嬗变的历史节点上，抢救性地创建农耕文化专题博物馆不仅是必要的，而且是十分迫切的。况且，积极主动地为服务社会文化事业做贡献，也是高校社会责任感和使命感的体现。

建馆不易，收集展品更难。由于农村早已发生很大变化，很多东西毁的毁、卖的卖、烧的烧，征集起来十分困难。虽然全校师生齐动员，家里

找、亲戚寻，但半年多过去了仍然所获寥寥。眼看博物馆楼房拔地而起，而展品还没指望，60 多岁的该馆名誉馆长汪庆华教授急得夜不能寐。他想，越是东西难收，越证明创建这个博物馆的必要性和迫切性！于是，他和徐中森、孟聚、崔凤巧等几位建馆核心成员讨论，看来要想得到民间“宝贝”，必须亲自“下水”！

从 2011 年开始，他们每逢周末和节假日，拔腿就往山里跑、乡下转，一村村、一家家走门串户寻访收集。这一招真管用，不仅屡有所获，而且逐渐摸索出了一些规律和越来越多的线索，终于在开馆时初步把展厅撑起来了。随着开馆后 5 年来的持续收集，现在，该馆已经成为全省乃至全国藏品齐全、系统、接地气、具有高度学术价值的专题博物馆。

更好地将收藏、研究和教育功能融为一体

据悉，世界上最早的博物馆起源于牛津大学，高校和博物馆之间有着扯不断的渊源。而今，将收藏、研究和教育功能融为一体，仍是大学博物馆的模式和目标。

在中原农耕文化博物馆丰富藏品的基础上，许昌学院力求做好农耕文化这篇大文章。2014 年，该校启动了含有 8 项子工程的“中原农耕文化记忆传承工程”，各项深化内涵建设工作逐步展开。近年来尤其重视利用丰富的馆藏资源服务于教学研究和人才培养，为学校转型发展，建设富有特色的高水平应用型大学做出积极贡献。

许昌学院党委书记闫纪建表示，中原农耕文化博物馆已经成为学校服务社会的一个重要平台，也是学校对外影响的一张靓丽名片。我们将进一步利用好这个平台，更好地传承文化、有效育人、服务社会，凸显高校优势，发挥出大学博物馆的综合效益。

（本文发表于《河南日报》客户端，作者:《河南日报》记者 史晓琪，通讯员 钟伟平）

《河南日报》

讲好农耕文化那些事儿

2010年3月15日，是许昌学院中原农耕文化博物馆（以下简称“农博馆”）起步创建的日子。一路走来，这所博物馆走过了不平凡的发展历程。

改革开放以来，农村发生了巨大变化，很多东西被毁的毁、卖的卖、烧的烧，藏品征集十分困难。主持创建农博馆的汪庆华教授回忆，从2011年开始，为了得到民间“宝贝”，自己和徐中森等几位建馆核心成员经常在山里跑、乡下转，走村串户寻访收集。如今，农博馆已成为全省乃至全国藏品最全的专题博物馆之一。

汪庆华认为，博物馆应当具有的四大功能——文物保护、文化传承、宣教育人、学术研究——高校博物馆不仅完全具备，在讲好历史故事、启迪教育青少年方面更是强项。“现在的大、中、小学生多数出生于改革开放之后，对于传统农耕时代知之甚少。参观农博馆，可以使他们了解祖辈的生存状态，明白中华民族从哪里走来，感悟改革开放的重大意义和幸福生活的来之不易。”汪庆华说。

走访汪教授那天，恰好有一支初中生团队前来参观。一件件陈列的农耕器具、一个个生动有趣的故事，深深吸引着求知若渴的孩子们。

在农耕器具厅，同学们看到曲辕犁、耧车、锄镢锸锨等，兴趣盎然，但难以叫出它们的名字。汪庆华一一讲解并特意说明，这些农具大多数在两千多年前的秦汉时代就已基本定型，后来逐步完善而传承下来，目前在一些偏远山区还偶尔能够见到它们的身影。

在收获储存厅、纺织衣饰厅、家居生活厅和炊事饮食厅，汪庆华则滔滔不绝地讲述了过去民间的生活故事。其中几件不起眼的小器物，尤让人深受触动。比如，一件一尺见方的木板上，密密麻麻钉着许多弯曲的铁钉，它是用来撕拉棉套的——过去物资贫乏、生活艰苦，农家的棉被盖了一年又一年，用了一代又一代，里边的棉套结成了硬块，保暖效果大打折扣，就必须重新撕拉一下、弹一弹，使它蓬松起来。

墙上还挂有一个长脖子小葫芦，这是本校大学生从自己家里拿来的。那位学生说，过去家里人口多，开饭时孩子们会争抢勺子，谁先抢到谁就能多捞一些“干货”。后来，爷爷为了公平，做好饭后就用这个小葫芦把锅里的东西都捣烂，这样先盛后盛都一样了。一些花花绿绿、掂起来轻飘飘的针线筐、首饰盒，也引起了孩子们的注意。原来，那是农家用废旧报纸、书纸等泡成糨子做成的用具，变废为宝，既美观又实用……

作为省爱国主义教育示范基地、省优秀非物质文化遗产展示馆，农博馆每年都会走进一些学校和广场公园，举办相关主题的摄影图片展。“我们有责任、有信心讲好传统文化和农耕文明的故事，为深入开展社会主义核心价值观教育、增强民族文化自信做出积极贡献。”汪庆华说。

（本文发表于2020年5月15日《河南日报》，作者：刘军伟、钟伟平）

伍

部分战略合作伙伴场馆简介

陕西西安·关中农耕文化博物馆简介

陕西西安关中农耕文化博物馆（高陵场畔）

关中农耕文化博物馆位于陕西省西安市高陵区通远镇仁村，是高陵场畔农耕文化生态观光产业园的主体部分。高陵场畔生态观光产业园区规划面积 240 亩，目前已建成日光温室 70 余亩，种植各种蔬菜；果园 150 余亩，种植多种果木。休闲游乐园区设有农耕文化展示区、田园生活休闲区、耕织劳作体验区、民俗游乐互动区、慢城漫步休闲区等功能分区。

关中农耕文化博物馆由农民企业家闫国新先生斥巨资创建，总体面积4000平方米。这是西北地区藏品最多、规模最大的农耕文化主题博物馆。博物馆围绕参观、体验、休闲、游学等功能，划分为农耕文化展示区、明清手工作坊街、关中民俗游戏园、关中文化长廊和关中大戏楼等六大板块。博物馆展厅设计独特，呈三转大回环形式，步入展厅，如同穿越时空隧道，历史深邃感油然而生。博物馆收藏和展出农耕、水利、运输、加工等工具器物，以及各种日常生活用具达3000多种30000余件。比较全面地展示出关中地区世代先民自古以来的生产生活方式和境况。诸如，从刀耕火种、人畜力作业到机械化耕作，从木桶提水、手摇辘轳、牛拉水车到电机灌溉，从人们的柴米油盐到衣食住行等，以及传统七十二行和几近消失的民间绝活，在这里都有生动展现。这里还有全国最大的度量衡展览馆，一些传世绝品重器在这里展出。

来到高陵场畔，登临29000只石磙垒成的五谷丰登塔，环顾四周，古城楼、烽火台、老客栈尽收眼底；整个园区，人流如织，摩肩接踵；侧耳细听，欢笑声、喝彩声响成一片。置身其中，一声破晓的关中吼叫，一场醉人的关中热闹，一幅鲜活的关中模样，一种醇厚的关中味道，令人陶醉，流连忘返！

湖北保康·尧治河农耕文化博物馆简介

湖北尧治河农耕文化博物馆由孙开林先生主创，位于保康、十堰市房县和神农架三县（区）交界处的尧治河村。尧治河村有两个居民小区，共有160多户690多人，面积33.4平方千米。从1988年起，在村党委书记孙开林的带领下，全村群众向恶劣的生存环境挑战，凭着愚公移山的毅力，发扬“自力更生、团结奋斗、和谐创业、科学发展”的尧治河精神，劈山修路、炸石开矿、筑坝办电、改田建园、兴工办厂，始终坚持党建引领、发展集体经济、实现共同富裕，经过30多年的艰苦创业和快速发展，终于甩掉了贫困的帽子，创造了贫困、边远、高寒山村的发展奇迹。成为湖北省农村党的建设“十面红旗”、“五好”村党支部、全国先进基层党组织、全国文明村、中国十大幸福村庄、中国十佳小康村、全国休闲农业和乡村旅游示范村、全国最美休闲乡村、国家生态旅游示范区、国家绿色矿山、国家矿山公园、国家生态公园、国家4A级景区、首批全国乡村旅游重点村、“绿水青山就是金山银山”实践创新基地、名列全国名村300强第61位，是湖北省党员干部培训教育基地。

湖北保康尧治河农耕文化博物馆

尧治河农耕文化博物馆占地面积4500平方米，馆内建筑面积1500平方米，共分四层，博物馆以实物展品、场景雕塑、文字图片、多媒体展示等多种手段，生动展现了中华传统农耕文化历史发展的轴线，设有农业耕作方式与农用器械、人生初期礼俗、中国古代教育、婚姻礼俗、祝寿、中国十大丧葬方式、知青下乡、百工技艺等主题展览，同时设有精品展示厅，以及可供游客参与体验的豆腐、熬糖、酿酒等作坊和农事活动，将1000余件“农耕老物件”呈现在各种场景之中，栩栩如生，形成了自己独特文化内容和特征。

尧治河，既是一条古老的农耕文化之河，也是一条现代文明之河，在这条写满故事的河流里，沉淀着许多记忆和沧桑。博物馆里所展示的景物、民俗、风情，见证了尧治河从刀耕火种到现代科技，从贫穷落后到富强文明的历史嬗变，也将在今后花开花落、冬去春来的岁月中，伴随我们的子孙后代创造更加美好的未来！

湖北黄梅·鄂东农耕文化博物馆简介

湖北黄梅鄂东农耕文化博物馆

鄂东农耕文化博物馆坐落于湖北省黄梅县濯港镇，由许记坤先生主创。以黄梅县为代表的鄂东地区位于吴头楚尾，是长江中游农耕文明发祥和传承的重要区域，数千年农耕史，使得古老而年轻的这片热土极具浓郁的地方特色。黄梅县作为湖北省农业大县，享有“全国粮食生产主产县”“全国优质稻板块、优质双低油菜、优质棉生产基地县”“全国农田水利基本建设先进县”“全国农业机械化示范县”“省级水产、奶牛、生猪出栏先进生产县”等国家和省级荣誉称号，素有“万亩粮田人民富，一湖锦鳞千家殷”的“鄂东粮仓”之美誉。九坤太白小镇是超大型“文化、农业、旅游”融合发展的特色小镇和田园综合体，由武汉九坤房地产集团有限公司董事长许记坤先生情融故乡报效桑梓投资建设，倾力打造3A级旅游景区和全省中小学研学实践基地。

鄂东农耕文化博物馆是九坤太白小镇旅游核心区的重要景点，场馆总面积2800平方米，共三层：一层为九坤太白小镇项目展示厅，二层为传统特色民俗、乡风乡貌、千年农耕史、乡土工匠展示，三层为农事农情、不同时期生产工具和农耕场景、黄梅代表性文化名片展示。鄂东农耕文化博物馆通过与全国最大的农耕文化研究基地——许昌学院中原农耕文化博物馆开展良好的合作，借鉴复制其成功经验，按鄂东地区最大民间文博馆定位全方位打造，所展出的不同历史时期的农耕和民俗物品、器具、物件，都是花费大量人财物和时间精力在民间搜集而来，足迹遍布鄂东地区及周边省份，覆盖了整个大别山区域，具有非常重要的区域农耕发展的研究价值和中华文化传承的教育意义。

2019 年，湖北农民丰收节主会场设在九坤太白小镇，作为 2019 年中国农民丰收节 70 个分会场之一，人民网视频联动 70 个乡村全媒体同步直播，人气指数勇攀高峰，斩获第二名的殊荣。

河北清河 · 清河县农耕文化展览馆简介

河北清河农耕文化展览馆

河北省清河县农耕文化展览馆（以下简称“农展馆”）位于清河县坝营镇孙庄村原乡政府大院，是由清河县政府原副县长郑成明发起的传承传统文化志愿者团队与坝营镇政府联合建立，经清河县民政局批准，于 2015 年 11 月 19 日正式开馆。

农展馆先期由郑成明个人出资十余万元筹建，随后县政府、镇政府予以资金支持，规模得以扩大。

农展馆在展品收集和布展中，坚持“以本土为主、大众为主、农耕为主”的“三为主”原则，且“宁缺毋仿、宁旧毋新”，力图真实反映当时的生产力水平及社会发展轨迹，系统展示农耕文明和一脉相承的乡土文化。现馆占地面积2000余平方米，共有耕耘、日用、纺织、运输、提水、作坊、粮食加工、工匠 、饲养、民居、婚俗、丧俗等十三个主题展馆，展出各种农具、生活与生产工具近300多个门类4000余件展品，现已成为冀南乃至河北省规模最大的农耕主题展览馆。

农展馆成立以来，坚持“全年开放、随时接待、热情服务、认真讲解”的原则，赢得社会各界高度赞誉。被清河县确定为爱国主义教育基地，被中共邢台市委组织部确定为社会组织党建工作示范单位，被许昌学院中原农耕文化博物馆确定为战略合作伙伴。清河县委宣传部、县教育局、清河中学、县职教中心、孙庄校区等7个单位在农展馆挂牌，作为农耕文化、传统文化学习教育基地。新华社、《农民日报》、《河北日报》、《燕赵都市报》、《邢台日报》等多家媒体对农展馆进行了专题报道。

农展馆以热心公益的退休退职干部、教师为主题，吸纳乐于乡土文化研究宣传的乡间文化人士，建立了“清河县农耕文化研究会”，这60余人不计任何报酬，义务充当管理员、讲解员、宣传员，被称之为“蔚为大观的清河乡贤队伍”。他们依托农展馆，潜心研究传统农耕文化，已撰写出《记住农耕历史、传承农耕文化》《农耕文明与工作文明》《传统与现代融合发展》等专题研究文章18篇，《祖国与祖宗》《又沐乡风》《乡贤归来》等散文诗歌50余篇，其中多在省、市、县级媒体发表。编印出版了《农耕记忆——清河县农耕文化展览馆文集》。研究会真正发挥了“研究农耕、探索历史、传播文化”的作用。

黄冈师范学院·大别山农耕文化博物馆简介

黄冈师范学院大别山农耕文化博物馆

大别山农耕文化博物馆是黄冈师范学院省级重点学科建设中的一个重要成果，是中央财政支持地方高校建设项目——“大别山民俗文化研究与传习中心”的一部分。自研究与传习中心获批以来，我们紧紧围绕人才培养、科学研究、文化传承、社会服务的宗旨，将博物馆作为区域民俗文化传承与研究的基地，通过展示本区域传统农耕时代生产生活习俗以及民间艺术等方面的物质文化遗产，面向社会进行传统文化、乡土知识和爱国主义的教育。

大别山地区包括湖北省的黄冈市、孝感市，安徽省的六安市、安庆市以及河南省的信阳市等地的20多个县市。三省以大别山江淮分水岭为界，相倚而立，自古就成为一个相对独立的文化地理单元。这里民风敦厚，素有耕读传家和崇文重教的社会风尚，悠久而鲜明的地域文化传承焕发出熠熠的人文之光，也为我们留下了丰富多彩的物质文化。

黄冈师范学院美术学院的团队用四年时间，走遍了大别山地区 20 多个县市，收集了近 4000 件本地区代表性民俗文物。博物馆展区分内外两个场馆。内场馆总面积 1600 平方米，分为建筑、生产、生活、信仰、游艺、服饰六个单元，以典型的农耕生产生活器具和民俗情境为载体，分别展示大别山地区先民的生活状态与生存智慧，再现被时光遮蔽的乡土文化魅力。大别山农耕文化博物馆通过展品与情境呈现了本地区独特的地域文化，试图让后来者在这物与景的流连之中品味本地区独具魅力的风土人情。

大别山农耕文化博物馆的建设，是向悠久而灿烂的农耕文明和世代智慧善良的耕耘者致敬的一种努力！目前，大别山农耕文化博物馆已成为鄂东地区弘扬民族文化、赓续传统美德、推动社会进步所搭建的一个重要的人文教育基地。

安徽利辛·淮河流域农耕文化博物馆简介

安徽利辛淮河流域农耕文化博物馆外景

淮河流域农耕文化博物馆由孙应政先生主创。安徽武子古酿酒业有限公司是一家古法酿造原酒的大型企业，设在安徽的基地坐落在美丽的西淝河畔——利辛县历史文化名镇胡集镇。这里交通便利，环境优美，西距阜阳国际机场、高铁站40分钟路程，东距利辛高速入口20分钟路程。东临白鹭洲公园，西伴湿地公园。基地占地面积103亩，固定资产投资2.6亿元，建有酿造车间、封装车间、储藏酒库、林藏区、质检中心等，坚守古法酿造传统工艺，分段摘酒，分级储存，拥有非物质文化遗产中国红枣酎酒酿选工艺保护传承基地。先后获得“中国酒业十佳产品”“全国3·15消费者放心品牌”“中国著名品牌”等荣誉，在业界具有良好声誉。

为了充分开发利用基地资源，为利辛县及亳州地区中小学生研学实践教育服务，基地于2019年创建了“淮河流域农耕文化博物馆”。博物馆依托多年收集保存的一万多件农耕生产生活器物，分设农耕文化系列、酿酒文化系列、“文革”记忆系列、淮河文化系列等单元，生动展现淮河流域传统农耕时代生产生活方式、民风民俗、非物质文化遗产传承和社会境况。目前综合设施建筑面积达4800平方米，同时不断完善各种服务设施，倾力打造示范性中小学研学实践教育基地。这里属国家3A级景区，突出自身特色，努力为皖北地区科教、文化、旅游、农业、工业的综合发展做出积极贡献。

淮河流域农耕文化博物馆得到中原农耕文化博物馆专家团队的指导与帮助，双方结为战略合作伙伴，豫皖联手，积极推动淮河流域优秀农耕文化遗产的保护、研究、传承和利用。

河南许昌·鄢陵建业绿色基地简介

2012年8月，建业集团第一个现代田园综合体项目——建业绿色基地落户花都鄢陵。项目位于鄢陵花木旅游产业集聚区，总占地面积约5000亩，规划建设有高端设施农业研发与生产、优质苗木储备与生产、绿色农产品示范种植与供给、休闲观光农业、自然科普研学教育等板块，致力于形成国际领先、国内一流的现代农业全产业链，积极打造“设施高效、休闲观光、文化创意、示范体验、科普体验、养生养老”六位一体的新型田园综合体农业。

河南鄢陵建业绿色基地

项目目前已建成智能联栋温室8栋，总面积6万平方米，综合展厅及研发中心5000平方米。温室内主要种植有荷兰红掌盆花、荷兰红掌鲜切花、丹麦木槿盆花、丹麦长寿盆花、荷兰彩色番茄等10余个高端花卉果蔬品种。此外，园区内还建设有星空帐篷房车营地、哈顿星球成长学院、昆虫博览馆、贝尔自然教育营地、萌宠乐园等多个主题休闲功能区。

2017年，建业现代农业先后完成在鹤壁、周口、伊川、信阳、商丘、兰考、武陟、襄城、南阳等地的战略布局，以联动之势，为游客提供“安全、绿色、优质、专享”的农产品及生态休闲综合服务，全面助推建业集团向新型生活方式服务商的转型。

2015年，为弘扬中华传统美食文化，挖掘、保护并传承中原传统名吃、小吃，建业大食堂盛装开放。项目整体定位为“舌尖上的河南”，依托于鄢陵基地丰富的生态资源和优美的自然环境，倾力打造集民俗文化、旅游文化、饮食文化于一体的中原大地新名片。建业大食堂致力于弘扬中华传统饮食文化，以中原传统名吃、特色小吃、经典豫菜为主打特色，“美食探寻团”足迹走遍河南18个地市108个县，挖掘并陆续推出河南名吃、小吃200余种。河南各地名吃汇集一堂，绘就中原饮食文化的全景图。同时展示民俗、民艺、民居等非物质文化遗产，诸如宝丰马街书会、确山打铁花、草编艺术、兰考齐氏大刀面、传统糖画、禹州十三碗等，使这里成为一个农耕文化大观园。

河南禹州·盛田农业百年粉坊产业观光工场简介

河南禹州盛田农业百年粉坊产业观光工场

河南省盛田农业有限公司始创于 2006 年 7 月，是集种植、加工、生产、销售和都市生态观光休闲农业于一体的省级农业产业化重点龙头企业，是河南省红薯制品产业集群核心企业。公司是河南省供应链管理协会副会长单位、河南省老字号企业协会创会副会长单位、禹州市红薯制品生产行业协会会长单位。

公司总部位于河南省禹州市朱阁镇，是国内首家粉条产业观光工场，已通过国家 3A 级旅游景区验收。公司主要由“两园两店一坊”构成。“两园”即“桂园”和“楸苑”两个农业生态园，“两店”主要是线下禹州粉条专卖店和线上盛田农业食品旗舰店，“一坊”即“盛田农业百年粉坊”。

“盛田农业百年粉坊”采取环状布局，依次展示了“禹州粉条”传统加工技艺的“十八道”工艺，建成了全国首座以红薯粉条为主体的“中国禹粉文化博物馆”，展示了从古至今淀粉及红薯和粉条的起源和发展史，具有较强的实地教育意义。同时，安装红薯鲜粉条智能现代化全自动生产线，整个区域实现传统工艺展示与现代化生产车间有机融合，浑然一体，体现了“用匠心复兴传统、靠科技复兴传统”的深厚文化内涵。

近年来，公司以乡村振兴为己任，突出火锅专用红薯鲜粉生产销售，促进生产生活生态“三生同步”、一二三产业“三产融合”、农业文化旅游“三位一体”发展，初步形成了田园综合体的建设格局。

公司先后被授予“河南省农业产业化省重点龙头企业”“河南省守合同重信用企业”“河南省文明诚信企业”“河南省守诚信立商信示范单位”“河南省外国专家引智示范基地”等。盛田农业商标被授予河南省著名商标，盛田农业“百年粉坊”被河南省商务厅授予第五批“河南老字号”。公司创始人孙继周被授予“全国农业劳动模范”“许昌市禹州粉条传统制作技艺非物质文化遗产传承人”。公司红薯鲜粉分别获得第二十三届中国杨凌农业高新科技成果博览会“后稷奖”、第九届中国（重庆）火锅美食文化节“中国火锅业优质火锅涮品”，2018 年被四川省火锅协会授予“四川火锅优质产品供应商”荣誉称号。

公司近期发展目标是：通过三至五年的努力，打造一年四季有叶有花有果有景观、格调丰富的美丽环境，逐步形成集循环农业、创意农业、农事体验、文化娱乐、生态休闲、生态休养、教学教育、特色加工、宜业宜居于一体的中原独具风格的精品田园综合体，并以农民科学素质教育学院为依托，积极融入现代农民培训工作，为推动新型农业现代化做出积极贡献。

河南周口·周口华威民俗文化博物苑简介

周口华威民俗文化博物苑由杜忠义先生主创，创建于 20 世纪 90 年代初，于 2009 年 6 月经河南省文物局（豫文物博〔2009〕17 号）批准成立，同年 10 月正式免费开放，是一家集文化旅游、学术交流、民俗文化收藏、保护展示、开展文化交流和教育活动、提供实习实训基地等于一体的综合性博物馆苑。该苑占地 1 万多平方米，建筑面积 6000 余平方米。馆藏历代墓志铭碑刻、石刻石雕、汉代画像砖石、古陶瓷器、古代建筑构件、古家具、农耕文化物件和名人字画等藏品 1 万余件，拥有民俗农耕文化馆、华威艺术馆、古碑廊、古床馆、古建构件艺术展览中心、传统民间工艺器具馆、石刻艺术景观带和独具特色的名家楹联景观等主题陈列，常年面向社会免费开放。

河南省周口市华威民俗文化博物苑

周口华威民俗文化博物苑现为国家三级博物馆、国家2A级旅游景区、中国博物馆协会团体会员单位、中国博物馆协会非国有博物馆专委会团体会员单位、中国社会组织评估4A级单位、河南省文化产业示范基地、河南省文化企业五十强、河南省科普教育基地、河南省非国有博物馆副理事长单位、清华大学美术学院、河南大学、周口师范学院、周口职业技术学院等在这里设立实习实训基地。长期以来，华威民俗文化博物苑开展了众多社会教育和服务活动，充分发挥自身优势，积极服务周口城市文明建设，开设了农耕（民俗）文化展示馆并举办中原农耕文明巡展，在周口市乃至全省民办博物馆界产生了较大影响。每年开展青少年观民俗、学民俗、体验民俗和中原农耕文明谜语竞猜等科普教育、爱国主义教育等活动20余场。举办的“中原农耕文明巡展”走进文化广场、大、中、小学校、社区、街道、周口铁路主题公园及淮阳、西华等县市活动已达24站，为弘扬、传承、普及中华优秀传统文化，促进社会和谐进步，取得了良好的社会效益。

河南郑州·登封二十四节气展示馆群落简介

河南登封二十四节气展示馆

滔滔黄河，中华民族的母亲河；巍巍嵩山，中华民族的父亲山。位于中原腹地的大嵩山文化圈，是中华民族的重要发祥地，是中国远古先民最早活动的地区之一。发源于中原地区的二十四节气文化，是我国自古以来用以指导农事服务的天文历法，是中国人与自然相处的智慧结晶，通过观察太阳周年运动认知一年中的时令、气候、物候等方面的变化规律而总结出来的知识体系。二十四节气被国际文化界称为“中国第五大发明”，在世界文明史上有重要的地位。2016 年 11 月 30 日，二十四节气被联合国教科文组织列入人类非物质文化遗产名录。

立杆测影定天中，致中建极域四方，为传承以二十四节气为核心的黄河农耕文明，探寻黄河农耕文明的天文渊源，登封二十四节气展示馆群落应运而生。大河之南，日出嵩山，本群落位于嵩山国家级风景名胜区太室山东南麓，周边山清水秀，是嵩山东南麓一个人文荟萃之地，与中岳庙、太室阙、卢崖瀑布、卢岩寺等知名景点近在咫尺。

本群落由开封籍收藏家王丙森投资创建，凭借多年持续抢救性收藏，拥有农耕、民俗、年画、宣传画、古陶器、古床具、古马车等数万件文物藏品，为博物馆群落建设打下坚实基础。目前建成的二十四节气展示馆，占地 22 亩，建筑面积 6600 平方米，设有黄河农耕文明展、登封民俗展、黄河古陶展、嵩山乡土记忆展等展厅，并建设有藏品库房、节气山房、游客中心、图书馆、禅耕茶社等服务设施。群落定位于打造最具规模和特色的黄河农耕文明展览展示、交流、研习和传承基地，中小学生自然和人文研学游教育基地。

本群落与中科院视觉工业基地、中原农耕文化博物馆、河南大学非物质文化遗产研究中心、嵩山文化研究会等多家知名研究机构达成战略合作伙伴，利用先进的虚拟现实技术、增强现实技术和人工智能技术，长期致力于提供给游客丰富的交互性、沉浸式空间展览体验。本群落力争成为体验经济时代的文博产业化模式标杆和样板，积极创新探索游中玩、玩中学、寓教于乐的益智启智的新型博物展览空间。

河南鹤壁 · 太宗农耕文化博物馆简介

河南省鹤壁市太宗农耕文化博物馆

河南太宗农耕文化发展有限公司位于河南省鹤壁市中国（鹤壁）农业硅谷产业园内，是农信通集团旗下致力于传承传统农耕文化，增强民族文化自信的一家文化发展公司。农信通集团创建于2002年，是国内领先的农业信息化建设全面解决方案提供商和农业信息综合服务运营商，志在创建全球最大的农业知识服务集团。集团总部位于北京市中关村，在全国拥有十四家分公司和办事处，并在河南省鹤壁市建设有集研发、中试、推广、培训、服务于一体的产业化示范基地。集团自创立以来，始终秉持“致力农业信息化，推动农业现代化”“家家农信通，户户小康路”的核心理念，致力于中国农业信息化发展。率先提出“互联网+农业”发展战略，将农业信息化及信息综合服务体系建设推向新的高潮。

河南太宗农耕文化发展有限公司下设一馆一中心，即太宗农耕文化博物馆与农耕文化活态呈现展示体验互动中心，太宗农耕文化博物馆由周方伟先生主创，馆藏农耕农具、民俗器具等藏品3000余件，共设农具展示、粮食加工、农作物简介、水利灌溉、交通运输、民俗物品、民间艺术、生活场景、传统工匠、未来农业、乡风文明等多个展区，文化展板300余平方米。

体验中心占地2800余平方米，设农耕生产生活场景十多个，可亲身体验项目二十余个。

农耕文化活态呈现展示体验互动区，再现农耕时代多个劳作场景，有龙骨水车翻水体验、推磨体验、推碾体验、打场体验、农作物耕作体验、打夯体验、碓臼体验、独轮车体验、挑扁担体验等体验项目。

太宗农耕文化博物馆本着弘扬传统文化，坚定文化自信的理念，以传承农耕文化为己任，努力打造豫北地区富有特色的中小学研学实践基地。

河南长葛·大中原文化体验园简介

大中原文化体验园由长葛市四海实业有限公司投资兴建，位于长葛市魏武路与蔡姚路交叉口。项目占地面积700多亩。

该项目以文化为依托，以休闲体验为特色，以中小学生研学实践为重点，农耕文化、汽车文化、军事体验等多元化发展。目前运营项目有农耕文化体验园、老车馆、社会实践教育基地、采摘园、海洋湾欢乐水世界、军事体验基地、汽车影院、自驾车营地、汽车摩托车场地障碍赛道、动物园、特色小吃街、温泉酒店等。

河南长葛大中原文化体验园

园区地理位置优越，南邻魏都许昌，北接省会郑州及新郑国际机场，京广铁路、京广高铁、郑万高铁、京珠高速公路、郑尧高速、107 国道纵贯交错，通达全国；东临魏武大道，北临蔡姚路，西面、南面建有环园道路连接魏武大道和蔡姚路，紧邻京港澳高速口、郑万高铁站、郑许城域铁路站，区间交通十分便利。距离均在五公里以内。

该项目系长葛市政府的重点项目，2018 年被确定为长葛市十大民生项目。2019 年，大中原文化体验园与许昌学院中原农耕文化博物馆结为战略合作伙伴，重点打造中小学研学实践教育基地，围绕传统农耕文化、红色革命传统、现代科技发展、时代社会变迁、传统技艺实践体验、欣赏美好田园风光等内容，开发多种类型的研学实践课程，生动活泼地开展理想信念教育、爱国主义教育、革命传统教育、国情教育等研学实践教育。

园区生活硬件设施完善，设有规范的餐饮、住宿、教学、活动等设施，符合安全、卫生基本要求。管理人员、活动策划人员、研学导师、讲解员、食宿管理员、安保人员、服务人员等齐备，目前园区单日接待能力 1000~1500 人。

河南中牟 · 双旗农耕文化遗产抢救馆简介

河南中牟双旗农耕文化遗产抢救馆

双旗农耕文化遗产抢救馆，创办于 2010 年 1 月，位于郑州国际文化创意产业园区，馆藏农耕文化遗产生产工具、生活用具 12 万多件。

抢救馆立足农耕文化遗产传承发展，追寻农耕文化发展的历史脉络，反映以生产工具和生活用具为代表的农耕文化的生产方式和生活方式，表现劳动人民在生产和生活中的智慧和创造。从汉代的铁犁铧到近代的太平车、牛车，从犁耧锄耙到锅碗瓢盆，从春种秋收到夏耘冬藏，从婚丧嫁娶到衣食住行，多方面、多角度展现历史的鲜活与生动，展示劳动人民劳动的艺术生活的艺术，为创造性继承和创新性发展农耕文化提供具有历史意义的实物参照，以沉浸式体验感受农耕文化的历史气韵。

抢救馆创办者是中牟县刘集镇水牛段村土生土长的摄影家段双奇，他在 39 年摄影生涯中，一边把镜头对准农业发展轨迹和农民生活境况，一边倾其所有抢救性收集农耕生产生活器物，使抢救馆的馆藏不断丰富。开馆以来，已接待参观者 3 万余人次。省、市、县各级领导干部及众多高等院校和研究机构的专家教授都曾莅临参观指导，尤其受到中小学校师生的欢迎。馆藏实物还先后到山西、湖北、河南多地进行交流展出，抢救馆馆长段双奇应邀到省内外有关农耕文化场馆进行学术文化交流。

最近，段双奇先生以农耕文化馆和馆藏实物为主要内容的摄影作品集《农耕与传承》出版发行，共收录图片500多幅，词条800多个，一张张照片创造的艺术空间，带给人们更多的思考和领悟。真实再现了传统农耕时代的历史面貌，让历史跳动着艺术的张力和神韵。

河南许昌·乐佳生活美学农场简介

河南许昌乐佳生活美学农场

乐佳生活美学农场由河南乐佳农业发展有限公司于2017年10月创建，占地面积620余亩，以青少年营地教育为主导，以生活美学为依托，以农旅文化为基础，着力构建一个人与人和谐，人与自然和谐，共融共生的生态美学空间，在运作中突出生态性、趣味性、成长性、创新性、安全性和公益性，最终达到幸福自己，幸福他人，幸福社会的美好愿景。

项目以分享美、传播爱、创造快乐幸福生活为理念，以幸福千万家庭，造福一方百姓为愿景，围绕三生教育（生命、生存、生活）进行建设。乐佳农场通过营地教育来实现自然与教育的高度融合，从玩中学，师从自然，享受自然，从而达到增强体质、培养孩子独立能力、动手能力及协作配合能力等目的。让孩子在原始的自然环境中激发其天性及潜能，从而突破自我、挑战自我、完善自我，并学会欣赏他人、认知自己，最终达到让每一位营员得到生理、心理及心灵等全面的成长。

2020 年，乐佳生活美学农场与许昌学院中原农耕文化博物馆结为战略合作伙伴，实现强强联合，携手打造农耕文化体验和劳动教育基地。未来，乐佳农场将以大数据为依托，实现优质教育资源的高效共享，努力成为创新型素质教育模式、未来教育体验园、营地教育的重要阵地，致力于打造省内外富有影响的素质教育产品与研学实践基地，成为家长和孩子值得信赖和托付的教育服务品牌。

参考文献

白振国:《方城岩书岩画》，海燕出版社，2012 年 6 月版。

大河报社:《厚重河南》(精编版)，河南大学出版社，2016 年 1 月版。

邓本章、孙广举主编:《中原文化大典》，中州古籍出版社，2008 年 4 月版。

董乐生:《农耕文明—现代化嬗变实录》，珠江文艺出版社，2015 年 8 月版。

杜宝花、石夫:《不可不知的传统礼俗常识》，中原农民出版社，2011 年 2 月版。

段双奇:《农耕与传承》，中国图书出版社，2020 年 7 月版。

范有信、黄金德、张福春:《中国古建筑图典》，河南美术出版社，2003 年 10 月版。

高军峰:《中国工农业发展关系研究》，中共党史出版社，2013 年 6 月版。

郭星云:《晚期农耕文明》，天津大学出版社，2009 年 7 月版。

韩霞:《中国古代天文历法》，中国商业出版社，2015 年 11 月版。

韩晓民:《民间记忆》，光明日报出版社，2014 年 8 月版。

胡泽学:《三晋农耕文化》，中国农业出版社，2008 年 12 月版。

(北魏)贾思勰:《齐民要术》，中国书店出版社，2008 年 1 月版。

江泽林:《农业现代化、城镇化与城乡融合发展》，中国社会科学出版社，2018 年 1 月版。

金海年:《2049 中国新型农业现代化战略》，中信出版集团，2016 年 4 月版。

李楠:《中国古代服饰》，中国商业出版社，2015 年 1 月版。

李楠:《中国古代家训》，中国商业出版社，2015 年 1 月版。

李显刚:《新型农业经营主体实践研究》，中国农业出版社，2018 年 1 月版。

林海音:《中国豆腐》，广西师范大学出版社，2014 年 11 月版。
陆若辉:《现代生态循环农业技术与模式实例》，浙江大学出版社，2016 年 10 月版。
陆元鼎、陆琦:《中国民居建筑艺术》，中国建筑工业出版社，2010 年 12 月版。
孟宪明、程健君:《中原民俗丛书》，海燕出版社，1997 年 5 月版。
庞仁甫:《二十年目睹之生活故事》，吉林文史出版社，2016 年 12 月版。
彭世奖:《中国作物栽培简史》，中国农业出版社，2012 年 8 月版。
清河县政协文史资料研究中心:《远去的背影》，黄海数字出版社，2019 年 9 月版。
（清）石成金:《传家宝》，吉林文史出版社，2005 年 10 月版。
石夫、韩新愚:《不可不知的中华二十四节气常识》，中原农民出版社，2010 年 9 月版。
石夫、赵晗光:《不可不知的传统婚育习俗常识》，中原农民出版社，2011 年 1 月版。
（元）司农司:《农桑辑要》，中国书店出版社，2008 年 10 月版。
宋洪远、赵海:《中国新型农业经营主体发展研究》，中国金融出版社，2015 年 3 月版。
宋洪远:《中国农村改革三十年》，中国农业出版社，2008 年 3 月版。
孙机:《中国古代物质文化》，中华书局，2014 年 7 月版。
唐明仓:《故园梦影》，河南人民出版社，2016 年 10 月版。
田聚常、刘小江:《东北庄杂技》，中原农民出版社，2009 年 6 月版。
汪振军:《河南非物质文化遗产传承与产业化研究》，中国社会科学出版社，2014 年 4 月版。
王辉:《中国古代民俗》，中国商业出版社，2015 年 1 月版。
王冀川:《现代农业概论》，中国农业科学技术出版社，2012 年 8 月版。
王俊:《中国古代祭祀》，中国商业出版社，2015 年 1 月版。
王俊:《中国古代养殖》，中国商业出版社，2015 年 1 月版。
王旭:《契纸千年》，北京大学出版社，2013 年 1 月版。
王毓瑚:《中国农学书录》，中华书局，2006 年 6 月版。

乌丙安:《中国民俗学》，辽宁大学出版社，1999 年 9 月版。
吴剑南、胡文义:《小麦、玉米优质高产栽培新技术》，中原农民出版社，2014 年 9 月版。
习近平:《习近平谈治国理政》(第二卷)，外文出版社，2017 年 11 月版。
徐光春:《一部河南史半部中国史》，大象出版社，2009 年 11 月版。
(明)徐光启撰，石声汉校注:《农政全书校注》，上海古籍出版社，1979 年 9 月版。
徐剑峰:《中华神祇文化概要》，中州古籍出版社，2015 年 8 月版。
徐潜:《古代生活习俗》，吉林文史出版社，2014 年 2 月版。
徐潜:《中国古代民间习俗》，吉林文史出版社，2014 年 2 月版。
徐潜:《中国民俗文化》，吉林文史出版社，2014 年 2 月版。
雅瑟、陈艳军:《中华民俗知识全知道》，企业管理出版社，2010 年 11 月版。
杨利慧:《中国民俗文化大观》，延边人民出版社，2009 年 2 月版。
游修龄:《中华农耕文化漫谈》，浙江大学出版社，2014 年 1 月版。
张敦:《聆听汉画》，大象出版社，2017 年 12 月版。
张明山:《江南传统水田稻作农器薅马设计研究》，《装饰》2019 年第 11 期。
张明山:《宜兴传统水田稻作农器耘耥设计研究》，《装饰》2018 年第 11 期。
张培林:《大地回春》，中国摄影出版社，2016 年 8 月版。
章楷:《农业改进史话》，社会科学文献出版社，2012 年 1 月版。
中共中央宣传部:《习近平新时代中国特色社会主义思想三十讲》，学习出版社，2018 年 5 月版。
中共中央宣传部:《习近平新时代中国特色社会主义思想学习纲要》，学习出版社、人民出版社，2019 年 6 月版。
周同宾:《乡关回望》，百花文艺出版社，2009 年 7 月版。
周昕:《中国农具通史》，山东科学技术出版社，2010 年 12 月版。
朱宪民:《象形岁月》，南方日报出版社，2009 年 8 月版。

附录　顾问寄语

两年前，经汪庆华先生导引，有幸参观了许昌学院中原农耕文化博物馆，当时就对博物馆充实的展品和务实的陈展设计理念叹为观止。农耕文明，造就华夏；中华文化，源远流长。八千年洪荒，孕育了斑斓的彩陶；伊洛河沃土，滋养了夏商周王朝。秦汉勃兴，武帝开边，“六十万人戍田之”，中原的农耕拓展到了居延、朔方；农牧交融，九边宴宁，神州大地迈向了多元一体的进程。谨愿《中原农耕文化》一书为新时期的农耕文化研究做出新贡献！

魏　坚*

2019 年 12 月 4 日

欲知华夏农耕事，且看中原稼穑图。黄河流域是华夏农耕文明的重要发祥地，中原农耕文化在中华传统文化中举足轻重。探究中原农耕文化，

* 魏坚，中国人民大学历史学院教授、博士生导师，北方民族考古研究所所长、考古文博系主任，兼任中国历史研究院学术咨询委员会委员、国务院学位委员会考古学科评议组成员、中国元史研究会副会长、中国岩画学会副会长、中国社会科学院古代文明研究中心客座研究员；主持 80 多项考古发掘，命名了“庙子沟文化”等 4 个考古学文化类型；主持的元上都遗址考古发掘，2012 年被列为世界文化遗产；出版学术专著 8 部，主编文物考古文集等 10 余部，发表论文和研究报告百余篇。

对于读懂中华文明具有重要价值，对于研究和保护黄河文化遗产具有积极意义。

张志和

2019 年 12 月 20 日

记下百姓影像，留住乡愁情怀。珍藏农耕记忆，启迪子孙后代。

朱宪民*

2019 年 12 月 22 日

一方水土养一方人，一方水土也养一方地域文化。大中原是中华农耕文化沃土，呈现出农耕物质文化的风物风华，也彰显了农耕文明的芳香芳华。许昌学院是研究中原三农文化的重要基地，对农耕文化的研究，有视野，有情怀，有开拓，有创见，成果丰硕。他们之所为，乃中原当为之事。学习之，赞赏之。祝愿同道文友，迈步高楼，目光高远，有新作为，获新成就，做出时代新贡献。

高天星**

2019 年 12 月 25 日

纵观许昌学院中原农耕文化博物馆的陈列展览和中原农耕文化与乡村发展研究基地的系列研究成果，我深刻感受到在新中国成立前漫长农村时代中国农民所经历的苦难与艰辛，同时也感受到他们的纯朴与善良、勤劳与智慧，特别是 40 多年来改革开放政策对生产力的解放，科学技术对农村

* 朱宪民，著名摄影家，中国摄影家协会原副主席，中国艺术摄影学会副会长，文化部专业职称高级评审委员会主任，享受国务院政府特殊津贴，荣获摄影事业终身成就奖；摄影专著《中国百姓》在国内外产生重要影响。

** 高天星，郑州大学教授，博士生导师，著名民俗学专家，现任河南省中华文化促进会副主席，河南省老教授协会名誉会长；主编了《中国节日民俗文化》，共 7 卷。

生产方式和生活方式的巨大改变。这一切让我听到了历史前进的脚步声——从缓慢沉重逐渐过渡到快速而激越，从而看到了中原地区乃至整个国家辉煌的未来。

仉建涛[*]

2019年12月28日

“昼出耘田夜绩麻，村庄儿女各当家。”中原农耕文化与乡村发展研究基地自成立以来，为中原优秀传统农耕文化的传承、发展以及现代乡村振兴战略的实施做出了突出贡献，也取得了丰硕的成就。《中原农耕文化》的出版，凝聚了整个基地工作人员的心血。此书特色鲜明、生动系统、图文并茂地向我们展示了中原地区传统农耕风貌以及民俗民风画面。这是对正在远去的传统农耕生活的记录与缅怀，也是对中原乃至中华传统文化的传承与传播。回顾过去是为了更好地前行，衷心冀望研究基地以此书的出版为契机，继续创造一个又一个新的成果！让优秀中原农耕文化不断发扬光大，深入民心、教化民众、淳化民风，推动新时代乡村建设取得更加辉煌的成就！

陈建国[**]

2019年12月30日

作为中国农业文化的根基和轴心，中原农耕文化走过了上万年的漫漫路途。它浩瀚无垠的历史记忆、文化记忆和情感记忆，既是我们今天的一笔丰厚的物质遗产和精神遗产，也是现代农业发展的重要原动力。

守护与传承行将消失的中原传统农耕文明是我们这一代河南人义不容

---

* 仉建涛，河南财经政法大学经济学教授，中共河南省委“三农”问题咨询组特聘专家，曾任许昌学院党委书记，主导创建中原农耕文化博物馆和中原农村发展研究中心。

** 陈建国，政治学教授，新乡医学院党委书记，曾先后任许昌学院院长、党委书记，主导创建中原农耕文化博物馆和中原农村发展研究中心。

辞的神圣职责。

夏挽群[*]

2019年12月2日

农耕时代的农具器用，承载着厚重的农耕文化，凝结着劳动者最朴素的手作艺术美感。留住它，就留住了农耕文明，就留住了一个时代浓浓的乡愁记忆。

程健君[**]

2019年12月31日

本人曾从事河南省非物质文化遗产保护传承有关工作，所以较早了解和接触到中原农耕文化博物馆。亲临考察后，喜出望外。许昌学院为河南、为中原做了一件大好事。在此基础上，他们不断加强研究工作，推出系列成果。漫长的农耕时代刚刚离去，丰富而厚重的农耕文化，是中华民族最大的一份文化遗产。保护好、研究好、传承好这份文化遗产，是一个任重道远而又十分迫切的重大课题，希望有更多人关心、支持和参与。

裴景岭[***]

2020年1月8日

* 夏挽群，中国民间文化研究专家，历任中国民间文艺家协会副主席、河南省文联副主席、河南省民间文艺家协会主席，现为中国民间文艺家协会顾问、河南省民间文艺家协会荣誉主席、河南省中华文化促进会副主席。

** 程健君，中国民间文艺家协会副主席，河南省民间文艺家协会主席，河南省非物质文化遗产保护工作专家委员会副主任。

*** 裴景岭，原河南省非物质文化遗产保护中心主任，非遗研究专家。

后　记

《中原农耕文化》是在创建中原农耕文化博物馆并开展相关研究的基础上策划编写的。创建中原农耕文化博物馆的根本性价值和意义，在于为渐行渐远的传统农耕时代留下足迹背影，发掘和描摹中原农耕文化的基因图谱。为此，我们不仅需要抢救性搜集、存留、研究各种生产生活的工具与器物，更需要深入发掘传统农耕时代的文化内涵和精神财富，整理、记载、留存有关资料，从物质文化和精神文化两个方面做出努力。这既是一个重要而迫切的时代课题，又是一个艰巨的系统工程。

这些年来，我们本着“匹夫有责”的道义担当，围绕这个课题做出了一些努力。然而，我们目前所做的工作，只能算是为这个时代课题和系统工程打下了一点基础、做了一些铺垫。鉴于许昌学院中原农耕文化与乡村发展研究基地已经获批河南省重点社会科学研究基地，我们应该进一步坚定和强化社会责任感和历史使命感，沿着这个方向持续不断地做下去，陆续推出一些成果，为推动优秀农耕文化遗产保护、传承和在乡村振兴战略中合理适度开发利用做出积极贡献。

中原农耕文化博物馆自创建以来，有太多感动与感慨。博物馆建设和发展取得的一切成绩，绝不仅仅属于创建团队，而是属于历届学校党政领导班子和全校广大师生，是全校许多部门和广大师生共同努力的结果。博物馆在内涵建设和学术研究方面取得的成果，属于中原农耕文化与乡村发展研究基地，是集体智慧和团队力量的体现。在此感谢许昌学院本届党政领导班子，特别是闫纪建书记、岳修峰院长对于本书编著出版的大力支持；感谢河南省委宣传部、省教育厅、省文化和旅游厅、省文物局、省非遗保护中心，以及许昌市有关部门等领导机关对农博馆的热情关心和大力支持；感谢《光明日报》首席记者、“文化记忆”栏目主编李韵女士对农耕文化主题的特别关注，这有力地推动了优秀农耕文化遗产的保护、研究和利用；感谢社会各界广大民众的热情关爱与多方帮助，忘不了所有为农博馆征集藏品和资料做出贡献的老乡们、同人们！我们深知，农博馆承载着太多人的乡愁情怀和殷切期待，它将承载着这些情怀和期待走向恒远！

本套图书将是一个开放的体系和持续的工程，今后根据基地工作进展情况陆续推进。本次推出的《中原农耕文化》共 5 卷，虽然每卷都有一个主创者，但其背后是一个团队在提供有力的支撑，每卷都是集体智慧的结晶。这个团队的成员有汪庆华、孟聚、潘民中、杨晓宇、唐明仓、赵俊锋、潘运明、韩晓民、符春绿、董中锋、杜富强、周新峰、寇鸿顺、谢依楠、郭现军、马洪伟、朱志浩、周健、崔凤巧、刘军伟、徐中森、高明、刘素帆、杨晓航、张培林、王志军等。2015 年以来，团队连续深入中原各地基层农村开展调研考察，收集到大量第一手资料，同时开展深入研究，为本书的编写奠定了基础。所以，各项成果都饱含着团队成员的心血和汗水。

我们还特别感谢各位专家顾问的热情关爱和鼎力支持。华中师范大学中国农村研究院徐勇教授自博物馆起步创建到研究工作的逐步展开，始终热情指导并鼎力相助。我们还有幸得到诸多著名专家的垂爱与提携，中国人民大学魏坚教授、故宫博物院张志和研究员、著名摄影家朱宪民先生、郑州大学高天星教授，以及河南省有关专家夏挽群先生、周同宾先生、仉建涛教授、陈建国教授、李佩甫先生、程健君先生、单占生先生、裴景岭先生、楚小龙先生等，欣然担任我们的顾问，使我们明确了前进方向，增强了信心和动力。

本课题研究工作是在河南省重点社会科学研究基地——许昌学院党委书记、中原农耕文化与乡村发展研究基地主任闫纪建教授、许昌学院校长岳修峰教授和副校长郑直教授的领导下，在基地的统一组织下进行的，同时得到学校诸多部门的大力支持，包括本书在内的所有成果，都是集体智慧和心血的结晶。

本书在编著过程中参阅了古今众多著作，消化吸收了有关学者的研究成果，采用了省内外有关著名摄影家、画家捐献本馆的原创作品（参见署名，书中未署名的为王志军等本馆老师拍摄），在此一并表示感谢！

我们深知自身能力和水平有限，本书中缺陷和舛误定然存在，真诚欢迎批评指正。出于对这一时代课题关注和践行的责任感，我们愿意抛砖引玉，希望更多同人参与其中，携手同行！

汪庆华
2020 年 6 月于伏牛书屋

图书在版编目（CIP）数据

中原农耕文化．农博释读 / 汪庆华主编；汪庆华，周新峰，朱志浩著．-- 北京：社会科学文献出版社，2021.6

ISBN 978-7-5201-8192-1

Ⅰ.①中… Ⅱ.①汪… ②周… ③朱… Ⅲ.①传统农业-文化研究-河南 Ⅳ.①F329.61

中国版本图书馆 CIP 数据核字（2021）第 094740 号

中原农耕文化·农博释读

主　　编 / 汪庆华
著　　者 / 汪庆华　周新峰　朱志浩

出 版 人 / 王利民
组稿编辑 / 谢蕊芬
责任编辑 / 赵　娜　孟宁宁

出　　版 / 社会科学文献出版社·群学出版分社（010）59366453
地址：北京市北三环中路甲 29 号院华龙大厦　邮编：100029
网址：www.ssap.com.cn
发　　行 / 市场营销中心（010）59367081　59367083
印　　装 / 三河市龙林印务有限公司

规　　格 / 开 本：787mm×1092mm　1/16
本卷印张：27.75　插 页：1.25　本卷字数：412 千字
版　　次 / 2021 年 6 月第 1 版　2021 年 6 月第 1 次印刷
书　　号 / ISBN 978-7-5201-8192-1
定　　价 / 598.00 元（全五卷）

本书如有印装质量问题，请与读者服务中心（010-59367028）联系